# 环境影响评价实用教程

HUANJING YINGXIANG PINGJIA SHIYONG JIAOCHENG

主编　李海波　赵锦慧

中国地质大学出版社
ZHONGGUO DIZHI DAXUE CHUBANSHE

**图书在版编目(CIP)数据**

环境影响评价实用教程/李海波,赵锦慧主编.—武汉:中国地质大学出版社,2010.9(2011.1 重印)

ISBN 978-7-5625-2361-1

Ⅰ.环…

Ⅱ.①李…②赵…

Ⅲ.环境影响评价法-中国-工程技术人员-资格考核-教材

Ⅳ.D922.68

中国版本图书馆 CIP 数据核字(2009)第 078581 号

**环境影响评价实用教程** **李海波 赵锦慧 主编**

责任编辑:周 华 责任校对:戴 莹

出版发行:中国地质大学出版社(武汉市洪山区鲁磨路 388 号) 邮政编码:430074

电 话:(027)67883511 传真:67883580 E-mail:cbb @ cug.edu.cn

经 销:全国新华书店 http://www.cugp.cn

开本:787 毫米×960 毫米 1/16 字数:439 千字 印张:22.375

版次:2010 年 9 月第 1 版 印次:2011 年 1 月第 2 次印刷

印刷:荆州市鸿盛印务有限公司 印数:1001—2500 册

ISBN 978-7-5625-2361-1 定价:36.00 元

# 前　言

环境影响评价作为环境管理的一种方法和制度，在我国已实行了近30年，随着这一方法和制度的实行，国家出台了大量的配套管理文件和法律法规，特别是1998年《建设项目环境保护管理条例》（国务院253号令）和2002年《中华人民共和国环境影响评价法》的出台和颁布，使环境影响评价这一方法和制度得到了进一步的完善和规范，并在我国的环境保护和生态建设中发挥了重要作用。

为进一步提高环境影响评价工作的质量，完善环境影响评价机构作为咨询服务业机构的管理秩序，2005年国家实施了环境影响评价工程师制度。环境影响评价工程师要求具备较强的环境影响评价法律法规知识，掌握环境影响评价技术导则和环境标准，能综合应用环境影响评价技术方法编制高质量的环境影响评价文件，这一制度的实施，对高等院校环境类专业人才的培养提出了更高要求。同时，环境影响评价工程师制度要求甲级评价单位至少有10名环境影响评价工程师，乙级评价单位至少有6名环境影响评价工程师，乙级填表单位至少有2名环境影响评价工程师，这一要求既规范了环境影响评价单位资质管理，也为高等院校环境类专业人才培养提供了广阔的市场前景。

由于环境影响评价工程师制度实施时间不长，在长期的教学实践过程中，环境影响评价课程教学理论知识较多、实践应用较少，与环境影响评价工程师考试内容存在一定差距。为此，本书编写过程中，以环境影响评价基础知识为核心，以环境影响评价工程师考试大纲为主线，以环境影响评价知识应用为目标，精心组织内容和安排章节，并在主要章节配置习题，以使学生尽快掌握该课程基础知识和适应环境影响评价工程师的考试程序和方法。

全书共分九章：第一章绪论，第二章环境影响评价的基本原理和内容，第三章环境影响评价法律法规与标准体系，第四章环境影响评价技术导则，第五章环境影响评价技术方法，第六章环境污染控制技术与环保措施，第七章环境影响的经济损益分析，第八章建设项目环境保护竣工验收，第九章环境影响评价典型案例分析。其中，李海波编写第一、二、三、六章，赵锦慧编写第四、五、七、八、九章，全书由李海波统稿。李柏山、李海燕、梁师英、许海萍等研究生参与了教材编写，并做了大量基础性工作。

本书编写过程中参考了多本环境影响评价教材和其他参考资料，在此一并向这些作者表示感谢！由于编者水平有限，不当之处在所难免，恳请读者批评指正。

编　者

2009 年 3 月

# 目　录

# 第一章 绪 论

环境影响评价(Environment Impact Assessment,简称 EIA)是指对规划和建设项目实施后可能造成的环境影响进行分析、预测和评估,提出预防或者减轻不良环境影响的对策措施,进行跟踪监测的方法与制度。

## 第一节 国内外环境影响评价发展沿革

### 一、国外环境影响评价发展沿革

“环境影响评价”这个概念最早是 1964 年在加拿大召开的国际环境质量评价学术会议上提出来的。1969 年,美国制定了《国家环境政策法》(National Environmental Policy Act,简称 NEPA),在世界范围内率先确立了环境影响评价制度。依据该法设立的国家环境质量委员会(Council on Environmental Quality,简称 CEQ)于 1978 年制定了《国家环境政策法实施条例》(Regulations for Implementing the Procedural Provisions of the National Environmental Policy Act,简称 CEQ 条例),为《国家环境政策法》提供了可操作的规范性标准和程序。

其后,瑞典、澳大利亚、法国也分别于 1969 年、1974 年和 1976 年在国家的环境法中制定了环境影响评价制度,日本、加拿大、英国、西德、新西兰等国虽未在法律中拟定类似的条款,但也已建立了相应的环境影响评价制度。近年来,东南亚国家也陆续开展了环境影响评价工作。

据统计,到 1996 年全球已有 85 个国家和地区制定了有关 EIA 的立法。而且许多国际环境条约,例如《跨国界的环境影响评价公约》、《生物多样性公约》、《气候变化框架公约》等,也对环境影响评价制度作了规定。

### 二、我国环境影响评价发展沿革

我国的环境影响评价制度是在吸收和借鉴西方国家环境管理中的环境影响评价制度基础上确立和发展起来的。总的来说,可以划分为 4 个阶段。

第一阶段是引入和确立阶段。这一阶段环境影响评价开始在我国的一些文件和报告中出现，这是我国在 20 世纪 70 年代以后经济建设逐步进入正轨的客观反映。1973 年第一次全国环境保护会议以后，我国环境保护工作全面起步。1978 年 12 月 31 日，中发[1978]79 号文件批转的国务院环境保护领导小组《环境保护工作汇报要点》中，首次提出了环境影响评价的意向。1979 年 4 月，国务院环境保护领导小组在《关于全国环境保护工作会议情况的报告》中，把环境影响评价作为一项方针政策再次提出。1979 年 9 月，《中华人民共和国环境保护法（试行）》颁布，该法规定：一切企业、事业单位的选址、设计、建设和生产，都必须注意防止对环境的污染和破坏。在进行新建、改建和扩建工程中，必须提出环境影响报告书，经环境保护主管部门和其他有关部门审查批准后才能进行设计。

第二阶段是规范和建设阶段。刚刚确立起来的环境影响评价制度显然还缺乏相关制度的配套和深化，为保证环境影响评价制度具有可操作性，国家相关部门陆续颁布了各项环境保护法律法规和部门行政规章，不断对环境影响评价制度进行规范。1981 年 5 月制定了《基本建设项目环境保护管理办法》，1986 年国家计划委员会（现名国家发展和改革委员会）、国家经济贸易委员会、国务院环境保护委员会联合颁布的《建设项目环境保护管理办法》中，对建设项目环境影响评价的范围、内容、审批和环境影响报告书的编制格式都作了明确的规定，促进了环境影响评价制度的有效执行。此后发布的《水污染防治法》等都对环境影响评价工作作出了规定。1989 年 12 月 26 日颁布的《中华人民共和国环境保护法》中，以法律形式确认了建设项目的环境影响评价制度，对该制度的执行对象和任务、工作原则和审批程序、执行时段和基本建设程序之间的关系作了原则性规定。

第三阶段是强化和完善阶段。进入 20 世纪 90 年代，随着我国改革开放的深入发展和社会主义计划经济向市场经济转轨，建设项目的环境保护管理制度特别是环境影响评价制度得到了强化，并开始了区域环境影响评价和规划环境影响评价。在注重污染型项目评价的同时，加强了生态影响类项目的环境影响评价，污染预防和生态保护并重，同时在实践中逐步扩大和完善公众参与的范围。1998 年 11 月 29 日，国务院 253 号令颁布实施了《建设项目环境保护管理条例》，对环境影响评价作了全面、详细、明确的规定。该条例是现阶段我国对建设项目实施环境影响评价制度的最基本法律依据之一。

第四阶段是提高和拓展阶段。我国第九届全国人大常委会亦把环境影响评价工作列入了立法计划。从 1998 年开始，经过 4 年的努力，在反复调研、论证之后，于 2002 年 10 月 28 日第九届人大常委会第三十次会议通过《环境影响评价法》，2003 年 9 月 1 日起正式施行。这标志着我国的环境立法进入了一个崭新的阶段，也是首次就一项环境保护制度专门制定颁布了完整的法典。国家环保总局依据法律规定，建立了环境影响评价的基础数据库，颁布了各类环境影响评价的技术导则，指定了专项规划环境影响报告书审查办法。为了提高环境执法效率，充分发挥公众参与环保监督的作用，2006 年 2 月 20 日，监察部和环保总局联合颁布施行了《环境保护违法违纪行为处分暂行规定》，这是我国第一部关于环境保护处分方面的专门规章；2006 年 2 月 2 日，环保总局发布了《环境影响评价公众参与暂行办法》，这是中国环保领域的第一部公众参与的规范性文件。《环境影响评价公众参与暂行办法》和《环境保护违法违纪行为处分暂行规定》的配套出台，在中国环保领域是第一次，它们共同为环保监督作用的发挥提供了综合性的制度保障。

## 第二节 当前我国重点解决的环境问题和重点环保工程

### 一、当前我国重点解决的环境问题

我国的环境污染问题是与经济发展相伴而生的。20 世纪 50 年代前，我国的工业化刚刚起步，工业基础薄弱，环境污染问题尚不突出。50 年代后，随着工业化的大规模展开，重工业的迅猛发展，环境污染问题初见端倪，但这时候污染范围仍局限于城市地区，污染的危害程度也较为有限。到了 80 年代，随着改革开放和经济的高速发展，我国的环境污染渐呈加剧之势，特别是乡镇企业的异军突起，使环境污染向农村急剧蔓延；同时，生态破坏的范围也在扩大。时至今日，大气污染、水环境污染程度不断加剧，植被破坏、土地退化现象不断恶化，污染范围逐渐从城市向农村扩展，环境问题已成为我国经济和社会发展的瓶颈，正严重威胁着我国经济和社会的可持续发展。

1. 以饮水安全和重点流域治理为重点，加强水污染防治

科学划定和调整饮用水水源保护区，切实加强饮用水水源保护，建设好城市备用水源，解决好农村饮水安全问题。坚决取缔水源保护区内的直接排污口，严防养殖业污染水源，禁止有毒有害物质进入饮用水水源保护区，强化水污染事故的预防和应急处理，确保群众饮水安全。将淮河、海河、辽河、松花江、三峡水库库区及上游，黄河小浪底水库库区及上游，南水北调水源地及沿线，太湖、滇池、巢湖作为流域水污染治理的重点；将渤海等重点海域和河口地区作为海洋环保工作重点。严禁直接向江河湖海排放超标的工业污水。

2. 以强化污染防治为重点，加强城市环境保护

加强城市基础设施建设，到 2010 年，全国城市污水处理率不低于 70%，生活垃圾无害化处理率不低于 60%；着力解决颗粒物、噪声和餐饮业污染，鼓励发展节能环保型汽车。对污染企业搬迁后的原址进行土壤风险评估和修复。城市建设应注重自然和生态条件，尽可能保留天然林草、河湖水系、滩涂湿地、自然地貌及野生

动物等自然遗产，努力维护城市生态平衡。

3. 以降低二氧化硫排放总量为重点，推进大气污染防治

加快原煤洗选步伐，降低商品煤含硫量。加强燃煤电厂二氧化硫治理，新（扩）建燃煤电厂除燃用特低硫煤的坑口电厂外，必须同步建设脱硫设施或者采取其他降低二氧化硫排放量的措施。在大中城市及其近郊，严格控制新（扩）建除热电联产外的燃煤电厂，禁止新（扩）建钢铁、冶炼等高耗能企业。2004 年底前投运的二氧化硫排放超标的燃煤电厂，应在 2010 年底前安装脱硫设施，要根据环境状况，确定不同区域的脱硫目标，制订并实施酸雨和二氧化硫污染防治规划。对投产 20 年以上或装机容量 10 万千瓦以下的电厂，限期改造或者关停。制订燃煤电厂氮氧化物治理规划，开展试点示范。加大烟尘、粉尘治理力度。采取节能措施，提高能源利用效率；大力发展风能、太阳能、地热、生物质能等新能源，积极发展核电，有序开发水能，提高清洁能源比重，减少大气污染物排放。

4. 以防治土壤污染为重点，加强农村环境保护

结合社会主义新农村建设，实施农村小康环保行动计划。开展全国土壤污染状况调查和超标耕地综合治理，污染严重且难以修复的耕地应依法调整；合理使用农药、化肥，防治农用薄膜对耕地的污染；积极发展节水农业与生态农业，加大规模化养殖业污染治理力度；推进农村改水、改厕工作，搞好作物秸秆等资源化利用，积极发展农村沼气，妥善处理生活垃圾和污水，解决农村环境“脏、乱、差”问题，创建环境优美乡镇、生态文明村；发展县域经济要选择适合本地区资源优势和环境容量的特色产业，防止污染向农村转移。

5. 以促进人与自然和谐为重点，强化生态保护

坚持生态保护与治理并重，重点控制不合理的资源开发活动。优先保护天然植被，坚持因地制宜，重视自然恢复；继续实施天然林保护、天然草原植被恢复、退耕还林、退牧还草、退田还湖、防沙治沙、水土保持和防治沙漠化等生态治理工程；严格控制土地退化和草原沙化。经济社会发展要与水资源条件相适应，统筹生活、生产和生态用水，建设节水型社会；发展适应抗灾要求的避灾经济；水资源开发利用活动，要充分考虑生态用水。加强生态功能保护区和自然保护区的建设与管理。加强矿产资源和旅游开发的环境监管。做好红树林、滨海湿地、珊瑚礁、海岛等海洋、海岸带典型生态系统的保护工作。

6. 以核设施和放射源监管为重点，确保核与辐射环境安全

全面加强核安全与辐射环境管理，国家对核设施的环境保护实行统一监管。核电发展的规划和建设要充分考虑核安全、环境安全和废物处理处置等问题；加强在建和在役核设施的安全监管，加快核设施退役和放射性废物处理处置步伐；加强电磁辐射和伴生放射性矿产资源开发的环境监督管理；健全放射源安全监管体系。

## 二、当前我国重点环保工程

国家环保重点工程是解决当前突出环境问题的重要举措，从“十一五”开始，国家重点环保工程将纳入国民经济和社会发展规划及有关专项规划，认真组织落实。“十一五”期间，国家实施10项环保重点工程，具体工程如下。

1)环境监管能力建设工程：环境质量监测网络建设、环保执法能力建设、国控重点污染源自动在线监控系统建设、突发性环境事故应急系统建设、环境综合评估体系建设、“金环”工程建设、环境科技创新支撑能力建设。

2)危险废物和医疗废物处置工程：完成31个省级危险废物集中处置中心、300个设区市的医疗废物集中处置中心等建设任务。

3)铬渣污染治理工程：对堆存铬渣及受污染土壤进行综合治理。

4)城市污水处理工程：新增城镇污水处理规模4 500万吨/日，改造和完善现有污水处理厂及配套管网、配套污泥安全处置和再生水利用。

5)重点流域水污染防治工程：重点工业污染源治理、水源地上游污染防治、规模化畜禽养殖污染治理和部分城市环境综合治理。

6)城市垃圾处理工程：新增城市生活垃圾处理规模24万吨/日。

7)燃煤电厂及钢铁行业烧结机烟气脱硫工程：使现役火电机组投入运行的脱硫装机容量达到2.13亿千瓦。

8)重点生态功能区和自然保护区建设工程：建立一批示范性国家重点生态功能保护区；完善一批国家级自然保护区的管护基础设施。

9)核与辐射安全工程：建立核设备性能鉴定实验室、放射性物质鉴定实验室、放射性废物安全管理中心、电磁辐射监测实验室、全国辐射环境监督监测国控网、国家核与辐射安全监督管理系统等。

10)农村小康环保行动工程：建立环境优美乡镇2 000个，完成10 000个行政村环境综合整治。

# 第三节　当前环境影响评价工作动态

## 一、相关法律的制定与完善

随着国家环境保护工作的不断强化和深入，环境保护法治建设不断得到完善和发展。例如，2000年前后修订实施的中华人民共和国大气污染防治法、水污染防治法、固体废物污染环境防治法、放射性污染防治法、清洁生产促进法和循环经济促进法等，均对环境影响评价工作的开展提供了法律依据。同时，为配合产业结构调整，国家陆续制定颁布了鼓励发展、限制发展行业相关的产业政策，例如促进产业结构调整暂行规定、外商投资产业指导目录等；制定了多个与环保相关的“十一五”发展规划，例如“十一五”能源发展规划、“十一五”环境保护规划等；同时强化了生态保护，例如制定了全国生态环境保护纲要、国家重点生态功能保护区规划纲要等。环境保护法制建设的不断深入，为环境影响评价工作提供了制度保证。

## 二、环境影响评价标准的演变

目前我国制定颁布的环保标准已达400余项，形成了以环境质量标准、排放标准、监测分析方法标准、样品标准和基础标准为基本系列，以国际标准、国家标准、行业标准和地方标准即不同级别标准相结合的标准体系，环保行业标准编目为HJ/T系列。在环境影响评价工作中，还辅助有城建、卫生等标准系列（CJ/T、TJ系列）等。1993年国家环保总局颁布了《环境影响评价技术导则——总纲》，为环境影响评价工作制定了总体技术要求。之后，又陆续颁布了大气环境、水环境等技术导则。另外，近年来，环保标准与国际标准并轨以及环保标准与国家发展规划和环境功能区划相结合成为新的发展趋势。

## 三、环境影响评价内容的变化

1. 评价重点的转变

环境影响评价从初期的重视理论与模型向重视污染防治措施和可操作性方面发展，更加强调污染防治措施在技术经济方面的可行性。

2. 评价内容的转变

在强调工程分析和改扩建项目的“三本账”的基础上，重视总量控制（TC）、风险评价（EPA）、清洁生产（CP）等内容。引入了公众参与（PP）和循环经济（RE）、生态工业园区（EIPS）等理念和思路。有的行业还要求在本行业进行综合评价，例如石化行业的HSE评价，就是将安全、环保和卫生进行综合评价。环境影响评价工作今后还必将引入ISO 14000的内容。在强调建设“资源节约型、环境友好型”社会的今天，环境影响评价从建设项目的评价向区域规划评价方向发展，成为环境影响评价内容新的发展趋势。

## 四、环境影响评价管理模式的变化

1. 实行评价资质证书制度

从2000年开始，国家对原由各省颁布和管理的评价资质证书进行了统一管理，并对评价单位采取5年一考核换证的方式，实施评价资质升降级、环境影响评价报告书定量打分制度。部分省市还规定每两年进行一次考核和评比。

2. 实行环境影响评价工作人员持证上岗制度

在对评价单位实施资格管理的基础上，对每个环境影响评价从业人员也实行持证上岗制度，由国家环保总局统一颁发上岗证书。2004 年为保证环境影响评价制度的有效执行，国家开始实行环境影响评价工程师职业资格制度。环境影响评价工程师职业资格证与环境影响评价从业上岗证也实行升降制度。2008 年开始对石化、冶金、交通、水利、水电 5 个重点行业高级职业工程师进行培训，逐步实现了环境影响评价工作向专业化方向发展的过渡。

3. 相关管理制度

为了进一步提高建设项目环境管理水平，完善建设项目环境管理制度，在环保系统逐渐实行了《建设项目环境管理备案制度》、《环境影响评价责任追究制度》、《关于规范环境影响咨询收费的规定》、《建设项目环境保护分类管理名录》等一系列管理制度，加强了环境影响评价工作的统一领导和规范化。

## 第四节　环境影响评价工作的目的、意义及发展趋势

### 一、环境影响评价工作的目的

我国《环境影响评价法》的第一条规定："为了实施可持续发展战略，预防因规划和建设项目实施后对环境造成不良影响，促进经济、社会和环境的协调发展，制定本法"。可见，《环境影响评价法》的立法宗旨对环境影响评价工作的目的做了很好的解释，环境影响评价工作旨在"促进经济、社会和环境的协调发展"，是典型的"目的二元论"。

### 二、环境影响评价工作的意义

1. 有利于经济建设与环境保护协调发展

在传统建设项目决策时，考虑最多的因素是经济效益和经济增长速度，很少考虑对周围环境的影响，结果导致经济发展和环境保护的尖锐对立。实施环境影响评价制度以后，就可以在建设项目决策时，不仅注重经济效益，还会考虑建设项目对周围环境的影响，并且可以对影响起到反馈作用，从而采取必要的防范措施，促进环境保护与经济发展的综合决策，真正把经济效益和环境效益统一起来，把经济发展和环境保护协调起来。

2. 有利于从源头控制污染

环境影响评价制度是贯彻"预防为主"原则的重要法律制度。环境影响评价过程是人类认识自然环境和经济活动相互制约、相互影响的过程，进而合理地布局工

农业生产、城市发展和人口结构。在规划和建设项目实施之前，通过环境影响评价确定环境保护政策，进行科学管理。通过管理决策从源头上防止环境污染和生态破坏，从而把人类经济活动对环境的影响减少到最低限度，避免因人类生产建设活动造成环境危害事实后而无法补救。

3. 有利于促进产业结构合理布局

环境影响评价为城市和地区以及工矿企业的经济合理布局、发展方向和规模、系统的科学管理提供了科学依据。通过环境影响评价，对工业项目可能带来的不利环境影响，指出应该采取的防治办法，尽可能做到环境保护与生产发展统一协调，对环境保护措施作出环境经济效益分析，通过“先评价、后建设”，推进产业合理布局和企业优化选址，使建设单位对新建项目是否存在环境污染问题、存在的问题应如何解决、采取什么样的技术措施做到心中有数，对于落实环境保护基本国策和实施可持续发展战略意义深远。

4. 有利于促进人与自然的和谐

环境影响评价是极其重要的防患于未然的环境保护措施。在环境影响评价工作中，着眼于让人民喝上干净的水、呼吸清洁的空气、吃上放心的食物，在良好的环境中生产、生活。通过环境影响评价，可以事先就规划和建设项目对环境的影响切实进行自我调查、预测和评价，根据评价结果，妥善考虑因规划和建设项目的实施所产生的环境问题并采取必要的措施，从而促进经济、社会可持续发展。在经济快速发展中努力控制污染物排放总量，促进经济结构调整，重点解决一批危害人民群众健康和生产生活的突出环境问题，尊重自然规律，遏制人为生态破坏，促进人与自然的和谐发展。

## 三、环境影响评价工作的发展趋势

1992年以来，环境影响评价制度(EIA)从单纯的建设项目评价发展至区域环境影响评价(RDEIA)；从单个项目的、简单因果关系的EIA扩展到考虑多个项目的、具有时间和空间效应的、复杂因果关系的累积影响评价(CIA)，又扩展到对经济社会发展的重大决策所产生的规划环境影响评价(SEA)；从对污染影响的评价，发展到对生态影响的评价。在资源开发利用方面，正在试验可持续发展评价(SDIA)等。在农业开发方面，对生物技术和有毒化学品的生态安全性评价展开了相关研究。在环境影响评价技术方法方面，开展了从地理信息系统(GIS)在EIA各阶段的应用到生命周期评价(LCA)在清洁生产中的应用等工作，计算机及其建模技术的应用使环境影响评价技术手段得到了空前提高。

1. 战略环境影响评价

战略环境影响评价是环境影响评价从微观到宏观的战略转移，是指对法规、政策、规划和计划的实施可能对环境带来的影响做出预测与评价，并在不利环境影响的情况下，采取预防措施或者其他补救措施，对政策进行修正或寻求替代方案。

我国环境影响评价法在项目的 EIA 基础上，增加了规划的环境影响评价部分，为了规范规划环境影响评价工作，2003 年国家环保总局颁布了《规划环境影响评价技术导则(试行)》(HJ/T130—2003)，该项政策的实施必将为我国的可持续发展和环境与发展综合决策起到极大的推进作用。

2. 生态安全性评价

目前对生态安全性评价主要集中在有毒化学品和转基因生物的研究上。化学品安全性评价方法学和风险预测模型、有毒化学品的管理及其污染控制技术与对策、有毒化学品的环境化学行为以及检测新技术和新方法目前还处在探讨阶段。转基因生物及其产品带来了环境安全性和食品安全性两个主要问题，必须依据我国的实际情况尽快建立起我国的生物安全性评价技术、方法和标准体系。

3. 可持续发展的影响评价

为了实现自然资源的可持续利用，《中国 21 世纪议程》第 14 章指出在自然资源管理决策中推行可持续发展影响评价制度。目前该评价制度还处于研究阶段，其目标是逐步推行在制定有关自然资源管理的重大政策、规划和开发项目时，采用可持续发展影响评价，最终以法规的方式加以推广实施。利用可持续发展影响评价进行规划或实施自然资源保护和管理政策的费用效益分析。

4. 生命周期评价

生命周期评价(LCA)，有时也称为生命周期分析、生命周期方法、摇篮到坟墓、生态衡算等。它是指对产品从最初原材料采掘到原材料生产、产品制造、产品使用以及产品回收处理的全过程进行跟踪和定量分析与定性评价。采用 LCA 的方法不仅可以作为清洁生产审核的工具，而且也可以作为替代方案筛选的有效工具。

5. GIS 在 EIA 中的应用

EIA 中许多环境问题都依赖于模型的构建，如二维水质、三维水质模型、大气扩散模型、污染物在地下水中的扩散迁移模型等，这些模型都具有明显的空间特征，为 GIS 技术应用到 EIA 中提供了理论基础，并且在实际应用中发挥了巨大作用。目前 GIS 技术在 EIA 中已经被应用到了环境现状调查、环境质量现状评价、环境影响预测、项目选址、EIA 制图等各个方面。

# 第二章　环境影响评价的基本原理和内容

## 第一节　环境影响评价相关概念

### 一、环境的概念

环境是指影响人类生存和发展的各种天然的和经过人工改造的自然因素的总体，包括大气、水、海洋、土地、矿藏、森林、草原、野生生物、自然遗迹、人文遗迹、自然保护区、风景名胜区、城市和乡村等。

环境具有整体性和区域性、变动性与稳定性、资源性与价值性的特点。

### 二、环境要素

环境要素是指构成人类环境整体的各个独立的、性质不同的而又服从整体演化规律的基本物质组分。环境要素可分为自然环境要素和人工环境要素。通常指的环境要素是自然环境要素。自然环境要素通常是指水、大气、生物、阳光、岩石、土壤等。

### 三、环境质量

环境质量一般是指一定范围内环境的总体或环境的某些要素对人类生存、生活和发展的适宜程度，包括自然环境质量和社会环境质量。

自然环境质量又可分为大气环境质量、水环境质量、土壤环境质量、生物环境质量等。社会环境质量主要包括经济、文化和美学等方面的环境质量。

评价环境质量的优劣，应以国家颁布的环境质量标准为依据。

### 四、环境影响

环境影响是指人类活动（经济活动和社会活动）对环境的作用和导致的环境变化以及由此引起的对人类社会和经济的效应。

按影响的来源，环境影响分为直接影响、间接影响和累积影响；按影响效果，环境影响可分为有利影响和不利影响；按影响性质，环境影响可分为可恢复影响和不可恢复影响。另外，环境影响还可分为短期影响和长期影响，地方、区域影响或国家和全球影响，建设阶段影响和运行阶段影响等。

### 五、环境容量

环境容量是指在一定的区域，根据环境自然净化能力，为达到要求的环境目标值，某一环境所能容纳的污染物的最大负荷量。

环境容量按环境要素可分为大气环境容量、水环境容量、土壤环境容量和生物环境容量等。此外，还有人口环境容量、城市环境容量等。

### 六、污染因子

污染因子是对人类生存环境造成有害影响的污染物的泛称，它涵盖了涉及环境污染的所有范畴。例如对水环境造成危害的污染因子有化学需氧量、生化需氧量、总磷、总氮、油类等；对空气质量造成危害的污染因子有二氧化硫、氮氧化物、各种粉尘颗粒物等。

### 七、特征污染因子

特征污染因子是指在特定的环境背景和生产工艺条件下，引发污染事故、造成重大污染危害的关键因素。例如我国包头地区铁矿石氟含量较高，烟气中的氟元素即为特征污染因子。

## 第二节　环境影响评价工作内容与程序

### 一、环境影响评价工作内容

环境影响评价工作内容主要分 3 个阶段完成。

1. 准备阶段

此阶段主要完成以下工作内容：首先是研究有关文件，包括国家和地方的法律法规、发展规划和环境功能区划、技术导则和相关标准、建设项目依据、可行性研究资料及其他有关技术资料；之后需进行初步的工程分析，明确建设项目的工程组成，根据工艺流程确定排污环节和主要污染物，同时进行建设项目环境影响区的环境现状调查。结合初步工程分析结果和环境现状资料，可以识别建设项目的环境影响因素，筛选主要的环境影响评价因子，明确评价重点；最后确定各单项环境影响评价的范围和评价工作等级。

如果是编制环境影响报告书的建设项目，该阶段的主要成果是完成编制环境影响评价大纲，将以上这些工作的内容和成果全部融入其中；如果是编制环境影响报告表的建设项目，无需编制环境影响评价大纲。

2. 正式工作阶段

此阶段主要工作是做进一步的工程分析，进行充分的环境现状调查、监测并开展环境质量现状评价，之后根据污染源强和环境现状资料进行建设项目的环境影响预测，评价建设项目的环境影响，并开展公众意见调查。最重要的是根据建设项目的环境影响、法律法规和标准等的要求以及公众的意愿，提出减少环境污染和生态影响的环境管理措施和工程措施。

若建设项目需要进行多个厂址的比选，则需要对各个厂址分别进行预测和评价，并从环境保护角度推荐最佳厂址方案；如果对原厂址得出了否定的结论，则需要对新选厂址重新进行环境影响评价。

3. 环境影响评价报告编制阶段

此阶段是环境影响评价报告书或报告表的编制阶段，其主要工作是汇总、分析第二阶段工作所得的各种资料、数据，从环境保护的角度确定项目建设的可行性，给出评价结论和提出进一步减缓环境影响的建议，并最终完成环境影响报告书或报告表的编制。

## 二、环境影响评价工作程序

环境影响评价工作程序是评价工作自身规律的反应。根据我国实际情况和长期工作实践，工作程序包括以下环节：

1)编制环境影响评价大纲。

2)编制环境影响报告书(表)。

3)评估环境影响报告书(表)。

4)审批环境影响报告书(表)。

环境影响评价的工作程序，如图 2－1 所示。

不同建设项目的环境影响评价，虽然工作中的做法不尽相同，但它们却有一些共同的特点。

第一，注重现状调查和环境影响因素筛选。在对建设项目的性质、规模和所在地区的自然环境、社会环境进行一般性调查分析的基础上，找出其对环境影响较大的因素，对这些影响进行比较深入的分析研究，并给出评价结论。

第二，重视环境预测评价。建设项目的预测评价是环境影响评价的核心，建设项目特别是一些大型项目，往往带有长期性和永久性的特点，一旦建成，就很难改变。因此，环境影响评价不能只着眼于当前，更重要的是要着眼于长远。只有对建设项目的长期环境影响有恰当的评价，才可能有正确的决策。

第三，注重环保措施可行性分析。在我国的经济建设中，既要保护环境，又要发展生产。通过环保措施可行性分析，对建设项目提出合适的环保措施要求和投资比例，使建设项目经济效益和环境效益达到高度统一，促进社会和谐发展。

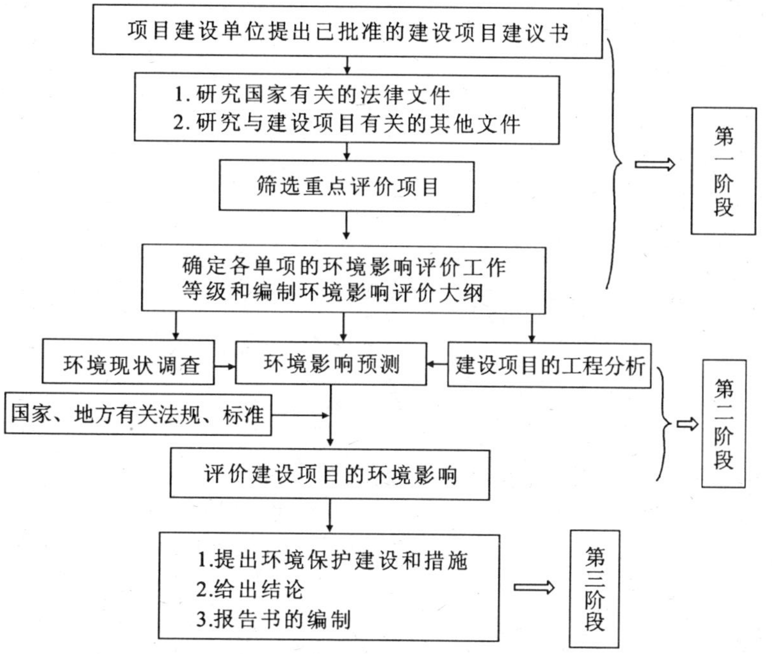


图 2－1　环境影响评价工作程序

## 第三节　环境影响评价工作等级

环境影响评价工作等级是指对建设项目需要编制的环境影响评价文件的类别进行划分以及对各单项环境要素影响评价工作深度的划分。根据建设项目对环境的影响程度和范围，环境影响评价文件等级划分为编制环境影响评价报告书、编制环境影响评价报告表、填写环境影响登记表；各单项环境要素影响评价划分为 3 个工作等级，一级评价最详细，二级次之，三级较简略。

### 一、环境影响评价文件等级划分的依据

依据《环境影响评价法》的规定，建设单位应当按照下列规定组织编制环境影响报告书、环境影响报告表或者填报环境影响登记表。

1)对于可能造成重大环境影响的建设项目,应当编制环境影响报告书,对产生的环境影响进行全面评价。

2)对于可能造成轻度环境影响的建设项目,应当编制环境影响报告表,对产生的环境影响进行分析或者专项评价。

3)对于对环境影响很小、不需要进行环境影响评价的建设项目,应当填报环境影响登记表。

2008 年 8 月 15 日修订通过的《建设项目环境影响评价分类管理目录》对环境影响评价文件类别作了更详细的规定。建设项目所处环境的敏感性质和敏感程度,是确定建设项目环境影响评价类别的重要依据。跨行业、复合型建设项目,其环境影响评价类别按其中单项等级最高的确定。该名录未作规定的建设项目,其环境影响评价类别由省级环境保护行政主管部门根据建设项目的污染因子、生态影响因子特征及其所处环境的敏感性质和敏感程度提出建议,报国务院环境保护行政主管部门认定。

## 二、单项环境要素评价工作等级的划分

环境影响评价技术导则规定单项环境影响评价划分为 3 个工作等级。例如,大气环境影响评价划分为一级、二级、三级,地表水、固废等环境影响评价等级依此类推。各单项影响评价工作等级划分的详细规定,按对应环境影响评价技术导则的规定执行。

一般情况,建设项目的环境影响评价至少包括一个以上的单项环境要素影响评价,每个单项环境要素影响评价的工作等级不一定相同。

不同的环境影响评价工作等级,要求的环境影响评价深度不同。对于一级评价,要求对单项环境要素的环境影响进行全面、详细和深入的评价,对该环境要素的现状调查、影响预测、环保措施等要做全面深入的分析,尽可能采用定量计算来描述完成;对于二级评价,要对单项环境要素的重点环境影响进行详细、深入的评价,一般要求采用定量计算和定性描述来完成;对于三级评价,对单项环境要素的环境影响进行一般评述,一般采用定性描述来完成。

一般而言,编制环境影响报告表的建设项目,其大多数单项环境影响评价的工作等级定为三级或三级从简。个别主要的单项环境要素可以通过编制评价专题完成,评价专题的评价等级依据单项环境影响评价技术导则要求进行。另外,不是每一个建设项目的环境影响评价都要包括所有的单项环境影响评价,对于建设项目的环境影响不涉及的环境要素,无需进行环境影响评价。

在划分各评价要素的工作等级时,根据建设项目对环境的影响、所在地区的环境特征以及当地对环境的特殊要求等情况,可作适当调整。

# 第四节　工程分析、现状调查、影响预测的基本原理

## 一、工程分析

工程分析是环境影响评价的基础工作之一，其主要任务是掌握工程全部组成，全面分析其一般特征和污染特征，从项目总体上把握开发建设活动与环境全局的关系，同时从微观上为环境影响评价工作提供所需的基础数据。

工程分析贯穿于整个评价工作的全过程，因此常把工程分析作为评价工作的独立专题。

1. 工程分析基本原则

(1)体现政策性

在国家已经制定的一系列方针、政策和法规中，对产业政策、能源政策、资源利用政策、环保技术政策等都有明确规定，贯彻执行这些规定是评价单位义不容辞的责任。在开展工程分析时，首先要学习和掌握有关政策法规要求，并以此为依据去剖析建设项目与相关政策的符合性，为项目决策提出符合环境政策法规要求的建议，这是工程分析的灵魂。

(2)具有针对性

工程特征的多样性决定了环境影响因素的复杂性。为了把握评价工作的重点，工程分析应根据建设项目的性质、类型、规模、污染物种类、数量、毒性、排放方式、排放去向等工程特征，通过全面系统的分析，从众多的环境污染因子中筛选出对环境干扰强烈、影响范围大的主要因子作为评价重点对象，尤其应明确拟建项目的特征污染因子。

(3)为各专题评价提供基础资料

工程分析资料是各专题评价的基础，特别是污染源强是各专题开展影响预测的基础数据。从整体来说，工程分析是决定评价工作质量的关键，所以工程分析提出的定量数据一定要准确可靠，定性资料要力求可信，复用资料要经过精心筛选，注意时效性。

(4)为项目选址、工程设计提出优化建议

1)根据国家环保法规和当地环境规划等重要条件，有理有据地提出优化选址、合理布局的建议。

2)根据产业政策分析生产工艺的先进性，原材料消耗、水耗、能耗的合理性，探索污染源排放至最低限度的途径。

3)对建设项目工程设计提出合理的建设规模和污染排放有关建议，防止只顾

经济效益而忽视环境效益。

4)分析拟定的环保技术方案的可行性,提出必须保证的环保措施,既能使项目实现正常投产,又能保护好环境。

2. 工程分析的工作内容

工程分析的工作内容原则上是应根据建设项目的特征,包括建设项目的类型、性质、规模、开发建设方式与强度,能源与资源用量,污染物排放特征以及项目所在地的环境条件来确定。对于污染型建设项目来说,其基本工作内容见表 2-1。

**表 2-1　工程分析基本工作内容一览表**

| 工程分析项目 | 工　作　内　容 |
|---|---|
| 工程概况 | 工程一般特征简介;物料与能源消耗定额;主要技术经济指标 |
| 产污环节分析 | 工程产污环节分析 |
| 污染物分析 | 污染物分布及污染物源强核算;物料平衡与水平衡;无组织排放源强;风险排污源强统计及分析 |
| 清洁生产水平分析 | 清洁生产水平分析 |
| 环保措施方案分析 | 分析本项目可行性,确定环保措施方案所选工艺及设备的先进水平和可靠程度;分析处理工艺有关技术经济参数的合理性;分析环保设施投资构成及其在总投资中占有的比例 |
| 总图布置方案分析 | 分析厂区与周围的保护目标之间所定防护距离的安全性;根据气象、水文等自然条件分析工厂和车间布置的合理性;分析村镇居民拆迁的必要性 |
| 补充措施与建议 | 关于合理的产品结构与生产规模的建议;优化总图布置的建议;节约用地的建议;可燃气体平衡和回收利用措施建议;用水平衡及节水措施建议;废渣综合利用建议;环保设备选型和实用参数建议;其他建议 |
| 工程分析小结 | 建设项目在拟选厂址的合理生产规模与产品结构;最佳总图布置方案;筛选确定的主要污染源与污染因子;主要污染因子的削减与治理措施;可能产生的事故特征与防治措施建议;必须确保的环保措施项目和投资;其他重要建议 |

## 二、现状调查

环境现状调查主要包括自然环境调查、社会环境调查和污染现状调查(详见第五章)。现场调查的方法主要有资料收集法、现场调查法和遥感法。根据环境影响评价工作等级不同,现状调查的深度和广度也不相同。

1. 自然环境调查

1)评价区的地形、地貌、地质概况。

2)评价区内的水文及水文地质情况。列出评价区内的江、河、湖、海的名称、数量、发源地、水文数据等情况。对于江、河应给出河宽、比降、弯曲系数等参数以及平、枯、丰 3 个水期的流量和流速。必要时需对评价区地下水的类型、埋藏深度、水质类型等进行调查。

3)气象与气候。应给出气候类型及特征,列出年平均气温、绝对最高气温、绝对最低气温、年均风速、最大风速、主导风向、各风向频率、年蒸发量、年降水量及分布、年日照时数、灾害性天气等。

4)土壤及农作物。评价区内土壤类型、种类、分布、肥力特征,粮食、蔬菜、经济作物的种类及分布。

5)森林、草原、水产、野生动植物、矿藏资源等情况。

2. 社会环境调查

1)评价区内的行政区划,人口分布,人口密度,人口职业构成与文化构成。

2)现有工矿企业的分布概况(产品、产量、产值、利税、职工人数)及评价区内交通运输情况。

3)文化教育概况。

4)人群健康及地方病情况。

5)自然保护区、风景游览区、名胜古迹、温泉、疗养区以及重要政治文化设施。

3. 污染现状调查

污染现状是指拟建项目所在地现有污染程度,主要包括建设地周边工矿企业数量、行业类别、主要污染源及其排放源强等。同时对水、气、渣、噪声、生态等环境要素质量现状也需调查评估。污染现状调查为环境影响评价提供基础数据,必要时还需筛选污染因子做现状监测。

## 三、环境影响预测

对于拟建项目都应预测其对环境产生的影响。预测的范围、时段、内容及方法均应根据其评价工作等级、工程与环境的特性、当地的环保要求而定。

1. 预测的方法

通常采用的预测方法有数学模式法、物理模型法、类比调查法和专业判断法,预测时应尽量选用通用、成熟、简便并能满足精确度要求的方法,常用的方法如表 2-2 所示。

2. 预测阶段和时段

建设项目的环境影响,按照项目实施过程的不同阶段,一般可划分为 3 个预测阶段:建设期、生产运行期、退役期。

预测时段包括正常排放和不正常排放两个时段,所有建设项目均应预测生产运行阶段正常排放和不正常排放两种情况的环境影响。

表 2-2 环境影响预测常用的方法

| 序号 | 方法 | 特点 | 应用条件 |
|---|---|---|---|
| 1 | 数学模式法 | 计算简便、结果定量。需要一定的计算条件，输入必要的参数和数据 | 模式应用条件不满足，要进行模式修正和验证时，应首先考虑用此法 |
| 2 | 物理模型法 | 定量化和再现性好，能反映复杂的环境特征 | 需要合适的实验条件和必要的基础数据。无法采用方法1而精度要求又高，应选用此法 |
| 3 | 类比调查法 | 半定量性质 | 时间限制短，无法取得参数、数据，不能采用方法1、2时可选用此法 |
| 4 | 专业判断法 | 定性反映环境影响 | 某些项目评价难以定量时或上述3种方法不能采用时，可选用此法 |

对于大型建设项目，当其建设阶段的噪声、振动、地面水、大气、土壤等的影响程度较重且影响时间较长时，应进行建设阶段的影响预测。矿山开发等建设项目应预测服务期满后即退役期的环境影响。

在进行环境影响预测时，应充分考虑环境自净能力。一般情况应该考虑两个时段，即自净能力最差时段和自净能力一般时段。如果评价时间较短，评价工作等级又较低时，可以只预测环境自净能力最差时段。

3. 预测的范围和内容

(1)预测的范围

1)预测范围的大小、边界等取决于评价工作的等级、工程和环境的特性。一般情况下，预测范围等于或略小于现状调查的范围，其具体规定参阅各单项环境要素影响评价的技术导则。

2)在预测范围内应适当设置预测点，通过这些预测点所受的环境影响，由点及面反映预测范围内的环境影响。预测点的数量与位置，因工程和环境的特点、当地的环保要求及评价工作的等级而不同。

(2)预测的内容

预测内容主要是对选定的污染因子进行环境影响预测。污染因子包括两类：一类是常规污染因子；另一类是特征污染因子。前者反映建设项目对环境的一般污染状况，后者反映建设项目对环境的特殊污染状况。各评价项目应预测的环境要素及其污染因子的类别和数目，与评价工作等级、工程和环境的特性及当地的环保要求有关。

# 第五节　环境影响报告书的编制

## 一、环境影响报告书编制原则

环境影响报告书是环境影响评价工作的最终成果，是环境影响评价项目的重要技术文件。在编写时应遵循下列原则。

1）报告书应全面、客观、公正地反映环境影响评价的全部工作。评价内容较多时，重点评价内容和技术问题应另编专题报告书。

2）报告书文字应简洁、准确，图表清晰，论点明确。

3）报告书撰写深度应根据建设项目特点及评价工作等级确定。

## 二、环境影响报告书编制基本要求

环境影响报告书的编写要满足以下基本要求。

1）报告书总体编排结构应符合《建设项目环境保护管理条例》要求，内容全面，重点突出，实用性强。

2）基础数据可靠，对不同来源的同一参数，数据出现不同时应进行核实。

3）预测模式及参数选择合理，要选择应用条件和项目环境条件相近的模式。模式参数选择也应与环境条件相适应。

4）结论明确、客观、可信。结论中必须对建设项目的可行性、选址的合理性作出明确的回答，不能模棱两可。结论必须以报告书中客观的论证为依据，不能带有感情色彩。

5）报告书中应有评价资格证书，编制人员署名。报告书编制人员按行政总负责人、技术总负责人、技术审核人、项目总负责人，依次署名盖章。

## 三、环境影响报告书的内容

依据《中华人民共和国环境影响评价法》第十七条和《建设项目环境保护管理条例》第八条的规定，环境影响报告书应当包含以下基本内容：

1）建设项目概况。

2）建设项目周围环境现状。

3）建设项目对环境可能造成的影响的分析、预测和评估。

4）建设项目环境保护措施及其技术、经济论证。

5）建设项目对环境影响的经济损益分析。

6）对建设项目实施环境监测的建议。

7)环境影响评价的结论。

报告书在上述法定内容基础上,根据项目具体情况可增加补充相应内容。“公众参与”章节是报告书必有的部分。涉及水土保持的建设项目,还必须有经水行政主管部门审查同意的水土保持方案。

环境影响报告表和环境影响登记表的内容和格式,由国务院环境保护行政主管部门制定。

# 第三章　环境影响评价法律法规与标准体系

## 第一节　法律法规与标准体系的构成

### 一、法律法规体系的构成

目前，中国环境影响评价法规体系是由法律、国务院行政法规、政府部门规章、地方性法规、环境标准、环境保护国际条约等内容组成，如图 3－1 所示。

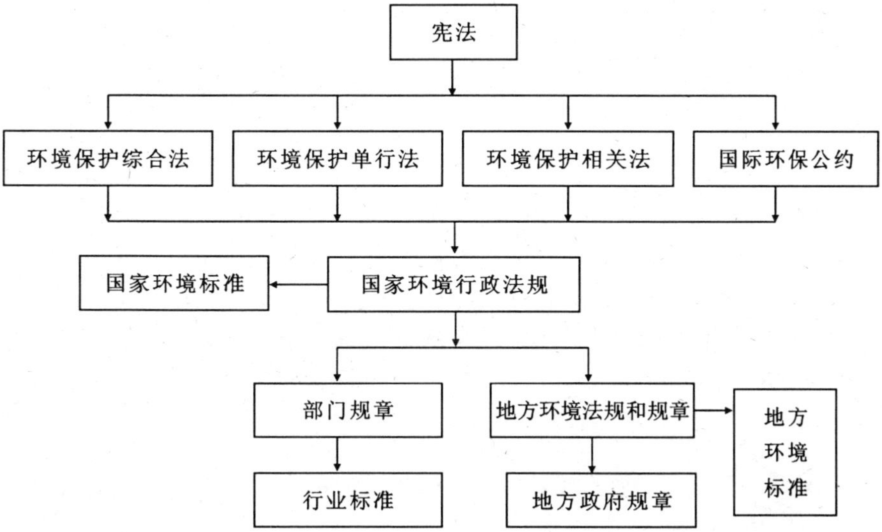


图 3－1　环境影响评价法规体系

在环境影响评价法律法规构成体系中，宪法处于第一层次，对一切法律法规的编制具有指导作用；环保综合法、单行法、相关法和国际环保公约处于第二层次；国务院行政法规处于第三层次；部门规章、地方环境法规和规章处于第四层次。地方环境法规和规章的制定不能与国家相关法规相违背。

在执行和引用环境影响评价法律法规时，应遵循如下 3 条原则：一是“后法大于前法”原则；二是地方法规严于国家法规时，优先采用地方法规原则；三是签约国际环保公约优先原则。

### 二、环境保护标准体系的构成

国家标准是指由国家标准化主管机构批准发布，且在全国范围内统一执行的标准。按照《中华人民共和国标准化法》的规定，我国标准分为国家标准(GB)、行业标准(GB/T)、地方标准(DB)、企业标准(QB)4 级。

环境保护标准按级别也分为 4 级标准，即国家标准、行业标准(部门标准)、地方标准、企业标准。环境保护标准按类别分为 5 类：基础标准、标准样品标准、监测方法标准、污染物排放标准、环境质量标准。

标准是一种动态信息，国家标准的年限一般为 5 年。随着技术的发展，环境保护标准也要不断修订和完善。在执行标准时，无论国家标准和地方标准、先期颁布的标准和后期颁布的标准，均按较严格的标准执行，国家相关法规另行规定的除外。

## 第二节　《建设项目环境保护管理条例》与《中华人民共和国环境影响评价法》

《建设项目环境保护管理条例》已于 1998 年 11 月 18 日国务院第 10 次常务会议通过，通过之日起开始执行。《中华人民共和国环境影响评价法》(以下简称《环境影响评价法》)已于 2002 年 10 月 28 日第九届全国人民代表大会常务委员会第三十次会议通过，自 2003 年 9 月 1 日起施行。

环境影响评价法的颁布为环境影响评价工作提供了法律保证，是我国环境影响评价领域的里程碑，具有重要的现实意义。

### 一、《环境影响评价法》与《建设项目环境保护管理条例》结构对比

《环境影响评价法》是在《建设项目环境保护管理条例》基础上充实和完善的成果，两者有许多相近之处，应对比学习掌握。

《建设项目环境保护管理条例》主要内容：

第一章　总　则

第二章　环境影响评价

第三章　环境保护设施建设

第四章　法律责任

第五章　附　则

《环境影响评价法》主要内容：

第一章　总　则

第二章　规划的环境影响评价

第三章　建设项目的环境影响评价

第四章　法律责任

第五章　附　则

《环境影响评价法》与《建设项目环境保护管理条例》第一、四、五章内容基本相同，《环境影响评价法》的第三章与《建设项目环境保护管理条例》的第二章对应，《环境影响评价法》增加了第二章“规划环境影响评价”，《建设项目环境保护管理条例》独有第三章“环境保护设施建设”。

在法律条文执行中，优先执行《环境影响评价法》，在《环境影响评价法》中未涉及内容，参照《建设项目环境保护管理条例》执行。

## 二、《环境影响评价法》主要内容

1. 第一章　总　则

(1)制定本法的目的

**第一条**　为了实施可持续发展战略，预防因规划和建设项目实施后对环境造成不良影响，促进经济、社会和环境的协调发展，制定本法。

(2)环境影响评价法律定义

**第二条**　本法所称环境影响评价，是指对规划和建设项目实施后可能造成的环境影响进行分析、预测和评估，提出预防或者减轻不良环境影响的对策和措施，进行跟踪监测的方法与制度。

(3)法律适用范围

**第三条**　编制本法第九条所规定的范围内的规划，在中华人民共和国领域和中华人民共和国管辖的其他海域内建设对环境有影响的项目，应当依照本法进行环境影响评价。

(4)环境影响评价基本原则

**第四条**　环境影响评价必须客观、公开、公正，综合考虑规划或者建设项目实施后对各种环境因素及其所构成的生态系统可能造成的影响，为决策提供科学依据。

2. 第二章　规划环境影响评价

(1)规划环境影响评价的范围和内容

**第七条**　国务院有关部门、设区的市级以上地方人民政府及其有关部门，对其组织编制的土地利用的有关规划，区域、流域、海域的建设、开发利用规划，应当在规划编制过程中组织进行环境影响评价，编写该规划有关环境影响的篇章或者说明。

规划有关环境影响的篇章或者说明，应当对规划实施后可能造成的环境影响作出分析、预测和评估，提出预防或者减轻不良环境影响的对策和措施，作为规划草案的组成部分一并报送规划审批机关。

未编写有关环境影响的篇章或者说明的规划草案，审批机关不予审批。

**第八条**　国务院有关部门、设区的市级以上地方人民政府及其有关部门，对其组织编制的工业、农业、畜牧业、林业、能源、水利、交通、城市建设、旅游、自然资源开发的有关专项规划（以下简称专项规划），应当在该专项规划草案上报审批前，组织进行环境影响评价，并向审批该专项规划的机关提出环境影响报告书。

前款所列专项规划中的指导性规划，按照本法第七条的规定进行环境影响评价。

**第十条**　专项规划的环境影响报告书应当包括下列内容：

1)实施该规划对环境可能造成影响的分析、预测和评估。

2)预防或者减轻不良环境影响的对策和措施。

3)环境影响评价的结论。

(2)规划环境影响评价的审批

**第十二条**　专项规划的编制机关在报批规划草案时，应当将环境影响报告书一并附送审批机关审查；未附送环境影响报告书的，审批机关不予审批。

**第十三条**　设区的市级以上人民政府在审批专项规划草案，作出决策前，应当先由人民政府指定的环境保护行政主管部门或者其他部门召集有关部门代表和专家组成审查小组，对环境影响报告书进行审查。审查小组应当提出书面审查意见。

**第十四条**　设区的市级以上人民政府或者省级以上人民政府有关部门在审批专项规划草案时，应当将环境影响报告书结论以及审查意见作为决策的重要依据。

在审批中未采纳环境影响报告书结论以及审查意见的，应当作出说明，并存档备查。

3. 第三章　建设项目的环境影响评价

(1)环境影响评价管理模式

**第十六条**　国家根据建设项目对环境的影响程度，对建设项目的环境影响评价实行分类管理。

2008年环保部颁布了《建设项目环境影响评价分类管理目录》，原《建设项目环境保护分类管理名录》（国家环境保护总局令第14号）同时废止。新的分类管理目录要点如下：

——建设单位应当按照本名录的规定，分别组织编制环境影响报告书、环境影响报告表或者填报环境影响登记表。

——建设项目所处环境的敏感性质和敏感程度，是确定建设项目环境影响评价类别的重要依据。

——跨行业、复合型建设项目，其环境影响评价类别按其中单项等级最高的确定。

——环境敏感区：是指依法设立的各级各类自然、文化保护地，以及对建设项目的某类污染因子或者生态影响因子特别敏感的区域，主要包括：

1)自然保护区、风景名胜区、世界文化和自然遗产地、饮用水水源保护区。

2)基本农田保护区、基本草原、森林公园、地质公园、重要湿地、天然林、珍稀濒危野生动植物天然集中分布区、重要水生生物的自然产卵场及索饵场、越冬场和洄游通道、天然渔场、资源性缺水地区、水土流失重点防治区、沙化土地封禁保护区、封闭及半封闭海域、富营养化水域。

3)以居住、医疗卫生、文化教育、科研、行政办公等为主要功能的区域，文物保护单位，具有特殊历史、文化、科学、民族意义的保护地。

(2)环境影响评价文件的分类

建设单位应当按照下列规定组织编制环境影响报告书、环境影响报告表或者填报环境影响登记表(统称环境影响评价文件)：

1)可能造成重大环境影响的项目，应当编制环境影响报告书，对产生的环境影响进行全面评价。

2)可能造成轻度环境影响的项目，应当编制环境影响报告表，对产生的环境影响进行分析或者专项评价。

3)对环境影响很小、不需要进行环境影响评价的项目，应当填报环境影响登记表。

(3)建设项目环境影响评价与规划环境影响评价避免重复的规定

**第十八条**　建设项目的环境影响评价，应当避免与规划的环境影响评价相重复。作为一项整体建设项目的规划，按照建设项目进行环境影响评价。已经进行了环境影响评价的规划所包含的具体建设项目，其环境影响评价内容可以简化。

(4)环境影响评价资质管理规定

**第十九条**　接受委托为建设项目环境影响评价提供技术服务的机构，应当经国务院环境保护行政主管部门考核审查合格后，颁发资质证书，按照资质证书规定的等级和评价范围，从事环境影响评价服务，并对评价结论负责。为建设项目环境影响评价提供技术服务的机构的资质条件和管理办法，由国务院环境保护行政主管部门制定。

**第二十条**　环境影响评价文件中的环境影响报告书或者环境影响报告表，应当由具有相应环境影响评价资质的机构编制。

任何单位和个人不得为建设单位指定对其建设项目进行环境影响评价的机构。

2005年原国家环境保护总局颁布了《建设项目环境影响评价资质管理办法》，自2006年1月1日起施行。要点如下：

——评价资质分为甲、乙两个等级。资质证书在全国范围内使用，有效期为4年。

——环境影响评价范围分为环境影响报告书的11个小类和环境影响报告表的2个小类，其划分见表3-1。

**表3-1　环境影响评价资质的评价范围划分**

| | 环境影响报告书 | 环境影响报告表 |
|---|---|---|
| 评价范围 | 1.轻工纺织化纤；2.化工石油医药；3.冶金机电；4.建材火电；5.农林水利；6.采掘；7.交通运输；8.社会区域；9.海洋工程；10.输变电及广电通讯；11.核工业 | 1.一般项目环境影响报告表；2.特殊项目环境影响报告表 |

——甲级评价机构应当具备下列条件：

1)企业或事业法人，具有固定的工作场所和工作条件，固定资产不少于1 000万元，其中企业法人工商注册资金不少于300万元。

2)具备20名以上环境影响评价专职技术人员，其中至少有10名环境影响评价工程师，其他人员应当取得环境影响评价上岗证书。评价范围包括核工业类的，专职技术人员中还应当至少有3名注册于该机构的核安全工程师。

3)评价范围内的每个类别应当配备至少3名相应类别的注册工程师，且至少2人主持编制过相应类别省级以上环境影响报告书。

4)环境影响报告表评价范围内的特殊项目环境影响报告表类别是指输变电及广电通讯、核工业3类，应当配备至少1名相应类别的环境影响评价工程师。

5)近3年内主持编制过至少5项省级以上环境保护行政主管部门负责审批的环境影响报告书。

——乙级评价机构应当具备下列条件：

1)企业或事业法人，具有固定的工作场所和工作条件，固定资产不少于200万元，企业法人工商注册资金不少于50万元。其中，评价范围为环境影响报告表的评价机构，固定资产不少于100万元，企业法人工商注册资金不少于30万元。

2)具备12名以上环境影响评价专职技术人员，其中至少有6名环境影响评价工程师，其他人员应当取得环境影响评价上岗证书。评价范围包括核工业类的，专职技术人员中还应当至少有2名注册于该机构的核安全工程师。

3)评价范围为环境影响报告表的评价机构，应当具备8名以上环境影响评价专职技术人员，其中至少有2名环境影响评价工程师，其他人员应当取得环境影响评价上岗证书。

4)评价范围内的每个类别应当配备至少2名相应类别的环境影响评价工程

师，且至少 1 人主持编制过相应类别的环境影响报告书。

5)环境影响报告表评价范围内的特殊项目环境影响报告表类别，应当配备至少 1 名相应类别的环境影响评价工程师。

(5)公众参与

**第二十一条**　除国家规定需要保密的情形外，对环境可能造成重大影响、应当编制环境影响报告书的建设项目，建设单位应当在报批建设项目环境影响报告书前，举行论证会、听证会，或者采取其他形式，征求有关单位、专家和公众的意见。

建设单位报批的环境影响报告书应当附具对有关单位、专家和公众的意见采纳或者不采纳的说明。

(6)环境影响评价报告的审批

**第二十二条**　建设项目的环境影响评价文件，由建设单位按照国务院的规定报有审批权的环境保护行政主管部门审批；建设项目有行业主管部门的，其环境影响报告书或者环境影响报告表应当经行业主管部门预审后，报有审批权的环境保护行政主管部门审批。

海洋工程建设项目的海洋环境影响报告书的审批，依照《中华人民共和国海洋环境保护法》的规定办理。

审批部门应当自收到环境影响报告书之日起 60 日内，收到环境影响报告表之日起 30 日内，收到环境影响登记表之日起 15 日内，分别作出审批决定并书面通知建设单位。

预审、审核、审批建设项目环境影响评价文件，不得收取任何费用。

**第二十三条**　国务院环境保护行政主管部门负责审批下列建设项目的环境影响评价文件：

1)核设施、绝密工程等特殊性质的建设项目。

2)跨省、自治区、直辖市行政区域的建设项目。

3)由国务院审批的或者由国务院授权有关部门审批的建设项目。

前款规定以外的建设项目的环境影响评价文件的审批权限，由省、自治区、直辖市人民政府规定。

建设项目可能造成跨行政区域的不良环境影响，有关环境保护行政主管部门对该项目的环境影响评价结论有争议的，其环境影响评价文件由共同的上一级环境保护行政主管部门审批。

(7)关于重新报批、重新审核的规定

**第二十四条**　建设项目的环境影响评价文件经批准后，建设项目的性质、规模、地点、采用的生产工艺或者防治污染、防止生态破坏的措施发生重大变动的，建设单位应当重新报批建设项目的环境影响评价文件。

建设项目的环境影响评价文件自批准之日起超过5年，方决定该项目开工建设的，其环境影响评价文件应当报原审批部门重新审核；原审批部门应当自收到建设项目环境影响评价文件之日起10日内，将审核意见书面通知建设单位。

(8)关于环境影响后评价的规定

**第二十七条** 在项目建设、运行过程中产生不符合经审批的环境影响评价文件的情形的，建设单位应当组织环境影响的后评价，采取改进措施，并报原环境影响评价文件审批部门和建设项目审批部门备案；原环境影响评价文件审批部门也可以责成建设单位进行环境影响的后评价，采取改进措施。

4. 第四章 法律责任

(1)规划环境影响评价编制、审批机关的法律责任

**第二十九条** 规划编制机关违反本法规定，组织环境影响评价时弄虚作假或者有失职行为，造成环境影响评价严重失实的，对直接负责的主管人员和其他直接责任人员，由上级机关或者监察机关依法给予行政处分。

**第三十条** 规划审批机关对依法应当编写有关环境影响的篇章或者说明而未编写的规划草案，依法应当附送环境影响报告书而未附送的专项规划草案，违法予以批准的，对直接负责的主管人员和其他直接责任人员，由上级机关或者监察机关依法给予行政处分。

(2)建设项目环境影响评价建设单位、审批机关的法律责任

**第三十一条** 建设单位未依法报批建设项目环境影响评价文件，或者未依照本法第二十四条的规定重新报批或者报请重新审核环境影响评价文件，擅自开工建设的，由有权审批该项目环境影响评价文件的环境保护行政主管部门责令停止建设，限期补办手续；逾期不补办手续的，可以处5万元以上、20万元以下的罚款，对建设单位直接负责的主管人员和其他直接责任人员，依法给予行政处分。

建设项目环境影响评价文件未经批准或者未经原审批部门重新审核同意，建设单位擅自开工建设的，由有权审批该项目环境影响评价文件的环境保护行政主管部门责令停止建设，可以处5万元以上、20万元以下的罚款，对建设单位直接负责的主管人员和其他直接责任人员，依法给予行政处分。

海洋工程建设项目的建设单位有前两款所列违法行为的，依照《中华人民共和国海洋环境保护法》的规定处罚。

**第三十二条** 建设项目依法应当进行环境影响评价而未评价，或者环境影响评价文件未经依法批准，审批部门擅自批准该项目建设的，对直接负责的主管人员和其他直接责任人员，由上级机关或者监察机关依法给予行政处分；构成犯罪的，依法追究刑事责任。

**第三十四条** 负责预审、审核、审批建设项目环境影响评价文件的部门在审批

中收取费用的，由其上级机关或者监察机关责令退还；情节严重的，对直接负责的主管人员和其他直接责任人员依法给予行政处分。

**第三十五条**　环境保护行政主管部门或者其他部门的工作人员徇私舞弊，滥用职权，玩忽职守，违法批准建设项目环境影响评价文件的，依法给予行政处分；构成犯罪的，依法追究刑事责任。

(3)环境影响评价机构的法律责任

**第三十三条**　接受委托为建设项目环境影响评价提供技术服务的机构在环境影响评价工作中不负责任或者弄虚作假，致使环境影响评价文件失实的，由授予环境影响评价资质的环境保护行政主管部门降低其资质等级或者吊销其资质证书，并处所收费用 1 倍以上、3 倍以下的罚款；构成犯罪的，依法追究刑事责任。

## 三、《建设项目环境保护管理条例》主要内容

《建设项目环境保护管理条例》与《环境影响评价法》在大多数章节上有相似之处，但《建设项目环境保护管理条例》第三章“环境保护设施建设”是独有章节，主要内容如下：

(1)关于建设项目“三同时”的规定

**第十六条**　建设项目需要配套建设的环境保护设施，必须与主体工程同时设计、同时施工、同时投产使用。

(2)关于建设项目初步设计有关环境保护的规定

**第十七条**　建设项目的初步设计，应当按照环境保护设计规范的要求，编制环境保护篇章，并依据经批准的建设项目环境影响报告书或者环境影响报告表，在环境保护篇章中落实防治环境污染和生态破坏的措施以及环境保护设施投资概算。

(3)关于建设项目试生产中环保设施的规定

**第十八条**　建设项目的主体工程完工后，需要进行试生产的，其配套建设的环境保护设施必须与主体工程同时投入试运行。

**第十九条**　建设项目试生产期间，建设单位应当对环境保护设施运行情况和建设项目对环境的影响进行监测。

(4)关于建设项目竣工环保设施验收规定

**第二十条**　建设项目竣工后，建设单位应当向审批该建设项目环境影响报告书、环境影响报告表或者环境影响登记表的环境保护行政主管部门，申请该建设项目需要配套建设的环境保护设施竣工验收。

环境保护设施竣工验收，应当与主体工程竣工验收同时进行。需要进行试生产的建设项目，建设单位应当自建设项目投入试生产之日起 3 个月内，向审批该建设项目环境影响报告书、环境影响报告表或者环境影响登记表的环境保护行政主

管部门，申请该建设项目需要配套建设的环境保护设施竣工验收。

**第二十一条**　分期建设、分期投入生产或者使用的建设项目，其相应的环境保护设施应当分期验收。

**第二十二条**　环境保护行政主管部门应当自收到环境保护设施竣工验收申请之日起 30 日内，完成验收。

**第二十三条**　建设项目需要配套建设的环境保护设施经验收合格，该建设项目方可正式投入生产或者使用。

## 第三节　环境影响评价相关法律法规

本节主要介绍环境影响评价相关法律法规、政策等知识，提高环境影响评价工作人员在环境影响评价及相关业务工作中正确理解、执行国家法律法规和政策的能力。

### 一、《中华人民共和国水污染防治法》

《中华人民共和国水污染防治法》已由中华人民共和国第十届全国人民代表大会常务委员会第三十二次会议于 2008 年 2 月 28 日修订通过，自 2008 年 6 月 1 日起施行。

1. 本法适用范围的规定

本法适用于中华人民共和国领域内的江河、湖泊、运河、渠道、水库等地表水体以及地下水体的污染防治。

海洋污染防治适用《中华人民共和国海洋环境保护法》。

2. 水污染防治原则的有关规定

**第三条**　水污染防治应当坚持"预防为主、防治结合、综合治理"的原则，优先保护饮用水水源，严格控制工业污染、城镇生活污染，防治农业面源污染，积极推进生态治理工程建设，预防、控制和减少水环境污染和生态破坏。

3. 排放水污染物不得超过国家和地方规定的水污染物排放标准和水污染物排放实行总量控制制度的规定

**第九条**　排放水污染物，不得超过国家或者地方规定的水污染物排放标准和重点水污染物排放总量控制指标。

**第十八条**　国家对重点水污染物排放实施总量控制制度。

省、自治区、直辖市人民政府应当按照国务院的规定削减和控制本行政区域的重点水污染物排放总量，并将重点水污染物排放总量控制指标分解落实到市、县人民政府。市、县人民政府根据本行政区域重点水污染物排放总量控制指标的要求，将重点水污染物排放总量控制指标分解落实到排污单位。具体办法和实施步骤由国务院规定。

省、自治区、直辖市人民政府可以根据本行政区域水环境质量状况和水污染防治工作的需要，确定本行政区域实施总量削减和控制的重点水污染物。

对超过重点水污染物排放总量控制指标的地区，有关人民政府环境保护主管部门应当暂停审批新增重点水污染物排放总量的建设项目的环境影响评价文件。

**第十九条** 国务院环境保护主管部门对未按照要求完成重点水污染物排放总量控制指标的省、自治区、直辖市予以公布。省、自治区、直辖市人民政府环境保护主管部门对未按照要求完成重点水污染物排放总量控制指标的市、县予以公布。

县级以上人民政府环境保护主管部门对违反本法规定、严重污染水环境的企业予以公布。

4.新建、扩建、改建直接或间接向水体排放污染物的建设项目和其他水上设施环境影响评价的有关规定

**第十三条** 新建、扩建、改建直接或者间接向水体排放污染物的建设项目和其他水上设施，必须遵守国家有关建设项目环境保护管理的规定。

建设项目的环境影响报告书，必须对建设项目可能产生的水污染和对生态环境的影响作出评价，规定防治的措施，按照规定的程序报经有关环境保护部门审查批准。在运河、渠道、水库等水利工程内设置排污口，应当经过有关水利工程管理部门同意。

建设项目中防治水污染的设施，必须与主体工程同时设计，同时施工，同时投产使用。防治水污染的设施必须经过环境保护部门检验，达不到规定要求的，该建设项目不准投入生产或者使用。

环境影响报告书中，应当有该建设项目所在地单位和居民的意见。

5.禁止私设暗管或者采取其他规避监管的方式排放水污染物的有关规定

**第二十二条** 向水体排放污染物的企业事业单位和个体工商户，应当按照法律、行政法规和国务院环境保护主管部门的规定设置排污口；在江河、湖泊设置排污口的，还应当遵守国务院水行政主管部门的规定。

禁止私设暗管或者采取其他规避监管的方式排放水污染物。

6.对企业事业单位和个体工商户排放污染物的规定

**第二十一条** 直接或者间接向水体排放污染物的企业事业单位和个体工商户，应当按照国务院环境保护主管部门的规定，向县级以上地方人民政府环境保护主管部门申报登记拥有的水污染物排放设施、处理设施和在正常作业条件下排放水污染物的种类、数量和浓度，并提供防治水污染方面的有关技术资料。

企业事业单位和个体工商户排放水污染物的种类、数量和浓度有重大改变的，

应当及时申报登记;其水污染物处理设施应当保持正常使用;拆除或者闲置水污染物处理设施的,应当事先报县级以上地方人民政府环境保护主管部门批准。

**第二十二条** 向水体排放污染物的企业事业单位和个体工商户,应当按照法律、行政法规和国务院环境保护主管部门的规定设置排污口;在江河、湖泊设置排污口的,还应当遵守国务院水行政主管部门的规定。

7. 水污染防治措施的一般规定

**第二十九条** 禁止向水体排放油类、酸液、碱液或者剧毒废液。禁止在水体清洗装贮过油类或者有毒污染物的车辆和容器。

**第三十条** 禁止向水体排放、倾倒放射性固体废物或者含有高放射性和中放射性物质的废水。

向水体排放含低放射性物质的废水,应当符合国家有关放射性污染防治的规定和标准。

**第三十一条** 向水体排放含热废水,应当采取措施,保证水体的水温符合水环境质量标准。

**第三十二条** 含病原体的污水应当经过消毒处理;符合国家有关标准后,方可排放。

**第三十三条** 禁止向水体排放、倾倒工业废渣、城镇垃圾和其他废弃物。

禁止将含有汞、镉、砷、铬、铅、氰化物、黄磷等的可溶性剧毒废渣向水体排放、倾倒或者直接埋入地下。

存放可溶性剧毒废渣的场所,应当采取防水、防渗漏、防流失的措施。

**第三十四条** 禁止在江河、湖泊、运河、渠道、水库最高水位线以下的滩地和岸坡堆放、存贮固体废弃物和其他污染物。

**第三十五条** 禁止利用渗井、渗坑、裂隙和溶洞排放、倾倒含有毒污染物的废水、含病原体的污水和其他废弃物。

**第三十六条** 禁止利用无防渗漏措施的沟渠、坑塘等输送或者存贮含有毒污染物的废水、含病原体的污水和其他废弃物。

**第三十七条** 多层地下水的含水层水质差异大的,应当分层开采;对已受污染的潜水和承压水,不得混合开采。

**第三十八条** 兴建地下工程设施或者进行地下勘探、采矿等活动,应当采取防护性措施,防止地下水污染。

**第三十九条** 人工回灌补给地下水,不得恶化地下水质。

8. 有关工业水污染防治的规定

**第四十条** 国务院有关部门和县级以上地方人民政府应当合理规划工业布局,要求造成水污染的企业进行技术改造,采取综合防治措施,提高水的重复利用率，减少废水和污染物排放量。

**第四十一条**　国家对严重污染水环境的落后工艺和设备实行淘汰制度。

国务院经济综合宏观调控部门会同国务院有关部门，公布限期禁止采用的严重污染水环境的工艺名录和限期禁止生产、销售、进口、使用的严重污染水环境的设备名录。

生产者、销售者、进口者或者使用者应当在规定的期限内停止生产、销售、进口或者使用列入前款规定的设备名录中的设备。工艺的采用者应当在规定的期限内停止采用列入前款规定的工艺名录中的工艺。

依照本条第二款、第三款规定被淘汰的设备，不得转让给他人使用。

9.对城镇水污染防治工作的规定

**第四十四条**　城镇污水应当集中处理。

县级以上地方人民政府应当通过财政预算和其他渠道筹集资金，统筹安排建设城镇污水集中处理设施及配套管网，提高本行政区域城镇污水的收集率和处理率。国务院建设主管部门应当会同国务院经济综合宏观调控、环境保护主管部门，根据城乡规划和水污染防治规划，组织编制全国城镇污水处理设施建设规划。县级以上地方人民政府组织建设、经济综合宏观调控、环境保护、水行政等部门编制本行政区域的城镇污水处理设施建设规划。

县级以上地方人民政府建设主管部门应当按照城镇污水处理设施建设规划，组织建设城镇污水集中处理设施及配套管网，并加强对城镇污水集中处理设施运营的监督管理。

城镇污水集中处理设施的运营单位按照国家规定向排污者提供污水处理的有偿服务，收取污水处理费用，保证污水集中处理设施的正常运行。向城镇污水集中处理设施排放污水、缴纳污水处理费用的，不再缴纳排污费。收取的污水处理费用应当用于城镇污水集中处理设施的建设和运行，不得挪作他用。

城镇污水集中处理设施的出水水质达到国家或者地方规定的水污染物排放标准的，可以按照国家有关规定免缴排污费。

城镇污水集中处理设施的运营单位，应当对城镇污水集中处理设施的出水水质负责。

环境保护主管部门应当对城镇污水集中处理设施的出水水质和水量进行监督检查。

10.农业和农村水污染防治

**第四十七条**　使用农药，应当符合国家有关农药安全使用的规定和标准。

运输、存贮农药和处置过期失效农药，应当加强管理，防止造成水污染。

**第五十一条**　向农田灌溉渠道排放工业废水和城镇污水，应当保证其下游最近的灌溉取水点的水质符合农田灌溉水质标准。

利用工业废水和城镇污水进行灌溉，应当防止污染土壤、地下水和农产品。

11. 饮用水源和其他特殊水体保护的有关规定

**第五十六条**　国家建立饮用水水源保护区制度。饮用水水源保护区分为一级保护区和二级保护区；必要时，可以在饮用水水源保护区外围划定一定的区域作为准保护区。

饮用水水源保护区的划定，由有关市、县人民政府提出划定方案，报省、自治区、直辖市人民政府批准；跨市、县饮用水水源保护区的划定，由有关市、县人民政府协商提出划定方案，报省、自治区、直辖市人民政府批准；协商不成的，由省、自治区、直辖市人民政府环境保护主管部门会同同级水行政、国土资源、卫生、建设等部门提出划定方案，征求同级有关部门的意见后，报省、自治区、直辖市人民政府批准。

跨省、自治区、直辖市的饮用水水源保护区，由有关省、自治区、直辖市人民政府协商有关流域管理机构划定；协商不成的，由国务院环境保护主管部门会同同级水行政、国土资源、卫生、建设等部门提出划定方案，征求国务院有关部门的意见后，报国务院批准。

国务院和省、自治区、直辖市人民政府可以根据保护饮用水水源的实际需要，调整饮用水水源保护区的范围，确保饮用水安全。有关地方人民政府应当在饮用水水源保护区的边界设立明确的地理界标和明显的警示标志。

**第五十七条**　在饮用水水源保护区内，禁止设置排污口。

**第五十八条**　禁止在饮用水水源一级保护区内新建、改建、扩建与供水设施和保护水源无关的建设项目；已建成的与供水设施和保护水源无关的建设项目，由县级以上人民政府责令拆除或者关闭。

禁止在饮用水水源一级保护区内从事网箱养殖、旅游、游泳、垂钓或者其他可能污染饮用水水体的活动。

**第五十九条**　禁止在饮用水水源二级保护区内新建、改建、扩建排放污染物的建设项目；已建成的排放污染物的建设项目，由县级以上人民政府责令拆除或者关闭。

在饮用水水源二级保护区内从事网箱养殖、旅游等活动的，应当按照规定采取措施，防止污染饮用水水体。

**第六十条**　禁止在饮用水水源准保护区内新建、扩建对水体污染严重的建设项目；改建建设项目，不得增加排污量。

**第六十一条**　县级以上地方人民政府应当根据保护饮用水水源的实际需要，在准保护区内采取工程措施或者建造湿地、水源涵养林等生态保护措施，防止水污染物直接排入饮用水水体，确保饮用水安全。

**第六十二条**　饮用水水源受到污染可能威胁供水安全的，环境保护主管部门应当责令有关企业事业单位采取停止或者减少排放水污染物等措施。

**第六十三条**　国务院和省、自治区、直辖市人民政府根据水环境保护的需要，可以规定在饮用水水源保护区内，采取禁止或者限制使用含磷洗涤剂、化肥、农药以及限制种植养殖等措施。

**第六十四条**　县级以上人民政府可以对风景名胜区水体、重要渔业水体和其他具有特殊经济文化价值的水体划定保护区，并采取措施，保证保护区的水质符合规定用途的水环境质量标准。

**第六十五条**　在风景名胜区水体、重要渔业水体和其他具有特殊经济文化价值的水体的保护区内，不得新建排污口。在保护区附近新建排污口，应当保证保护区水体不受污染。

12. 生活饮用水源保护区执行标准的规定

《中华人民共和国水污染防治法实施细则》第二十一条：生活饮用水地表水源一级保护区内的水质，适用国家《地面水环境质量标准》Ⅱ类标准；二级保护区内的水质，适用国家《地面水环境质量标准》Ⅲ类标准。

生活饮用水地下水源保护区的水质，适用国家《地下水质标准》Ⅱ类标准。

13. 对水污染事故处置的规定

**第六十七条**　可能发生水污染事故的企业事业单位，应当制定有关水污染事故的应急方案，做好应急准备，并定期进行演练。

生产、储存危险化学品的企业事业单位，应当采取措施，防止在处理安全生产事故过程中产生的可能严重污染水体的消防废水、废液直接排入水体。

**第六十八条**　企业事业单位发生事故或者其他突发性事件，造成或者可能造成水污染事故的，应当立即启动本单位的应急方案，采取应急措施，并向事故发生地的县级以上地方人民政府或者环境保护主管部门报告。环境保护主管部门接到报告后，应当及时向本级人民政府报告，并抄送有关部门。

造成渔业污染事故或者渔业船舶造成水污染事故的，应当向事故发生地的渔业主管部门报告，接受调查处理。其他船舶造成水污染事故的，应当向事故发生地的海事管理机构报告，接受调查处理；给渔业造成损害的，海事管理机构应当通知渔业主管部门参与调查处理。

## 二、《中华人民共和国大气污染防治法》

《中华人民共和国大气污染防治法》已由中华人民共和国第九届全国人民代表大会常务委员会第十五次会议于 2000 年 4 月 29 日修订通过，自 2000 年 9 月 1 日起施行。

1.大气污染物排放管理的规定

**第十二条** 向大气排放污染物的单位，必须按照国务院环境保护行政主管部门的规定向所在地的环境保护行政主管部门申报拥有的污染物排放设施、处理设施和在正常作业条件下排放污染物的种类、数量、浓度，并提供防治大气污染方面的有关技术资料。

前款规定的排污单位排放大气污染物的种类、数量、浓度有重大改变的，应当及时申报；其大气污染物处理设施必须保持正常使用，拆除或者闲置大气污染物处理设施的，必须事先报经所在地的县级以上地方人民政府环境保护行政主管部门批准。

2.大气污染物排放总量控制的规定

**第十五条** 国务院和省、自治区、直辖市人民政府对尚未达到规定的大气环境质量标准的区域和国务院批准划定的酸雨控制区、二氧化硫污染控制区，可以划定为主要大气污染物排放总量控制区。主要大气污染物排放总量控制的具体办法由国务院规定。

大气污染物总量控制区内有关地方人民政府依照国务院规定的条件和程序，按照公开、公平、公正的原则，核定企业事业单位的主要大气污染物排放总量，核发主要大气污染物排放许可证。

有大气污染物总量控制任务的企业事业单位，必须按照核定的主要大气污染物排放总量和许可证规定的排放条件排放污染物。

3.关于防治燃煤产生大气污染的规定

**第二十四条** 国家推行煤炭洗选加工，降低煤的硫分和灰分，限制高硫分、高灰分煤炭的开采。新建属于高硫分、高灰分的煤矿，必须建设配套的煤炭洗选设施，使煤炭中的含硫分、含灰分达到规定的标准。

对已建成属于高硫分、高灰分的煤矿，应当按照国务院批准的规划，限期建成配套的煤炭洗选设施。禁止开采含放射性和砷等有毒有害物质超过规定标准的煤炭。

**第二十五条** 国务院有关部门和地方各级人民政府应当采取措施，改进城市能源结构，推广清洁能源的生产和使用。

大气污染防治重点城市人民政府可以在本辖区内划定禁止销售、使用国务院环境保护行政主管部门规定的高污染燃料的区域。该区域内的单位和个人应当在当地人民政府规定的期限内停止燃用高污染燃料，改用天然气、液化石油气、电或者其他清洁能源。

**第三十条** 新建、扩建排放二氧化硫的火电厂和其他大中型企业，超过规定的污染物排放标准或者总量控制指标的，必须建设配套脱硫、除尘装置或者采取其他控制二氧化硫排放、除尘的措施。

**第三十一条**　在人口集中地区存放煤炭、煤矸石、煤渣、煤灰、砂石、灰土等物料，必须采取防燃、防尘措施，防止污染大气。

4.清洁生产的有关规定

国家鼓励和支持大气污染防治的科学技术研究，推广先进适用的大气污染防治技术；鼓励和支持开发、利用太阳能、风能、水能等清洁能源。

**第十九条**　企业应当优先采用能源利用效率高、污染物排放量少的清洁生产工艺，减少大气污染物的产生。

国家对严重污染大气环境的落后生产工艺和设备实行淘汰制度。国务院经济综合主管部门会同国务院有关部门公布限期禁止采用的严重污染大气环境的工艺名录和限期禁止生产、禁止销售、禁止进口、禁止使用的严重污染大气环境的设备名录。

生产者、销售者、进口者或者使用者必须在国务院经济综合主管部门会同国务院有关部门规定的期限内分别停止生产、销售、进口或者使用列入前款规定的名录中的设备。生产工艺的采用者必须在国务院经济综合主管部门会同国务院有关部门规定的期限内停止采用列入前款规定的名录中的工艺。

依照前两款规定被淘汰的设备，不得转让给他人使用。

5.不得制造、销售或者进口污染物排放超过规定排放标准的机动车船的规定

**第三十二条**　机动车船向大气排放污染物不得超过规定的排放标准。

任何单位和个人不得制造、销售或者进口污染物排放超过规定排放标准的机动车船。

**第三十三条**　在用机动车不符合污染物排放标准的，不得上路行驶。

省、自治区、直辖市人民政府规定对在用机动车实行新的污染物排放标准并对其进行改造的，须报经国务院批准。

机动车维修单位，应当按照防治大气污染的要求和国家有关技术规范进行维修，使在用机动车达到规定的污染物排放标准。

**第三十四条**　国家鼓励生产和消费使用清洁能源的机动车船。

国家鼓励和支持生产、使用优质燃料油，采取措施减少燃料油中有害物质对大气环境的污染。单位和个人应当按照国务院规定的期限，停止生产、进口、销售含铅汽油。

6.防治废气、粉尘和恶臭污染的有关规定

**第三十六条**　向大气排放粉尘的排污单位，必须采取除尘措施。

严格限制向大气排放含有毒物质的废气和粉尘；确需排放的，必须经过净化处理，不超过规定的排放标准。

**第三十七条** 工业生产中产生的可燃性气体应当回收利用，不具备回收利用条件而向大气排放的，应当进行防治污染处理。

向大气排放转炉气、电石气、电炉法黄磷尾气、有机烃类尾气的，须报经当地环境保护行政主管部门批准。

可燃性气体回收利用装置不能正常作业的，应当及时修复或者更新。在回收利用装置不能正常作业期间确需排放可燃性气体的，应当将排放的可燃性气体充分燃烧或者采取其他减轻大气污染的措施。

**第三十八条** 炼制石油、生产合成氨、煤气和燃煤焦化、有色金属冶炼过程中排放含有硫化物气体的，应当配备脱硫装置或者采取其他脱硫措施。

**第三十九条** 向大气排放含放射性物质的气体和气溶胶，必须符合国家有关放射性防护的规定，不得超过规定的排放标准。

**第四十条** 向大气排放恶臭气体的排污单位，必须采取措施防止周围居民区受到污染。

**第四十一条** 在人口集中地区和其他依法需要特殊保护的区域内，禁止焚烧沥青、油毡、橡胶、塑料、皮革、垃圾以及其他产生有毒有害烟尘和恶臭气体的物质。

禁止在人口集中地区、机场周围、交通干线附近以及当地人民政府划定的区域露天焚烧秸秆、落叶等产生烟尘污染的物质。

除前两款外，城市人民政府还可以根据实际情况，采取防治烟尘污染的其他措施。

**第四十二条** 运输、装卸、贮存能够散发有毒有害气体或者粉尘物质的，必须采取密闭措施或者其他防护措施。

**第四十四条** 城市饮食服务业的经营者，必须采取措施，防治油烟对附近居民的居住环境造成污染。

**第四十五条** 国家鼓励、支持消耗臭氧层物质替代品的生产和使用，逐步减少消耗臭氧层物质的产量，直至停止消耗臭氧层物质的生产和使用。

在国家规定的期限内，生产、进口消耗臭氧层物质的单位必须按照国务院有关行政主管部门核定的配额进行生产、进口。

## 三、《中华人民共和国固体废物污染环境防治法》

《中华人民共和国固体废物污染环境防治法》已由中华人民共和国第十届全国人民代表大会常务委员会第十三次会议于 2004 年 12 月 29 日修订通过，自 2005 年 4 月 1 日起施行。

1. 本法适用范围的规定

本法适用于中华人民共和国境内固体废物污染环境的防治。固体废物污染海洋环境的防治和放射性固体废物污染环境的防治不适用本法。

2. 固体废物、工业固体废物、生活垃圾、危险废物贮存、处置、利用的含义

1)固体废物：是指在生产、生活和其他活动中产生的丧失原有利用价值或者虽未丧失利用价值但被抛弃或者放弃的固态、半固态和置于容器中的气态物品、物质以及法律、行政法规规定纳入固体废物管理的物品、物质。

2)工业固体废物：是指在工业生产活动中产生的固体废物。

3)生活垃圾：是指在日常生活中或者为日常生活提供服务的活动中产生的固体废物以及法律、行政法规规定视为生活垃圾的固体废物。

4)危险废物：是指列入国家危险废物名录或者根据国家规定的危险废物鉴别标准和鉴别方法认定的具有危险特性的固体废物。

5)贮存：是指将固体废物临时置于特定设施或者场所中的活动。

6)处置：是指将固体废物焚烧和用其他改变固体废物的物理、化学、生物特性的方法，达到减少已产生的固体废物数量、缩小固体废物体积、减少或者消除其危险成份的活动；或者将固体废物最终置于符合环境保护规定要求的填埋场的活动。

7)利用：是指从固体废物中提取物质作为原材料或者燃料的活动。

3. 固体废物污染防治原则

(1)“减量化、资源化、无害化”原则

**第三条**　国家对固体废物污染环境的防治，实行减少固体废物的产生量和危害性、充分合理利用固体废物和无害化处置固体废物的原则，促进清洁生产和循环经济发展。

国家采取有利于固体废物综合利用活动的经济、技术政策和措施，对固体废物实行充分回收和合理利用。

国家鼓励、支持采取有利于保护环境的集中处置固体废物的措施，促进固体废物污染环境防治产业发展。

(2)“谁污染、谁治理”原则

**第五条**　国家对固体废物污染环境防治实行污染者依法负责的原则。产品的生产者、销售者、进口者、使用者对其产生的固体废物依法承担污染防治责任。

(3)全过程管理原则

**第二十一条**　对收集、贮存、运输、处置固体废物的设施、设备和场所，应当加强管理和维护，保证其正常运行和使用。

国家对固体废弃物从产生、收集、贮存、运输、利用直到最终处置的全过程实行一体化的管理。

(4)分类管理的原则

固体废物一般分工业固废、生活垃圾和危险固废3类。鉴于固体废物的成分、

性质和危险性存在较大差异，所以，在管理上必须采取分类管理的办法，针对不同的固体废弃物制定不同的对策和措施。

4. 对固体废物处置的有关规定

**第十三条** 建设产生固体废物的项目以及建设贮存、利用、处置固体废物的项目，必须依法进行环境影响评价，并遵守国家有关建设项目环境保护管理的规定。

**第十七条** 收集、贮存、运输、利用、处置固体废物的单位和个人，必须采取防扬散、防流失、防渗漏或者其他防止污染环境的措施；不得擅自倾倒、堆放、丢弃、遗撒固体废物。

禁止任何单位或者个人向江河、湖泊、运河、渠道、水库及其最高水位线以下的滩地和岸坡等法律、法规规定禁止倾倒、堆放废弃物的地点倾倒、堆放固体废物。

**第二十条** 从事畜禽规模养殖应当按照国家有关规定收集、贮存、利用或者处置养殖过程中产生的畜禽粪便，防止污染环境。

禁止在人口集中地区、机场周围、交通干线附近以及当地人民政府划定的区域露天焚烧秸秆。

**第二十二条** 在国务院和国务院有关主管部门及省、自治区、直辖市人民政府划定的自然保护区、风景名胜区、饮用水水源保护区、基本农田保护区和其他需要特别保护的区域内，禁止建设工业固体废物集中贮存、处置的设施、场所和生活垃圾填埋场。

**第二十三条** 转移固体废物出省、自治区、直辖市行政区域贮存、处置的，应当向固体废物移出地的省、自治区、直辖市人民政府环境保护行政主管部门提出申请。移出地的省、自治区、直辖市人民政府环境保护行政主管部门应当经接受地的省、自治区、直辖市人民政府环境保护行政主管部门同意后，方可批准转移该固体废物出省、自治区、直辖市行政区域。未经批准的，不得转移。

**第二十四条** 禁止中华人民共和国境外的固体废物进境倾倒、堆放、处置。

**第二十五条** 禁止进口不能用作原料或者不能以无害化方式利用的固体废物；对可以用作原料的固体废物实行限制进口和自动许可进口分类管理。

**第三十三条** 企业事业单位应当根据经济、技术条件对其产生的工业固体废物加以利用；对暂时不利用或者不能利用的，必须按照国务院环境保护行政主管部门的规定建设贮存设施、场所，安全分类存放，或者采取无害化处置措施。

建设工业固体废物贮存、处置的设施、场所，必须符合国家环境保护标准。

**第三十四条** 禁止擅自关闭、闲置或者拆除工业固体废物污染环境防治设施、场所；确有必要关闭、闲置或者拆除的，必须经所在地县级以上地方人民政府环境保护行政主管部门核准，并采取措施，防止污染环境。

**第三十五条** 产生工业固体废物的单位需要终止的，应当事先对工业固体废物的贮存、处置的设施、场所采取污染防治措施，并对未处置的工业固体废物作出妥善处置，防止污染环境。

产生工业固体废物的单位发生变更的，变更后的单位应当按照国家有关环境保护的规定对未处置的工业固体废物及其贮存、处置的设施、场所进行安全处置或者采取措施保证该设施、场所安全运行。变更前当事人对工业固体废物及其贮存、处置的设施、场所的污染防治责任另有约定的，从其约定；但是，不得免除当事人的污染防治义务。

对本法施行前已经终止的单位未处置的工业固体废物及其贮存、处置的设施、场所进行安全处置的费用，由有关人民政府承担；但是该单位享有的土地使用权依法转让的，应当由土地使用权受让人承担处置费用。当事人另有约定的，从其约定；但是，不得免除当事人的污染防治义务。

**第三十七条**　城市生活垃圾应当及时清运，并积极开展合理利用和无害化处置。

城市生活垃圾应当逐步做到分类收集、贮存、运输和处置。

**第四十条**　建设城市生活垃圾处置设施、场所，必须符合国务院环境保护行政主管部门和国务院建设行政主管部门规定的环境保护和城市环境卫生标准。

禁止擅自关闭、闲置或者拆除城市生活垃圾处置设施、场所；确有必要关闭、闲置或者拆除的，必须经所在地县级以上地方人民政府环境卫生行政主管部门和环境保护行政主管部门核准，并采取措施，防止污染环境。

5.危险废物污染环境防治的特别规定

(1)危险废物管理计划的有关规定

危险废物管理计划应当包括减少危险废物产生量和危害性的措施以及危险废物贮存、利用、处置措施。危险废物管理计划应当报产生危险废物的单位所在地县级以上地方人民政府环境保护行政主管部门备案。

本条规定的申报事项或者危险废物管理计划内容有重大改变的，应当及时申报。

**第五十二条**　对危险废物的容器和包装物以及收集、贮存、运输、处置危险废物的设施、场所，必须设置危险废物识别标志。

**第五十三条**　产生危险废物的单位，必须按照国家有关规定制定危险废物管理计划，并向所在地县级以上地方人民政府环境保护行政主管部门申报危险废物的种类、产生量、流向、贮存、处置等有关资料。

(2)组织编制危险废物集中处置设施、场所建设规划及组织建设危险废物集中处置设施、场所的有关规定

**第五十四条**　国务院环境保护行政主管部门会同国务院经济综合宏观调控部

门组织编制危险废物集中处置设施、场所的建设规划，报国务院批准后实施。

县级以上地方人民政府应当依据危险废物集中处置设施、场所的建设规划组织建设危险废物集中处置设施、场所。

(3)产生危险废物的单位必须按照国家规定处置危险废物的有关规定

**第五十五条** 产生危险废物的单位，必须按照国家有关规定处置危险废物，不得擅自倾倒、堆放；不处置的，由所在地县级以上地方人民政府环境保护行政主管部门责令限期改正；逾期不处置或者处置不符合国家有关规定的，由所在地县级以上地方人民政府环境保护行政主管部门指定单位按照国家有关规定代为处置，处置费用由产生危险废物的单位承担。

**第五十六条** 以填埋方式处置危险废物不符合国务院环境保护行政主管部门规定的，应当缴纳危险废物排污费。危险废物排污费征收的具体办法由国务院规定。

(4)分类收集、贮存危险废物的有关规定

**第五十七条** 从事收集、贮存、处置危险废物经营活动的单位，必须向县级以上人民政府环境保护行政主管部门申请领取经营许可证；从事利用危险废物经营活动的单位，必须向国务院环境保护行政主管部门或者省、自治区、直辖市人民政府环境保护行政主管部门申请领取经营许可证。具体管理办法由国务院规定。

禁止无经营许可证或者不按照经营许可证规定从事危险废物收集、贮存、利用、处置的经营活动。

禁止将危险废物提供或者委托给无经营许可证的单位从事收集、贮存、利用、处置的经营活动。

**第五十八条** 收集、贮存危险废物，必须按照危险废物特性分类进行。禁止混合收集、贮存、运输、处置性质不相容而未经安全性处置的危险废物。

(5)禁止过境转移危险废物的规定

**第五十九条** 转移危险废物的，必须按照国家有关规定填写危险废物转移联单，并向危险废物移出地设区的市级以上地方人民政府环境保护行政主管部门提出申请。移出地设区的市级以上地方人民政府环境保护行政主管部门应当经接受地设区的市级以上地方人民政府环境保护行政主管部门同意后，方可批准转移该危险废物。未经批准的，不得转移。

转移危险废物途经移出地、接受地以外行政区域的，危险废物移出地设区的市级以上地方人民政府环境保护行政主管部门应当及时通知沿途经过的设区的市级以上地方人民政府环境保护行政主管部门。

**第六十条** 运输危险废物，必须采取防止污染环境的措施，并遵守国家有关危险货物运输管理的规定。禁止将危险废物与旅客在同一运输工具上载运。

**第六十一条** 收集、贮存、运输、处置危险废物的场所、设施、设备和容器、包装物及其他物品转作他用时，必须经过消除污染的处理，方可使用。

**第六十二条**　产生、收集、贮存、运输、利用、处置危险废物的单位，应当制定意外事故的防范措施和应急预案，并向所在地县级以上地方人民政府环境保护行政主管部门备案；环境保护行政主管部门应当进行检查。

## 四、《中华人民共和国环境噪声污染防治法》

1. 本法的适用范围

本法适用于中华人民共和国领域内环境噪声污染的防治。因从事本职生产、经营工作受到噪声危害的防治，不适用本法。

2. 环境噪声、环境噪声污染、噪声排放、噪声敏感建筑物和噪声敏感建筑物集中区域的含义

**第二条**　环境噪声是指在工业生产、建筑施工、交通运输和社会生活中所产生的干扰周围生活环境的声音。

环境噪声污染是指所产生的环境噪声超过国家规定的环境噪声排放标准，并干扰他人正常生活、工作和学习的现象。

**第三条**　本法中下列用语的含义是：

1)噪声排放是指噪声源向周围生活环境辐射噪声。

2)噪声敏感建筑物是指医院、学校、机关、科研单位、住宅等需要保持安静的建筑物。

3)噪声敏感建筑物集中区域是指医疗区、文教科研区和以机关或者居民住宅为主的区域。

4)夜间是指晚 22 点至晨 6 点之间的期间。

5)机动车辆是指汽车和摩托车。

3. 环境噪声污染防治的监督管理

**第十条**　国务院环境保护行政主管部门分别针对不同的功能区制定国家声环境质量标准。

县级以上地方人民政府根据国家声环境质量标准，划定本行政区域内各类声环境质量标准的适用区域，并进行管理。

**第十一条**　国务院环境保护行政主管部门根据国家声环境质量标准和国家经济、技术条件，制定国家环境噪声排放标准。

**第十三条**　新建、改建、扩建的建设项目，必须遵守国家有关建设项目环境保护管理的规定。

建设项目可能产生环境噪声污染的，建设单位必须提出环境影响报告书，规定环境噪声污染的防治措施，并按照国家规定的程序报环境保护行政主管部门批准。

环境影响报告书中，应当有该建设项目所在地单位和居民的意见。

4. 地方各级人民政府在制定城乡建设规划时，防止或减轻环境噪声污染的有关规定

**第五条** 地方各级人民政府在制定城乡建设规划时，应当充分考虑建设项目和区域开发、改造所产生的噪声对周围生活环境的影响，统筹规划，合理安排功能区和建设布局，防止或者减轻环境噪声污染。

5. 各类环境噪声污染对周围环境影响的规定

(1)在噪音敏感建筑物集中区域内，造成严重环境噪音污染的企业事业单位应该遵守的有关规定

**第十七条** 对于在噪声敏感建筑物集中区域内造成严重环境噪声污染的企业事业单位，限期治理。

被限期治理的单位必须按期完成治理任务。限期治理由县级以上人民政府按照国务院规定的权限决定。

对小型企业事业单位的限期治理，可以由县级以上人民政府在国务院规定的权限内授权其环境保护行政主管部门决定。

(2)产生环境噪声污染的工业企业，应当采取有效措施减轻对周围生活环境影响的规定

**第二十四条** 在工业生产中因使用固定的设备造成环境噪声污染的工业企业，必须按照国务院环境保护行政主管部门的规定，向所在地的县级以上地方人民政府环境保护行政主管部门申报拥有的造成环境噪声污染的设备的种类、数量以及在正常作业条件下所发出的噪声值和防治环境噪声污染的设施情况，并提供防治噪声污染的技术资料。

造成环境噪声污染的设备的种类、数量、噪声值和防治设施有重大改变的，必须及时申报，并采取应有的防治措施。

**第二十六条** 国务院有关主管部门对可能产生环境噪声污染的工业设备，应当根据声环境保护的要求和国家的经济、技术条件，逐步在依法制定的产品的国家标准、行业标准中规定噪声限值。

(3)关于向周围生活环境排放建筑施工噪声的有关规定

建筑施工噪声是指在建筑施工过程中产生的干扰周围生活环境的声音。

**第二十八条** 在城市市区范围内向周围生活环境排放建筑施工噪声的，应当符合国家规定的建筑施工场界环境噪声排放标准。

**第二十九条** 在城市市区范围内，建筑施工过程中使用机械设备，可能产生环境噪声污染的，施工单位必须在工程开工 15 日以前向工程所在地县级以上地方人民政府环境保护行政主管部门申报该工程的项目名称、施工场所和期限、可能产生

的环境噪声值以及所采取的环境噪声污染防治措施的情况。

**第三十条**　在城市市区噪声敏感建筑物集中区域内，禁止夜间进行产生环境噪声污染的建筑施工作业，但抢修、抢险作业和因生产工艺上要求或者特殊需要必须连续作业的除外。

因特殊需要必须连续作业的，必须有县级以上人民政府或者其有关主管部门的证明。

前款规定的夜间作业，必须公告附近居民。

(4)交通运输噪声污染防治

交通运输噪声是指机动车辆、铁路机车、机动船舶、航空器等交通运输工具在运行时所产生的干扰周围生活环境的声音。

**第三十二条**　禁止制造、销售或者进口超过规定的噪声限值的汽车。

**第三十三条**　在城市市区范围内行使的机动车辆的消声器和喇叭必须符合国家规定的要求。机动车辆必须加强维修和保养，保持技术性能良好，防治环境噪声污染。

**第三十四条**　机动车辆在城市市区范围内行驶，机动船舶在城市市区的内河航道航行，铁路机车驶经或者进入城市市区、疗养区时，必须按照规定使用声响装置。

警车、消防车、工程抢险车、救护车等机动车辆安装、使用警报器，必须符合国务院公安部门的规定；在执行非紧急任务时，禁止使用警报器。

**第三十六条**　建设经过已有的噪声敏感建筑物集中区域的高速公路和城市高架、轻轨道路，有可能造成环境噪声污染的，应当设置声屏障或者采取其他有效的控制环境噪声污染的措施。

**第三十九条**　穿越城市居民区、文教区的铁路，因铁路机车运行造成环境噪声污染的，当地城市人民政府应当组织铁路部门和其他有关部门，制定减轻环境噪声污染的规划。铁路部门和其他有关部门应当按照规划的要求，采取有效措施，减轻环境噪声污染。

**第四十条**　除起飞、降落或者依法规定的情形以外，民用航空器不得飞越城市市区上空。城市人民政府应当在航空器起飞、降落的净空周围划定限制建设噪声敏感建筑物的区域；在该区域内建设噪声敏感建筑物的，建设单位应当采取减轻、避免航空器运行时产生的噪声影响的措施。民航部门应当采取有效措施，减轻环境噪声污染。

(5)社会生活噪声污染防治

社会生活噪声是指人为活动所产生的除工业噪声、建筑施工噪声和交通运输噪声之外的干扰周围生活环境的声音。

**第四十二条**　在城市市区噪声敏感建筑物集中区域内，因商业经营活动中使用固定设备造成环境噪声污染的商业企业，必须按照国务院环境保护行政主管部门的规定向所在地的县级以上地方人民政府环境保护行政主管部门申报拥有的造成环境噪声污染的设备的状况和防治环境噪声污染的设施的情况。

**第四十三条** 新建营业性文化娱乐场所的边界噪声必须符合国家规定的环境噪声排放标准；不符合国家规定的环境噪声排放标准的，文化行政主管部门不得核发文化经营许可证，工商行政管理部门不得核发营业执照。

经营中的文化娱乐场所，其经营管理者必须采取有效措施，使其边界噪声不超过国家规定的环境噪声排放标准。

**第四十五条** 禁止任何单位、个人在城市市区噪声敏感建设物集中区域内使用高音广播喇叭。

在城市市区街道、广场、公园等公共场所组织娱乐、集会等活动，使用音响器材可能产生干扰周围生活环境的过大音量的，必须遵守当地公安机关的规定。

**第四十六条** 使用家用电器、乐器或者进行其他家庭室内娱乐活动时，应当控制音量或者采取其他有效措施，避免对周围居民造成环境噪声污染。

**第四十七条** 在已竣工交付使用的住宅楼进行室内装修活动，应当限制作业时间，并采取其他有效措施，以减轻、避免对周围居民造成环境噪声污染。

## 五、其他法律法规

1.《中华人民共和国海洋环境保护法》

(1)本法的适用范围

本法适用于中华人民共和国内水、领海、毗连区、专属经济区、大陆架以及中华人民共和国管辖的其他海域。

在中华人民共和国管辖海域以外，造成中华人民共和国管辖海域污染的，也适用本法。

(2)海洋环境污染损害、内水、滨海湿地、海洋功能区划的含义

1)海洋环境污染损害是指直接或者间接地把物质或者能量引入海洋环境，产生损害海洋生物资源、危害人体健康、妨害渔业和海上其他合法活动、损害海水使用素质和减损环境质量等有害影响。

2)内水是指我国领海基线向内陆一侧的所有海域。

3)滨海湿地是指低潮时水深浅于 6m 的水域及其沿岸浸湿地带，包括水深不超过 6m 的永久性水域、潮间带(或洪泛地带)和沿海低地等。

4)海洋功能区划是指依据海洋自然属性和社会属性，以及自然资源和环境特定条件，界定海洋利用的主导功能和使用范畴。

(3)海洋生态保护的有关规定

**第二十条**　国务院和沿海地方各级人民政府应当采取有效措施，保护红树林、珊瑚礁、滨海湿地、海岛、海湾、入海河口、重要渔业水域等具有典型性、代表性的海洋生态系统，珍稀、濒危海洋生物的天然集中分布区，具有重要经济价值的海洋生物生存区域及有重大科学文化价值的海洋自然历史遗迹和自然景观。对具有重要经济、社会价值的已遭到破坏的海洋生态，应当进行整治和恢复。

**第二十一条**　国务院有关部门和沿海省级人民政府应当根据保护海洋生态的需要，选划、建立海洋自然保护区。国家级海洋自然保护区的建立，须经国务院批准。

**第二十二条**　凡具有下列条件之一的，应当建立海洋自然保护区：

1)典型的海洋自然地理区域、有代表性的自然生态区域，以及遭受破坏但经保护能恢复的海洋自然生态区域。

2)海洋生物物种高度丰富的区域，或者珍稀、濒危海洋生物物种的天然集中分布区域。

3)具有特殊保护价值的海域、海岸、岛屿、滨海湿地、入海河口和海湾等。

4)具有重大科学文化价值的海洋自然遗迹所在区域。

5)其他需要予以特殊保护的区域。

**第二十五条**　引进海洋动植物物种，应当进行科学论证，避免对海洋生态系统造成危害。

**第二十七条**　沿海地方各级人民政府应当结合当地自然环境的特点，建设海岸防护设施、沿海防护林、沿海城镇园林和绿地，对海岸侵蚀和海水入侵地区进行综合治理。

禁止毁坏海岸防护设施、沿海防护林、沿海城镇园林和绿地。

**第二十八条**　国家鼓励发展生态渔业建设，推广多种生态渔业生产方式，改善海洋生态状况。

新建、改建、扩建海水养殖场，应当进行环境影响评价。

海水养殖应当科学确定养殖密度，并应当合理投饵、施肥，正确使用药物，防止造成海洋环境的污染。

(4)掌握禁止、严格限制或严格控制向海域排放废液或废水的有关规定

**第三十三条**　禁止向海域排放油类、酸液、碱液、剧毒废液和高、中水平放射性废水。

严格限制向海域排放低水平放射性废水；确需排放的，必须严格执行国家辐射防护规定。严格控制向海域排放含有不易降解的有机物和重金属的废水。

(5)关于采取有效措施处理并符合国家有关标准后，方能向海域排放污水或废水的规定

**第三十四条**　含病原体的医疗污水、生活污水和工业废水必须经过处理，符合

国家有关排放标准后，方能排入海域。

**第三十五条** 含有机物和营养物质的工业废水、生活污水，应当严格控制向海湾、半封闭海及其他自净能力较差的海域排放。

**第三十六条** 向海域排放含热废水，必须采取有效措施，保证邻近渔业水域的水温符合国家海洋环境质量标准，避免热污染对水产资源的危害。

(6)防治海岸工程建设项目对海洋环境的污染损害的有关规定

**第四十二条** 新建、改建、扩建海岸工程建设项目，必须遵守国家有关建设项目环境保护管理的规定，并把防治污染所需资金纳入建设项目投资计划。

在依法划定的海洋自然保护区、海滨风景名胜区、重要渔业水域及其他需要特别保护的区域，不得从事污染环境、破坏景观的海岸工程项目建设或者其他活动。

**第四十三条** 海岸工程建设项目的单位，必须在建设项目可行性研究阶段，对海洋环境进行科学调查，根据自然条件和社会条件，合理选址，编报环境影响报告书。环境影响报告书经海洋行政主管部门提出审核意见后，报环境保护行政主管部门审查批准。

环境保护行政主管部门在批准环境影响报告书之前，必须征求海事、渔业行政主管部门和军队环境保护部门的意见。

**第四十五条** 禁止在沿海陆域内新建不具备有效治理措施的化学制浆造纸、化工、印染、制革、电镀、酿造、炼油、岸边冲滩拆船以及其他严重污染海洋环境的工业生产项目。

**第四十六条** 兴建海岸工程建设项目，必须采取有效措施，保护国家和地方重点保护的野生动植物及其生存环境和海洋水产资源。

严格限制在海岸采挖砂石。露天开采海滨砂矿和从岸上打井开采海底矿产资源，必须采取有效措施，防止污染海洋环境。

(7)防止海洋石油勘探开发对海洋环境的污染损害

**第十四条** 海洋石油钻井船、钻井平台和采油平台不得向海域处置含油的工业垃圾。处置其他工业垃圾不得对渔业水域、航道造成污染损害。

**第十七条** 勘探开发海洋石油，必须配备相应的防污设施和器材，采取有效的技术措施，防止井喷和漏油事故的发生。

发生井喷、漏油事故的，应当立即向国家海洋管理部门报告，并采取有效措施，控制和消除油污染，接受国家海洋管理部门的调查处理。

2.《中华人民共和国水法》

水资源包括地表水和地下水，属于国家所有。

(1)水资源开发利用的一般原则

**第二十条** 开发、利用水资源，应当坚持兴利与除害相结合，兼顾上下游、左右岸和有关地区之间的利益，充分发挥水资源的综合效益，并服从防洪的总体安排。

**第二十一条**　开发、利用水资源，应当首先满足城乡居民生活用水，并兼顾农业、工业、生态环境用水以及航运等需要。

在干旱和半干旱地区开发、利用水资源，应当充分考虑生态环境用水需要。

**第二十二条**　跨流域调水，应当进行全面规划和科学论证，统筹兼顾调出和调入流域的用水需要，防止对生态环境造成破坏。

**第二十三条**　地方各级人民政府应当结合本地区水资源的实际情况，按照地表水与地下水统一调度开发、开源与节流相结合、节流优先和污水处理再利用的原则，合理组织开发、综合利用水资源。

国民经济和社会发展规划以及城市总体规划的编制、重大建设项目的布局，应当与当地水资源条件和防洪要求相适应，并进行科学论证；在水资源不足的地区，应当对城市规模和建设耗水量大的工业、农业和服务业项目加以限制。

**第二十四条**　在水资源短缺的地区，国家鼓励对雨水和微咸水的收集、开发、利用和对海水的利用、淡化。

**第二十六条**　国家鼓励开发、利用水能资源。在水能丰富的河流，应当有计划地进行多目标梯级开发。

建设水力发电站，应当保护生态环境，兼顾防洪、供水、灌溉、航运、竹木流放和渔业等方面的需要。

(2)修建永久性拦河坝的要求

**第二十七条**　国家鼓励开发、利用水运资源。在水生生物洄游通道、通航或者竹木流放的河流上修建永久性拦河闸坝，建设单位应当同时修建过鱼、过船、过木设施，或者经国务院授权的部门批准采取其他补救措施，并妥善安排施工和蓄水期间的水生生物保护、航运和竹木流放，所需费用由建设单位承担。

在不通航的河流或者人工水道上修建闸坝后可以通航的，闸坝建设单位应当同时修建过船设施或者预留过船设施位置。

(3)水利工程移民方针和原则

**第二十九条**　国家对水利工程建设移民实行开发性移民的方针，按照前期补偿、补助与后期扶持相结合的原则，妥善安排移民的生产和生活，保护移民的合法权益。

移民安置应当与工程建设同步进行。建设单位应当根据安置地区的环境容量和可持续发展的原则，因地制宜，编制移民安置规划，经依法批准后，由有关地方人民政府组织实施。所需移民经费列入工程建设投资计划。

(4)河道管理范围内禁止行为的有关规定

**第三十七条**　禁止在江河、湖泊、水库、运河、渠道内弃置、堆放阻碍行洪的物体和种植阻碍行洪的林木及高秆作物。

禁止在河道管理范围内建设妨碍行洪的建筑物、构筑物以及从事影响河势稳定、危害河岸堤防安全和其他妨碍河道行洪的活动。

(5)禁止围湖造地、围垦河道的规定

**第四十条** 禁止围湖造地。已经围垦的，应当按照国家规定的防洪标准有计划地退地还湖。

禁止围垦河道。确需围垦的，应当经过科学论证，经省、自治区、直辖市人民政府水行政主管部门或者国务院水行政主管部门同意后，报本级人民政府批准。

(6)工业用水应增加循环用水次数，提高水的重复利用率的规定

**第五十一条** 工业用水应当采用先进技术、工艺和设备，增加循环用水次数，提高水的重复利用率。

国家逐步淘汰落后的、耗水量高的工艺、设备和产品。

3.《中华人民共和国清洁生产促进法》

(1)清洁生产的法律定义

**第二条** 本法所称清洁生产，是指不断采取改进设计、使用清洁的能源和原料、采用先进的工艺技术与设备、改善管理、综合利用等措施，从源头削减污染，提高资源利用效率，减少或者避免生产、服务和产品使用过程中污染物的产生和排放，以减轻或者消除对人类健康和环境的危害。

(2)企业在进行技术改造时应采取的清洁生产措施

**第十九条** 企业在进行技术改造过程中，应当采取以下清洁生产措施：

1)采用无毒、无害或者低毒、低害的原料，替代毒性大、危害严重的原料(原料要求)。

2)采用资源利用率高、污染物产生量少的工艺和设备，替代资源利用率低、污染物产生量多的工艺和设备(工艺设备要求)。

3)对生产过程中产生的废物、废水和余热等进行综合利用或者循环使用(综合、循环利用废物、余热)。

4)采用能够达到国家或者地方规定的污染物排放标准和污染物排放总量控制指标的污染防治技术(采用实现达标排放和污染物控制的防治技术)。

(3)农业生产者应采取的清洁生产措施

**第二十二条** 农业生产者应当科学地使用化肥、农药、农用薄膜和饲料添加剂，改进种植和养殖技术，实现农产品的优质、无害和农业生产废物的资源化，防止农业环境污染。

禁止将有毒、有害废物用作肥料或者用于造田。

(4)餐饮、娱乐、宾馆等服务性企业应采取的清洁生产措施

**第二十三条**　餐饮、娱乐、宾馆等服务性企业，应当采用节能、节水和其他有利于环境保护的技术和设备，减少使用或者不使用浪费资源、污染环境的消费品。

（5）建筑工程应采取的清洁生产措施

**第二十四条**　建筑工程应当采用节能、节水等有利于环境与资源保护的建筑设计方案、建筑和装修材料、建筑构配件及设备。

建筑和装修材料必须符合国家标准。禁止生产、销售和使用有毒、有害物质超过国家标准的建筑和装修材料。

4.《中华人民共和国循环经济促进法》

（1）循环经济、减量化、再利用、资源化的法律定义

本法所称循环经济，是指在生产、流通和消费等过程中进行的减量化、再利用、资源化活动的总称。本法所称减量化，是指在生产、流通和消费等过程中减少资源消耗和废物产生。本法所称再利用，是指将废物直接作为产品或者经修复、翻新、再制造后继续作为产品使用，或者将废物的全部或者部分作为其他产品的部件予以使用。本法所称资源化，是指将废物直接作为原料进行利用或者对废物进行再生利用。

（2）发展循环经济应遵循的原则

**第三条**　发展循环经济是国家经济社会发展的一项重大战略，应当遵循统筹规划、合理布局，因地制宜、注重实效，政府推动、市场引导，企业实施、公众参与的方针。

**第四条**　发展循环经济应当在技术可行、经济合理和有利于节约资源、保护环境的前提下，按照减量化优先的原则实施。

在废物再利用和资源化过程中，应当保障生产安全，保证产品质量符合国家规定的标准，并防止产生再次污染。

（3）企业事业单位应采取措施降低资源消耗，减少废物的产生量和排放量，提高废物的再利用和资源化水平的规定

**第九条**　企业事业单位应当建立健全管理制度，采取措施，降低资源消耗，减少废物的产生量和排放量，提高废物的再利用和资源化水平。

（4）新建、改建、扩建项目必须符合本行政区域主要污染物排放、建设用地和用水总量控制指标的要求

**第十三条**　县级以上地方人民政府应当依据上级人民政府下达的本行政区域主要污染物排放、建设用地和用水总量控制指标，规划和调整本行政区域的产业结构，促进循环经济发展。

新建、改建、扩建建设项目，必须符合本行政区域主要污染物排放、建设用地和用水总量控制指标的要求。

(5)减量化、再利用和资源化的有关规定

**第十九条**　从事工艺、设备、产品及包装物设计，应当按照减少资源消耗和废物产生的要求，优先选择采用易回收、易拆解、易降解、无毒无害或者低毒低害的材料和设计方案，并应当符合有关国家标准的强制性要求。

对在拆解和处置过程中可能造成环境污染的电器电子等产品，不得设计使用国家禁止使用的有毒有害物质。

设计产品包装物应当执行产品包装标准，防止过度包装造成资源浪费和环境污染。

**第二十条**　工业企业应当采用先进或者适用的节水技术、工艺和设备，制定并实施节水计划，加强节水管理，对生产用水进行全过程控制。

**第二十一条**　国家鼓励和支持企业使用高效节能产品。

**第二十二条**　开采矿产资源，应当统筹规划，制定合理的开发利用方案，采用合理的开采顺序、方法和选矿工艺。采矿许可证颁发机关应当对申请人提交的开发利用方案中的开采回采率、采矿贫化率、选矿回收率、矿山水循环利用率和土地复垦率等指标依法进行审查；审查不合格的，不予颁发采矿许可证。采矿许可证颁发机关应当依法加强对开采矿产资源的监督管理。

矿山企业在开采主要矿种的同时，应当对具有工业价值的共生和伴生矿实行综合开采、合理利用；对必须同时采出而暂时不能利用的矿产以及含有有用组分的尾矿，应当采取保护措施，防止资源损失和生态破坏。

**第二十三条**　建筑设计、建设、施工等单位应当按照国家有关规定和标准，对其设计、建设、施工的建筑物及构筑物采用节能、节水、节地、节材的技术工艺和小型、轻型、再生产品。有条件的地区，应当充分利用太阳能、地热能、风能等可再生能源。

国家鼓励利用无毒无害的固体废物生产建筑材料，鼓励使用散装水泥，推广使用预拌混凝土和预拌砂浆。

禁止损毁耕地烧砖。在国务院或者省、自治区、直辖市人民政府规定的期限和区域内，禁止生产、销售和使用粘土砖。

**第二十四条**　县级以上人民政府及其农业等主管部门应当推进土地集约利用，鼓励和支持农业生产者采用节水、节肥、节药的先进种植、养殖和灌溉技术，推动农业机械节能，优先发展生态农业。

在缺水地区，应当调整种植结构，优先发展节水型农业，推进雨水集蓄利用，建设和管护节水灌溉设施，提高用水效率，减少水的蒸发和漏失。

**第二十八条**　国家在保障产品安全和卫生的前提下，限制一次性消费品的生产和销售。

对列入前款规定名录中的一次性消费品的生产和销售，由国务院财政、税务和对外贸易等主管部门制定限制性的税收和出口等措施。

**第三十条**　企业应当按照国家规定，对生产过程中产生的粉煤灰、煤矸石、尾矿、废石、废料、废气等工业废物进行综合利用。

**第三十二条**　企业应当采用先进或者适用的回收技术、工艺和设备，对生产过程中产生的余热、余压等进行综合利用。

建设利用余热、余压、煤层气以及煤矸石、煤泥、垃圾等低热值燃料的并网发电项目，应当依照法律和国务院的规定取得行政许可或者报送备案。电网企业应当按照国家规定，与综合利用资源发电的企业签订并网协议，提供上网服务，并全额收购并网发电项目的上网电量。

**第三十四条**　国家鼓励和支持农业生产者和相关企业采用先进或者适用技术，对农作物秸秆、畜禽粪便、农产品加工业副产品、废农用薄膜等进行综合利用，开发利用沼气等生物质能源。

**第三十五条**　县级以上人民政府及其林业主管部门应当积极发展生态林业，鼓励和支持林业生产者和相关企业采用木材节约和代用技术，开展林业废弃物和次小薪材、沙生灌木等综合利用，提高木材综合利用率。

**第三十八条**　对废电器电子产品、报废机动车船、废轮胎、废铅酸电池等特定产品进行拆解或者再利用，应当符合有关法律、行政法规的规定。

**第三十九条**　回收的电器电子产品，经过修复后销售的，必须符合再利用产品标准，并在显著位置标识为再利用产品。

回收的电器电子产品，需要拆解和再生利用的，应当交售给具备条件的拆解企业。

**第四十条**　国家支持企业开展机动车零部件、工程机械、机床等产品的再制造和轮胎翻新。

销售的再制造产品和翻新产品的质量必须符合国家规定的标准，并在显著位置标识为再制造产品或者翻新产品。

5.《中华人民共和国节约能源法》

(1)能源和节能的法律定义

**第二条**　本法所称能源，是指煤炭、石油、天然气、生物质能和电力、热力以及其他直接或者通过加工、转换而取得有用能的各种资源。

**第三条**　本法所称节约能源(以下简称节能)，是指加强用能管理，采取技术上可行、经济上合理以及环境和社会可以承受的措施，从能源生产到消费的各个环节，降低消耗、减少损失和污染物排放、制止浪费，有效、合理地利用能源。

(2)国家节能政策的有关规定

**第四条**　节约能源是我国的基本国策。国家实施节约与开发并举、把节约放在首位的能源发展战略。

**第七条**　国家实行有利于节能和环境保护的产业政策，限制发展高耗能、高污染行业，发展节能环保型产业。

(3)工业节能的有关规定

**第二十九条**　国务院和省、自治区、直辖市人民政府推进能源资源优化开发利用和合理配置，推进有利于节能的行业结构调整，优化用能结构和企业布局。

**第三十条**　国务院管理节能工作的部门会同国务院有关部门制定电力、钢铁、有色金属、建材、石油加工、化工、煤炭等主要耗能行业的节能技术政策，推动企业节能技术改造。

**第三十一条**　国家鼓励工业企业采用高效、节能的电动机、锅炉、窑炉、风机、泵类等设备，采用热电联产、余热余压利用、洁净煤以及先进的用能监测和控制等技术。

**第三十二条**　电网企业应当按照国务院有关部门制定的节能发电调度管理的规定，安排清洁、高效和符合规定的热电联产、利用余热余压发电的机组以及其他符合资源综合利用规定的发电机组与电网并网运行，上网电价执行国家有关规定。

**第三十三条**　禁止新建不符合国家规定的燃煤发电机组、燃油发电机组和燃煤热电机组。

6.《中华人民共和国森林法》

(1)森林的分类

**第四条**　森林分为以下 5 类：

1)防护林：以防护为主要目的的森林、林木和灌木丛，包括水源涵养林，水土保持林，防风固沙林，农田、牧场防护林，护岸林，护路林。

2)用材林：以生产木材为主要目的的森林和林木，包括以生产竹材为主要目的的竹林。

3)经济林：以生产果品，食用油料、饮料、调料，工业原料和药材等为主要目的的林木。

4)薪炭林：以生产燃料为主要目的的林木。

5)特种用途林：以国防、环境保护、科学实验等为主要目的的森林和林木，包括国防林、实验林、母树林、环境保护林、风景林，名胜古迹和革命纪念地的林木，自然保护区的森林。

(2)进行勘查、开采矿藏和各项建设工程占用或者征用林地的有关规定

**第十八条**　进行勘查、开采矿藏和各项建设工程，应当不占或者少占林地；必须占用或者征用林地的，经县级以上人民政府林业主管部门审核同意后，依照有关

土地管理的法律、行政法规办理建设用地审批手续，并由用地单位依照国务院有关规定缴纳森林植被恢复费。森林植被恢复费专款专用，由林业主管部门依照有关规定统一安排植树造林，恢复森林植被，植树造林面积不得少于因占用、征用林地而减少的森林植被面积。上级林业主管部门应当定期督促、检查下级林业主管部门组织植树造林、恢复森林植被的情况。

任何单位和个人不得挪用森林植被恢复费。县级以上人民政府审计机关应当加强对森林植被恢复费使用情况的监督。

(3)禁止毁林开垦、开采等行为的有关规定

**第二十三条**　禁止毁林开垦和毁林采石、采砂、采土以及其他毁林行为。禁止在幼林地和特种用途林内砍柴、放牧。

进入森林和森林边缘地区的人员，不得擅自移动或者损坏为林业服务的标志。

(4)采伐森林和林木必须遵守的规定

**第三十一条**　采伐森林和林木必须遵守下列规定：

1)成熟的用材林应当根据不同情况，分别采取择伐、皆伐和渐伐方式，皆伐应当严格控制，并在采伐的当年或者次年内完成更新造林。

2)防护林和特种用途林中的国防林、母树林、环境保护林、风景林，只准进行抚育和更新性质的采伐。

3)特种用途林中的名胜古迹和革命纪念地的林木、自然保护区的森林，严禁采伐。

7.《中华人民共和国矿产资源法》

(1)非经国务院授权的有关主管部门同意，不得开采矿产资源的地区

**第二十条**　非经国务院授权的有关主管部门同意，不得在下列地区开采矿产资源：

1)港口、机场、国防工程设施圈定地区以内。

2)重要工业区、大型水利工程设施、城镇市政工程设施附近一定距离以内。

3)铁路、重要公路两侧一定距离以内。

4)重要河流、堤坝两侧一定距离以内。

5)国家划定的自然保护区、重要风景区，国家重点保护的不能移动的历史文物和名胜古迹所在地。

6)国家规定不得开采矿产资源的其他地区。

(2)关闭矿山的有关规定

**第二十一条**　关闭矿山，必须提出矿山闭坑报告及有关采掘工程、不安全隐患、土地复垦利用、环境保护的资料，并按照国家规定报请审查批准。

(3)矿产资源开采的有关规定

**第二十九条**　开采矿产资源，必须采取合理的开采顺序、开采方法和选矿工艺。矿山企业的开采回采率、采矿贫化率和选矿回收率应当达到设计要求。

**第三十条**　在开采主要矿产的同时，对具有工业价值的共生和伴生矿产应当统一规划，综合开采，综合利用，防止浪费；对暂时不能综合开采或者必须同时采出而暂时还不能综合利用的矿产以及含有有用组分的尾矿，应当采取有效的保护措施，防止损失破坏。

**第三十三条**　在建设铁路、工厂、水库、输油管道、输电线路和各种大型建筑物或者建筑群之前，建设单位必须向所在省、自治区、直辖市地质矿产主管部门了解拟建工程所在地区的矿产资源分布和开采情况。非经国务院授权的部门批准，不得压覆重要矿床。

**第三十四条**　国务院规定由指定的单位统一收购的矿产品，任何其他单位或者个人不得收购；开采者不得向非指定单位销售。

8.《中华人民共和国土地管理法》

(1)国家土地用途管制制度的有关规定

**第四条**　国家实行土地用途管制制度。

国家编制土地利用总体规划，规定土地用途，将土地分为农用地、建设用地和未利用地。严格限制农用地转为建设用地，控制建设用地总量，对耕地实行特殊保护。

前款所称农用地是指直接用于农业生产的土地，包括耕地、林地、草地、农田水利用地、养殖水面等；建设用地是指建造建筑物、构筑物的土地，包括城乡住宅和公共设施用地、工矿用地、交通水利设施用地、旅游用地、军事设施用地等；未利用地是指农用地和建设用地以外的土地。

使用土地的单位和个人必须严格按照土地利用总体规划确定的用途使用土地。

(2)保护耕地和占用耕地补偿制度的有关规定

**第三十一条**　国家保护耕地，严格控制耕地转为非耕地。

国家实行占用耕地补偿制度。非农业建设经批准占用耕地的，按照“占多少，垦多少”的原则，由占用耕地的单位负责开垦与所占用耕地的数量和质量相当的耕地；没有条件开垦或者开垦的耕地不符合要求的，应当按照省、自治区、直辖市的规定缴纳耕地开垦费，专款用于开垦新的耕地。

(3)国家实行基本农田保护制度的有关规定

**第三十四条**　国家实行基本农田保护制度。下列耕地应当根据土地利用总体规划划入基本农田保护区，严格管理：

1)经国务院有关主管部门或者县级以上地方人民政府批准确定的粮、棉、油生产基地内的耕地。

2)有良好的水利与水土保持设施的耕地,正在实施改造计划以及可以改造的中、低产田。

3)蔬菜生产基地。

4)农业科研、教学试验田。

5)国务院规定应当划入基本农田保护区的其他耕地。

各省、自治区、直辖市划定的基本农田应当占本行政区域内耕地的80%以上。

基本农田保护区以乡(镇)为单位进行划区定界,由县级人民政府土地行政主管部门会同同级农业行政主管部门组织实施。

(4)建设占用土地的有关规定

**第四十三条**　任何单位和个人进行建设,需要使用土地的,必须依法申请使用国有土地;但是,兴办乡镇企业和村民建设住宅经依法批准使用本集体经济组织农民集体所有的土地的,或者乡(镇)村公共设施和公益事业建设经依法批准使用农民集体所有的土地的除外。

前款所称依法申请使用的国有土地包括国家所有的土地和国家征用的原属于农民集体所有的土地。

**第四十四条**　建设占用土地,涉及农用地转为建设用地的,应当办理农用地转用审批手续。

省、自治区、直辖市人民政府批准的道路、管线工程和大型基础设施建设项目、国务院批准的建设项目占用土地,涉及农用地转为建设用地的,由国务院批准。

在土地利用总体规划确定的城市和村庄、集镇建设用地规模范围内,为实施该规划而将农用地转为建设用地的,按土地利用年度计划分批次由原批准土地利用总体规划的机关批准。在已批准的农用地转用范围内,具体建设项目用地可以由市、县人民政府批准。

本条第二款、第三款规定以外的建设项目占用土地,涉及农用地转为建设用地的,由省、自治区、直辖市人民政府批准。

(4)由国务院批准的征用土地的范围

**第四十五条**　征用下列土地的,由国务院批准:

1)基本农田。

2)基本农田以外的耕地超过 $35hm^2$ 的。

3)其他土地超过 $70hm^2$ 的。

征收前款规定以外的土地的,由省、自治区、直辖市人民政府批准,并报国务院备案。

(5)《基本农田保护条例》相关规定

**第十七条** 禁止任何单位和个人在基本农田保护区内建窑、建房、建坟、挖砂、采石、采矿、取土、堆放固体废弃物或者进行其他破坏基本农田的活动。禁止任何单位和个人占用基本农田发展林果业和挖塘养鱼。

**第十八条** 禁止任何单位和个人闲置、荒芜基本农田。经国务院批准的重点建设项目占用基本农田的，满 1 年不使用而又可以耕种并收获的，应当由原耕种该幅基本农田的集体或者个人恢复耕种，也可以由用地单位组织耕种；1 年以上未动工建设的，应当按照省、自治区、直辖市的规定缴纳闲置费；连续 2 年未使用的，经国务院批准，由县级以上人民政府无偿收回用地单位的土地使用权，该幅土地原为农民集体所有的，应当交由原农村集体经济组织恢复耕种，重新划入基本农田保护区。

承包经营基本农田的单位或者个人连续 2 年弃耕抛荒的，原发包单位应当终止承包合同，收回发包的基本农田。

9.《中华人民共和国放射性污染防治法》

本法已由中华人民共和国第十届全国人民代表大会常务委员会第三次会议于 2003 年 6 月 28 日通过，自 2003 年 10 月 1 日起施行。

(1)本法的适用范围

本法适用于中华人民共和国领域和管辖的其他海域在核设施选址、建造、运营、退役和核技术、铀(钍)矿、伴生放射性矿开发利用过程中发生的放射性污染的防治活动。

(2)核设施选址、建造、运营、退役前进行环境影响评价的有关规定

**第十八条** 核设施选址，应当进行科学论证，并按照国家有关规定办理审批手续。在办理核设施选址审批手续前，应当编制环境影响报告书，报国务院环境保护行政主管部门审查批准；未经批准，有关部门不得办理核设施选址批准文件。

**第二十条** 核设施营运单位应当在申请领取核设施建造、运行许可证和办理退役审批手续前编制环境影响报告书，报国务院环境保护行政主管部门审查批准；未经批准，有关部门不得颁发许可证和办理批准文件。

(3)开发利用或关闭铀(钍)矿前进行环境影响评价的有关规定

**第三十四条** 开发利用或者关闭铀(钍)矿的单位，应当在申请领取采矿许可证或者办理退役审批手续前编制环境影响报告书，报国务院环境保护行政主管部门审查批准。

开发利用伴生放射性矿的单位，应当在申请领取采矿许可证前编制环境影响报告书，报省级以上人民政府环境保护行政主管部门审查批准。

(4)产生放射性废液的单位排放或处理、贮存放射性废液的有关规定

**第四十二条** 产生放射性废液的单位，必须按照国家放射性污染防治标准的要求，对不得向环境排放的放射性废液进行处理或者贮存。

产生放射性废液的单位，向环境排放符合国家放射性污染防治标准的放射性废液，必须采用符合国务院环境保护行政主管部门规定的排放方式。

禁止利用渗井、渗坑、天然裂隙、溶洞或者国家禁止的其他方式排放放射性废液。

(5)放射性固体废物的处置方式及编制处置设施选址规划的有关规定

**第四十三条** 低、中水平放射性固体废物在符合国家规定的区域实行近地表处置。高水平放射性固体废物实行集中的深地质处置。α放射性固体废物依照前款规定处置。禁止在内河水域和海洋上处置放射性固体废物。

**第四十四条** 国务院核设施主管部门会同国务院环境保护行政主管部门根据地质条件和放射性固体废物处置的需要，在环境影响评价的基础上编制放射性固体废物处置场所选址规划，报国务院批准后实施。

有关地方人民政府应当根据放射性固体废物处置场所选址规划，提供放射性固体废物处置场所的建设用地，并采取有效措施支持放射性固体废物的处置。

(6)产生放射性固体废物的单位处理处置放射性固体废物的有关规定

**第四十五条** 产生放射性固体废物的单位，应当按照国务院环境保护行政主管部门的规定，对其产生的放射性固体废物进行处理后，送交放射性固体废物处置单位处置，并承担处置费用。

10.《中华人民共和国野生动物保护法》

《中华人民共和国野生动物保护法》于 2004 年 8 月 28 日发布，自公布之日起施行。

(1)本法的适用范围

在中华人民共和国境内从事野生动物的保护、驯养繁殖、开发利用活动，必须遵守本法。本法规定保护的野生动物，是指珍贵、濒危的陆生、水生野生动物和有益的或者有重要经济、科学研究价值的陆生野生动物。本法各条款所提野生动物，均系指前款规定的受保护的野生动物。珍贵、濒危的水生野生动物以外的其他水生野生动物的保护，适用渔业法的规定。

(2)野生动物保护的有关规定

**第九条** 国家对珍贵、濒危的野生动物实行重点保护。国家重点保护的野生动物分为一级保护野生动物和二级保护野生动物。国家重点保护的野生动物名录及其调整，由国务院野生动物行政主管部门制定，报国务院批准公布。

地方重点保护野生动物是指国家重点保护野生动物以外，由省、自治区、直辖市重点保护的野生动物。地方重点保护野生动物名录，由省、自治区、直辖市政府制定并公布，报国务院备案。

**第十条** 国务院野生动物行政主管部门和省、自治区、直辖市政府，应当在国家和地方重点保护野生动物的主要生息繁衍的地区和水域，划定自然保护区，加强对国家和地方重点保护野生动物及其生存环境的保护管理。

**第十二条** 建设项目对国家或者地方重点保护野生动物的生存环境产生不利影响的,建设单位应当提交环境影响报告书;环境保护部门在审批时,应当征求同级野生动物行政主管部门的意见。

(3)野生动物管理的有关规定

**第十六条** 禁止猎捕、杀害国家重点保护野生动物。因科学研究、驯养繁殖、展览或者其他特殊情况,需要捕捉、捕捞国家一级保护野生动物的,必须向国务院野生动物行政主管部门申请特许猎捕证;猎捕国家二级保护野生动物的,必须向省、自治区、直辖市政府野生动物行政主管部门申请特许猎捕证。

**第十七条** 国家鼓励驯养繁殖野生动物。驯养繁殖国家重点保护野生动物的,应当持有许可证。许可证的管理办法由国务院野生动物行政主管部门制定。

**第二十二条** 禁止出售、收购国家重点保护野生动物或者其产品。因科学研究、驯养繁殖、展览等特殊情况,需要出售、收购、利用国家一级保护野生动物或者其产品的,必须经国务院野生动物行政主管部门或者其授权的单位批准;需要出售、收购、利用国家二级保护野生动物或者其产品的,必须经省、自治区、直辖市政府野生动物行政主管部门或者其授权的单位批准。

驯养繁殖国家重点保护野生动物的单位和个人可以凭驯养繁殖许可证向政府指定的收购单位,按照规定出售国家重点保护野生动物或者其产品。

11.《中华人民共和国文物保护法》

(1)在文物保护单位的保护范围及建设控制地带内不得进行的活动的有关规定

**第十七条** 文物保护单位的保护范围内不得进行其他建设工程或者爆破、钻探、挖掘等作业。但是,因特殊情况需要在文物保护单位的保护范围内进行其他建设工程或者爆破、钻探、挖掘等作业的,必须保证文物保护单位的安全,并经核定公布该文物保护单位的人民政府批准,在批准前应当征得上一级人民政府文物行政部门同意;在全国重点文物保护单位的保护范围内进行其他建设工程或者爆破、钻探、挖掘等作业的,必须经省、自治区、直辖市人民政府批准,在批准前应当征得国务院文物行政部门同意。

**第十八条** 根据保护文物的实际需要,经省、自治区、直辖市人民政府批准,可以在文物保护单位的周围划出一定的建设控制地带,并予以公布。

在文物保护单位的建设控制地带内进行建设工程,不得破坏文物保护单位的历史风貌;工程设计方案应当根据文物保护单位的级别,经相应的文物行政部门同意后,报城乡建设规划部门批准。

**第十九条** 在文物保护单位的保护范围和建设控制地带内,不得建设污染文物保护单位及其环境的设施,不得进行可能影响文物保护单位安全及其环境的活动。对已有的污染文物保护单位及其环境的设施，应当限期治理。

(2)建设工程选址中保护不可移动文物的有关规定

**第二十条**　建设工程选址，应当尽可能避开不可移动文物；因特殊情况不能避开的，对文物保护单位应当尽可能实施原址保护。

实施原址保护的，建设单位应当事先确定保护措施，根据文物保护单位的级别报相应的文物行政部门批准，并将保护措施列入可行性研究报告或者设计任务书。

无法实施原址保护，必须迁移异地保护或者拆除的，应当报省、自治区、直辖市人民政府批准；迁移或者拆除省级文物保护单位的，批准前须征得国务院文物行政部门同意。全国重点文物保护单位不得拆除；需要迁移的，须由省、自治区、直辖市人民政府报国务院批准。

本条规定的原址保护、迁移、拆除所需费用，由建设单位列入建设工程预算。

12.《中华人民共和国风景名胜区管理暂行条例》

(1)风景名胜区禁止的活动

**第二十六条**　在风景名胜区内禁止进行下列活动：

1)开山、采石、开矿、开荒、修坟立碑等破坏景观、植被和地形地貌的活动。

2)修建储存爆炸性、易燃性、放射性、毒害性、腐蚀性物品的设施。

3)在景物或者设施上刻画、涂污。

4)乱扔垃圾。

**第二十七条**　禁止违反风景名胜区规划，在风景名胜区内设立各类开发区和在核心景区内建设宾馆、招待所、培训中心、疗养院以及与风景名胜资源保护无关的其他建筑物；已经建设的，应当按照风景名胜区规划，逐步迁出。

(2)风景名胜区需报批的活动

**第二十九条**　在风景名胜区内进行下列活动，应当经风景名胜区管理机构审核后，依照有关法律法规的规定报有关主管部门批准：

1)设置、张贴商业广告。

2)举办大型游乐等活动。

3)改变水资源、水环境自然状态的活动。

4)其他影响生态和景观的活动。

13.《中华人民共和国自然保护区条例》

(1)自然保护区的功能区划分及保护要求

**第十八条**　自然保护区可以分为核心区、缓冲区和实验区。

自然保护区内保存完好的天然状态的生态系统以及珍稀、濒危动植物的集中分布地，应当划为核心区，禁止任何单位和个人进入，依照本条例第二十七条的规定经批准外，也不允许进入从事科学研究活动。

核心区外围可以划定一定面积的缓冲区。准进入从事科学研究观测活动。

缓冲区外围划为实验区。准进入从事科学试验、教学实习、参观考察、旅游以及驯化、繁殖珍稀、濒危野生动植物等活动。

(2)自然保护区内禁止行为的有关规定

**第二十六条**　严禁在自然保护区内进行砍伐、放牧、狩猎、捕捞、采药、开垦、烧荒、开矿、采石、挖砂等活动;但是,法律、行政法规另有规定的除外。

**第二十七条**　禁止任何人进入自然保护区的核心区。因科学研究的需要,必须进入核心区从事科学研究观测、调查活动的,应当事先向自然保护区管理机构提交申请和活动计划,并经省级以上人民政府有关自然保护区行政主管部门批准;其中,进入国家级自然保护区核心区的,必须经国务院有关自然保护区行政主管部门批准。

自然保护区核心区内原有居民确有必要迁出的,由自然保护区所在地的地方人民政府予以妥善安置。

**第二十八条**　禁止在自然保护区的缓冲区开展旅游和生产经营活动。因教学科研的目的,需要进入自然保护区的缓冲区从事非破坏性的科学研究、教学实习和标本采集活动的,应当事先向自然保护区管理机构提交申请和活动计划,经自然保护区管理机构批准。

**第二十九条**　严禁开设与自然保护区保护方向不一致的参观、旅游项目。

**第三十二条**　在自然保护区的核心区和缓冲区内,不得建设任何生产设施。在自然保护区的实验区内,不得建设污染环境、破坏资源或者景观的生产设施;建设其他项目,其污染物排放不得超过国家和地方规定的污染物排放标准。在自然保护区的实验区内已经建成的设施,其污染物排放超过国家和地方规定的排放标准的,应当限期治理;造成损害的,必须采取补救措施。

在自然保护区的外围保护地带建设的项目,不得损害自然保护区内的环境质量;已造成损害的,应当限期治理。

(3)内部未分区的自然保护区按照核心区和缓冲区管理的规定

**第三十条**　自然保护区的内部未分区的,依照本条例有关核心区和缓冲区的规定管理。

14.《中华人民共和国防沙治沙法》

《中华人民共和国防沙治沙法》于 2001 年 8 月 31 日第九届全国人民代表大会常务委员会第二十三次会议通过,自 2002 年 1 月 1 日起施行。

(1)本法的适用范围

在中华人民共和国境内,从事土地沙化的预防、沙化土地的治理和开发利用活动,必须遵守本法。

(2)土地沙化的法律定义

本法所称土地沙化,是指主要因人类不合理活动所导致的天然沙漠扩张和沙质土壤上植被及覆盖物被破坏,形成流沙及沙土裸露的过程。

本法所称沙化土地,包括已经沙化的土地和具有明显沙化趋势的土地。具体范围由国务院批准的全国防沙治沙规划确定。

(3)在沙化土地范围内从事开发建设活动须进行环境影响评价的规定

**第二十一条**　在沙化土地范围内从事开发建设活动的,必须事先就该项目可能对当地及相关地区生态产生的影响进行环境影响评价,依法提交环境影响报告;环境影响报告应当包括有关防沙治沙的内容。

(4)沙化土地封禁保护区范围内禁止行为的有关规定

**第二十二条**　在沙化土地封禁保护区范围内,禁止一切破坏植被的活动。

禁止在沙化土地封禁保护区范围内安置移民。对沙化土地封禁保护区范围内的农牧民,县级以上地方人民政府应当有计划地组织迁出,并妥善安置。沙化土地封禁保护区范围内尚未迁出的农牧民的生产生活,由沙化土地封禁保护区主管部门妥善安排。

未经国务院或者国务院指定的部门同意,不得在沙化土地封禁保护区范围内进行修建铁路、公路等建设活动。

(5)已经沙化的土地范围内的铁路、路、河流、水渠两侧和城镇、村庄、厂矿、水库周围,实行单位治理责任制的有关规定

**第三十条**　已经沙化的土地范围内的铁路、公路、河流和水渠两侧,城镇、村庄、厂矿和水库周围,实行单位治理责任制,由县级以上地方人民政府下达治理责任书,由责任单位负责组织造林种草或者采取其他治理措施。

(6)沙化土地的治理

**第二十三条**　沙化土地所在地区的地方各级人民政府,应当按照防沙治沙规划,组织有关部门、单位和个人,因地制宜地采取人工造林种草、飞机播种造林种草、封沙育林育草和合理调配生态用水等措施,恢复和增加植被,治理已经沙化的土地。

**第二十六条**　不具有土地所有权或者使用权的单位和个人从事营利性治沙活动的,应当先与土地所有权人或者使用权人签订协议,依法取得土地使用权。

15.《中华人民共和国草原法》

(1)编制草原保护、建设、利用规划应当遵循的原则及应当包括的内容

**第十八条**　编制草原保护、建设、利用规划,应当依据国民经济和社会发展规划并遵循下列原则:

1)改善生态环境,维护生物多样性,促进草原的可持续利用。

2)以现有草原为基础，因地制宜，统筹规划，分类指导。

3)保护为主、加强建设、分批改良、合理利用。

4)生态效益、经济效益、社会效益相结合。

**第十九条**　草原保护、建设、利用规划应当包括：草原保护、建设、利用的目标和措施，草原功能分区和各项建设的总体部署，各项专业规划等。

(2)基本草原保护制度的有关规定

**第四十二条**　国家实行基本草原保护制度。下列草原应当划为基本草原，实施严格管理：

1)重要放牧场。

2)割草地。

3)用于畜牧业生产的人工草地、退耕还草地以及改良草地、草种基地。

4)对调节气候、涵养水源、保持水土、防风固沙具有特殊作用的草原。

5)作为国家重点保护野生动植物生存环境的草原。

6)草原科研、教学试验基地。

7)国务院规定应当划为基本草原的其他草原。

(3)禁止开垦草原的有关规定

**第四十六条**　禁止开垦草原。对水土流失严重、有沙化趋势、需要改善生态环境的已垦草原，应当有计划、有步骤地退耕还草；已造成沙化、盐碱化、石漠化的，应当限期治理。

16.《中华人民共和国防洪法》

(1)建设跨河、穿河、穿堤、临河工程设施防洪的有关规定

**第二十七条**　建设跨河、穿河、穿堤、临河的桥梁、码头、道路、渡口、管道、缆线、取水、排水等工程设施，应当符合防洪标准、岸线规划、航运要求和其他技术要求，不得危害堤防安全，影响河势稳定、妨碍行洪畅通；其可行性研究报告按照国家规定的基本建设程序报请批准前，其中的工程建设方案应当经有关水行政主管部门根据前述防洪要求审查同意。

前款工程设施需要占用河道、湖泊管理范围内土地，跨越河道、湖泊空间或者穿越河床的，建设单位应当经有关水行政主管部门对该工程设施建设的位置和界限审查批准后，方可依法办理开工手续；安排施工时，应当按照水行政主管部门审查批准的位置和界限进行。

(2)防洪区、洪泛区、蓄滞洪区和防洪保护区的法律定义

**第二十九条**　防洪区是指洪水泛滥可能淹及的地区，分为洪泛区、蓄滞洪区和防洪保护区。

洪泛区是指尚无工程设施保护的洪水泛滥所及的地区。

蓄滞洪区是指包括分洪口在内的河堤背水面以外临时贮存洪水的低洼地区及湖泊等。

防洪保护区是指在防洪标准内受防洪工程设施保护的地区。

洪泛区、蓄滞洪区和防洪保护区的范围，在防洪规划或者防御洪水方案中划定，并报请省级以上人民政府按照国务院规定的权限批准后予以公告。

17.《中华人民共和国水土保持法》

(1)修建铁路、公路和水工程必须采取防止水土流失措施的有关规定

**第十八条(第 1 款)**　修建铁路、公路和水利工程，应当尽量减少破坏植被，废弃的砂、石、土必须运至规定的专门存放地堆放，不得向江河、湖泊、水库和专门存放地以外的沟渠倾倒；在铁路、公路两侧地界以内的山坡地，必须修建护坡或者采取其他土地整治措施；工程竣工后，取土场、开挖面和废弃的砂、石、土存放地的裸露土地，必须植树种草，防止水土流失。

(2)开办矿山企业、电力企业和其他企业必须采取防止水土流失措施的有关规定

**第十八条(第 2 款)**　开办矿山企业、电力企业和其他大中型工业企业，排弃的剥离表土、矸石、尾矿、废渣等必须存放在规定的专门存放地，不得向江河、湖泊、水库和专门存放地以外的沟渠倾倒；因采矿和建设使植被受到破坏的，必须采取措施恢复表土层和植被，防止水土流失。

(3)在山区、丘陵区、风沙区内的建设项目编制水土保持方案的有关规定

**第十九条**　在山区、丘陵区、风沙区修建铁路、公路、水工程，开办矿山企业、电力企业和其他大中型工业企业，在建设项目环境影响报告书中，必须有水行政主管部门同意的水土保持方案。水土保持方案应当按照本法第十八条的规定制定。

在山区、丘陵区、风沙区依照矿产资源法的规定开办乡镇集体矿山企业和个体申请采矿，必须持有县级以上地方人民政府水行政主管部门同意的水土保持方案，方可申请办理采矿批准手续。

建设项目中的水土保持设施，必须与主体工程同时设计、同时施工、同时投产使用。建设工程竣工验收时，应当同时验收水土保持设施，并有水行政主管部门参加。

18.《中华人民共和国城市规划法》

(1)城乡规划和规划区的法律定义

**第二条**　本法所称城乡规划，包括城镇体系规划、城市规划、镇规划、乡规划和村庄规划。城市规划、镇规划分为总体规划和详细规划。详细规划分为控制性详细规划和修建性详细规划。

本法所称规划区，是指城市、镇和村庄的建成区以及因城乡建设和发展需要，必须实行规划控制的区域。规划区的具体范围由有关人民政府在组织编制的城市总体规划、镇总体规划、乡规划和村庄规划中，根据城乡经济社会发展水平和统筹

城乡发展的需要划定。

(2)编制省域城镇体系规划、城市总体规划、镇总体规划以及乡规划、村庄规划的有关规定

**第十三条** 省、自治区人民政府组织编制省域城镇体系规划,报国务院审批。

省域城镇体系规划的内容应当包括城镇空间布局和规模控制,重大基础设施的布局,为保护生态环境、资源等需要严格控制的区域。

**第十七条** 城市总体规划、镇总体规划的内容应当包括城市、镇的发展布局,功能分区,用地布局,综合交通体系,禁止、限制和适宜建设的地域范围,各类专项规划等。

规划区范围、规划区内建设用地规模、基础设施和公共服务设施用地、水源地和水系、基本农田和绿化用地、环境保护、自然与历史文化遗产保护以及防灾减灾等内容,应当作为城市总体规划、镇总体规划的强制性内容。

城市总体规划、镇总体规划的规划期限一般为20年。城市总体规划还应当对城市更长远的发展作出预测性安排。

**第十八条** 乡镇规划、村庄规划应当从农村实际出发,尊重村民意愿,体现地方和农村特色。

乡镇规划、村庄规划的内容应当包括规划区范围,住宅、道路、供水、排水、供电、垃圾收集、畜禽养殖场所等农村生产、生活服务设施、公益事业等各项建设的用地布局、建设要求,以及对耕地等自然资源和历史文化遗产保护、防灾减灾等的具体安排。乡镇规划还应当包括本行政区域内的村庄发展布局。

(3)城市新区开发、建设和旧城区改建的有关规定

**第三十条** 城市新区的开发和建设,应当合理确定建设规模和时序,充分利用现有市政基础设施和公共服务设施,严格保护自然资源和生态环境,体现地方特色。

在城市总体规划、乡镇总体规划确定的建设用地范围以外,不得设立各类开发区和城市新区。

**第三十一条** 旧城区的改建,应当保护历史文化遗产和传统风貌,合理确定拆迁和建设规模,有计划地对危房集中、基础设施落后等地段进行改建。

历史文化名城、名镇、名村的保护以及受保护建筑物的维护和使用,应当遵守有关法律、行政法规和国务院的规定。

(4)禁止擅自改变城乡规划确定用途的用地种类

**第三十五条** 城乡规划确定的铁路、公路、港口、机场、道路、绿地、输配电设施及输电线路走廊、通信设施、广播电视设施、管道设施、河道、水库、水源地、自然保护区、防汛通道、消防通道、核电站、垃圾填埋场及焚烧厂、污水处理厂和公共服务设施的用地以及其他需要依法保护的用地,禁止擅自改变用途。

## 第四节　环境保护相关标准

### 一、概述

环境保护标准是国家标准体系中的一类，按级别分为4级，即国家级、行业级、地方级、企业级，按类别分为5类，即环境保护标准、污染物排放标准、环境监测方法标准、环境标准样品标准、环境基础标准。

1)环境质量标准：是为保障人群健康、维护生态环境和保障社会物质财富，并考虑技术、经济条件，对环境中有害物质和因素所作的限制性规定。环境质量标准是一定时期内衡量环境优劣程度的标准，从某种意义上讲是环境质量的目标标准。

2)污染物排放标准：是根据国家环境质量标准，以及适用的污染控制技术，并考虑经济承受能力，对排入环境的有害物质和产生污染的各种因素所作的限制性规定，是对污染源控制的标准。

3)环境监测方法标准：为监测环境质量和污染物排放，规范采样、分析测试、数据处理等程序所作的统一规定。

4)环境标准样品标准：为保证环境监测数据的准确、可靠，针对用于量值传递或质量控制的材料、实物样品，而制定的标准物质。标准样品在环境管理中起着甄别的作用，可用来评价分析仪器、鉴别其灵敏度，评价分析者的技术，使操作技术规范化。

5)环境基础标准：对环境保护工作中，需要统一的技术术语、符号、代号(代码)、图形、指南、导则、量纲单位及信息编码等所作的统一规定。

此外，地方标准和行业标准是针对地方经济发展和行业特性制定的，是对国家标准的补充、完善和细化。

国家环境标准与地方环境标准在执行上，地方环境标准优先于国家环境标准执行。

综合性排放标准与行业性排放标准不交叉执行。有行业排放标准的执行行业排放标准，没有行业排放标准的执行综合排放标准。

### 二、环境质量标准

1. 水环境质量标准

水环境质量标准是对各类水质优劣进行评判的依据，主要有《地表水环境质量标准》(GB 3838—2002)、《地下水质量标准》(GB/T 14848—93)、《海水水质标准》(GB 3097—1997)、《农田灌溉水质标准》(GB 5084—92)、《渔业水质标准》(GB 11607—89)等。地表水、地下水环境质量基本项目标准限值见表3-2、表3-3。

表 3-2　地表水环境质量标准基本项目标准限值

| 序号 | 项　目 | Ⅰ类 | Ⅱ类 | Ⅲ类 | Ⅳ类 | Ⅴ类 |
|---|---|---|---|---|---|---|
| 1 | 水温(℃) | 人为造成的环境水温变化应限制在:周平均最大温升≤1,周平均最大温降≤2 | | | | |
| 2 | pH值(无量纲) | 6～9 | | | | |
| 3 | 溶解氧(DO)(mg/L) | 饱和率≥90%(或≥7.5) | ≥6 | ≥5 | ≥3 | ≥2 |
| 4 | 高锰酸盐指数(mg/L) | ≤2 | ≤4 | ≤6 | ≤10 | ≤15 |
| 5 | 化学需氧量(COD)(mg/L) | ≤15 | ≤15 | ≤20 | ≤30 | ≤40 |
| 6 | 生化需氧量($BOD_5$)(mg/L) | ≤3 | ≤3 | ≤4 | ≤6 | ≤10 |
| 7 | 氨氮(mg/L) | ≤0.015 | ≤0.5 | ≤1.0 | ≤1.5 | ≤2.0 |
| 8 | 总磷(以P计)(mg/L) | ≤0.02(湖、库0.01) | ≤0.1(湖、库0.025) | ≤0.2(湖、库0.05) | ≤0.3(湖、库0.1) | ≤0.4(湖、库0.2) |
| 9 | 总氮(湖、库,以N计)(mg/L) | ≤0.2 | ≤0.5 | ≤1.0 | ≤1.5 | ≤2.0 |
| 10 | 铜(Cu)(mg/L) | ≤0.01 | ≤1.0 | ≤1.0 | ≤1.0 | ≤1.0 |
| 11 | 锌(Zn)(mg/L) | ≤0.05 | ≤1.0 | ≤1.0 | ≤2.0 | ≤2.0 |
| 12 | 氟化物(以$F^-$计)(mg/L) | ≤1.0 | ≤1.0 | ≤1.0 | ≤1.5 | ≤1.5 |
| 13 | 硒(Se)(mg/L) | ≤0.01 | ≤0.01 | ≤0.01 | ≤0.02 | ≤0.02 |
| 14 | 砷(As)(mg/L) | ≤0.05 | ≤0.05 | ≤0.05 | ≤0.1 | ≤0.1 |
| 15 | 汞(Hg)(mg/L) | ≤0.000 05 | ≤0.000 05 | ≤0.000 1 | ≤0.001 | ≤0.001 |
| 16 | 镉(Cd)(mg/L) | ≤0.001 | ≤0.005 | ≤0.005 | ≤0.005 | ≤0.01 |
| 17 | 铬(六价)($Cr^{6+}$)(mg/L) | ≤0.01 | ≤0.05 | ≤0.05 | ≤0.05 | ≤0.1 |
| 18 | 铅(Pb)(mg/L) | ≤0.01 | ≤0.01 | ≤0.05 | ≤0.05 | ≤0.1 |
| 19 | 氰化物(mg/L) | ≤0.005 | ≤0.05 | ≤0.2 | ≤0.2 | ≤0.2 |
| 20 | 挥发酚(mg/L) | ≤0.002 | ≤0.002 | ≤0.005 | ≤0.01 | ≤0.1 |
| 21 | 石油类(mg/L) | ≤0.05 | ≤0.05 | ≤0.05 | ≤0.5 | ≤1.0 |
| 22 | 阴离子表面活性剂(mg/L) | ≤0.2 | ≤0.2 | ≤0.2 | ≤0.3 | ≤0.3 |
| 23 | 硫化物(mg/L) | ≤0.05 | ≤0.1 | ≤0.2 | ≤0.5 | ≤1.0 |
| 24 | 粪大肠菌群(个/L) | ≤200 | ≤2 000 | ≤10 000 | ≤20 000 | ≤40 000 |

**表 3-3　地下水质量分类指标限值**

| 序号 \ 项目 | 标准项目类别值 | Ⅰ类 | Ⅱ类 | Ⅲ类 | Ⅳ类 | Ⅴ类 |
|---|---|---|---|---|---|---|
| 1 | 色(度) | ≤5 | ≤5 | ≤15 | ≤25 | >25 |
| 2 | 嗅和味 | 无 | 无 | 无 | 无 | 有 |
| 3 | 浑浊度(度) | ≤3 | ≤3 | ≤3 | ≤10 | >10 |
| 4 | 肉眼可见物 | 无 | 无 | 无 | 无 | 有 |
| 5 | pH | 6.5～8.5 | | | 5.5～6.5<br>8.5～9 | <5.5,>9 |
| 6 | 总硬度(以 $CaCO_3$,计)(mg/L) | ≤150 | ≤300 | ≤450 | ≤550 | >550 |
| 7 | 溶解性总固体(mg/L) | ≤300 | ≤500 | ≤1 000 | ≤2 000 | >2 000 |
| 8 | 硫酸盐(mg/L) | ≤50 | ≤150 | ≤250 | ≤350 | >350 |
| 9 | 氯化物(mg/L) | ≤50 | ≤150 | ≤250 | ≤350 | >350 |
| 10 | 铁(Fe) (mg/L) | ≤0.1 | ≤0.2 | ≤0.3 | ≤1.5 | >1.5 |
| 11 | 锰(Me) (mg/L) | ≤0.05 | ≤0.05 | ≤0.1 | ≤1.0 | >1.0 |
| 12 | 铜(Cu) (mg/L) | ≤0.01 | ≤0.05 | ≤1.0 | ≤1.5 | >1.5 |
| 13 | 锌(Zn) (mg/L) | ≤0.05 | ≤0.5 | ≤1.0 | ≤5.0 | >5.0 |
| 14 | 钼(Mo) (mg/L) | ≤0.001 | ≤0.01 | ≤0.1 | ≤1.0 | >1.0 |
| 15 | 钴(Co) (mg/L) | ≤0.005 | ≤0.05 | ≤0.05 | ≤1.0 | >1.0 |
| 16 | 挥发性酚类(以苯酚计) (mg/L) | ≤0.001 | ≤0.001 | ≤0.002 | ≤0.01 | >0.01 |
| 17 | 阴离子合成洗涤剂(mg/L) | 不得检出 | ≤0.1 | ≤0.3 | ≤0.3 | >0.3 |
| 18 | 高锰酸盐指数(mg/L) | ≤1.0 | ≤2.0 | ≤3.0 | ≤10 | >10 |
| 19 | 硝酸盐(以 N 计) (mg/L) | ≤2.0 | ≤5.0 | ≤20 | ≤30 | >30 |
| 20 | 亚硝酸盐(以 N 计) (mg/L) | ≤0.001 | ≤0.01 | ≤0.02 | ≤0.1 | >0.1 |
| 21 | 氨氮($NH_4-N$) (mg/L) | ≤0.02 | ≤0.02 | ≤0.2 | ≤0.5 | >0.5 |
| 22 | 氟化物(mg/L) | ≤1.0 | ≤1.0 | ≤1.0 | ≤2.0 | >2.0 |
| 23 | 碘化物(mg/L) | ≤0.1 | ≤0.1 | ≤0.2 | ≤1.0 | >1.0 |
| 24 | 氰化物(mg/L) | ≤0.001 | ≤0.01 | ≤005 | ≤0.1 | >0.1 |
| 25 | 汞(Hg) (mg/L) | ≤0.000 05 | ≤0.005 | ≤0.001 | ≤0.001 | >0.001 |
| 26 | 砷(As) (mg/L) | ≤0.005 | ≤0.01 | ≤0.05 | ≤0.05 | >0.05 |
| 27 | 硒(Se) (mg/L) | ≤0.01 | ≤0.01 | ≤0.01 | ≤0.1 | >0.1 |
| 28 | 镉(Cd) (mg/L) | ≤0.000 1 | ≤0.001 | ≤0.01 | ≤0.01 | >0.01 |
| 29 | 铬(六价)($Cr^{6+}$)(mg/L) | ≤0.005 | ≤0.01 | ≤0.05 | ≤0.1 | >0.1 |
| 30 | 铅(Pb) (mg/L) | ≤0.005 | ≤0.01 | ≤0.05 | ≤0.1 | >0.1 |
| 31 | 铍(Bc) (mg/L) | ≤0.000 02 | ≤0.000 1 | ≤0.000 2 | ≤0.001 | >0.001 |
| 32 | 钡(Bu) (mg/L) | ≤0.001 | ≤0.1 | ≤1.0 | ≤4.0 | >4.0 |
| 33 | 镍(Ni) (mg/L) | ≤0.005 | ≤0.05 | ≤0.05 | ≤0.1 | >0.1 |
| 34 | 滴滴涕(μg/L) | 不得检出 | ≤0.005 | ≤1.0 | ≤1.0 | >1.0 |
| 35 | 六六六(μg/L) | ≤0.005 | ≤0.05 | ≤5.0 | ≤5.0 | >5.0 |
| 36 | 总大肠菌群(个/L) | ≤3.0 | ≤3.0 | ≤3.0 | ≤100 | >100 |
| 37 | 细菌总数(个/L) | ≤100 | ≤100 | ≤100 | ≤1 000 | >1 000 |
| 38 | 总 α 放射性(Bq/L) | ≤0.1 | ≤0.1 | ≤0.1 | >0.1 | >0.1 |
| 39 | 总 β 放射性(Bq/L) | ≤0.1 | ≤1.0 | ≤1.0 | >1.0 | >1.0 |

2. 大气环境质量标准

大气环境质量标准主要有《环境空气质量标准》(GB 3095—1996)、《保护农作物的大气污染物最高允许浓度》(GB 9137—1988)、《室内空气质量标准》(GB/T18883—2002)等。最常用的环境空气质量标准及污染物浓度限值见表 3-4。

**表 3-4　环境空气质量标准及污染物浓度限值**

<table>
<tr><th rowspan="2">污染物名称</th><th rowspan="2">取值时间</th><th colspan="4">浓　度</th></tr>
<tr><th>一级标准</th><th>二级标准</th><th>三级标准</th><th>浓度单位</th></tr>
<tr><td rowspan="3">二氧化硫<br>($SO_2$)</td><td>年平均</td><td>0.02</td><td>0.06</td><td>0.10</td><td rowspan="16">$mg/m^3$<br>(标准状态)</td></tr>
<tr><td>日平均</td><td>0.05</td><td>0.15</td><td>0.25</td></tr>
<tr><td>1 小时平均</td><td>0.15</td><td>0.50</td><td>0.70</td></tr>
<tr><td rowspan="2">总悬浮颗粒物<br>(TSP)</td><td>年平均</td><td>0.08</td><td>0.20</td><td>0.30</td></tr>
<tr><td>日平均</td><td>0.12</td><td>0.30</td><td>0.50</td></tr>
<tr><td rowspan="2">可吸入颗粒物<br>($PM_{10}$)</td><td>年平均</td><td>0.04</td><td>0.10</td><td>0.15</td></tr>
<tr><td>日平均</td><td>0.05</td><td>0.15</td><td>0.25</td></tr>
<tr><td rowspan="3">氮氧化物<br>($NO_x$)</td><td>年平均</td><td>0.05</td><td>0.05</td><td>0.10</td></tr>
<tr><td>日平均</td><td>0.10</td><td>0.10</td><td>0.15</td></tr>
<tr><td>1 小时平均</td><td>0.15</td><td>0.15</td><td>0.30</td></tr>
<tr><td rowspan="3">二氧化氮<br>($NO_2$)</td><td>年平均</td><td>0.04</td><td>0.04</td><td>0.08</td></tr>
<tr><td>日平均</td><td>0.08</td><td>0.08</td><td>0.12</td></tr>
<tr><td>1 小时平均</td><td>0.12</td><td>0.12</td><td>0.24</td></tr>
<tr><td rowspan="2">一氧化碳<br>(CO)</td><td>日平均</td><td>4.00</td><td>4.00</td><td>6.00</td></tr>
<tr><td>1 小时平均</td><td>10.00</td><td>10.00</td><td>20.00</td></tr>
<tr><td>臭氧($O_3$)</td><td>1 小时平均</td><td>0.12</td><td>0.16</td><td>0.20</td></tr>
<tr><td rowspan="2">铅(Pb)</td><td>季平均</td><td colspan="3">1.50</td><td rowspan="5">$\mu g/m^3$<br>(标准状态)</td></tr>
<tr><td>年平均</td><td colspan="3">1.00</td></tr>
<tr><td>苯并<br>[a]芘(B[a]P)</td><td>日平均</td><td colspan="3">0.01</td></tr>
<tr><td rowspan="4">氟化物<br>(F)</td><td>日平均</td><td colspan="3">7①</td></tr>
<tr><td>1 小时平均</td><td colspan="3">20①</td></tr>
<tr><td>月平均</td><td></td><td>1.8②</td><td>3.0③</td><td rowspan="2">$\mu g/(dm^2 \cdot d)$</td></tr>
<tr><td>植物生长季平均</td><td></td><td>1.2②</td><td>2.0③</td></tr>
</table>

注：①适用于城市地区；②适用于牧业、半农半牧、桑蚕区；③适用于农业、林业区。

3. 声环境质量与环境震动标准

(1)《声环境质量标准》(GB 3096—2008)

为防治噪声污染,保障城乡居民正常生活、工作和学习的声环境质量,制定本标准。本标准规定了 5 类声环境功能区的环境噪声限值(表 3－5)及测量方法。本标准适用于声环境质量评价与管理。

**表 3－5 各类声环境功能区环境噪声等效声级限值** 单位:dB(A)

| 时段<br>声环境功能区类别 | 昼间 | 夜间 |
|---|---|---|
| 0 | 50 | 40 |
| 1 | 55 | 45 |
| 2 | 60 | 50 |
| 3 | 65 | 55 |
| 4a | 70 | 55 |
| 4b | 70 | 60 |

按区域的使用功能特点和环境质量要求,声环境功能区划分依据如下。

0 类声环境功能区:指康复疗养区等特别需要安静的区域。

1 类声环境功能区:指以居民住宅、医疗卫生、文化教育、科研设计、行政办公为主要功能,需要保持安静的区域。

2 类声环境功能区:指以商业金融、集市贸易为主要功能,或者居住、商业、工业混杂,需要维护住宅安静的区域。

3 类声环境功能区:指以工业生产、仓储物流为主要功能,需要防止工业噪声对周围环境产生严重影响的区域。

4 类声环境功能区:指交通干线两侧一定距离之内,需要防止交通噪声对周围环境产生严重影响的区域。

4 类声环境功能区包括 4a 类和 4b 类两种类型。4a 类为高速公路、一级公路、二级公路、城市快速路、城市主干路、城市次干路、城市轨道交通(地面段)、内河航道两侧区域;4b 类为铁路干线两侧区域。

(2)《城市区域环境振动标准》(GB 10070—88)

环境振动标准是对因城市施工、机动车行驶、企业生产等带来环境震动所制定的标准限值。城市区域铅垂向 Z 振级标准值如表 3－6 所示。

表 3-6　城市区域铅垂向 Z 振级标准值　　单位:dB(A)

| 适用范围 | 昼间 | 夜间 |
|---|---|---|
| 特殊住宅区 | 65 | 65 |
| 居民文教区 | 70 | 67 |
| 混合区、商业中心区 | 75 | 72 |
| 工业集中区 | 75 | 72 |
| 交通干线道路两侧 | 75 | 72 |
| 铁路干线两侧 | 80 | 80 |

4.《土壤环境质量标准》(GB 15618—1995)

本标准按土壤应用功能、保护目标和土壤主要性质,规定了土壤中污染物的最高允许浓度指标值及相应的监测方法。本标准适用于农田、蔬菜地、茶园、果园、牧场、林地、自然保护区等地的土壤。

根据土壤应用功能和保护目标,土壤环境质量分类划分为 3 类:

Ⅰ类为主要适用于国家规定的自然保护区(原有背景重金属含量高的除外)、集中式生活饮用水源地、茶园、牧场和其他保护地区的土壤,土壤质量基本上保持自然背景水平。

Ⅱ类主要适用于一般农田、蔬菜地、茶园果园、牧场等的土壤,土壤质量基本上对植物和环境不造成危害和污染。

Ⅲ类主要适用于林地土壤及污染物容量较大的高背景值土壤和矿产附近等地的农田土壤(蔬菜地除外)。土壤质量基本上对植物和环境不造成危害和污染。

土壤环境质量标准分为 3 级。

一级标准:为保护区域自然生态、维持自然背景的土壤质量的限制值。

二级标准:为保障农业生产,维护人体健康的土壤限制值。

三级标准:为保障农林生产和植物正常生长的土壤临界值。

依据土壤环境功能区划,各类土壤环境质量执行标准的级别规定如下:

Ⅰ类土壤环境质量执行一级标准;

Ⅱ类土壤环境质量执行二级标准;

Ⅲ类土壤环境质量执行三级标准。

常用的土壤质量标准值见表 3-7。

表 3－7　土壤环境质量标准值　　单位：mg/kg

| 项目＼土壤pH值＼级别 | | | 一级 | 二级 | | | 三级 |
|---|---|---|---|---|---|---|---|
| | | | 自然背景 | ＜6.5 | 6.5～7.5 | ＞7.5 | ＞6.5 |
| 镉 | | ≤ | 0.20 | 0.30 | 0.30 | 0.60 | 1.0 |
| 汞 | | ≤ | 0.15 | 0.30 | 0.50 | 1.0 | 1.5 |
| 砷 | 水田 | ≤ | 15 | 30 | 25 | 20 | 30 |
| | 旱地 | ≤ | 15 | 40 | 30 | 25 | 40 |
| 铜 | 农田等 | ≤ | 35 | 50 | 100 | 100 | 400 |
| | 果园 | ≤ | — | 150 | 200 | 200 | 400 |
| 铅 | | ≤ | 35 | 250 | 300 | 350 | 500 |
| 铬 | 水田 | ≤ | 90 | 250 | 300 | 350 | 400 |
| | 旱地 | ≤ | 90 | 150 | 200 | 250 | 300 |
| 锌 | | ≤ | 100 | 200 | 250 | 300 | 500 |
| 镍 | | ≤ | 40 | 40 | 50 | 60 | 200 |
| 六六六 | | ≤ | 0.05 | 0.50 | | | 1.0 |
| 滴滴涕 | | ≤ | 0.05 | 0.50 | | | 1.0 |

5. 固体废弃物环境标准

国家针对不同固体废物污染环境问题，制定了不同的环境标准和技术规范。在环境影响评价中常用的主要有：GB 16889—2008《生活垃圾填埋场污染控制标准》，2008 年 7 月 1 日起执行；GB 18485—2001《生活垃圾焚烧污染控制标准》，2001 年 11 月 12 日起执行；GB 18599—2001《一般工业固体废物贮存、处置场污染控制标准》，2001 年 12 月 28 日起执行；GB 18598—2001《危险废物填埋污染控制标准》，2001 年 12 月 28 日起执行；GB 18484—2001《危险废物焚烧污染控制标准》，2001 年 11 月 12 日起执行；GB 18597—2001《危险废物贮存污染控制标准》，2001 年 12 月 28 日起执行等。

## 三、污染物排放标准

1. 水污染物排放标准

水污染物排放标准主要分污水综合排放标准和行业污水排放标准。在环境影响评价中常用的这类标准主要有：GB 8978—1996《污水综合排放标准》；GB 18918—2002《城镇污水处理厂污染物排放标准》；GB 3544—2001《造纸工业水污染物排放标准》;GB 13456—92《钢铁工业水污染物排放标准》;GB 4287—92《纺织染整工业水污染物排放标准》;GB 18466—2005《医疗机构水污染物排放标准》等。一般优先执行行业标准,行业标准未涉及的执行综合排放标准。污水综合排放标准常见污染物排放限值见表 3-8。

**表 3-8 污水综合排放标准常见污染物排放限值** 单位:mg/L

| 序号 | 污染物 | 适用范围 | 一级标准 | 二级标准 | 三级标准 |
|---|---|---|---|---|---|
| 1 | pH | 一切排污单位 | 6～9 | 6～9 | 6～9 |
| 2 | 悬浮物(SS) | 采矿、选矿、选煤工业 | 70 | 300 | — |
| | | 脉金选矿 | 70 | 400 | — |
| | | 边远地区沙金选矿 | 70 | 800 | — |
| | | 城镇二级污水处理厂 | 20 | 30 | — |
| | | 其他 | 70 | 150 | 400 |
| 3 | 生化需氧量($BOD_5$) | 甘蔗制糖、苎麻脱胶、湿法纤维板等工业 | 20 | 60 | 600 |
| | | 甜菜制糖、酒精、味精、皮革、化纤浆粕工业 | 20 | 100 | 600 |
| | | 城镇二级污水处理厂 | 20 | 30 | — |
| | | 其他污染单位 | 20 | 30 | 300 |
| 4 | 化学需氧量(COD) | 甘蔗制糖、合成脂肪酸、湿法纤维板、染料、洗毛、有机磷农药工业 | 100 | 200 | 1 000 |
| | | 酒精、味精、医药原料药、生物制药、苎麻脱胶、皮革、化纤浆粕工业 | 100 | 300 | 1 000 |
| | | 石油化工工业(包括石油炼制) | 60 | 120 | 500 |
| | | 城镇二级污水处理厂 | 60 | 120 | — |
| | | 其他污染单位 | 100 | 150 | 500 |
| 5 | 氨氮 | 医药原料药、染料、石油化工工业 | 15 | 50 | — |
| | | 其他污染单位 | 15 | 25 | — |

注:本表适用于 1998 年 1 月 1 日后建设的单位。

2. 大气污染物排放标准

在环境影响评价中常用的大气污染物排放标准主要有:GB 16297—1996《大气污染物综合排放标准》;GB 9078—1996《工业炉窑大气污染物排放标准》;GB 13271—2001《锅炉大气污染物排放标准》;GB 13223—2001《火电厂大气污染物排放标准》;GB 14554—93《恶臭污染物排放标准》等。大气污染物综合排放标准常见污染物排放限值见表 3-9。

**表 3－9　大气污染物综合排放标准常见污染物排放限值**

| 序号 | 污染物 | 最高允许排放浓度（$mg/m^3$） | 最高允许排放速率（kg/h） | | |
|---|---|---|---|---|---|
| | | | 排气筒高度（m） | 一级 | 二级 |
| 1 | 二氧化硫 | 960（硫、二氧化硫、硫酸和其他含硫化合物生产） | 15 | 2.6 | 3.5 |
| | | | 30 | 15 | 22 |
| | | 550（硫、二氧化硫、硫酸和其他含硫化合物使用） | 60 | 55 | 83 |
| | | | 90 | 130 | 200 |
| | | | 100 | 170 | 270 |
| 2 | 氮氧化物 | 1 400（硝酸、氮肥和火炸药生产） | 15 | 0.77 | 1.2 |
| | | | 30 | 4.4 | 6.6 |
| | | | 60 | 16 | 25 |
| | | 240（硝酸使用和其他） | 90 | 40 | 61 |
| | | | 100 | 52 | 78 |
| 3 | 颗粒物 | 18（碳黑尘、染料尘） | 15 | 0.15 | 0.74 |
| | | | 30 | 3.4 | 5.0 |
| | | 60（玻璃棉尘、石英粉尘、矿渣棉尘） | 15 | 1.9 | 2.6 |
| | | | 30 | 12 | 18 |
| | | 120（其他） | 15 | 3.5 | 5.0 |
| | | | 30 | 23 | 34 |
| | | | 60 | 85 | 130 |

注：①本表选取的是典型排气筒高度，其他排气筒高度详见标准原件；②数据适用 1997 年 1 月 1 日后的新污染源。

### 3. 环境噪声排放标准

环境影响评价中常用的环境噪声控制标准主要有：GB 12348—2008《工业企业厂界噪声标准》；GB 22337—2008《社会生活环境噪声排放标准》；GB 12523—90《建筑施工场界噪声限值》；GB 12525—90《铁路边界噪声限值及其测量方法》；GB 9660—85《机场周围飞机噪声环境标准》等。工业企业厂界环境噪声排放限值见表 3－10，建筑施工作业噪声限值见表 3－11。

表 3-10 工业企业厂界环境噪声排放限值 单位:dB(A)

| 厂界外声环境功能区类别 | 时段 | |
|---|---|---|
| | 昼间 | 夜间 |
| 0 | 50 | 40 |
| 1 | 55 | 45 |
| 2 | 60 | 50 |
| 3 | 65 | 55 |
| 4 | 70 | 55 |

表 3-11 建筑施工作业噪声限值 $L_{eq}$ 单位:dB(A)

| 施工阶段 | 主要噪声源 | 噪声限值 | |
|---|---|---|---|
| | | 昼间 | 夜间 |
| 土石方 | 推土机、挖掘机、装载机等 | 75 | 55 |
| 打桩 | 各种打桩机等 | 85 | 禁止施工 |
| 结构 | 混凝土搅拌机、振捣棒、电锯等 | 70 | 55 |
| 装修 | 吊车、升降机等 | 65 | 55 |

## 第五节 环境政策与产业政策

### 一、环境政策

1.《国务院关于落实科学发展观加强环境保护的决定》要点

(1)用科学发展观统领环境保护工作的基本原则

1)协调发展,互惠共赢。

2)强化法治,综合治理。

3)不欠新账,多还旧账。

4)依靠科技,创新机制。

5)分类指导,突出重点。

(2)经济社会发展必须与环境保护相协调

1)促进地区经济与环境协调发展。

2)大力发展循环经济。

3)积极发展环保产业。

(3)当前需切实解决的突出环境问题

1)以饮水安全和重点流域治理为重点,加强水污染防治。

2)以强化污染防治为重点,加强城市环境保护。

3)以降低二氧化硫排放总量为重点,推进大气污染防治。

4)以防治土壤污染为重点,加强农村环境保护。

5)以促进人与自然和谐为重点,强化生态保护。

6)以核设施和放射源监管为重点,确保核与辐射环境安全。

7)以实施国家环保工程为重点,推动解决当前突出的环境问题。

(4)加强环境监管制度的有关要求

1)实施污染物总量控制制度。

2)推行排污许可证制度,禁止无证或超总量排污。

3)严格执行环境影响评价和"三同时"制度。

4)要结合经济结构调整,完善污染严重的企业和落后的生产能力、工艺、设备与产品的强制淘汰制度。

5)强化限期治理制度,对不能稳定达标或超总量的排污单位实行限期治理。

6)完善环境监察制度,强化现场执法检查。

7)严格执行突发环境事件应急预案制度。

8)建立跨省界河流断面水质考核制度,省级人民政府应当确保出境水质达到考核目标。

9)加强跨省界环境执法及污染纠纷的协调制度。上游省份排污对下游省份造成污染事故的,上游省级人民政府应当承担赔付补偿责任,并依法追究相关单位和人员的责任。

2.《"十一五"节能减排综合性工作方案》要点

(1)国家节能减排的主要目标

到 2010 年,万元国内生产总值能耗由 2005 年的 1.22t 标准煤下降到 1t 标准煤以下,降低 20%左右;单位工业增加值用水量降低 30%;主要污染物排放总量减少 10%,即到 2010 年,二氧化硫排放量由 2005 年的 2 549 万吨减少到 2 295 万吨,化学需氧量(COD)由 1 414 万吨减少到 1 273 万吨;全国城市污水处理率不低于 70%;工业固体废物综合利用率达到 60%以上。

(2)控制高能耗、高污染行业过快增长的主要措施

1)严格控制新建高耗能、高污染项目。严把土地、信贷两个闸门,提高节能环保市场准入门槛。

2)抓紧建立新开工项目管理的部门联动机制和项目审批问责制,严格执行项目开工建设"六项必要条件"(必须符合产业政策和市场准入标准、项目审批核准或

备案程序、用地预审、环境影响评价审批、节能评估审查以及信贷、安全和城市规划等规定和要求）。

3）实行新开工项目报告和公开制度。

4）建立高耗能、高污染行业新上项目与地方节能减排指标完成进度挂钩、与淘汰落后产能相结合的机制。

5）落实限制高耗能、高污染产品出口的各项政策。

6）继续运用调整出口退税、加征出口关税、削减出口配额、将部分产品列入加工贸易禁止类目录等措施，控制高耗能、高污染产品出口。

7）加大差别电价实施力度，提高高耗能、高污染产品差别电价标准。

8）组织对高耗能、高污染行业节能减排工作专项检查，清理和纠正各地在电价、地价、税费等方面对高耗能、高污染行业的优惠政策。

（3）"十一五"时期淘汰落后生产能力的主要行业和内容（表3-12）

加大淘汰电力、钢铁、建材、电解铝、铁合金、电石、焦炭、煤炭、平板玻璃等行业落后产能的力度。"十一五"期间实现节能1.18亿吨标准煤，减排二氧化硫240万吨；减排化学需氧量（COD）138万吨。

**表3-12 "十一五"时期淘汰落后生产能力一览表**

| 行业 | 内容 | 单位 | "十一五"时期 | 2007年 |
|---|---|---|---|---|
| 电力 | 实施"上大压小"关停小火电机组 | 万千瓦 | 5 000 | 1 000 |
| 炼铁 | 300$m^3$ 以下高炉 | 万吨 | 10 000 | 3 000 |
| 炼钢 | 年产20万吨及以下的小转炉、小电炉 | 万吨 | 5 500 | 3 500 |
| 电解铝 | 小型预焙槽 | 万吨 | 65 | 10 |
| 铁合金 | 6 300kV安以下矿热炉 | 万吨 | 400 | 120 |
| 电石 | 6 300kV安以下炉型电石产能 | 万吨 | 200 | 50 |
| 焦炭 | 炭化室高度4.3m以下的小焦炉 | 万吨 | 8 000 | 1 000 |
| 水泥 | 等量替代机立窑水泥熟料 | 万吨 | 25 000 | 5 000 |
| 玻璃 | 落后平板玻璃 | 万重量箱 | 3 000 | 600 |
| 造纸 | 年产3.4万吨以下草浆生产装置、年产1.7万吨以下化学制浆生产线、排放不达标的年产1万吨以下以废纸为原料的纸厂 | 万吨 | 650 | 230 |
| 酒精 | 落后酒精生产工艺及年产3万吨以下企业（废糖蜜制酒精除外） | 万吨 | 160 | 40 |
| 味精 | 年产3万吨以下味精生产企业 | 万吨 | 20 | 5 |
| 柠檬酸 | 环保不达标柠檬酸企业 | 万吨 | 8 | 2 |

3.《全国生态环境保护纲要》要点

(1)重要生态功能区类型和生态功能保护区级别

1)重要生态功能保护区:江河源头区、重要水源涵养区、水土保持的重点预防保护区和重点监督区、江河洪水调蓄区、防风固沙区和重要渔业水域等重要生态功能区,在保持流域、区域生态平衡,减轻自然灾害,确保国家和地区生态环境安全方面具有重要作用。

2)生态功能保护区级别:跨省域和重点流域、重点区域的重要生态功能区,建立国家级生态功能保护区;跨地(市)和县(市)的重要生态功能区,建立省级和地(市)级生态功能保护区。

(2)对生态功能保护区采取的保护措施

1)停止一切导致生态功能继续退化的开发活动和其他人为破坏活动。

2)停止一切产生严重环境污染的工程项目建设。

3)严格控制人口增长,区内人口已超出承载能力的应采取必要的移民措施。

4)改变粗放生产经营方式,走生态经济型发展道路。

(3)各类资源开发利用的生态环境保护要求

1)切实加强对水、土地、森林、草原、海洋、矿产等重要自然资源的环境管理,严格资源开发利用中的生态环境保护工作。

2)加强水资源开发利用的生态环境保护。

3)加强土地资源开发利用的生态环境保护。

4)加强森林、草原资源开发利用的生态环境保护。

5)加强生物物种资源开发利用的生态环境保护。

6)加强海洋和渔业资源开发利用的生态环境保护。

7)加强矿产资源开发利用的生态环境保护。

8)加强旅游资源开发利用的生态环境保护。

4.《国家重点生态功能保护区规划纲要》要点

(1)重点生态功能保护区规划的指导思想、原则及目标

1)指导思想:以科学发展观为指导,以保障国家和区域生态安全为出发点,以维护并改善区域重要生态功能为目标,以调整产业结构为手段,统筹人与自然和谐发展,把生态保护和建设与地方社会经济发展、群众生活水平提高有机结合起来,统一规划,优先保护,限制开发,严格监管,促进我国重要生态功能区经济、社会和环境的协调发展。

2)基本原则:统筹规划,分步实施。

——高度重视,精心组织。

——保护优先,限制开发。

——避免重复，互为补充。

3）主要目标：以《中华人民共和国国民经济和社会发展第十一个五年规划纲要》明确的国家限制开发区为重点，合理布局国家重点生态功能保护区，建设一批水源涵养、水土保持、防风固沙、洪水调蓄、生物多样性维护生态功能保护区，形成较完善的生态功能保护区建设体系，建立较完备的生态功能保护区相关政策、法规、标准和技术规范体系，使我国重要生态功能区的生态恶化趋势得到遏制，主要生态功能得到有效恢复和完善，限制开发区有关政策得到有效落实。

(2)重点生态功能保护区规划的主要任务

重点生态功能保护区属于限制开发区，要在保护优先的前提下，合理选择发展方向，发展特色优势产业，加强生态环境保护和修复，加大生态环境监管力度，保护和恢复区域生态功能。

1）合理引导产业发展：充分利用生态功能保护区的资源优势，合理选择发展方向，调整区域产业结构，发展有益于区域主导生态功能发挥的资源环境可承载的特色产业，限制不符合主导生态功能保护需要的产业发展，鼓励使用清洁能源。

——限制损害区域生态功能的产业扩张。

——发展资源环境可承载的特色产业。

——推广清洁能源。

2）保护和恢复生态功能：遵循先急后缓、突出重点，保护优先、积极治理，因地制宜、因害设防的原则，结合已实施或规划实施的生态治理工程，加大区域自然生态系统的保护和恢复力度，恢复和维护区域生态功能。

——提高水源涵养能力。

——恢复水土保持功能。

——增强防风固沙功能。

——提高调洪蓄洪能力。

——增强生物多样性维护能力。

——保护重要海洋生态功能。

3）强化生态环境监管：通过加强法律法规和监管能力建设，提高环境执法能力，避免边建设、边破坏；通过强化监测和科研，提高区内生态环境监测、预报、预警水平，及时准确掌握区内主导生态功能的动态变化情况，为生态功能保护区的建设和管理提供决策依据；通过强化宣传教育，增强区内广大群众对区域生态功能重要性的认识，自觉维护区域和流域生态安全。

——强化监督管理能力。

——提高监测预警能力。

——增强宣传教育能力。

——加强科研支撑能力。

5.《全国生态脆弱区保护规划纲要》要点

(1)生态脆弱区保护规划的指导思想、原则及目标

1)指导思想:以邓小平理论和“三个代表”主要思想为指导,贯彻落实科学发展观,建设生态文明,以维护生态系统完整性,恢复和改善脆弱生态系统为目标,在坚持优先保护、限制开发、统筹规划、防治结合的前提下,通过适时监测、科学评估和预警服务,及时掌握脆弱区生态环境演变动态,因地制宜,合理选择发展方向,优化产业结构,力争在发展中解决生态环境问题。同时,强化法制监管,倡导生态文明,积极增进群众参与意识,全面恢复脆弱区生态系统。

2)基本原则:

——预防为主,保护优先。

——分区推进,分类指导。

——强化监管,适度开发。

——统筹规划,分步实施。

3)规划期限:

——规划的基准年为 2008 年。

——规划期为 2009—2020 年。

4)规划目标:

——总体目标:到 2020 年,在生态脆弱区建立起比较完善的生态保护与建设的政策保障体系、生态监测预警体系和资源开发监管执法体系;生态脆弱区 40%以上适宜治理的土地得到不同程度治理,水土流失得到基本控制,退化生态系统基本得到恢复,生态环境质量总体良好;区域可更新资源不断增值,生物多样性保护水平稳步提高;生态产业成为脆弱区的主导产业,生态保护与产业发展有序、协调,区域经济、社会、生态复合系统结构基本合理,系统服务功能呈现持续、稳定态势;生态文明融入社会各个层面,民众参与生态保护的意识明显增强,人与自然基本和谐。

——阶段目标:近期(2009—2015 年)目标:到 2015 年,生态脆弱区战略环境影响评价执行率达到 100%,新增治理面积达到 30%以上;生态产业示范已在生态脆弱区全面开展。中远期(2016—2020 年)目标:到 2020 年,生态脆弱区 40%以上适宜治理的土地得到不同程度治理,退化生态系统已得到基本恢复,可更新资源不断增值,生态产业已基本成为区域经济发展的主导产业,并呈现持续、强劲的发展态势,区域生态环境已步入良性循环轨道。

(2)生态脆弱区保护规划的总体任务和具体任务

1)总体任务:以维护区域生态系统完整性、保证生态过程连续性和改善生态系

统服务功能为中心，优化产业布局，调整产业结构，全面限制有损于脆弱区生态环境的产业扩张，发展与当地资源环境承载力相适应的特色产业和环境友好产业，从源头控制生态退化；加强生态保育，增强脆弱区生态系统的抗干扰能力；建立健全脆弱区生态环境监测、评估及预警体系；强化资源开发监管和执法力度，促进脆弱区资源环境协调发展。

2)具体任务：

——调整产业结构，促进脆弱区生态与经济的协调发展。

——加强生态保育，促进生态脆弱区修复进程。

——加强生态监测与评估能力建设。

——强化资源开发监管执法力度，防止无序开发和过度开发。

3)重点生态脆弱区建设任务：根据全国生态脆弱区空间分布及其生态环境现状，本规划重点对全国八大生态脆弱区中的19个重点区域进行分区规划建设。

——东北林草交错生态脆弱区。重点保护区域：大兴安岭西麓山地林草交错生态脆弱重点区域。

——北方农牧交错生态脆弱区。重点保护区域：辽西以北丘陵灌丛草原垦殖退沙化生态脆弱重点区域，冀北坝上典型草原垦殖退沙化生态脆弱重点区域，阴山北麓荒漠草原垦殖退沙化生态脆弱重点区域，鄂尔多斯荒漠草原垦殖退沙化生态脆弱重点区域。

——西北荒漠绿洲交接生态脆弱区。重点保护区域：贺兰山及蒙宁河套平原外围荒漠绿洲生态脆弱重点区域，新疆塔里木盆地外缘荒漠绿洲生态脆弱重点区域，青海柴达木高原盆地荒漠绿洲生态脆弱重点区域。

——南方红壤丘陵山地生态脆弱区。重点保护区域：南方红壤丘陵山地流水侵蚀生态脆弱重点区域，南方红壤山间盆地流水侵蚀生态脆弱重点区域。

——西南岩溶山地石漠化生态脆弱区。重点保护区域：西南岩溶山地丘陵流水侵蚀生态脆弱重点区域，西南岩溶山间盆地流水侵蚀生态脆弱重点区域。

——西南山地农牧交错生态脆弱区。重点保护区域：横断山高中山农林牧复合生态脆弱重点区域，云贵高原山地石漠化农林牧复合生态脆弱重点区域。

——青藏高原复合侵蚀生态脆弱区。重点保护区域：青藏高原山地林牧复合侵蚀生态脆弱重点区域，青藏高原山间河谷风蚀水蚀生态脆弱重点区域。

——沿海水陆交接带生态脆弱区。重点保护区域：辽河、黄河、长江、珠江等滨海三角洲湿地及其近海水域，渤海、黄海、南海等滨海水陆交接带及其近海水域，华北滨海平原内涝盐碱化生态脆弱重点区域。

## 二、产业政策

1. 概述

产业政策即根据经济发展的内在联系，揭示一定时期内产业结构的变化趋势及其过程，并按照产业结构的发展规律保证产业结构顺利发展，推动国民经济发展的政策。

在市场经济运行中，产业政策具有导向作用。这种导向作用主要是：可以调整商品供求结构，有助于实现市场上商品供求的平衡；可以通过差别利率等信贷倾斜政策对资金市场进行调节，有助于资金合理流动和优化配置；可以打破地区封锁和市场分割，促进区域市场和国内统一市场的发育和形成。

2.《促进产业结构调整暂行规定》要点

(1)熟悉产业结构调整的方向和重点

——巩固和加强农业基础地位，加快传统农业向现代农业转变。

——加强能源、交通、水利和信息等基础设施建设，增强对经济社会发展的保障能力。

——以振兴装备制造业为重点发展先进制造业，发挥其对经济发展的重要支撑作用。

——加快发展高技术产业，进一步增强高技术产业对经济增长的带动作用。

——提高服务业比重，优化服务业结构，促进服务业全面快速发展。

——大力发展循环经济，建设资源节约和环境友好型社会，实现经济增长与人口资源环境相协调。

——优化产业组织结构，调整区域产业布局。

——实施互利共赢的开放战略，提高对外开放水平，促进国内产业结构升级。

(2)《促进产业结构调整暂行规定》施行后废止的相关产业目录

原国家计委、国家经贸委发布的《当前国家重点鼓励发展的产业、产品和技术目录(2000 年修订)》、原国家经贸委发布的《淘汰落后生产能力、工艺和产品的目录(第一批、第二批、第三批)》和《工商投资领域制止重复建设目录(第一批)》同时废止。

(3)推进产能过剩行业结构调整的总体要求和原则

1)总体要求：坚持以科学发展观为指导，依靠市场，因势利导，控制增能，优化结构，区别对待，扶优汰劣，力争今年迈出实质性步伐，经过几年努力取得明显成效。

2)原则：

——充分发挥市场配置资源的基础性作用。

——综合运用经济、法律手段和必要的行政手段。

——坚持区别对待，促进扶优汰劣。

——健全持续推进结构调整的制度保障。

(4)推进产能过剩行业结构调整的重点措施

推进产能过剩行业结构调整，关键是要发挥市场配置资源的基础性作用，充分利用市场的力量推动竞争，促进优胜劣汰。

——切实防止固定资产投资反弹。

——严格控制新上项目。

——淘汰落后生产能力。

——推进技术改造。

——促进兼并重组。

——加强信贷、土地、建设、环保、安全等政策与产业政策的协调配合。

——深化行政管理和投资体制、价格形成和市场退出机制等方面的改革。

——健全行业信息发布制度。

(5)掌握《产业结构调整指导目录》的分类

《产业结构调整指导目录》由鼓励、限制和淘汰 3 类目录组成。不属于鼓励类、限制类和淘汰类，且符合国家有关法律法规和政策规定的，为允许类。允许类不列入《产业结构调整指导目录》。

对属于限制类的新建项目，禁止投资。对淘汰类项目，禁止投资。

3.《外商投资产业指导目录》要点

(1)《外商投资产业指导目录》的分类

《外商投资产业指导目录》(2007 年修订)分为鼓励类；限制类；禁止类。

(2)禁止外商投资产业目录主要内容

——农、林、牧、渔业：稀有和特有的珍贵优良品种的养殖、种植；转基因植物种子、种畜禽、水产苗种的开发、生产；我国管辖海域及内陆水域水产品捕捞。

——采矿业：钨、钼、锡、锑、萤石勘查、开采；稀土、放射性矿产勘查、开采、选矿。

——制造业：饮料制造业(绿茶及特种茶加工等)；医药制造业(中药材加工；中药饮片的蒸、炒、炙、煅等炮炙技术的应用及中成药保密处方产品的生产)；有色金属冶炼及压延加工业(放射性矿产的冶炼、加工)；专用设备制造业(武器弹药制造)；电气机械及器材制造业(开口式铅酸电池制造、含汞扣式氧化银电池制造、糊式锌锰电池制造、镉镍电池制造)；工业品及其他制造业(象牙雕刻，虎骨加工，脱胎漆器生产，珐琅制品生产，宣纸、墨锭生产，致癌、致畸、致突变产品生产和持久性有机污染物产品生产)。

——电力、煤气及水的生产和供应业：西藏、新疆、海南等小电网外，单机容量30万千瓦及以下燃煤凝汽火电站、单机容量10万千瓦及以下燃煤凝汽抽汽两用热电联产电站的建设、经营。

——交通运输、仓储和邮政业：空中交通管制公司、邮政公司。

——租赁和商务服务业：社会调查。

——科学研究、技术服务和地质勘查业：人体干细胞、基因诊断与治疗技术开发和应用；大地测量、海洋测绘、测绘航空摄影、行政区域界线测绘、地图编制中的地形图编制、普通地图编制的导航电子地图编制。

——水利、环境和公共设施管理业：自然保护区和国际重要湿地的建设、经营；国家保护的原产于我国的野生动、植物资源开发。

——教育：义务教育机构，军事、警察、政治和党校等特殊领域教育机构。

——文化、体育和娱乐业：新闻机构；图书、报纸、期刊的出版、总发行和进口业务；音像制品和电子出版物的出版、制作和进口业务；各级广播电台（站）、电视台（站）、广播电视频道（率）、广播电视传输覆盖网；广播电视节目制作经营公司；电影制作公司、发行公司、院线公司；新闻网站、网络视听节目服务、互联网上网服务营业场所、互联网文化经营；录像放映公司；高尔夫球场的建设、经营；博彩业（含赌博类跑马场）；色情业；其他行业。

——危害军事设施安全和使用效能的项目。

——国家和我国缔结或者参加的国际条约规定禁止的其他产业。

## 习　题

### 一、单项选择题

1. 在我国环境保护法律法规体系中，（　）处于最高的地位。

   A. 宪法关于环境保护的规定　　B. 环境保护基本法

   C. 环境保护单行法律规范　　D. 其他部门法中的环境保护法律规范

2. 1979年9月，（　）规定："一切企业、事业单位的选址、设计、建设和生产，都必须注意防止对环境的污染和破坏。在进行新建、改建和扩建工程中，必须提出环境影响评价报告书，经环境保护主管部门和其他有关部门审查批准后才能进行设计"。该项规定标志着我国的环境影响评价制度正式确立。

   A.《中华人民共和国环境保护法》　　B.《中华人民共和国环境影响评价法》

   C.《中华人民共和国环境保护法》(试行)　　D.《环境政策法》

3. 按照（　），环境影响评价可分为大气环境影响评价、水环境影响评价、声环境影响评价、生态环境影响评价、固体废物环境影响评价。

A. 评价对象　　B. 环境要素　　C. 环境影响对象　　D. 环境破坏程度

4.《中华人民共和国环境保护法》中所称环境，是指影响人类社会生存和发展的各种天然的和经过人工改造的(　)总体。

A. 自然因素　　B. 社会因素　　C. 人文因素　　D. 经济因素

5.《中华人民共和国环境保护法》规定：开发利用自然资源，必须采取措施保护(　)。

A. 生活环境　　B. 资源环境　　C. 生境环境　　D. 生态环境

6.《中华人民共和国环境保护法》规定：建设项目的环境影响报告书，必须对建设项目产生的污染和对环境的影响作出评价，规定防治措施，经项目主管部门(　)并依照规定的程序报环境保护行政主管部门批准。

A. 审核　　B. 审批　　C. 审查　　D. 预审

7.《中华人民共和国环境保护法》规定：各级人民政府应当加强对农业环境的保护，防治土壤污染、土地沙化、盐渍化、贫瘠化、沼泽化、地面沉降和防治植被破坏、水土流失、水源枯竭、种源灭绝以及其他生态失调现象的发生和发展，推广植物病虫害的综合防治，合理使用化肥、农药及(　)。

A. 转基因药物　　B. 转基因植物　　C. 动物生产激素　　D. 植物生长激素

8.《中华人民共和国环境保护法》规定：产生环境污染和其他公害的单位，必须把环境保护工作纳入计划，建立(　)。

A. 环境保护责任制度　　B. 环境污染治理制度

C. 环境污染防治制度　　D. 绿色管理责任制度

9.《中华人民共和国环境保护法》规定：建设项目中的防治污染设施必须经(　)环境保护行政主管部门验收合格后，该建设项目方可投放生产或者使用。

A. 当地　　B. 县级以上

C. 市级以上　　D. 原审批环境影响报告书的

10. 建设项目的防治污染设施没有建成或者没有达到国家规定的要求，投放生产或者使用的，由批准该建设项目的环境影响报告书的环境保护行政主管部门(　)。

A. 责令停止生产或者使用，可以并处罚款　B. 责令停止生产或者使用或罚款

C. 责令停止生产或者使用　　D. 罚款

11. 因发生事故或者其他突发性事件，造成或者可能造成污染事故的单位，必须立即采取措施处理，及时通报可能受到污染危害的单位和居民，并向(　)和有关部门报告，接受调查处理。

A. 上级环境保护行政主管部门　　B. 当地安全保护行政主管部门

C. 县级以上环境保护行政主管部门　　D. 当地环境保护行政主管部门

12. 对经限期治理逾期未完成治理任务的企业事业单位，除依照国家规定加收超标准排污费外，可以根据所造成的危害后果(　)。

A. 处以罚款，并给予行政处分　　B. 处以罚款，或者责令停业、关闭

C. 责令停业、关闭，并处罚款　　D. 责令停业、关闭，并处行政处分

13. 违反《中华人民共和国环境保护法》规定的，责令停业、关闭由(　)决定。

A. 人民政府或环境保护行政主管部门　　B. 人民政府

C. 当地人民法院　　D. 环境保护行政主管部门

14. 因环境污染损害赔偿提起诉讼的时效期间为(　)年，从当事人知道或者应当知道受到污染损害时起计算。

A. 2　　B. 1　　C. 3　　D. 4

15. 在项目建设、运行过程中产生不符合经审批的环境影响评价文件的情形的，建设单位应当组织(　)，采取改进措施，并报原环境影响评价文件审批部门和建设项目审批部门备案。

A. 重新进行环境影响评价　　B. 环境影响的后评价

C. 就新出现的情形进行环境影响评价　D. 改编原有的环境影响评价文件

16. 为了实施(　)，预防因规划和建设项目实施后对环境造成不良影响，促进经济、社会和环境的协调发展，制定《中华人民共和国环境影响评价法》。

A. 科学发展观战略　　B. 和谐社会战略

C. 可持续发展战略　　D. 科技兴国战略

17.《中华人民共和国环境影响评价法》规定：环境影响评价必须(　)，综合考虑规划或者建设项目实施后对各种环境因素及其所构成的生态系统可能造成的影响，为决策提供科学依据。

A. 客观、公开、公正　　B. 公平、公开、公正

C. 客观、公开　　D. 科学、公开、公平

18.《中华人民共和国环境影响评价法》中所称环境影响评价，是指对规划和建设项目实施后可能造成的环境影响进行分析、预测和评估，提出(　)不良环境影响的对策和措施，进行跟踪监测的方法与制度。

A. 预防或者减轻　　B. 预防

C. 减轻　　D. 预防和减轻

19.《中华人民共和国环境影响评价法》规定：规划环境影响评价文件的受理机构是(　)。

A. 规划局　　B. 当地人民政府

C. 当地环境保护主管部门　　D. 规划审批机构

20. 设区的市级以上人民政府在审批专项规划草案，做出决策前，应当先由人民政

府指定的环境保护行政主管部门或者其他部门召集有关部门代表和专家组成(　),对环境影响报告书进行(　)。

A. 审议小组　审议　　B. 审查小组　审批

C. 审批小组　审批　　D. 审查小组　审查

21. 环境保护行政主管部门应当自收到专项规划环境影响报告书之日起(　)内,会同专项规划审批机关召集有关部门代表和专家组成审查小组,对专项规划环境影响报告书进行审查。

A. 30 日　B. 15 日　C. 60 日　D. 20 日

22. 设区的市级以上人民政府或者省级以上人民政府有关部门在审批专项规划草案时,应当将环境影响报告书结论以及审查意见作为决策的(　)。

A. 参考依据　B. 重要依据　C. 一般依据　D. 唯一依据

23.《中华人民共和国环境影响评价法》规定:除国家规定需要保密的情形外,下列建设项目需征求有关单位、专家和公众的意见的有(　)。

A. 编制环境影响报告表的建设项目　B. 编制环境影响报告书的建设项目

C. 填报环境影响登记表的建设项目

D. 编制环境影响报告书和环境影响报告表的建设项目

24.《建设项目环境保护管理条例》规定:除特殊的建设项目外,要进行可行性研究的建设项目,建设单位应当在建设项目(　)报批建设项目环境影响报告书、环境影响报告表或者环境影响登记表。

A. 初步设计阶段　B. 审批完成后的阶段

C. 可行性研究阶段　D. 开工前

25. 审批环境影响评价文件的部门应当自收到环境影响报告书之日起(　)内,收到环境影响报告表之日起(　)内,收到环境影响登记表之日起 15 日内,分别作出审批决定并书面通知建设单位。

A. 60 日　30 日　B. 50 日　20 日　C. 70 日　30 日　D. 40 日　20 日

26. 收到建设项目的环境影响评价文件自批准之日起超过 5 年,方决定该项目开工建设的,其环境影响评价文件应当报原审批部门(　)。

A. 重新备案　B. 重新报批　C. 重新审核　D. 报废

27. 建设单位未依法报批建设项目环境影响评价文件,擅自开工建设的,由有权审批该项目环境影响评价文件的环境保护行政主管部门责令停止建设,限期补办手续;逾期不补办手续的,可以处(　)的罚款。

A. 5 万元以上、30 万元以下　B. 5 万元以上、10 万元以下

C. 5 万元以上、20 万元以下　D. 10 万元以上、50 万元以下

28. 国家环境保护总局在确定评价资质等级的同时,根据评价机构专业特长和工作

能力，确定相应的评价范围。评价范围分为环境影响报告书的（　）个小类和环境影响报告表的（　）个小类。

A. 11　2　　B. 10　3　　C. 12　2　　D. 8　3

29.《建设项目环境影响评价资质管理办法》规定：环境影响评价资质证书在全国范围内使用，有效期为（　）年。

A. 6　　B. 5　　C. 3　　D. 4

30. 申请甲级环境影响评价机构应具备（　）名以上环境影响评价专职技术人员，其中至少有（　）名登记于该机构的环境影响评价工程师，其他人员应当取得环境影响评价岗位证书。

A. 18　10　　B. 12　6　　C. 20　10　　D. 30　15

31. 甲级环境影响评价机构在资质证书有效期内应当主持编制完成至少（　）省级以上环境保护行政主管部门负责审批的环境影响报告书。

A. 5 项　　B. 8 项　　C. 10 项　　D. 12 项

32. 经批准环境保护延期验收申请后的建设单位试生产的期限最长不超过（　）。核设施建设项目试生产的期限最长不超过（　）。

A. 半年　1 年　　B. 1 年　3 年　　C. 2 年　3 年　　D. 1 年　2 年

33. 某环境影响评价工程师以他人名义或允许他人以本人名义从事环境影响评价及相关业务，其应受到的处罚是（　）。

A. 通报批评　　B. 行政处分　　C. 注销登记　　D. 暂停业务

34. 建设项目可能造成跨行政区域的不良环境影响，有关环境保护行政主管部门对该项目的环境影响评价结论有争议的，其环境影响评价文件由（　）审批。

A. 国务院环境保护行政主管部门　　B. 国家环保总局

C. 共同的上一级环境保护行政主管部门

D. 受影响较多的区域的环境保护行政主管部门

35. 以下的地区中，（　）不属于环境敏感区。

A. 沙尘暴源区　　B. 人口密集区

C. 党政机关集中的办公地点　　D. 经济开发区

36. 国家环境保护总局对以下（　）行为的评价单位，予以吊销评价证书的处罚。

A. 评价单位无正当理由不履行评价合同的

B. 环境影响报告书在审查过程中质量较差的

C. 变相转包评价工作或承接项目与评价证书业务范围不一致的

D. 环境影响评价中编造数据、弄虚作假的

37. 建设单位或者其委托的环境影响评价机构决定举行听证会征求公众意见的，应当在举行听证会的（　）日前，在该建设项目可能影响范围内的公共媒体或者采

用其他公众可知悉的方式，公告听证会的时间、地点、听证事项和报名办法。

A. 10　　B. 15　　C. 30　　D. 60

38. 决定举行听证会征求环境影响报告书的公众意见的，听证会组织者选定的参加听证会的代表人数一般不得少于（　）人。

A、10　　B. 15　　C. 30　　D. 60

39. 环境影响评价工程师资格考试的科目、大纲和试题由（　）组织。

A. 人事部　　B. 环境保护总局　　C. 国务院　　D. 教育部

40. 向大气排放恶臭气体的排污单位，必须采取措施防止（　）。

A. 超标排放　　B. 超量排放　　C. 大气质量下降　　D. 周围居民区受污染

41. 大、中城市人民政府环境保护行政主管部门应当定期发布（　）。

A. 大气环境质量状况公报　　B. 大气环境质量状况日报

C. 大气了环境质量状况预报　　D. 空气环境质量状况公报

42. 下列不属于向大气排放须报经当地环境保护行政主管部门批准的是（　）。

A. 转炉气　　B. 电石气　　C. 恶臭气体　　D. 电炉法黄磷尾气

43. 国务院和省、自治区、直辖市人民政府对尚未达到规定的大气环境质量标准的区域和国务院批准划定的酸雨控制区、二氧化硫污染控制区，可以划定为（　）控制区。

A. 主要二氧化硫排放总量　　B. 主要大气污染物排放总量

C. 主要二氧化氮排放总量　　D. 主要一氧化碳排放总量

44. 大气污染物总量控制区内有关（　）依照国务院规定的条件和程序，按照公开、公平、公正的原则，核发企业事业单位的主要大气污染物排放许可证。

A. 地方人民代表大会　　B. 地方技术监督部门

C. 地方人民政府　　D. 环境保护行政主管部门

45. 对未划定为禁止使用高污染燃料区域的大、中城市市区内的其他民用炉灶，限期改用（　）或者使用其他清洁能源。

A. 燃气　　B. 低硫型煤　　C. 燃油　　D. 固硫型煤

46. 省级以上人民政府对实现水污染达标排放仍不能达到国家规定的水体，可实施重点污染物排放的总量控制制度，并对有污染量削减任务的企业实施（　）制度。

A. 排污收费制度　　B. 重点污染物排放量的核定制度

C. 超标罚款制度　　D. 限期治理制度

47. 下列机构有权依法划定生活饮用水地表水源保护区的是（　）。

A. 县级人民政府　　B. 市级人民政府

C. 省级人民政府　　D. 国家环保部

48. 生活饮用水地表水源保护区分为(　)。

A. 一级保护区和二级保护区　　B. 一级保护区、二级保护区、三级保护区

C. 甲级保护区和乙级保护区　　D. 国家级保护区和省级保护区

49. 生活饮用水地表水源一级保护区内的水质,适用国家《地表水环境质量标准》(　)标准。

A. I 类　　B. II 类　　C. 1 级　　D. 2 级

50. 企业事业单位造成水污染事故时,必须立即采取措施,停止或者减少排污,并在事故发生后(　),向当地环境保护部门作出事故发生的时间、地点、类型和排放污染物的种类、数量、经济损失、人员受害及应急措施等情况的初步报告。

A. 12 小时内　　B. 24 小时内　　C. 36 小时内　　D. 48 小时内

51. 在开采多层地下水的时候,如果各(　)的水质差异大,应当分层开采。对已受污染的潜水和承压水,不得混合开采。

A. 隔水层　　B. 含水层　　C. 潜水层　　D. 承压水层

52. 产生环境噪声污染的企业事业单位,必须保持防治环境噪声污染的设施的正常使用;拆除或者闲置环境噪声污染防治设施的,必须事先报经(　)地方人民政府环境保护行政主管部门批准。

A. 省级以上　　B. 县级以上　　C. 区级以上　　D. 当地

53. 新建营业性文化娱乐场所的边界噪声必须符合国家规定的环境噪声排放标准,不符合国家规定的环境噪声排放标准的,(　)不得核发营业执照。

A. 工商行政主管部门　　B. 公安机关

C. 环境保护行政主管部门　　D. 文化行政主管部门

54. 产生环境噪声污染的工业企业,应当采取有效措施,(　)噪声对周围生活环境的影响。

A. 治理　　B. 防止　　C. 预防　　D. 减轻

55. 国家鼓励、支持采取有利于保护环境的(　)处置固体废物的措施,促进固体废物污染环境防治产业发展。

A. 分散　　B. 集中　　C. 市场化　　D. 有计划

56. 建设生活垃圾处置的设施、场所,必须符合国家国务院环境保护行政主管部门和国务院建设行政主管部门规定的(　)标准。

A. 环境保护　　B. 境保护和环境卫生

C. 环境卫生　　D. 环境保护和建设规范

57.《中华人民共和国固体废物污染环境防治法》规定:(　)会同国务院经济综合宏观调控部门组织编制危险废物集中处置设施、场所的建设规划,报国务院批准后实施。

A. 地方环境保护行政主管部门　　B. 国务院环境保护行政主管部门
C. 省级环境保护行政主管部门　　D. 市级环境保护行政主管部门

58. 国家实行工业固体废物（　），产生工业固体废物的单位必须按照国务院环境保护行政主管部门的规定，向所有地县级以上地方人民政府环境保护行政主管部门提供工业固体废物的种类、产生量、流向、贮存、处置等有关资料。

A. 总量控制制度　　B. 申报登记制度
C. 定期上报制度　　D. 备案制度

59. 下列废水属《中华人民共和国海洋环境保护法》禁止排放的是（　）。

A. 高、中水平放射性废水　　B. 含热废水
C. 含病原体的医疗污水　　D. 含有不易降解的有机物和重金属的废水
E. 工业废水

60. 勘探开发海洋石油，必须按有关规定编制（　），报国家海洋行政主管部门审查批准。

A. 海洋环境保护规则　　B. 海洋开发规划
C. 溢油应急计划　　D. 海域环境规划

61. 根据海洋环境保护法，（　）可以建设。

A. 在海湾、半封闭海的非冲击型海岸地区圈海造地
B. 在红树林、珊瑚礁生长地区兴建海岸工程
C. 在岸边建有防污设施的大型港口码头
D. 海洋特别保护区、重要渔业水域兴建工程

62. 国务院和沿海地方各级人民政府应当采取有效措施，保护红树林、珊瑚礁、滨海湿地、海岛、海湾、入海河口、重要渔业水域等具有典型性、代表性的（　）。

A. 海洋生物的天然集中分布区　　B. 海洋生态保护区
C. 海洋生态系统　　D. 海洋生物系统

63. 向海域排放含热废水，必须采取有效措施，保证邻近渔业水域的水温符合国家（　），避免热污染对水产资源的危害。

A. 污水排放标准　　B. 水质量标准
C. 生态安全标准　　D. 海洋环境质量标准

64. 开发利用伴生放射性矿的单位，应当在申请领取采矿许可证前编制环境影响报告书，报（　）审查批准。

A. 省级以上人民政府环境保护行政主管部门
B. 当地人民政府环境保护行政主管部门
C. 国务院环境保护行政主管部门
D. 地级以上人民政府环境保护行政主管部门

65. 在干旱和半干旱地区开发、利用水资源，应当充分考虑（ ）需要。

A. 城乡居民生活用水　　B. 农业用水

C. 工业用水　　D. 生态环境用水

66.《中华人民共和国节约能源法》规定：禁止（ ）的工业项目。

A. 新建技术落后、耗能过高、严重浪费能源

B. 扩建技术落后、耗能过高、严重浪费能源

C. 改建技术落后、耗能过高、严重浪费能源

D. 新建技术中等、耗能一般、严重浪费能源

67. 国家对浪费资源和严重污染环境的落后生产技术、工艺、设备和产品实行（ ）。

A. 限期淘汰制度　　B. 阶梯淘汰制度

C. 逐步淘汰制度　　D. 定期淘汰制度

68. 用能单位应当按照（ ）的原则，加强节能管理，制定并组织实施本单位的节能技术措施，降低能耗。

A. 厉行节约　　B. 珍惜能源　　C. 合理用能　　D. 充分用能

69. 已经沙化的土地范围内的铁路、公路、河流和水渠两侧，城镇、村庄、厂矿和水库周围，实行（ ）责任制。

A. 个人治理　　B. 政府治理　　C. 单位治理　　D. 群众治理

70.《中华人民共和国森林法》把森林分为（ ）。

A. 工业用林、农业用林、生活用林、建筑用林、特种用途林

B. 生态林、用材林、药用林、薪炭林、科学实验林

C. 防护林、用材林、经济林、薪炭林、特种用途林、药用林

D. 防护林、用材林、经济林、薪炭林、特种用途林

71. “占多少，垦多少”的原则适用于（ ）。

A. 农用地　　B. 建设用地　　C. 耕地　　D. 林地

72. 征用基本农田以外的耕地超过（ ）的，由国务院批准。

A. $0.035km^2$　　B. $3.5km^2$　　C. $0.7km^2$　　D. $350\ 000m^2$

73.（ ）不适用《中华人民共和国河道管理条例》的范围。

A. 行洪区　　B. 蓄洪区　　C. 滞洪区　　D. 防洪保护区

74. 经国务院批准的重点建设项目占用基本农田的，连续（ ）未用的，经国务院批准，由县级以上人民政府无偿收回用地单位的土地使用权。

A. 1 年　　B. 3 年　　C. 2 年　　D. 4 年

75. 在规划期内不具备治理条件的以及因保护生态的需要不宜开发利用的连片沙化土地，应当规划为（ ）。

A. 沙化土地重点治理区　　B. 沙化土地封禁保护区

C. 防沙治沙保护区　　D. 沙化土地生态保护区

76. 下列土地不属于《中华人民共和国草原法》适用范围的是(　)。

A. 草山　　B. 改良草地　　C. 退耕还草地　　D. 城镇草地

77. 在全国重点文物保护单位的保护范围内进行其他建设工程或者爆破、钻控、挖掘等作业的，必须以(　)批准，在批准前应当征得国务院文物行政部门同意。

A. 省、自治区、直辖市人民政府　　B. 国务院

C. 核定公布该文物保护单位的人民政府　　D. 国务院文物行政部门

78. 进行勘查、开采矿藏和各项建设工程占用或者征用林地的，由用地单位依照国务院有关规定缴纳(　)。

A. 森林保护费　　B. 森林植被恢复费　　C. 育林费　　D. 青苗费

79. 根据《中华人民共和国矿产资源法》，下列有关非经国务院授权的有关主管部门同意不得开采矿产资源的地区的描述不准确的是(　)。

A. 港口、机场、国防工程设施圈定地区以内

B. 铁路、重要公路两侧一定距离以内

C. 国家规定的自然保护区、重要风景区

D. 一切历史文物和名胜古迹所在地

80. 以下不属于《中华人民共和国野生动物保护法》中所规定保护的野生动物的是(　)。

A. 珍贵、濒危的陆生野生动物　　B. 珍贵、濒危的水生野生动物

C. 有益的或者有重要经济、科学研究价值的水生野生动物

D. 有益的或者有重要经济、科学研究价值的陆生野生动物

81. 风景名胜区，是指具有观赏、文化或者科学价值，(　)、人文景观比较集中，环境优美，可供人们游览或者进行科学、文化活动的区域。

A. 自然景观　　B. 天然景观　　C. 历史遗迹　　D. 风景名胜

82. 跨省域和对维护国家生态安全具有重要作用的重点流域、重点区域的重要生态功能区，建立(　)。

A. 重点生态功能保护区　　B. 省级生态功能保护区

C. 特别生态功能保护区　　D. 国家级生态功能保护区

83.《国务院关于落实科学发展观加强环境保护的决定》提出：对(　)的电厂，限期改造或者关停。

A. 投产 20 年以上或装机容量 10 万千瓦以下

B. 投产 30 年以上或装机容量 15 万千瓦以下

C. 投产 15 年以上或装机容量 5 万千瓦以下

D. 投产 30 年以上或装机容量 10 万千瓦以下

84.《国务院关于落实科学发展观加强环境保护的决定》提出：以(　)为重点，加强水污染防治。

A. 饮水安全　　B. 重点流域治理

C. 重点大河大江治理　　D. 饮水安全和重点流域治理

85.《国务院关于落实科学发展观加强环境保护的决定》提出：要加强城市基础设施建设，到 2010 年，全国设市城市污水处理率不低于(　)，生活垃圾无害化处理率不低于(　)。

A. 70%　60%　　B. 80%　70%　　C. 80%　60%　　D. 60%　50%

86.《两控区酸雨和二氧化硫污染防治"十五"计划》规定：禁止新建煤层含硫分大于(　)的矿井，对现有煤层含硫分大于(　)的矿井实行限产或关停。

A. 5%　5%　　B. 5%　3%　　C. 3%　3%　　D. 3%　5%

87. 钢铁投资建设项目的最低条件之一为：烧结机使用面积达到 $180m^2$ 及以上、焦炉炭化室高度达到(　)及以上、高炉有效容积达到 1 $000m^3$ 及以上、转炉公称容积达到 120t 及以上、电炉公称容量达到 70t 及以上。

A. 4.3m　　B. 5m　　C. 4.6m　　D. 6m

88.《钢铁产业发展政策》规定：新建钢铁联合企业技术经济指标达到：吨钢综合能耗高炉流程低于(　)t 标煤，电炉流程低于(　)t 标煤。

A. 0.7　0.4　　B. 0.8　0.5　　C. 6　3　　D. 0.9　0.6

89.《电石行业准入条件》规定：新建电石生产装置单台炉容量(　)。

A. ≥12 500kW　　B. ≥25 000kW　　C. ≥50 000kW　　D. ≥75 000kW

90. 对供热式汽轮发电机组的蒸汽既发电又供热的常规热电联产系统，其总热效率年平均大于(　)才能立项。

A. 35%　　B. 45%　　C. 55%　　D. 65%

91. 已建的火电机组，若二氧化硫排放未达排放标准或未达到排放总量许可要求、剩余寿命(按照设计寿命计算)(　)的，应补建烟气脱硫设施，实现达标排放，并满足二氧化硫排放总量控制要求。

A. >10 年　　B. ≥10 年　　C. ≥15 年　　D. >15 年

92. 危险废物的收集运输单位，处理处置设施的设计、施工和运营单位应具有相应的(　)。

A. 技术资质　　B. 行政资质　　C. 技术职称　　D. 技术人员

93. 卫生填埋场稳定后，经监测、认证和有关部门审定后，可以对土地进行适宜的开发利用，但不宜用作(　)。

A. 建筑用地　　B. 农业用地　　C. 林业用地　　D. 工业用地

94. 垃圾焚烧目前宜采用以(　)为基础的成熟技术，审慎采用其他炉型的焚烧炉。

禁止使用不能达到控制标准的焚烧炉。

A. 回转炉　B. 流化床焚烧炉　C. 炉排炉　D. 控气型焚烧炉

95. 生物特种资源的开发应在(　)的前提下进行。

A. 保护基因多样性和确保生物安全　B. 保护物种多样性和确保生物安全

C. 保护生态系统多样性和稳定性　D. 保护生态环境和确保生物安全

96. 到2010年,逐步淘汰不能满足环保要求的(　)以下的燃煤发电机级别(综合利用电厂除外),提高火力发电的煤炭使用效率。

A. 50MW　B. 100MW　C. 150MW　D. 200MW

97. 城镇民用炊事炉灶、茶浴炉以及产热量在(　)以下采暖炉应禁止燃用原煤,提倡使用电、燃气等清洁能源或固硫型煤等低污染燃料,并应同时配套高效炉具。

A. 0.7MW　B. 0.9MW　C. 1.0MW　D. 1.2MW

98. 日处理能力在20万立方米以上(不包括20万立方米/日)的污水处理设施的二级处理工艺,一般采用(　)。

A. 生物滤池法　B. 氧化沟法

C. 常规活性污泥法　D. 水解好氧法

99. 我国危险废物管理阶段性目标是到(　)年,基本实现重点区域和重点城市的危险废物环境无害化处理处置。

A. 2005　B. 2010　C. 2015　D. 2020

100. "两控区"总体目标是到2005年,"两控区"内二氧化硫排放量比2000年减少(　),控制在1 053.2万吨以内,酸雨污染程度有所减轻,硫沉降量有所减少,(　)以上的城市空气二氧化硫浓度年均值达到国家环境空气质量(　)标准。

A. 20%　70%　二级　B. 15%　60%　一级

C. 20%　80%　二级　D. 15%　80%　一级

## 二、多项选择题

1. 下列关于我国环境保护法律法规体系中各层次之间的相互关系,说法错误的是(　)。

A. 地方环境法规根据法律、行政法规和地方行政规章制定

B. 地方环境法规可以同行政法规抵触

C. 后法的效力高于前法

D. 地方法规不得违背国家法律法规

2. 下列关于建设项目环境影响评价的有关规定,是《中华人民共和国环境保护法》中所规定的是(　)。

A. 建设污染环境的项目,必须遵守国家有关建设项目环境保护管理的规定

B. 环境影响报告书经批准后,计划部门方可批准建设项目设计任务书

C. 建设项目的环境影响报告书，必须对建设项目产生的污染和对环境的影响作出评价，规定防治措施

D. 建设项目的环境影响报告书经项目主管部门预审后并依照规定的程序报环境保护行政主管部门批准

3.《中华人民共和国环境保护法》规定：在国务院、国务院有关主管部门和省、自治区、直辖市人民政府划定的（ ），不得建设污染环境的工业生产设施。

A. 文教区 B. 风景名胜区

C. 自然保护区 D. 其他需要特别保护的区域内

4.《中华人民共和国环境保护法》规定：建设项目中的防治污染设施，必须与主体工程（ ）。

A. 同时报批 B. 同时设计

C. 同时施工 D. 同时投产使用

5. 某县发生一起环境保护纠纷事件，当事人对该县环保局的行政处罚决定不服，则其可以在接到处罚通知之日起 15 日内（ ）。

A. 向该县的上一级环保局申请复议 B. 向该县的公安部门申请复议

C. 直接向该县的人民检察院起诉 D. 直接向该县人民法院起诉

6.《中华人民共和国环境保护法》规定：在国务院、国务院有关主管部门和省、自治区、直辖市人民政府划定的（ ），不得建设污染环境的工业生产设施。

A. 生活饮用水源地 B. 风景名胜区

C. 自然保护区 D. 重要渔业水体

E. 具有特殊经济文化价值的水体

7. 建设项目的环境影响报告书，必须对（ ）和（ ）作出评价，规定防治措施，经项目主管部门预审并依照规定的程序报环境保护行政主管部门批准。

A. 环境现状 B. 建设项目概况

C. 建设项目产生的污染 D. 对环境的影响

E. 建设项目的可行性

8. 各级人民政府应当加强对农业环境的保护，防治（ ）、土地沙化、盐渍化、贫瘠化、沼泽化、地面沉降和防治（ ）、水土流失、水源枯竭、种源灭绝以及其他（ ）的发生和推广植物病虫的综合防治，合理使用化肥、农药及（ ）。

A. 土壤污染 B. 植被破坏 C. 生态失调现象 D. 环境污染现象

E. 植物生长激素

9. 产生环境污染和其他公害的单位，应采取有效措施，防治在生产、建设或者其他活动中产生的废气、废水、废渣、粉尘、恶臭气体、放射性物质以及（ ）等对环境的污染和危害。

A. 噪声　B. 噪音　C. 振动　D. 电磁波辐射

E. 高压线辐射

10. 造成环境污染危害的，有责任（　）。

A. 排除危害　B. 深刻检讨

C. 对直接受到损害的单位或者个人赔偿损失

D. 接受组织调查处理　E. 保守秘密、减少社会影响

11. 按照环境要素，对环境影响评价进行分类，环境影响评价可分为（　）、声环境影响评价、生态环境影响评价、固体废物环境影响评价。

A. 工业环境影响评价　B. 大气环境影响评价　C. 农业环境影响评价

D. 水环境影响评价　E. 景观环境影响评价

12. 下列规划中需要进行环境影响评价的有（　）。

A. 唐山市土地利用的有关规划　B. 水利部主持的黄河流域开发利用规划

C. 河南省旅游开发规划　D. 海淀区工业发展规划

13. 某地欲新建一年产 50 万吨的水泥厂，环境影响评价文件已经通过环保部门审批，当发生（　）情况时，建设单位需重新报批建设项目的环境影响评价文件。

A. 年产量增加到 100 万吨　B. 水泥厂变为造纸厂

C. 水泥厂易址　D. 水泥厂更名

E. 水泥厂产权变更

14. 建设项目的环境影响报告书应当包括下列内容：（　）。

A. 建设项目周围环境现状

B. 建设项目对环境可能造成影响的分析、预测和评估

C. 建设项目环境保护措施及其技术、经济论证

D. 建设项目对环境影响的经济损益分析

15. 专项规划的环境影响报告书应当包括（　）。

A. 实施该规划对环境可能造成影响的分析、预测和评估

B. 预防或者减轻不良环境影响的对策和措施

C. 实施该规划对环境可能造成影响的预测和评估

D. 环境影响评价的结论

16. 下列建设项目应当编制环境影响报告书的是（　）。

A. 容易引起跨行政区环境影响纠纷的建设项目

B. 所有流域开发、开发区建设、城市新区建设和旧区改建等区域性开发活动或建设项目

C. 污染因素单一，而且污染物种类少、产生量小或毒性较低的建设项目

D. 原料、产品或生产过程中涉及的污染物种类多、数量大或毒性大、难以在环境

中降解的建设项目

17. 下列项目不属于建设项目竣工环境保护验收的范围的是（ ）。

A. 与建设项目有关的各项环境保护设施

B. 与建设项目有关的各项卫生保护设施

C. 水土保持方案

D. 各项安全保护设施

E. 可研报告规定应采取的环境保护措施

18.《中华人民共和国环境影响评价法》的立法目的包括（ ）。

A. 落实科学发展观

B. 实施可持续发展战略

C. 发展循环经济和建设环境友好型社会

D. 促进经济、社会和环境的协调发展

E. 预防因规划和建设项目实施后对环境造成不良影响

19. 下列单位准备申请环境影响评价乙级资质，根据《建设项目环境影响评价资质管理办法》，（ ）一定不具备申请乙级资质的条件。

A. 某事业单位工商注册资金 110 万元，有员工 54 人

B. 某企业工商注册资金 25 万元，有员工 20 人

C. 某企业工商注册资金 60 万元，有员工 21 人

D. 某企业工商注册资金 20 万元，有员工 20 人

E. 某事业单位工商注册资金 35 万元，有员工 7 人

20. 从事建设项目环境影响评价工作的单位，必须取得国务院环境保护行政主管部门颁发的资格证书，按照（ ），从事建设项目环境影响评价工作，并对评价结论负责。

A. 资格证书规定的等级　　B. 资格证书规定的范围

C. 资格证书规定的地域范围　　D. 资格证书规定的经营范围

E. 资格证书规定的经营年限

21. 建设项目竣工环境保护验收范围包括（ ）。

A. 建设项目主体工程

B. 与建设项目有关的各项环境保护设施

C. 为防治污染和保护环境所建成或配备的工程、设备、装置和监测手段

D. 各项生态保护设施

E. 环境影响文件有关项目设计文件规定应采取的其他各项环境保护措施

22. 凡从事规划和建设项目（ ）单位，应配备环境影响评价工程师。

A. 设计施工　　B. 环境影响评价　　C. 环境影响技术评估

D. 环境保护验收　　E. 环境污染治理

23. 凡遵守国家法律、法规，恪守职业道德，并具备以下条件之一者，可申请参加环境影响评价工程师职业资格考试(　)。

A. 取得环境保护相关专业大专学历，从事环境影响评价工作满 7 年

B. 取得环境保护相关学士学位，从事环境影响评价工作满 5 年

C. 取得学士学位，从事环境影响评价工作满 6 年

D. 取得硕士学位，从事环境影响评价工作满 2 年

E. 取得博士学位，从事环境影响评价工作满 1 年

24. 国家环境保护总局负责组织对评价单位业务开展情况的考核。对于有以下行为的评价单位处以吊销评价证书的处罚(　)。

A. 评价单位无正当理由不履行评价合同的

B. 转借评价证书的

C. 环境影响报告书在审查过程中质量较差的

D. 环境影响评价中编造数据、弄虚作假的

E. 机构人员发生变化

25. 办理环境影响评价工程师职业资格登记的人员应具备下列条件(　)。

A. 取得《中华人民共和国环境影响评价工程师职业资格证书》

B. 职业行为良好，无犯罪记录　　C. 身体健康，能坚持在本专业岗位工作

D. 所在单位考核合格　　E. 无行政处分记录

26. 有大气污染物总量控制任务的企业事业单位，必须按照(　)排放污染物。

A. 核定的主要大气污染物排放总量　　B. 核定的主要大气污染物产生总量

C. 国家环保总局认定的排放条件　　D. 许可证规定的排放条件

E. 当地政府规定的排放条件

27. 国家为防治燃煤产生的大气污染采取了一系列的措施，以下说法正确的是(　)。

A. 国家禁止开采高硫分、高灰分的煤炭

B. 国家限制开采高硫分、高灰分的煤炭

C. 国家禁止开采含放射性和砷等有毒有害物质超过规定标准的煤炭

D. 在燃煤供热地区，国家鼓励发展集中供热，但在集中供热管网覆盖的地区，也允许新建燃煤供热锅炉

E. 在两控区内，超过规定的污染物排放标准排放大气污染物的已建企业，必须在规定的期限内限期治理

28. 固体废物是指在生产、生活和其他活动中产生的丧失原有利用价值或者虽未丧失利用价值但被抛弃或者放弃的(　)以及法律、行政法规规定纳入固体废物管

理的物品、物质。

A. 固体物品、物质　　B. 半固态物品、物质

C. 置于容器中的气态的物品、物质　　D. 半液态物品、物质

29. 在生活饮用水源地、风景名胜区水体、重要渔业水体等水体保护区内设置排污口，以下说法正确的是(　)。

A. 在水体保护区内不得新建排污口

B. 在水体保护区内新建的排污口，排放污染物浓度必须符合国家或者地方标准

C. 在水体保护区内已有的排污口，必须全部搬迁

D. 在水体保护区内，《水污染防治法》公布前已有的排污口，排放污染物超过国家或者地方标准的，应当治理

E. 在水体保护区内，《水污染防治法》公布前已有的、危害饮用水源的排污口，应当搬迁

30. 以下关于生活饮用水地表水源一级保护区水体保护的说法正确的是(　)。

A. 禁止向生活饮用水地表水源一级保护区的水体排放污水

B. 禁止在生活饮用水地表水源一级保护区内从事旅游、游泳和其他可能污染生活饮用水水体的活动

C. 禁止在生活饮用水地表水源一级保护区内新建、扩建与供水设施和保护水源无关的建设项目

D. 在生活饮用水地表水源一级保护区内已设置的排污口，由省级以上人民政府按照国务院规定的权限责令限期拆除或者限期治理

E. 在生活饮用水地表水源一级保护区内已设置的排污口，由省级以上环境保护行政主管部门按照国务院规定的权限责令限期拆除或者限期治理

31. 以下说法错误的是(　)。

A. 建设工业固体废物贮存、处置的设施、场所，必须符合国家环境保护标准

B. 国家对固体废物污染环境防治实行污染者负责原则

C. 企业事业单位应当对其产生的所有工业固体废物加以利用

D. 尾矿、矸石、废石等矿业固体废物贮存设施停止使用后，矿山企业应当按照国家有关环境保护规定进行封场，防止造成环境污染和生态破坏

E. 经环卫部门批准，社区管理部门可关闭、闲置或者拆除生活垃圾处置的设施、场所

32.《中华人民共和国放射性污染防治法》中关于放射性固体废物的处置方式，说法正确的是(　)。

A. 高水平放射性固体废物在符合国家规定的区域实行近地表处置

B. 低、中水平放射性固体废物实行集中的深地质处置

C. α放射性固体废物实行集中的深地质处置

D. 禁止在内河水域和海洋上处置放射性固体废物

33. 防洪区分为( )。

A. 洪泛区 B. 蓄滞洪区 C. 泄洪区 D. 洪水防御区 E. 防洪保护区

34.《中华人民共和国海洋环境保护法》规定:( )必须经过处理,符合国家有关排放标准后,方能排入海域。

A. 生活污水　　B. 碱液　　C. 含病原体的医疗污水

D. 含有不易降解的有机物和重金属的废水　　E. 工业废水

35. 城市新区开发和旧区改建必须坚持( )的原则,各项建设工程的选址、定点,不得妨碍城市的发展,危害城市的安全,污染和破坏城市环境,影响城市各项功能的协调。

A. 统一规划　　B. 合理布局　　C. 因地制宜

D. 综合开发　　E. 配套建设

36.《中华人民共和国节约能源法》规定:国家对落后的耗能过高的( )实行淘汰制度。

A. 用能产品　　B. 用能设备　　C. 用能技术　　D. 用能方法

37. 在文物保护单位的保护范围和建设控制地带内,下列说法正确的是( )。

A. 不得建设污染文物保护单位及其环境的设施

B. 不得进行可能影响文物保护单位安全及其环境的活动

C. 对已有的污染文物保护单位及其环境的设施,应当限期关闭

D. 对已有的污染文物保护单位及其环境的设施,应当限期治理

38. 以下属于在风景名胜区内禁止进行的活动是( )。

A. 修建采石场　　B. 开办煤矿　　C. 在设施上刻字留念

D. 乱扔垃圾　　E. 修建疗养院

39. 以下属于海岸工程的是( )。

A. 港口　　B. 造船厂　　C. 电站

D. 潮汐发电工程　　E. 跨海桥梁

40. 下列说法符合《中华人民共和国土地管理法》规定的有( )。

A. 国家实行基本农田保护制度和占用耕地补偿制度

B. 各直辖市划定的基本农田应当占本行政区域内耕地的80%以上

C. 各县级划定的基本农田应当占本行政区域内耕地的80%以上

D. 征用基本农田必须得到省级以上人民政府批准

E. 各自治州划定的基本农田应当占本行政区域内耕地的80%以上

41. 征用( )作为建设用地,需由国务院批准。

A. 基本农田　B. 草地 $60hm^2$　C. 林地 $90hm^2$

D. 基本农田以外的耕地超过 $35hm^2$　E. 集体所有的未利用地 $108hm^2$

42. 下列关于自然保护区的说法正确的是(　)。

A. 禁止在自然保护区的核心区开展旅游和生产经营活动

B. 禁止在自然保护区的缓冲区开展旅游和生产经营活动

C. 禁止任何人进入自然保护区的缓冲区

D. 在自然保护区的核心区和缓冲区内,不得建设任何生产设施

E. 在自然保护区的实验区内,可以建设污染环境、破坏资源或者景观的生产设施

43. 以下(　)属于《国务院关于落实科学发展观加强环境保护的决定》对经济社会发展必须与环境保护相协调所作出的要求。

A. 促进地区经济与环境协调发展

B. 以强化污染防治为重点,加强城市环境保护

C. 以促进人与自然和谐为重点,强化生态保护

D. 大力发展循环经济

E. 积极发展环保产业

44.《国务院关于落实科学发展观加强环境保护的决定》提出:国家将实施的重点环境保护工程有(　)。

A. 危险废物处置工程、城市污水处理工程、垃圾无害化处理工程

B. 重点生态功能保护区和自然保护区建设工程、农村小康环保行动工程

C. 城市机动车尾气整治工程、燃煤电厂脱硫除尘工程、沙尘暴整治工程

D. 危险废物处理工程、污染河流整治工程、城市污水处理工程、生活垃圾处理工程

E. 燃煤电厂脱硫工程、核与辐射环境安全工程、环境管理能力建设工程

45.《关于发展热电联产的规定》中规定,热电联产审批时,(　)应同时审批、同步建设、同步验收投入使用。

A. 热电厂　B. 热力网　C. 污水处理设施

D. 除尘设备　E. 粉煤灰综合利用项目

46. 在城市生活垃圾卫生填埋中要求(　)。

A. 科学合理地选择卫生填埋场场址　B. 必须采取人工防渗技术措施

C. 场内应实行雨水与污水分流　D. 应设置填埋气体导排系统

E. 填埋时应实行单元分层作业,做好压实和每日覆盖

47. 城市污水处理工艺选择的主要技术经济指标有(　)。

A. 削减单位污染物投资　B. 处理总水量投资

C. 总体环境效益　　D. 占地面积　　E. 运行性能可靠性

48. 钢铁产业布局调整，原则上不再单独建设新的(　)。

A. 独立轧钢厂　　B. 钢铁联合企业

C. 独立炼铁厂　　D. 炼钢厂

49. 我国城市生活垃圾处理原则(　)。

A. 无害化　B. 减量化　C. 资源化　D. 回收化　E. 工业化

50. 环境保护行政主管部门对新、改、扩建水泥生产项目要严格执行(　)。

A. 环境影响评价制度　　B. 排污收费制度

C. "三同时"制度　　D. 排污申报登记制度

E. 污染物排放总量控制制度

51.《燃煤二氧化硫排辨污染防治技术政策》控制的主要污染源是(　)。

A. 燃煤电厂锅炉　　B. 工业锅炉

C. 对局地环境污染有显著影响的燃煤设施　　D. 民用炉灶

E. 窑炉

# 第四章　环境影响评价技术导则

本章的主要内容是环境影响评价导则的使用范围、导则所要求的环境影响评价的工作内容及其规范、评价等级的判断、不同评价等级的要求、评价范围的确定、预测模式的选择等。

## 第一节　水环境影响评价

地面水指存在于陆地表面的各种河流(包括河口)、湖泊、水库。

《环境影响评价技术导则——地面水》规定了建设项目环境影响评价的一般性原则、方法、内容及要求，适用于厂矿企业、事业单位建设项目的环境影响评价工作，其他建设项目的环境影响评价工作也可参照本导则所规定的原则和方法进行。

地面水环境影响评价工作分为3级。对于不同级别的地面水环境影响评价，环境现状调查、环境影响预测和评价等相应的技术要求有所不同。低于三级地面水环境影响评价条件的建设项目，不必进行地面水环境影响评价，只要求进行简单的水环境影响分析。

### 一、地面水环境影响评价工作分级

地面水环境影响评价工作分为3级，对于不同级别的地面水环境影响评价，环境现状调查、环境影响预测和评价等相应的技术要求有所不同，根据表4-1所示的条件进行判断。

分级判据包括：建设项目的污水排放量、污水水质的复杂程度、各种受纳污水的地面水域的规模以及对它的水质要求。

1. 污水排放量

污水排放量中不包括间接冷却水、循环水以及其他含污染物极少的清净下水的排放量，但包括热量大的冷却水的排放量。

2. 污水水质的复杂程度

污水水质的复杂程度按污水中拟预测的污染物类型以及某类污染物中水质参数的多少划分为复杂、中等和简单3类。

**表 4－1　地面水环境影响评价分级判据**

| 建设项目污水排放量($m^3$/d) | 建设项目污水水质的复杂程度 | 一级 | | 二级 | | 三级 | |
|---|---|---|---|---|---|---|---|
| | | 地面水域规模（大小规模） | 地面水水质要求（水质类别） | 地面水域规模（大小规模） | 地面水水质要求（水质类别） | 地面水域规模（大小规模） | 地面水水质要求（水质类别） |
| ≥20 000 | 复杂 | 大 | Ⅰ～Ⅲ | 大 | Ⅳ、Ⅴ | | |
| | | 中、小 | Ⅰ～Ⅳ | 中、小 | Ⅴ | | |
| | 中等 | 大 | Ⅰ～Ⅲ | 大 | Ⅳ、Ⅴ | | |
| | | 中、小 | Ⅰ～Ⅳ | 中、小 | Ⅴ | | |
| | 简单 | 大 | Ⅰ、Ⅱ | 大 | Ⅲ～Ⅴ | | |
| | | 中、小 | Ⅰ～Ⅲ | 中、小 | Ⅳ、Ⅴ | | |
| 10 000～20 000 | 复杂 | 大 | Ⅰ～Ⅲ | 大 | Ⅳ、Ⅴ | | |
| | | 中、小 | Ⅰ～Ⅳ | 中、小 | Ⅴ | | |
| | 中等 | 大 | Ⅰ、Ⅱ | 大 | Ⅲ、Ⅳ | 大 | Ⅴ |
| | | 中、小 | Ⅰ、Ⅱ | 中、小 | Ⅲ～Ⅴ | | |
| | 简单 | | | 大 | Ⅰ～Ⅲ | 大 | Ⅳ、Ⅴ |
| | | 中、小 | Ⅰ | 中、小 | Ⅱ～Ⅳ | 中、小 | Ⅴ |
| 5 000～10 000 | 复杂 | 大、中 | Ⅰ、Ⅱ | 大、中 | Ⅲ、Ⅳ | 大、中 | Ⅴ |
| | | 小 | Ⅰ、Ⅱ | 小 | Ⅲ、Ⅳ | 小 | Ⅴ |
| | 中等 | | | 大、中 | Ⅰ～Ⅲ | 大、中 | Ⅳ、Ⅴ |
| | | 小 | Ⅰ | 小 | Ⅱ～Ⅳ | 小 | Ⅴ |
| | 简单 | | | 大、中 | Ⅰ、Ⅱ | 大、中 | Ⅲ～Ⅴ |
| | | | | 小 | Ⅰ～Ⅲ | 小 | Ⅳ、Ⅴ |
| 1 000～5 000 | 复杂 | | | 大、中 | Ⅰ～Ⅲ | 大、中 | Ⅳ、Ⅴ |
| | | 小 | Ⅰ | 小 | Ⅱ～Ⅳ | 小 | Ⅴ |
| | 中等 | | | 大、中 | Ⅰ、Ⅱ | 大、中 | Ⅲ～Ⅴ |
| | | | | 小 | Ⅰ～Ⅲ | 小 | Ⅳ、Ⅴ |
| | 简单 | | | | | 大、中 | Ⅰ～Ⅳ |
| | | | | 小 | Ⅰ | 小 | Ⅱ～Ⅴ |
| 200～1 000 | 复杂 | | | | | 大、中 | Ⅰ～Ⅳ |
| | | | | | | 小 | Ⅰ～Ⅴ |
| | 中等 | | | | | 大、中 | Ⅰ～Ⅳ |
| | | | | | | 小 | Ⅰ～Ⅴ |
| | 简单 | | | | | 中、小 | Ⅰ～Ⅳ |

1）根据污染物在水环境中输移、衰减特点以及它们的预测模式，将污染物分为4类：持久性污染物（其中还包括在水环境中难降解、毒性大、易长期积累的有毒物质）；非持久性污染物；酸和碱（以pH表征）；热污染（以温度表征）。

2）污水水质的复杂程度

复杂：污染物类型数≥3，或者只含有两类污染物，但需预测其浓度的水质参数数目≥10；

中等：污染物类型数=2，且需预测其浓度的水质参数数目<10；或者只含有一类污染物，但需预测其浓度的水质参数数目≥7；

简单：污染物类型数=1，需预测浓度的水质参数数目<7。

3. 地面水域规模

地面水域规模是指地面水体的大小规模。

（1）河流与河口

按建设项目排污口附近河段的多年平均流量或平水期平均流量划分为：大河（≥150 $m^3/s$）；中河（15～150 $m^3/s$）；小河（<15 $m^3/s$）。

（2）湖泊和水库

按枯水期湖泊或水库的平均水深以及水面面积划分湖库规模：

当平均水深≥10m时，大湖（库）≥25$km^2$；中湖（库）2.5～25$km^2$；小湖（库）<2.5$km^2$。

当平均水深<10m时，大湖（库）≥50$km^2$；中湖（库）5～50$km^2$；小湖（库）<5$km^2$。

4. 水质要求

对地面水域的水质要求（即水质类别）以GB 3838为分类依据，该标准将地面水环境质量分为5类。如受纳水域的实际功能与该标准的水质分类不一致时，由当地环保部门对其水质提出具体要求。

## 二、环境现状调查

1. 环境现状调查范围

在确定某项具体工程的地面水环境调查范围时，应尽量按照将来污染物排放后可能的达标范围，并考虑评价等级的高低后决定，评价等级高时可取调查范围略大，反之略小。环境现状的调查范围，应能包括建设项目对周围地面水环境响较显著的区域。在此区域内进行的调查，能全面说明与地面水环境相联系的环境基本状况，并能充分满足环境影响预测的要求。表4-2、表4-3、表4-4分别列出了不同污水排放量时河流、湖泊（水库）、海湾的环境现状调查范围。

**表 4－2　不同污水排放量时河流环境现状调查范围参考表**

| 调查范围(km)　河流规模<br>污水排放量(m³/d) | 大河 | 中河 | 小河 |
|---|---|---|---|
| ＞50 000 | 15～30 | 20～40 | 30～50 |
| 50 000～20 000 | 10～20 | 15～30 | 25～40 |
| 20 000～10 000 | 5～10 | 10～20 | 15～30 |
| 10 000～50 000 | 2～5 | 5～10 | 10～25 |
| ＜5 000 | ＜3 | ＜5 | 5～15 |

注：调查范围是指排污口下游应调查的河段长度。

**表 4－3　不同污水排放量时湖泊(水库)环境现状调查范围参考表**

| 污水排放量(m³/d) | 调查范围 | |
|---|---|---|
| | 调查半径(km) | 调查面积(按半径计算)(km²) |
| ＞50 000 | 4～7 | 25～80 |
| 50 000～20 000 | 2.5～4 | 10～25 |
| 20 000～10 000 | 1.5～2.5 | 3.5～10 |
| 10 000～5 000 | 1～1.5 | 2～3.5 |
| ＜5 000 | ⩽1 | ⩽2 |

注：调查范围是指以排污口为圆心，以调查半径为半径的半圆形面积。

**表 4－4　不同污水排放量时海湾环境现状调查范围参考表**

| 污水排放量(m³/d) | 调查范围 | |
|---|---|---|
| | 调查半径(km) | 调查面积(按半圆计算)(km²) |
| ＞50 000 | 5～8 | 40～1 000 |
| 50 000～20 000 | 3～5 | 15～40 |
| 20 000～10 000 | 1.5～3 | 3.5～15 |
| ＜5 000 | ⩽1.5 | ⩽3.5 |

注：调查范围是指为以排污口为圆心，以调查半径为半径的半圆形面积。

2. 水质现状的调查时间

环境现状调查时间与水文特征的划分相对应。河流、河口、湖泊与水库按丰水期、平水期、枯水期划分；海湾按大潮期和小潮期划分。北方地区可以按冰封期和非冰封期划分。

评价等级不同，对各类水域调查时期的要求也不同。当调查区域面源污染严重，丰水期水质劣于枯水期时，一、二级评价的各类水域应调查丰水期。时间允许，三级评价也应调查丰水期。冰封期较长的水域，且作为生活饮用水、食品加工用水的水源或渔业用水时，应调查冰封期的水质、水文情况。

表 4－5 列出了不同评价等级时各类水域的水质调查时期。

**表 4－5　各类水域在不同评价等级时水质的调查时期**

| | 一级 | 二级 | 三级 |
|---|---|---|---|
| 河流 | 一般情况，为一个水文年的丰水期、平水期和枯水期；若评价时间不够，至少应调查平水期和枯水期 | 条件许可，可调查一个水文年的丰水期、平水期和枯水期；一般情况，可只调查枯水期和平水期；若评价时间不够，可只调查枯水期 | 一般情况，可只在枯水期调查 |
| 河口 | 一般情况，为一个潮汐年的丰水期、平水期和枯水期；若评价时间不够，至少应调查平水期和枯水期 | 一般情况，应调查平水期和枯水期；若评价时间不够，可只调查枯水期 | 一般情况，可只调查枯水期 |
| 湖泊（水库） | 一般情况，为一个水文年的丰水期、平水期和枯水期；若评价时间不够，至少应调查平水期和枯水期 | 一般情况，应调查平水期和枯水期；若评价时间不够，可只调查枯水期 | 一般情况，可只调查枯水期 |
| 海湾 | 一般情况，应调查评价工作期间的大潮期和小潮期 | 一般情况，应调查评价工作期间的大潮期和小潮期 | 一般情况，应调查评价工作期间的大潮期和小潮期 |

3. 水质取样断面、取样点的布设

(1)河流

调查范围的两端应布设取样断面；调查范围内重点保护对象附近水域应布设取样断面；水文特征突然变化处（例如支流汇入处等）、水质急剧变化处（例如污水排入处等）、重点水工构筑物（例如取水口、桥梁涵洞等）附近等应布设取样断面；在拟建排污口上游 500m 处应布设一个取样断面。

1)取样垂线的确定。

当河流面形状为矩形或接近矩形时，可按下列原则布设。

小河：在取样断面的主流线上设 1 条取样垂线。

大、中河：河宽小于 50m 者，在取样断面上各距岸边 1/3 水面宽处，设 1 条取样垂线（垂线应设在有较明显水流处），共设 2 条取样垂线；河宽大于 50m 者，在取样断面的主流线上及距两岸不少于 0.5m，并有明显水流的地方，各设 1 条取样垂线即共设 3 条取样垂线。

由于河流过宽特大河取样断面上的取样垂线数应适当增加，而且主流线两侧的垂线数目不必相等，拟设置排污口一侧可以多一些。

如断面形状十分不规则时，应结合主流线的位置，适当调整取样垂线的位置和数目。

2)取样水深的确定。

在一条垂线上，水深大于 5m 时，在水面下 0.5m 水深处及在距河底 0.5m 处，各取样 1 个；水深为 1～5m 时，只在水面下 0.5m 处取 1 个样；在水深不足 1m 时，取样距水面不应小于 0.3m，距河底也不应小于 0.3m。对于三级评价的小河不论河水深浅，只在 1 条垂线上 1 个点取 1 个样，一般情况下取样点应在水面下 0.5m 处，距河底不应小于 0.3m.。

3)水样的分析。

三级评价：需要预测混合过程段水质的场合，每次应将该段内各取样断面中每条垂线上的水样混合成 1 个水样。其他情况每个取样断面每次只取 1 个混合水样（即在该断面上同各处所取的水样混匀成 1 个水样）。

二级评价：同三级评价。

一级评价：每个取样点的水样均应分析，不取混合样。

(2)河口

当排污口拟建于河口感潮段内时，其上游需设置取样断面的数目与位置，应根据感潮段的实际情况决定，其上游同河流；取样断面上取样点的布设同河流部分；水样处理同河流部分。

(3)湖泊、水库

在湖泊、水库中布设的取样位置应尽量覆盖整个调查范围，并且能切实反映湖泊、水库的水质和水文特点（例如进水区、出水区、深水区、浅水区、岸边区等）。

1)取样位置。

可以采用以建设项目的排放口为中心，沿放射线布设的方法。

A. 大、中型湖泊、水库。当建设项目污水排放量小于 50 000$m^3$/d 时：一级评价中每 1～2.5$km^2$ 布设 1 个取样位置；二级评价中每 1.5～3.5$km^2$ 布设 1 个取样位置；三级评价中每 2～4$km^2$ 布设 1 个取样位置。当建设项目污水排放量大于 50 000$m^3$/d时：一级评价中每 3～6$km^2$ 布设 1 个取样位置；二、三级评价中每 4～7$km^2$ 布设 1 个取样位置。

B. 小型湖泊、水库。当建设项目污水排放量水于 50 000$m^3$/d 时：一级评价中每 0.5～1.5$km^2$ 布设 1 个取样位置；二、三级评价中每 1～2$km^2$ 布设 1 个取样位置。

当建设项污水排放量大于 50 000$m^3$/d 时，各级评价均为每 0.5～1.5$km^2$ 布设 1 个取样位置。

2)取样点的确定。

A. 大、中型湖泊、水库。当平均水深小于 10m 时，取样点设在水面下 0.5m 处，但此点距底不应小于 0.5m。平均水深大于或等于 10m 时，首先要根据现有资料查明此湖泊（水库）有无温度分层现象，找到斜温层后，在水面下 0.5m 及斜温层以下，距底 0.5m 以上处各取 1 个水样。

B. 小型湖泊、水库。当平均水深小于 10m 时，水面下 0.5m，并距底不小于 0.5m处设 1 个取样点；当平均水深大于或等于 10m 时，水面下 0.5m 处和水深 10m，并距底不小于 0.5m 处各设 1 个取样点。

3)水样的分析。

小型湖泊、水库如水深小于 10m 时，每个取样位置取 1 个水样；如水深大于或等于 10m 时一般只取 1 个混合样，在上下层水质差距较大时，可不进行混合。

大、中型湖泊、水库各取样位置上不同深度的水样均不混合。

4. 现有污染源调查

(1) 点源的调查

1)污染源调查的原则。

点污染源调查的繁简程度可根据其评价级别及其与建设项目的关系而略有不同。如评价级别较高且现有污染源与建设项目距离较近时应详细调查。

在通过收集或实测已取得的污染源资料时，应注意其与受纳水域的水文、水质特点之间的关系，以便了解这些污染物在水体中的自净情况。

2)点污染源调查的内容。

根据评价工作的需要选择下述全部或部分内容进行调查：

A. 点源的排放：调查确定排放口的平面位置、排放方向、排放口在断面上的位置、排放形式(分散排放或集中排放)。

B. 排放数据：根据现有的实测数据、统计报表以及各厂矿的工艺路线等选定的主要水质参数，并调查现有的排放量、排放速度、排放浓度及其变化等数据。

C. 用排水状况：主要调查取水量、用水量、循环水量及排水总量等。

D. 厂矿企业、事业单位的废污水处理状况：主要调查废污水的处理设备、处理效率、处理水量及水质状况等。

(2)非点源的调查

1)非点污染源调查的原则。

非点污染源调查基本上采用间接收集资料的方法，一般不进行实测。

2)非点污染源调查的内容。

根据评价工作的需要选择下述全部或部分内容进行调查：

A. 概况：原料、燃料、废弃物的堆放位置、堆放面积、堆放形式、堆放点的地面铺装及其保洁程度、堆放物的遮盖方式等。

B. 排放方式、排放去向与处理情况：应说明非点源污染物是有组织的汇集还是无组织的漫流；是集中后直接排放还是处理后排放；是单独排放还是与生产废水或生活污水共同排放等。

C. 排放数据：根据现有实测数据、统计报表以及根据引起非点源污染的原料、燃料、废料、废弃物的物理、化学、生物化学性质选定调查的主要水质参数，调查有关排放季节、排放时期、排放量、排放浓度及其他变化等数据。

5. 水质参数的选择

可选择的水质参数包括两类：一类是常规水质参数，它能反映水域水质一般状况；另一类是特征水质参数，它能代表建设项目将来排放的水质。

常规水质参数以 GB 3838 中所提出的 pH、溶解氧、高锰酸盐指数、化学需氧量、生化需氧量、凯氏氮或非离子氨、酚、氰化物、砷、汞、铬(六价)、总磷以及水温为基础，根据水域类别、评价等级、污染源状况适当删减。

特征水质参数根据建设项目特点、水域类别及评价等级选定。表 4-6 是按行业编制的特征水质参数表，选择时可适当删减。

**表 4-6 特征水质参数**

| 序号 | 建设项目 | 水质参数 |
|---|---|---|
| 1 | 生活区及生活娱乐设施 | $BOD_5$、COD、pH、悬浮物、氨氮、磷酸盐、表面活性剂、水温、溶解氧 |
| 2 | 城市及城市扩建 | $BOD_5$、COD、溶解氧、pH、悬浮物、氨氮、磷酸盐、表面活性剂、水温、油、重金属 |
| 3 | 黑色金属 | pH、悬浮物、硫化物、挥发性酚、氰化物、石油类、氟化物 |
| 4 | 黑色金属冶炼、有色金属矿山冶炼 | pH、悬浮物、COD、硫化物、氟化物、挥发性酚、氰化物、石油类、铜、锌、铅、砷、镉、汞 |
| 5 | 火力发电、热电 | pH、悬浮物、硫化物、挥发性酚、砷、水温、铅、镉、铜、石油类、氟化物 |
| 6 | 焦化及煤制气 | COD、$BOD_5$、水温、悬浮物、硫化物、挥发性酚、氰化物、石油类、氨氮、苯类、多环芳烃、砷、溶解氧、BaP |
| 7 | 煤矿 | pH、COD、$BOD_5$、溶液解氧、水温、砷、悬浮物、硫化物 |
| 8 | 石油开发与炼制 | pH、COD、$BOD_5$、溶解氧、悬浮物、硫化物、水温、挥发性酚、氰化物、石油类、苯类、多环芳烃 |

**续表 4-6**

| 序号 | 建设项目 | | 水质参数 |
|---|---|---|---|
| 9 | 化学矿开采 | 硫铁矿 | pH、悬浮物、硫化物、铜、铅、锌、镉、汞、砷、六价铬 |
| | | 磷矿 | pH、悬浮物、氟化物、硫化物、砷、铅、磷 |
| | | 萤石矿 | pH、悬浮物、氟化物 |
| | | 汞矿 | pH、悬浮物、氟化物、砷、汞 |
| | | 雄黄矿 | pH、悬浮物、硫化物、砷 |
| 10 | 无机原料 | 硫酸 | pH(或酸度)、悬浮物、硫化物、氟化物、铜、铅、锌、砷 |
| | | 氯碱 | pH(或酸、碱度)、COD、悬浮物、汞 |
| | | 铬盐 | pH(或酸度)、总铬、六价铬 |
| 11 | 化肥、农药 | | pH、COD、$BOD_5$、水温、悬浮物、硫化物、氟化物、挥发性酚、氰化物、砷、氨氮、磷酸盐、有机氯、有机磷 |
| 12 | 食品工业 | | COD、$BOD_5$、悬浮物、pH、溶解氧、挥发性酚、大肠杆菌数 |
| 13 | 染料、颜料及油漆 | | pH(或酸、碱度)、COD、$BOD_5$、悬浮物、挥发性酚、硫化物、氰化物、砷、铅、镉、锌、汞、六价铬、石油类、苯胺类、苯类、硝基苯类、水温 |
| 14 | 制药 | | pH(或酸、碱度)、COD、$BOD_5$、悬浮物、石油类、硝基苯类、硝基酚类、水温 |
| 15 | 橡胶、塑料及化纤 | | pH(或酸、碱度)、COD、$BOD_5$、水温、石油类、硫化物、氰化物、砷、铜、铅、锌、汞、六价铬、悬浮物、苯类、有机氯、多环芳烃、BaP |
| 16 | 有机原料、合成脂及酸及其他有机化工 | | pH(或酸、碱度)、COD、$BOD_5$、悬浮物、挥发性酚、氰化物、苯类、硝基苯类、有机氯、石油类、锰、油脂类、硫化物 |
| 17 | 机械制造及电镀 | | pH(或酸度)、COD、$BOD_5$、悬浮物、挥发性酚、石油类、氰化物、六价铬、铅、铁、铜、锌、镍、镉、锡、汞 |
| 18 | 水泥 | | pH、悬浮物 |
| 19 | 纺织、印染 | | pH、COD、$BOD_5$、悬浮物、水温、挥发性酚、硫化物、苯胺类、色度、六价铬 |
| 20 | 造纸 | | pH(或碱度)、COD、$BOD_5$ 悬浮物水温、挥发性酚、硫化物、铅、汞、木质素、色度 |
| 21 | 玻璃、玻璃纤维及陶瓷制品 | | pH、COD、悬浮物、水温、挥发性酚、氰化物、砷、铅、镉 |
| 22 | 电子、仪器、仪表 | | pH(或酸度)、COD、$BOD_5$、水温、苯类、氰化物、六价铬、铜、锌、镍、镉、铅、汞 |
| 23 | 人造板、木材加工 | | pH(或酸、碱度)、COD、$BOD_5$、悬浮物、水温、挥发性酚、木质素 |
| 24 | 皮革及制革加工 | | pH、COD、$BOD_5$、水温、悬浮物、硫化物、氯化物、总铬、六价铬、色度 |
| 25 | 肉食加工、发酵、酿造、味精 | | pH、$BOD_5$、COD、悬浮物、水温、氨氮、磷酸盐、大肠杆菌数、含盐量 |
| 26 | 制糖 | | pH(或碱度)、COD、$BOD_5$、悬浮物、水温、硫化物、大肠杆菌数 |
| 27 | 合成洗涤剂 | | pH、COD、$BOD_5$、油、苯类、表面活性剂、悬浮物、水温、溶解氧 |

当受纳水域的环境保护要求较高(如自然保护区、饮用水源地、珍贵水生生物保护区、经济鱼类养殖区等),且评价等级为一、二级时,应考虑调查水生生物和底质。其调查项目可根据具体工作要求确定,或从下列项目中选择部分内容:

水生生物方面:浮游动植物、藻类、底栖无脊椎动物的种类和数量、水生生物群落结构等。

底质方面:主要调查与拟建工程排水水质有关的易积累的污染物。

## 三、地面水环境影响预测

对于可能会对地面水环境产生影响的建设项目,应预测其环境影响。预测的范围、时段、内容和方法应根据评价工作等级、工程与环境的特征、当地的环境保护要求来决定。

建设项目地面水环境影响预测时期原则上一般划分为建设期、运行期和服务期满后 3 个阶段。所有建设项目均应预测生产运行阶段对地面水环境的影响,该阶段的地面水环境影响应按正常排放和非正常排放两种情况预测。

一、二级评价,应分别预测水体自净能力最小和一般两个时段的环境影响。冰封期较长的水域,当其水体功能为生活饮用水、食品工业用水或渔业用水时,还应预测冰封期的环境影响。三级评价或评价时间较短的二级评价,可以只预测自净能力最小时段的环境影响。

1. 预测水质参数的筛选

根据工程分析和环境现状、评价等级、当地的环保要求来筛选和确定建设期、运行期和服务期满后拟预测的水质参数。

不同预测时期的水质预测参数数目彼此不一定相同,一般应少于环境现状调查水质参数的数目。

对河流,可以按水质参数的排序指标(ISE),从中选取预测水质参数。ISE 值越大,说明建设项目对河流中该项水质参数的影响越大。

2. 水体简化的要求

地面水环境简化是指对水体包括边界几何形状的规则化和水文、水力要素时空分布的简化,应根据水文调查与水文测量的结果和评价等级进行水体简化。

(1)河流的简化

河流可以简化为矩形平直河流、矩形弯曲河流和非矩形河流。

河流的断面宽深比≥20 时,可视为矩形河流。大、中河流,预测河段弯曲较大(最大弯曲系数>1.3)时,可视为弯曲河流,其他简化为平直河流。

小河可以简化为矩形平直河流。

河流水文特征或水质有急剧变化的河段,可在急剧变化之处分段,各段分别简化。小河汇入大河时可以把小河看成点源。

(2)河口的简化

河口包括河流汇合部、河流感潮段、口外滨海段、河流与湖泊、水库汇合部。

河流感潮段一般可按潮周平均、高潮平均和低潮平均3种情况,简化为稳态进行预测。

河流汇合部可分为支流、汇合前主流、汇合后主流3段分别进行环境影响预测。

(3)湖泊与水库的简化

湖泊、水库可简化为大湖(库)、小湖(库)、分层湖(库)3种情况。

水深大于10m且分层期较长(大于30天)的湖泊、水库可视为分层湖(库)。

不存在大面积回流区和死水区,且流速较快、停留时间较短的狭长湖泊可简化为河流;不规则形状的湖泊、水库可根据流场的分布情况和几何形状来进行分区。

(4)海湾的简化

预测海湾水质时,一般只考虑潮汐作用,不考虑波浪作用。较大的海湾交换周期很长,可视为封闭海湾;潮流可简化为平面二维非恒定流场。

在注入海湾的河流中,大河及评价等级为一、二级的中河应考虑其对海湾流场和水质的影响;小河及评价等级为三级的中河可视为点源,忽略其对海湾流场的影响。

3. 污染源简化的要求

污染源简化包括排放形式的简化和排放规律的简化。排放形式可简化为点源和面源,排放规律可简化为连续恒定排放和非连续恒定排放。在地面水环境影响预测中,通常把排放规律简化为连续恒定排放。

点源位置(排放口)的处理有下列要求:

1)排入河流的两排放口的间距较小时,可简化为1个排放口(其位置在两排放口之间,排放量为两者之和)。

2)排入小湖(库)的所有排放口可简化为1个排放口,排放量为所有排放量之和。

3)排入大湖(库)的两排放口间距较小时,可简化为1个排放口,其位置在两排放口之间,排放量为两者之和。

无组织排放可以简化成面源,从多个间距很近的排放口排水时,也可简化为面源。

4. 水质数学模式类型

水质数学模式按使用的时间尺度划分为动态、稳态和准稳态(或准动态)模式;按使用的空间尺度,划分为零维、一维、二维、三维模式;按模拟预测的水质组分,划分为单一组分和耦合组分模式；按水质数学模式的求解方法，划分为解析解模式和数值解模式。

在水质数学模式中，使用的环境水力条件分为恒定、动态、时段平均；使用的点污染源划分为连续恒定排放、非连续恒定排放（瞬时排放、有限时段排放）。

解析解模式适用于恒定水域中点源连续恒定排放，其中二维解析模式只适用于矩形河流或水深变化不大的湖泊、水库。

稳态数值模式适用于非矩形河流、水深变化较大的浅水湖泊、水库水域内的连续恒定排放。

动态数值模式适用于各类恒定水域中的非连续恒定排放或非恒定水域中的各类排放。

## 四、地面水环境影响评价

地面水环境影响评价工作是环境影响预测的继续，原则上可以采用单项水质参数评价方法或多项水质参数综合评价方法。单项水质参数评价是以国家、地方的有关法规、标准为依据，评定与评价各评价项目的单个质量参数的环境影响。多项水质参数综合评价的评价方法和评价的水质参数应与环境现状综合评价相同。

地面水环境影响的评价范围与其影响预测范围相同。空间方面，水文要素和水质急剧变化处、水域功能改变处、取水口附近等应作为评价重点；水质方面，影响较重的水质参数应作为评价重点。

一般采用标准指数法作为单项水质参数评价方法。水质参数的标准指数＞1，表明该水质参数超过了规定的水质标准，不能满足使用要求。

## 五、相关的水环境标准

1.《地表水环境质量标准》

(1)主要内容

标准项目可分为地表水环境质量标准基本项目、集中式生活饮用水地表水源地补充项目和集中式生活饮用水地表水源地特定项目。按照地表水环境功能分类和保护目标，规定了水环境质量应控制的项目及限值，以及水质评价、水质项目的分析方法和标准的实施与监督。

(2)适用范围

本标准适用于中华人民共和国领域内江河、湖泊、运河、渠道、水库等具有使用功能的地表水水域。具有特定功能的水域，执行相应的专业用水水质标准。

地表水环境质量标准基本项目适用于全国江河、湖泊、运河、渠道、水库等具有使用功能的地表水水域。

集中式生活饮用水地表水源地补充项目和特定项目适用于集中式生活饮用水地表水源地一级保护区和二级保护区。

与近海水域相连的地表水河口水域根据水环境功能按本标准相应类别标准值进行管理，近海水功能区水域根据使用功能按《海水水质标准》相应类别标准值进行管理。

批准划定的单一渔业水域按《渔业水质标准》进行管理；处理后的城市污水及与城市污水水质相近的工业废水用于农田灌溉用水的水质按《农田灌溉水质标准》进行管理。

(3)水域环境功能和标准分类

对应地表水上述5类水域功能，将地表水环境质量标准基本项目标准值分为5类，不同功能类别分别执行相应类别的标准值。水域功能类别高的标准值严于水域功能类别低的标准值。

Ⅰ类：主要适用于源头水、国家自然保护区。

Ⅱ类：主要适用于集中式生活饮用水地表水源地一级保护区、珍稀水生生物栖息地、鱼虾类产卵场、仔幼鱼的索饵场等。

Ⅲ类：主要适用于集中式生活饮用水地表水源地二级保护区、鱼虾类越冬场、洄游通道、水产养殖区等渔业水域及游泳区。

Ⅳ类：主要适用于一般工业用水区及人体非直接接触的娱乐用水区。

Ⅴ类：主要适用于农业用水区及一般景观要求水域。

同一水域兼有多类使用功能的，执行最高功能类别对应的标准值。

(4)水质评价

地表水环境质量评价是根据其水域功能类别，选取相应类别标准，进行单因子评价，评价结果应说明水质达标情况，超标的应说明超标项目和超标倍数。

丰、平、枯水期特征明显的水域，应分水期进行水质评价。集中式生活饮用水地表水源地水质评价的项目应包括本标准中的基本项目、补充项目以及由县级以上人民政府环境保护行政主管部门选择确定的特定项目。

2.《地下水质量标准》

地下水质量标准规定了地下水的质量分类，地下水质量监测、评价方法和地下水质量保护。适用于一般地下水，不适用于地下热水、矿水、盐卤水。

(1)地下水质量分类

依据我国地下水水质现状、人体健康基准值及地下水质量保护目标，并参照了生活饮用水、工业、农业用水水质最高要求，将地下水质量划分为5类。

Ⅰ类：主要反映地下水化学组分的天然低背景含量，适用于各种用途。

Ⅱ类：主要反映地下水化学组分的天然背景含量，适用于各种用途。

Ⅲ类：以人体健康基准值为依据，主要适用于集中式生活饮用水水源及工、农业用水。

Ⅳ类：以农业和工业用水要求为依据，除适用于农业和部分工业用水外，适当处理后可作生活饮用水。

Ⅴ类：不宜饮用。

(2)地下水质量分类指标

根据地下水各指标含量特征，地下水指标分为5类，它是地下水质量评价的依据。以地下水为水源的各类专门用水，在地下水质量分类管理基础上，可按有关专门用水标准进行管理。

(3)地下水水质监测

地下水水质监测要求如下：各地区应对地下水水质进行定期监测。检验方法按国家标准 GB/T 5750.1—2006《生活饮用水标准检验方法》执行。

监测项目为：pH、氨氮、硝酸盐、亚硝酸盐、挥发性酚类、氰化物、砷、汞、铬(六价)、总硬度、铅、氟、镉、铁、锰、溶解性总固体、高锰酸盐指数、硫酸盐、氯化物、大肠菌群，以及反映本地区主要水质问题的其他项目。

(4)地下水质量评价

地下水质量评价以地下水水质调查分析资料或水质监测资料为基础，评价方法分为单项组分评价和综合评价两种。

使用两次以上的水质分析资料进行评价时，可分别进行地下水质量评价，也可根据具体情况，使用全年平均值和多年平均值或分别使用多年的枯水期、丰水期平均值进行评价。例如，挥发性酚类Ⅰ、Ⅱ类标准值均为0.001 mg/L，若水质分析结果为0.001 mg/L时，应定为Ⅰ类，不定为Ⅱ类。

单项组分评价方法与地表水单项水质参数评价方法相同。

3.《海水水质标准》

《海水水质标准》规定了海域各类适用功能的水质要求，包括水质分类与水质标准、水质监测方法以及混合区的规定，本标准适用于中华人民共和国管辖的海域。

按照海域的不同适用功能和保护目标，海水水质分为4类：

Ⅰ类：适用于海洋渔业水域，海上自然保护区和珍稀濒危海洋生物保护区。

Ⅱ类：适用于水产养殖区，海水浴场，人体直接接触海水的海上运动或娱乐区，以及与人类食用直接有关的工业用水区。

Ⅲ类：适用于一般工业用水区，滨海风景旅游区。

Ⅳ类：适用于海洋港口水域，海洋开发作业区。

4.《污水综合排放标准》

《污水综合排放标准》按照污水排放去向，分年限规定了 69 种水污染物最高允许排放浓度和部分行业最高允许排放浓度。

本标准适用于现有单位水污染物的排放管理，以及建设项目的环境影响评价、建设项目环境保护设施设计、竣工验收及其投产后的排放管理。

按照国家综合排放标准与国家行业排放标准不交叉执行的原则，下列行业执行各自的排放标准：造纸行业，船舶工业，海洋石油开发工业，纺织工业，肉类加工工业，合成氨工业，钢铁工业，航天推进剂使用，兵器工业，磷肥工业，烧碱、聚氯乙烯工业。其他水污染物排放均执行本标准。

(1)标准分级

1)排入 GB 3838 中Ⅲ类水域（划定的保护区和游泳区除外）和排入 GB 3097 中Ⅱ类海域的污水，执行一级标准。

2)排入 GB 3838 中Ⅳ、Ⅴ类水域和排入 GB 3097 中Ⅲ类海域的污水，执行二级标准。

3)排入设置二级污水处理厂的城镇排水系统的污水，执行三级标准。

4)排入未设置二级污水处理厂的城镇排水系统的污水，必须根据排水系统出水受纳水域的功能要求，分别执行 1)和 2)的规定。

5)GB 3838 中Ⅰ、Ⅱ类水域和Ⅲ类水域中划定的保护区，GB3097 中一类海域，禁止新建排污口，现有排污口按水体功能要求，实行污染物总量控制，以保证受纳水体水质符合规定用途的水质标准。

(2)污染物分类

本标准将排放的污染物按其性质及控制方式分为两类。

第一类污染物，不分行业和污水排放方式，也不分受纳水体的功能类别，一律在车间或车间处理设施排放口采样，其最高允许排放浓度必须达到本标准要求（采矿业的尾矿坝出水不得视为车间排放口）。

第二类污染物，在排放单位排放口采样，其最高允许排放浓度必须达到本标准要求。

(3)执行标准

以 1997 年 12 月 31 日之前和 1998 年 1 月 1 日起为时限，对第二类污染物最高允许排放浓度和部分行业最高允许排水量规定了不同的限值。

1998 年 1 月 1 日起建设（包括改、扩建）的单位，水污染物的排放必须同时执行标准中规定的第一类污染物最高允许排放浓度限值，第二类污染物最高允许排放浓度（1998 年 1 月 1 日后建设的单位）和部分行业最高允许排水量（1998 年 1 月 1 日后建设单位）。建设（包括改、扩建）单位的建设时间，以环境影响评价报告书

(表)批准日期为准划分。对于排放含有放射性物质的污水,除执行本标准外,还须符合 GB 8703—1988《辐射防护规定》。

(4)有关排放口的规定

GB 3838 中Ⅰ类、Ⅱ类水域和Ⅲ类水域中划定的保护区,GB 3097 中Ⅰ类海域,禁止新建排污口,现有排污口按水体功能要求,实行污染物总量控制,以保证受纳水体水质符合规定用途的水质标准。

对于第一类污染物,一律在车间或车间处理设施排放口采样;对于第二类污染物,在排放单位排放口采样。

## 第二节　大气环境影响评价

《环境影响评价技术导则—大气环境》规定了大气环境影响评价的技术方法与要求,适用于建设项目的新建或改、扩建工程的大气环境影响评价和城市以及区域性的大气环境影响评价。其主要内容包括评价工作等级的划分、大气环境影响评价范围的确定原则、大气污染源调查和统计的基本内容、大气环境质量现状调查与监测原则、污染气象及大气湍流扩散参数的调查分析方法、大气环境影响预测方法、大气环境影响评价内容等。

《环境影响评价技术导则—大气环境》是 1993 年制定的,此后,1996 年修订了《环境空气质量标准》GB 3095—1996 和 2000 年发布了《环境空气质量标准》修改单以及 2000 年颁布了《中华人民共和国大气污染防治法》,新的《环境影响评价技术导则—大气环境》(HJ 2.2—2008),于 2008 年 12 月 31 日发布,2009 年 4 月 1 日起实施,以上准则均对大气环境影响评价提出了进一步的要求。

### 一、评价工作等级的确定

可以根据项目的性质、总投资额和产值、周围地形的复杂程度、环境敏感区的分布情况以及当地大气污染程度,对评价工作的级别作适当调整,但调整幅度上下不应超过一级。

(1)最大地面浓度占标率 $P_i$

$$P_i = (C_i / C_{0i}) \times 10^9$$

式中:$C_i$——采用估算模式计算出的第 $i$ 个污染物最大地面浓度($mg/m^3$);

$C_{0i}$——第 $i$ 个污染物的环境空气质量标准($mg/m^3$)。

(2)$P_{max}$和 $D_{10\%}$

$P_{max}$:当污染物数 $i$ 大于 1 时,$P_i$ 中的最大者;

$D_{10\%}$:和 $P_{max}$对应的距离。

(3)评价工作等级分级判据

一级：$P_{max}\geqslant 80\%$，且 $D_{10\%}\geqslant 5km$；

二级：其他；

三级：$P_{max}<10\%$或 $D_{10\%}<$污染源距厂界最近距离。

2. 大气环境影响评价范围

以排放源为中心点，以 $D_{10\%}$ 为半径的圆或 $2\times D_{10\%}$ 为边长的矩形，为大气环境影响评价范围。且评价范围的直径或边长一般不应小于 5km；当最远距离超过 25km 时，评价范围为半径为 25km 的圆形区域或边长 50km 的矩形区域。对于以线源为主的城市道路项目，评价范围可设定为线源中心两侧各 200m 的范围。

核设施的大气环境影响评价范围以设施为中心，半径为 80km 的圆形地区。

考虑到界外区域对评价区的影响，对于地形、地理特征和排放高度、排放量较大的点源的调查，还应扩大到界外区域，各方位的界外区域的边长大致为评价区域边长的 0.5 倍。

如果界外区域包含有环境保护敏感区，则应将评价区扩大到界外区域。如果评价区包含有荒山、沙漠等非环境保护敏感区，则可适当缩小评价区的范围。

3. 大气环境状况调查

大气环境调查内容包括自然环境状况、社会环境状况、项目和区域大气污染源以及评价区域内的空气环境质量现状。

其中，自然环境状况包括评价区域的地理、地形概况、土地利用情况和气象概况等。社会环境状况包括城市总体发展规划、环境功能区划以及评价区环境敏感点(区)的分布。

(1)污染因子的筛选

在污染源调查中，根据评价项目的特点和当地空气污染状况对污染因子(即待评价的大气污染物)进行筛选。首先，应选择该项目等标排放量较大的污染物为主要污染因子；其次，还应考虑在评价区已造成严重污染的污染物。污染源调查中的污染因子数一般不宜多于 5 个。对某些排放大气污染物数目较多的企业，如钢铁企业，其污染因子数可适当增加。

(2)污染源调查的对象

对于一、二级评价项目，应包括拟建项目污染源(对改扩建工程应包括新、老污染源)及评价区的工业和民用污染源；对于三级评价项目，可只调查拟建项目工业污染源。

(3)污染源调查的基本内容

按生产工艺流程或按分厂、分车间分别绘制污染流程图；按分厂或分车间逐一统计各有组织排放源和无组织排放源的主要污染物排放量。

对改扩建项目的主要污染物排放量应给出现有工程排放量、新扩建工程排放量，以及预计现有工程经改造后污染物的削减量，并按上述3个量计算最终排放量。

除调查统计主要污染物的正常生产的排放量外，对于毒性较大的物质还应估计其非正常排放量，例如点火开炉，设备检修，原燃料中毒性较大成分含量波动，净化措施达不到应有效率的设备及管理事故等。除极少数要求较高的一级评价项目外，一般只对上述各项中排放量显著增加的非正常排放进行统计。

按污染物排放方式，可将污染源划分为点源和面源。面源包括无组织排放源和数量多、源强源高都不大的点源。可根据污染源源强和源高的具体分布状况确定点源的最低源高和源强。厂区内某些属于线源性质的排放源可并入其附近的面源，按面源排放统计。

1)点源调查统计内容。

排气筒底部中心坐标(一般按国家坐标系)及分布平面图；排气筒高度(m)及出口内径(m)；排气筒出口烟气温度(K)；烟气出口速度(m/s)；各主要污染物正常排放量(t/a，t/h或kg/h)；毒性较大物质的非正常排放量(kg/h)；排放工况(如连续排放或间断排放)，间断排放应注明具体排放时间、时数和可能出现的频率。

2)面源调查统计内容。

将评价区在选定的坐标系内网格化。可以以评价区的左下角为原点，分别以东(E)和北(N)为正 $X$ 和正 $Y$ 轴。网格和单元，一般可取1km×1km，评价区较小时，可取500m×500m，建设项目所占面积小于网格单元，可取其为网格单元面积。然后，按网格统计面源的下述参数：主要污染物排放量[$t/(h \cdot km^2)$]；面源排放高度(m)，如网格内排放高度不等时，可按排放量加权平均取平均排放高度；面源分类，如果源分布较密且排放量较大，当其高度差较大时，可酌情按不同平均高度将面源分为2～3类。

对排放颗粒物的重点点源，除排放量外，还应调查其颗粒物的密度及粒径分布。

原料、固体废弃物等堆放场所产生的扬尘可作为“风面源”处理。应通过试验或类比调查，确定其起风速和扬尘量。

(4)监测布点的布设

在评价区内按以环境功能区为主兼顾均布性的原则布点。一级评价项目监测点不应少于10个；二级评价项目监测点数不应少于6个；三级评价项目，如果评价区内已有例行监测点可不再安排监测，否则，可布置1～3个点进行监测。

(5)监测制度

一级评价项目不得少于一期(夏季、冬季)；二级评价项目可取一期有利季节，必要时也应作二期；三级评价项目必要时可作一期监测。

每期监测时间，一级评价项目至少应取得有季节代表的 7 天有效数据，每天不少于 6 次（北京时间 02、07、10、14、16、19 时，其中 10、16 时两次可按季节不同作适当调整）。对二、三级评价项目，全期至少监测 5 天，每天至少 4 次（北京时间 02、07、14、19 时）。

现有例行监测资料分析需收集评价区内及其界外区域各例行大气监测点的近 3 年监测资料。

（6）污染源调查的基本内容

不同级别的评价项目污染源调查的基本内容不同。评价级别越高，污染源调查的基本内容越多。

一级评价项目需进行以下 9 个方面的调查：绘制污染流程图；统计主要污染物排放量；对改扩建项目计算最终排放量；估计非正常排放量；将污染源按点源和面源分别进行统计；点源调查统计内容；面源调查统计内容；对于颗粒物污染源，调查其密度及粒径分布；原料、固体废弃物等堆放场产生的扬尘按面源处理。通过试验或类比调查，确定其起动风速和扬尘量。

4. 大气环境影响预测

大气环境影响预测用数学模式和必要的模拟试验，计算或估计评价项目的污染因子在评价区域内对大气环境质量的影响。

（1）不利气象条件

不利气象条件指熏烟状态以及对环境敏感区或关心点易造成严重污染的风向、风速、稳定度和混合层高度等条件。

（2）常用的环境空气质量预测模式及其适用条件

有风时点源扩散模式：点源在距地面 10m 高平均风速 $U_{10} \geq 1.5$m/s 情况下的一次排放浓度预测。

小风和静风时点源扩散模式：点源在小风速（$1.5 > U_{10} \geq 0.5$m/s）和静风时（$U_{10} < 0.5$m/s）情况下的一次排放浓度预测。

长期平均模式：对于孤立排放点源长期平均浓度预测。

多源排放模式：适用于多个污染源对评价区大气污染的预测。计算地面浓度时，应将各个点源对计算点的浓度进行叠加。

面源模式：面源或无组织排放源的地面浓度预测。一般把面源划分为若干个点源，再按后退点源法模拟面源的扩散。

体源排放模式：当无组织排放源为体源时的浓度预测。

颗粒物排放模式：有风时能发生重力沉降的污染物浓度预测。

（3）大气环境影响的预测内容

预测内容包括：小时平均和日平均的最大地面浓度和位置；不利气象条件下，评价区域内的浓度分布图及其出现的频率；评价区域年长期平均浓度分布图。

一级评价还应预测可能发生的非正常条件下上述预测内容和施工期间的大气环境质量预测内容。

5. 评价大气环境影响

评价大气环境影响包括评价区内各环境功能区是否满足相应的空气质量标准的要求，区域环境空气质量是否有容量；建设项目的现有、在建、拟建污染源是否满足达标排放的要求；项目完成后，当地的环境空气质量是否能满足环境功能区的要求；建设项目的大气污染防治措施是否可行；从大气环境影响角度论证项目选址的可行性。

6. 相关的大气环境标准

(1)《环境空气质量标准》

《环境空气质量标准》最初是 1982 年制定的，经 1996 年修订和 2000 年发布的《环境空气质量标准》的修改单后，形成现在包含的 9 项污染物的空气质量标准。

1)环境空气质量功能区的分类。

环境空气质量功能区分为 3 类：一类区为自然保护区、风景名胜区和其他需要特殊保护的地区；二类区为城镇规划中确定的居住区、商业交通居民混合区、文化区、一般工业区和农村地区；三类区为特定工业区。

功能区的划分是根据不同功能对环境质量的不同要求，实现对不同保护对象进行分区保护而制定的。一类区以保护自然生态及公众福利为主要对象，二类及三类区以保护人体健康为主要对象。

2)环境空气质量标准分级。

标准分级是对应于不同环境空气质量功能区，为不同保护对象而建立的评价和管理环境空气质量的定量目标。环境空气质量标准共分为 3 级，一类区执行一级标准，二类区执行二级标准，三类区执行三级标准。

3)常规项目的浓度限值。

《环境空气质量标准》中制定了 9 种污染物在不同取值时间情况下的各级别的浓度限值，其中包括二氧化硫($SO_2$)、总悬浮颗粒物(TSP)、可吸入颗粒物($PM_{10}$)、二氧化氮($NO_2$)、一氧化碳(CO)、臭氧($O_3$)、铅(Pb)、苯并(a)芘(BaP)、氟化物(F)。

在 2000 年国家环保总局又颁布了“关于发布《环境空气质量标准》(GB 3095—1996)修改单的通知”，考虑到与国外大部分国家制定的环境空气质量标准一致性，修改单中取消了氮氧化物($NO_x$)指标和二氧化氮($NO_2$)的二级标准。

4)数据统计的有效性规定。

污染物监测数据是按取值时间内的有效数据进行统计的。年平均是指任何一年的日平均浓度的算术均值，每年至少有分布均匀的144个日均值，每月至少有分布均匀的12个日均值；季平均是指任何一季的日平均浓度的算术均值，每季至少有分布均匀的15个日均值，每月至少有分布均匀的5个日均值；月平均是指任何一月的日平均浓度的算术均值，每月至少采样15日以上；日平均是指任何一日的平均浓度，每日至少有12h或18h的采样时间；1h平均是指任何1h的平均浓度，每天有45min的采样时间；植物生长季平均是指任何一个植物生长季平均浓度的算术均值。

(2)《大气污染物综合排放标准》

在我国现有的国家大气污染物排放标准体系中，按照综合性排放标准与行业性排放标准不交叉执行的原则，有专项排放标准的执行相应的专项排放标准。例如，除有专项锅炉标准的锅炉执行《锅炉大气污染物排放标准》GB 13271—2001，火电厂执行《火电厂大气污染物排放标准》GB 13233—2003，工业炉窑执行《工业炉窑大气污染物排放标准》GB 9078—1996，炼焦炉执行《炼焦炉大气污染物排放标准》GB 16171—1996，水泥厂执行《水泥厂大气污染物排放标准》GB 4915—1996，恶臭物质排放执行《恶臭污染物排放标准》GB 14554—93，各类机动车排放执行相应的标准，其他大气污染物排放均执行《大气污染物综合排放标准》。

1)名词术语。

最高允许排放浓度：指处理设施后排气筒中污染物任何1h浓度平均值不得超过的限值；或指无处理设施排气筒中污染物任何1h浓度平均值不得超过的限值。

最高允许排放速率：指一定高度的排气筒任何1h排放污染物的质量不得超过的限值。

无组织排放：指大气污染物不经过排气筒的无规则排放。低矮排气筒的排放属有组织排放，但在一定条件下也可造成与无组织排放相同的后果。因此，在执行"无组织排放监控浓度限值"指标时，由低矮排气筒造成的监控点污染物浓度增加不予扣除。

无组织排放监控点：为判别无组织排放是否超过标准而设立的监测点。

无组织排放监控浓度限值：指监控点的污染物浓度在任何1h的平均值不得超过的限值。

污染源：指排放大气污染物的设施或指排放大气污染物的建筑构造（如车间等）。

单位周界：指单位与外界环境接界的边界。通常应依据法定手续确定边界；若无法定手续，则按目前的实际边界确定。

无组织排放源：指设置于露天环境中具有无组织排放的设施，或指具有无组织排放的建筑构造(如车间、工棚等)。露天煤场和干灰场也属于无组织排放源,在预测露天煤场和干灰场的扬尘时,应采用无组织排放监控浓度限值进行评价。

排气筒高度:指自排气筒(或其主体建筑构造)所在的地平面至排气筒出口处的高度。

2)指标体系。

本标准规定了33种大气污染物的排放限值,设置了两项指标:通过排气筒排放废气的最高允许排放浓度;通过排气筒排放的废气,按排气筒高度规定的最高允许排放速率,任何一个排气筒必须同时遵守上述两项指标,超过其中任何一项均为超标排放。

以无组织方式排放的废气,规定无组织排放的监控点及相应的监控浓度限值。

3)排放速率的标准分级。

我国污染物排放标准制定原则之一是根据环境功能区域的不同,分别制定不同级别的污染物排放限值。该标准对排放浓度未划分级别,仅对排放速率进行分级。该标准规定的最高允许排放速率,现有污染源分一、二、三级,新污染源分为二、三级。按污染源所在的环境空气质量功能区类别,执行相应级别的排放速率标准,即:位于一类区的污染源执行一级标准(一类区禁止新、扩建污染源,一类区现有污染源改建时执行现有污染源的一级标准),位于二类区的污染源执行二级标准,位于三类区的污染源执行三级标准。

4)有关排气筒高度的规定。

排气筒高度除须遵守排放速率标准值外,还应高出周围200m半径范围的建筑5m以上,不能达到该要求的排气筒,应按其高度对应的表列排放速率标准值的50%严格执行。

2个排放相同污染物(不论其是否由同一生产工艺过程产生)的排气筒,若其距离小于其几何高度之和,应合并视为1根等效排气筒。若有3根以上的近距排气筒,且排放同一种污染物时,应以前2根的等效排气筒,依次与第3、4根排气筒取等效值。

新污染源的排气筒一般不应低于15m。若新污染源的排气筒必须低于15m时,其排放速率标准值按外推计算,结果再严格按照计算值的50%执行。

新污染源的无组织排放应从严控制,一般情况下不应有无组织排放存在,无法避免的无组织排放应达到规定的标准值。工业生产尾气确需燃烧排放的,其烟气黑度不得超过林格曼1级。

5)监测采样的时间和频次。

该标准规定的3项指标均指任何1h平均值不得超过的限值,故在采样时应做到:排气筒中废气的采样,以连续1h的采样获取平均值;或在1h内,以等时间间隔采集样品，并计算平均值。

无组织排放监控点和参照点监测的采样，一般采用连续1h采样计算平均值；若浓度偏低，可适当延长采样时间；若分析方法灵敏度高，仅需用短时间采集样品时，应实行等时间间隔采样，采集4个样品计算平均值。

(3)《恶臭污染物排放标准》

《恶臭污染物排放标准》规定了本标准的适用范围、各功能区应执行的标准的级别、恶臭污染物厂界标准限值、恶臭污染物排放标准值以及有关恶臭污染物监测技术与方法等。标准中规定了氨、三甲胺、硫化氢、甲硫醇、甲硫醚、二甲二硫醚、二硫化碳、苯乙烯、臭气等恶臭污染物的一次最大排放限值、复合恶臭物质的臭气浓度限值及无组织排放源的厂界浓度限值。

人为活动产生的恶臭污染物的主要来源于石油及天然气的精炼工厂、石油化工厂、焦化厂、牛皮纸纸浆厂、缫丝厂、金属冶炼厂、水泥厂、胶合剂厂、化肥厂、食品厂、油脂厂、皮革厂、养猪场、养鸡场、污水处理厂、粪便无害化处理厂等。

1)名词术语。

恶臭污染物：指一切刺激嗅觉器官引起人们不愉快及损坏生活环境的气体物质。

臭气浓度：指恶臭气体(包括异味)用无臭空气进行稀释，稀释到刚好无臭时，所需的稀释倍数。

2)适用范围。

本标准适用于所有向大气排放恶臭气体单位及垃圾堆放场的排放管理，以及建设项目的环境影响评价、设计、环境保护设施竣工验收及其投产后的大气污染物排放管理。

3)标准值分级。

恶臭污染物厂界标准值分为3级。排入GB 3095中一类区的执行一级标准，一类区中不得建新的排污单位；排入GB 3095中二类区的执行二级标准；排入GB 3095中三类区的执行三级标准。

4)标准的实施。

排污单位排放(包括泄漏和无组织排放)的恶臭污染物，在排污单位边界上规定监测点(无其他干扰因素)的一次最大监测值(包括臭气浓度)都必须低于或等于恶臭污染物厂界标准值。

排污单位经烟、气排气筒(高度在15m以上)排放的恶臭污染物的排放量和臭气浓度都必须低于或等于恶臭污染物排放标准。

排污单位经排水排出并散发的恶臭污染物和臭气浓度必须低于或等于恶臭污染物厂界标准值。

(4)《锅炉大气污染物排放标准》

《锅炉大气污染物排放标准》规定了本标准的适用范围、适用区域划分及年限划分、分时段的锅炉烟尘最高允许排放浓度和烟气黑度限值、锅炉二氧化硫和氮氧化物最高允许排放浓度、燃煤锅炉烟尘初始排放浓度和烟气黑度限值以及有关烟囱高度和监测的规定等。

1)名词术语。

烟尘初始排放浓度:指自锅炉烟气出口处或进入净化装置前的烟尘排放浓度。

烟尘排放浓度:指锅炉烟气经净化装置后的烟尘排放浓度。未安装净化装置的锅炉,烟尘初始排放浓度即是锅炉烟尘排放浓度。

自然通风锅炉:自然通风是利用烟囱内、外温度不同所产生的压力差,将空气吸入炉膛参与燃烧,把燃烧产物排向大气的一种通风方式。采用自然通风方式,不用鼓、引风机机械通风的锅炉,称之为自然通风锅炉。

收到基灰分:以收到状态的煤为基准,测定的灰分含量,亦称"应用基灰分",用"Aar"表示。

过量空气系数:燃料燃烧时实际空气消耗量与理论空气需要量之比值,用"a"表示。

2)适用范围。

《锅炉大气污染物排放标准》分年限规定了锅炉烟气中烟尘、二氧化硫和氮氧化物的最高允许排放浓度和烟气黑度的排放限值,适用于除煤粉发电锅炉和单台功率大于45.5MW(65t/h)发电锅炉以外的各种容量和用途的燃煤、燃油和燃气锅炉排放大气污染物的管理,以及建设项目环境影响评价、设计、竣工验收和建成后的排污管理。使用甘蔗渣、锯末、稻壳、树皮等燃料的锅炉,参照标准中燃煤锅炉大气污染物最高允许排放浓度执行。

3)区域划分及年限划分。

该标准中的一类区、二类区和三类区相应指《环境空气质量标准》(GB 3095—1996)中所规定的环境空气质量功能区。

该标准中的"两控区"是指《国务院关于酸雨控制区和二氧化硫污染控制区有关问题的批复》中所划定的酸雨控制区和二氧化硫污染控制区的范围。

该标准按锅炉建成使用年限分为两个阶段,执行不同的大气污染物排放标准。Ⅰ时段是指2000年12月31日前建成使用的锅炉,Ⅱ时段是指2001年1月1日起建成使用的锅炉(含在Ⅰ时段立项未建成或未运行使用的锅炉和建成使用锅炉中需要扩建、改造的锅炉)。

4)一类功能区新建锅炉的规定。

一类区禁止新建以重油、渣油为燃料的锅炉。

按照综合性排放标准与行业性排放标准不交叉执行的原则，该标准中适用的锅炉不执行《大气污染物综合排放标准》中禁止在一类功能区内新、扩建污染源的规定。

5)烟囱高度的规定。

新建的燃煤、燃油(燃轻柴油、煤油除外)锅炉房只能设1根烟囱，烟囱高度应根据锅炉房装机总容量的规定来执行。

锅炉房装机总容量大于28MW(40t/h)时，其烟囱高度应按批准的环境影响报告书(表)要求确定，但不得低于45m。新建锅炉房烟囱周围半径200m距离内有建筑物时，其烟囱应高出最高建筑物3m以上。

燃气、燃轻柴油、煤油锅炉烟囱高度应按批准的环境影响报告书(表)要求确定，但不得低于8m。

各种锅炉烟囱高度如果达不到以上任何一项规定时，其烟尘、$SO_2$、$NO_x$ 最高允许排放浓度，应按相应区域和时段排放标准值的50%执行。

(5)《工业炉窑大气污染物排放标准》

《工业炉窑大气污染物排放标准》规定了本标准的适用范围、适用区域划分、分时段的10类19种工业炉窑烟(粉)尘浓度、烟气黑度、6种有害污染物的最高允许排放浓度(或排放限值)和无组织排放烟(粉)尘的最高允许浓度、各种工业炉窑的二氧化硫、氟及其化合物、铅、汞、铍及其化合物、沥青油烟等有害污染物最高允许排放浓度以及有关烟囱高度和监测的规定等。

1)适用范围。

本标准适用于除炼焦炉、焚烧炉、水泥工业以外使用固体、液体、气体燃料和电加热的工业炉窑的管理，以及工业炉窑建设项目的环境影响评价、设计、竣工验收及其建成后的排放管理。

2)工业炉窑分类。

工业炉窑是指在工业生产中用燃料燃烧或电能转换产生的热量，将物料或工件进行冶炼、焙烧、烧结、熔化、加热等工序的热工设备。

3)排放标准的适用区域。

本标准分为一级、二级、三级标准，分别与GB 3095《环境空气质量标准》中的环境空气质量功能区相对应：一类区执行一级标准；二类区执行二级标准；三类区执行三级标准。

在一类区内，除市政、建筑施工临时用沥青加热炉外，禁止新建各种工业炉窑，原有的工业炉窑改建时不得增加污染负荷。

4)时间段的划分。

该标准按照不同年限分别规定了工业炉窑烟尘、生产性粉尘、烟气黑度和有害污染物的最高允许排放浓度等指标。具体划分为两个时段:第一时间段为1997年1月1日前在用的工业炉窑,还包括该标准实施日前已经通过环境影响报告书(表)批准,尚未建成或尚未投产的各种工业炉窑;第二时间段为1997年1月1日起新建的工业炉窑,包括1997年1月1日起通过环境影响报告书(表)批准的新建、改建、扩建的工业炉窑。

5)烟囱高度的规定。

各种工业炉窑烟囱(或排气筒)最低允许高度为15m。

当烟囱(或排气筒)周围半径200m距离内有建筑物时,除应执行以上规定外,烟囱(或排气筒)还应高出建筑物3m以上。

1997年1月1日起新建、改建、扩建的排放烟(粉)尘和有害污染物的工业炉窑,其烟囱(或排气筒)最低允许高度为15m,当烟囱(或排气筒)周围半径200m距离内有建筑物时,烟囱(或排气筒)还应高出建筑物3m以上,并需符合批准的环境影响评价报告书的要求。

各种工业炉窑烟囱(或排气筒)高度如果达不到以上的任何一项规定时,其烟(粉)尘或有害污染物最高允许排放浓度,应按相应区域排放标准值的50%执行。

1997年1月1日起新建、改建、扩建的工业炉窑烟囱(或排气筒)应设置永久采样、监测孔和采样监测用平台。

## 第三节 固体废物环境影响评价

固体废物的类型按其污染特性分为一般废物和危险废物;按废物来源可划分为城市固体废物、工业固体废物、农业固体废物。工业固体废物按其特性分为一般工业固体废物和危险废物。

危险废物具有腐蚀性、急性毒性、浸出毒性、反应性、传染性和放射性等特点。

一般工业固体废物分为Ⅰ类和Ⅱ类两类。

Ⅰ类:按照《危险废物鉴别标准》规定方法进行浸出实验而获得的浸出液中,任何一种污染物的浓度均未超过《污水综合排放标准》中最高允许排放浓度,且pH值在6~9的一般工业固体废物。

Ⅱ类:按照《危险废物鉴别标准》规定方法进行浸出实验而获得的浸出液中,有一种或一种以上污染物的浓度超过《污水综合排放标准》中最高允许排放浓度,或者pH值在6~9之外的一般工业固体废物。

### 一、固体废物中污染物释放方式及在环境中迁移途径

1. 污染物释放方式

(1)向大气环境的释放

1)堆放的固体废物中的细微颗粒、粉尘等可随风飞扬,从而对大气造成污染。

2)一些有机固体废物,在适宜的温度和湿度下被微生物分解,释放出有害气体,在不同程度上产生毒气和恶臭,造成地区性空气污染。

3)采用焚烧法处理固体废物,排出粉尘、氯化氢、氯气甚至二噁英等污染物,已成为一些国家的大气污染的主要来源之一。

(2)向水环境的释放

1)固体废物弃置于水体,将使水质直接受到污染,严重危害水生生物的生存条件。

2)向水体倾倒固体废物,将缩减江河湖面有效面积,降低其排洪和灌溉能力。

3)在陆地堆积或简单填埋的固体废物,经雨水的浸渍和废物本身的分解,将会产生含有有害化学物质的渗滤液,对附近地区地表水和地下水造成危害。

(3)向土壤环境的释放

工业固体废物特别是有害固体废物,经风化、雨雪淋溶、地表径流的侵蚀,产生高温和有毒液体渗入土壤,能杀害土壤中的微生物,改变土壤性质和土壤结构,破坏土壤的腐解能力,导致草木不生。

2. 污染物的迁移途径

固体废物是多种污染成分存在且长期存在于环境中,在一定的条件下会发生化学的、物理的或生物的转化,对周围环境造成影响。如处理处置不当,污染成分会通过水、气、土壤、食物链等途径污染环境,危害人体健康。

## 二、固体废物对环境的主要影响

以运行中的垃圾填埋场为例介绍固体废物对环境的主要影响。

1)填埋场渗滤液泄漏或处理不当对地下水或地表水的污染。

2)填埋场产生气体排放对大气的污染、对公众健康的危害以及可能发生的爆炸对公众安全的威胁。

3)填埋场的存在对周围景观的不利影响。

4)填埋作业及垃圾堆体对周围地质环境的影响,如造成崩塌、泥石流等。

5)填埋机械噪声对公众的影响。

6)填埋场滋生的害虫、昆虫、啮齿动物以及在填埋场觅食的鸟类和其他动物可能传播疾病。

7)填埋垃圾中的塑料袋、纸张以及尘土等在未来得及覆土压实情况下可能飘出场外,造成环境污染和景观破坏。

8)流经填埋场区的地表径流可能会受到污染。

## 三、固体废物环境影响评价的主要工作内容

以垃圾填埋场为例列表4－7介绍固体废物环境影响评价的主要工作内容。

**表4－7　垃圾填埋场环境影响评价的主要工作内容**

| 评价项目 | 评价内容 |
| --- | --- |
| 场址选择评价 | 场址评价是填埋场环评的基本内容，主要是评价拟选场地是否符合选址标准。其方法是根据场地自然条件、采用选址标准逐项进行评判。评价的重点是水文地质条件、工程地质条件、土壤自净能力 |
| 自然、环境质量现状评价 | 主要是评价拟选场地及其周围的空气、地面水、地下水、噪声等自然环境质量状况。其方法一般是根据监测值与各种标准，采用单因子和多因子评判法 |
| 工程污染因素分析 | 主要是分析填埋场建设过程中和建成后可能产生的主要污染源及其污染物，统计它们产生的数量、种类、排放方式等。其方法一般是采用计算、类比、经验统计等。污染源一般有渗滤液、释放气、恶臭、噪声等 |
| 施工期环境影响 | 评价施工期场地内排放生活污水、种类施工机械产生的机械噪声、振动以及二次扬尘对周围地区产生的环境影响 |
| 水环境影响预测与评价 | 主要是评价填埋场衬里结构的安全性以及渗滤液排出对周围水环境影响两方面的内容：①正常排放对地表水的影响。主要评价渗滤液经处理达到排放标准后排出，预测并利用相应标准评价是否会对受纳水体产生影响以及影响程度如何；②非正常渗漏对地下水的影响。主要评价衬里破裂后渗滤液下渗对地下水的影响，包括渗透方向、渗透速度、迁移距离、土壤的自净能力及效果 |
| 大气环境影响预测及评价 | 主要评价填埋场释放气体及恶臭对环境的影响：①释放气体。主要是根据排气系统的结构，预测和评价排气系统的可靠性、排气利用的可能性以及排气对环境的影响。预测模式可采用地面源模式。②恶臭。主要是评价运输、填埋过程中及封场后对环境的可能影响，进而根据垃圾的种类，预测各阶段臭气产生的位置、种类、浓度及影响范围 |
| 噪声环境影响预测与评价 | 主要是评价垃圾运输、场地施工、垃圾填埋操作、封场各阶段各种机械产生的振动和噪声对环境的影响。噪声评价可根据各种机械的特点采用机械噪声声压级预测，然后再结合卫生标准和功能区标准评价其是否满足噪声控制标准，是否会对最近的居民点产生影响 |
| 污染防治措施 | 主要包括：①渗滤液治理的控制措施以及填埋场衬里破裂补救措施；②释放气的导排或综合利用措施以及防臭措施；③减振防噪措施 |
| 环境经济损益评价 | 计算评价污染防治措施以及所产生的经济、社会、环境效益 |
| 其他评价项目 | ①结合填埋场周围的土地、生态情况，对土壤、生态、景观进行评价；②对洪涝特征年产生的过量渗滤液以及垃圾释放气，因物理、化学条件异变而产生垃圾爆炸等进行风险事故评价 |

## 四、《生活垃圾填埋污染控制标准》

1.生活垃圾填埋场的主要特点

填埋厂要有导排气系统，必须设有防渗层及渗滤液集排水系统。

生活垃圾填埋后，在微生物作用下逐步分解为气态物质、水和无机盐类，达到减容和稳定的目的。在这一稳定过程中，将产生填埋气体和由垃圾本身水分加上降水而形成的渗滤液。

2.《生活垃圾填埋污染控制标准》的适用范围

本标准只适用于生活垃圾填埋处置。

3.生活垃圾填埋场环境影响评价主要工作内容

1)场址合理性论证；

2)环境质量现状调查；

3)工程污染因素分析；

4)大气环境影响与评价；

5)水环境影响与评价。

4.生活垃圾填埋场选址的环境保护要求以及生活垃圾填埋场选址条件

填埋场选址应符合当地城乡建设总体规划要求，与当地的大气污染防治、水资源保护、自然保护相一致。应设在当地夏季主导风向的下风向，在人畜居栖地500m以外。

生活垃圾填埋场不得建在下列地区：

1)国务院和国务院有关主管部门及省、自治区、直辖市人民政府划定的自然保护区、风景名胜区、生活饮用水源地和其他需要特别保护的区域内；

2)居民密集居住区；

3)直接与航道相通的地区；

4)地下水补给区、洪泛区、淤泥区；

5)活动的坍塌地带、断裂带、地下蕴矿带、石灰坑及熔岩洞区。

5.生活垃圾填埋场大气污染物排放控制项目及其限值

1)生活垃圾填埋场大气污染物控制项目首要为颗粒物(TSP)，其次有氨、硫化氢、甲硫醇、臭气浓度(排放限值指的是对无组织排放源的控制)。

2)颗粒物场界排放限值≤1.0mg/$m^3$，监测方法使用《环境空气(总悬浮颗粒物的测定)重量法》。

3)氨、硫化氢、甲硫醇、臭气浓度场界排放限值，根据生活垃圾填埋场所在区域分别按照《恶臭污染物排放标准》相应级别的指标值执行。

排入《环境空气质量标准》中一类区的执行一级标准，一类区不得建新的排污单位；排入二类区的执行二级标准；排入三类区的执行三级标准；恶臭的测定使用《环境空气(恶臭的测定)三点比较式臭袋法》。

氨的测定使用《环境空气(氨的测定)次氯酸钠-水杨酸分光光度法》。

硫化氢、甲硫醇等测定使用《环境空气(硫化氢、甲硫醇、甲硫醚、二甲二硫的测定)气相色谱法》。

6. 生活垃圾填埋场垃圾渗滤液排放控制项目及其限值

(1)生活垃圾填埋场垃圾渗滤液排放控制项目

悬浮物(SS)、化学需氧量(COD)、生化需氧量($BOD_5$)和大肠菌值。其他项目视各地垃圾成分，由地方环境保护行政主管部门确定。

(2)生活垃圾渗滤液排放限值

1)生活垃圾渗滤液不得排入《地表水环境质量标准》中规定的Ⅰ类、Ⅱ类水域和Ⅲ类水域的饮用水源保护区及《海水水质标准》中一类海域。

2)对排入《地表水环境质量标准》中规定Ⅲ类水域或Ⅱ类海域的生活垃圾渗滤液，其排放限值执行"生活垃圾渗滤液排放限值"的一级标准。

3)对排入《地表水环境质量标准》中规定的Ⅳ类、Ⅴ类水域或《海水水质标准》中Ⅲ类海域的生活垃圾渗滤液，其排放限值执行"生活垃圾渗滤液排放限值"的二级标准。

4)排入设置城市二级污水处理厂的生活垃圾渗滤液，其排放限值执行"生活垃圾渗滤液排放限值"的三级标准。

5)排入未设置污水处理厂的城镇排污系统的生活垃圾渗滤液，必须根据排水系统出水收纳水域的功能要求，分别执行上述2)、3)规定。

6)由地方环境保护行政主管部门确定的其他项目，其排放限值按照《污水综合排放标准》的有关规定执行。

## 五、《危险废物贮存污染控制标准》

本标准适用于所有的危险废物(尾矿除外)贮存的污染控制及监督管理，适用于危险废物的产生者、经营者和管理者。

1. 一般要求

危险废物贮存设施在施工前应做环境影响评价。

所有危险废物产生者和危险废物经营者应建造专用的危险废物贮存设施，也可利用原有构筑物改建成危险废物贮存设施；禁止将不兼容(相互反应)的危险废物在同一容器内混装；无法装入常用容器的危险废物可用防漏胶袋等盛装；盛装危险废物的容器上必须粘贴符合本标准所示的标签。

在常温常压下易爆、易燃及排出有毒气体的危险废物必须进行预处理，使之稳定后贮存，否则按易燃、易爆危险品贮存；在常温常压下不水解、不挥发的固体危险废物可在贮存设施内分别堆放。除上述规定外，必须将危险废物装入容器内；装载液体、半固体危险废物的容器内须留足够空间，容器顶部与液体表面之间保留100mm 以上的空间。

医院产生的临床废物，必须当日消毒，消毒后装入容器。常温下贮存期不得超过 1 天；于 5℃以下冷藏的，不得超过 3 天。

2. 危险废物贮存设施的选址要求

危险废物贮存设施地点应选在地质结构稳定，地震烈度不超过 7 度的区域内；设施底部必须高于地下水最高水位；应建在易燃、易爆等危险品仓库、高压输电线路防护区域以外；应避免建在溶洞区或易遭受严重自然灾害，如洪水、滑坡、泥石流、潮汐等影响的地区。

应位于居民中心区常年最大风频的下风向；场界应位于居民区 800m 以外，地表水域 150m 以外。

集中贮存的废物堆选址除满足以上要求外，还应满足：基础必须防渗，防渗层为至少 1m 厚的粘土层（渗透系数$\leqslant 10^{-7}$cm/s）或 2mm 厚的高密度聚乙烯，或至少 2mm 厚的其他人工材料（渗透系数$\leqslant 10^{-10}$cm/s）。

3. 对危险废物堆放的要求

堆放危险废物的高度应根据地面承载能力确定；基础必须防渗，防渗层为至少 1m 厚粘土层（渗透系数$\leqslant 10^{-7}$cm/s）或 2mm 厚高密度聚乙烯，或至少 2mm 厚的其他人工材料（渗透系数$\leqslant 10^{-10}$cm/s）。

衬里放在一个基础或底座上；衬里材料与堆放的危险废物要兼容；衬里要能覆盖危险废物或其溶出物可能涉及到的范围；在衬里上设计、建造浸出液收集清除系统。

设计建造径流疏导系统，应保证其能防止 25 年一遇的暴雨不会流到危险废物堆里；危险废物堆内，设计雨水收集池，并能收集 25 年一遇的暴雨 24h 降水量。

总贮存量不超过 300kg(L)的危险废物要放入符合标准的容器内，加上标签，容器放入坚固的柜或箱中，柜或箱应设多个直径不少于 30mm 的排气孔。不兼容危险废物要分别存放或存放在不渗透间隔分开的区域内，每个部分都应有防漏裙脚且储漏盘的材料要与危险废物兼容。

## 第四节　噪声环境影响评价

噪声是人们不需要的声音，无用的声音，厌烦的声音。它不仅包括杂乱无章不协调的声音，而且也包括影响他人工作、休息、睡眠、谈话和思考的音乐声音。因此，对噪声的判断不仅仅是根据物理学上的定义，而且往往与人们所处的环境和主观感觉反应有关。

环境噪声包括人为活动产生的噪声和自然界噪声。从环境管理需要，按照《中华人民共和国环境噪声污染防治法》的规定，环境噪声只包括工业生产、建筑施工、交通运输和社会生活中所产生的干扰周围生活环境的声音。声环境影响评价从声源特征分为两类，即固定声源影响评价和流动声源影响评价。

声环境影响评价的基本任务主要有：

1. 评价建设项目引起的声环境变化

要说清楚建设项目建设前后声环境变化情况，就需要做好声环境现状调查监测评价工作和声环境预测评价工作；声环境变化影响既要说明该建设项目对外环境的影响，对于声环境敏感项目（如房地产居住小区开发项目），还应说明周边环境对该项目的声环境影响，如周边工业噪声、交通噪声等对建设项目的影响。

2. 提出噪声防治对策，把噪声污染降低到现行标准的允许水平

针对声环境评价结果，提出有针对性的噪声防治对策是声环境影响评价工作的重要内容。噪声防治措施应进行可行性论证，做到技术可行、经济可行与达标排放。

3. 为建设项目所在城镇规划服务

要结合当地城镇或地区总体规划开展声环境评价工作，为建设项目优化选址、合理布局以及城镇、地区规划提供科学依据。

## 一、噪声环境影响评价的等级划分

噪声评价工作等级划分的依据包括：①按投资额划分建设项目规模（大、中、小型建设项目）；②噪声源种类及数量；③项目建设前后噪声级的变化程度；④建设项目噪声影响范围内的环境保护目标、环境噪声标准和人口分布。

噪声评价工作等级一般分为3级，划分的基本原则为：

1）对于大、中型建设项目，属于规划区内的建设工程，或受噪声影响的范围内有适用于GB 3096—93规定的0类标准及以上的需要特别安静的地区，以及对噪声有限制的保护区等噪声敏感目标；项目建设前后噪声级有显著增高[噪声级增高量达3～5dB(A)或以上]或受影响人口显著增多的情况，应按一级评价进行工作。

2）对于新建、扩建及改建的大、中型建设项目，若其所在功能区属于适用于GB 3096—93规定1类、2类标准的地区，或项目建设前后噪声级有较明显增高[噪声级增高量达3～5dB(A)]或受噪声影响人口增加较多的情况，应按二级评价进行工作。

3）对处在适用GB 3096—93规定的3类标准及以上的地区[指允许的噪声标

准值为 65dB(A)及以上的区域]的中型建设项目以及处在 GB 3096—93 规定的 1 类、2 类标准地区的小型建设项目，或者大、中型建设项目建设前后噪声级增加很小[噪声级增高量在 3dB(A)以内]且受影响人口变化不大的情况，应按三级评价进行工作。

4)对于处在非敏感区的小型建设项目，噪声评价只填写“环境影响报告表”中相关的内容。

## 二、评价工作基本要求

1. 一级评价工作基本要求

环境噪声现状应实测；噪声预测要覆盖全部敏感目标，绘出等声级图并给出预测噪声级的误差范围；给出项目建成后各噪声级范围内受影响的人口分布、噪声超标的范围和程度；对噪声级变化可能出现几个阶段的情况（如建设期、投产后的近期、中期、远期）应分别给出其噪声级；项目可能引起的非项目本身的环境噪声增高（如城市通往机场的道路噪声可能因机场的建设而增高）也应给予分析。

对评价中提出的不同选址方案、建设方案等对策所引起的声环境变化应进行定量分析。必须针对建设项目工程特点提出噪声防治对策，并进行经济、技术可行性分析，给出最终降噪效果。

2. 二级评价工作基本要求

环境噪声现状以实测为主，可适当利用当地已有的环境噪声监测资料；噪声预测要给出等声级图并给出预测噪声级的误差范围；描述项目建成后各噪声级范围内受影响的人口分布、噪声超标的范围和程度；对噪声级变化可能出现的几个阶段，选择噪声级最高的阶段进行详细预测，并适当分析其他阶段的噪声级；必须针对建设工程特点提出噪声防治措施并给出最终降噪效果。

3. 三级评价工作基本要求

噪声现状调查可着重调查现有噪声源种类和数量，其声级数据可参照已有资料；预测以现有资料为主，对项目建成后噪声级分布作出分析并给出受影响的范围和程度；要针对建设工程特点提出噪声防治措施并给予效果分析。

## 三、环境噪声评价量

噪声源评价量可用声压级或倍频带声压级、A 声级、声功率级、A 计权声功率级表示。应在声源正常运转或运行工况的条件下测量；每一测点，应分别进行昼间、夜间的测量；对于噪声起伏较大的情况（例如道路交通噪声、铁路噪声、飞机机场噪声），应记录昼间、夜间的测量次数。

对于稳态噪声（工业噪声），一般以 A 声级为评价量；对于声级起伏较大（非稳态噪声)或间歇性噪声(例如公路噪声、铁路噪声、港口噪声、建筑施工噪声)以等效连续A声级[$L_{eq}$,dB(A)]为评价量;对于机场飞机噪声以计权等效连续感觉噪声级(WECPNL,dB)为评价量。

## 四、声环境影响评价范围

噪声环境影响的评价范围一般根据评价工作等级确定。

对于建设项目包含多个呈现点声源性质的情况(例如工厂、港口、施工工地、铁路的站场等),该项目边界往外200m内评价范围一般能满足一级评价的要求;相应的二级和三级评价的范围可根据实际情况适当缩小。若建设项目周围较为空旷而较远处有敏感区,则评价范围应适当放宽到敏感区附近。

对于建设项目是机场的情况,主要飞行航迹下离跑道两端各15km,侧向2km内的评价范围一般能满足一级评价的要求;相应的二级和三级评价范围可根据实际情况适当缩小。

## 五、环境噪声现状调查内容

1)评价范围内现有噪声源种类、数量及相应的噪声级。

2)评价范围内现有噪声敏感目标、噪声功能区划分情况。

3)评价范围内各噪声功能区的环境噪声现状、各功能区环境噪声超标情况、边界噪声超标以及受噪声影响人口分布。

## 六、噪声测量点布设原则

1)现状测量点布置一般要覆盖整个评价范围,但重点要布置在现有噪声源对敏感区有影响的那些点上。

2)对于建设项目包含多个呈现点声源性质(声源波长比声源尺寸大得多的情况下,可认为是点声源)的情况,环境噪声现状测量点应布置在声源周围,靠近声源处测量点密度应高于距声源较远处的测量点密度。

3)对于建设项目呈现线状声源性质(许多点声源连续地分布在一条直线上,例如繁忙的道路上的车辆流,可以认为是线声源)的情况,应根据噪声敏感区域分布状况和工程特点确定若干噪声测量断面,在各个断面上距声源不同距离处布置一组测量点(例如15m、30m、60m、120m、240m)。

4)对于新建工程,当评价范围内没有明显的噪声源(例如没有工业噪声、道路交通噪声、飞机噪声和铁路噪声)且声级较低[$<$50dB(A)],噪声现状测量点可以大幅度减少或不设测量点。

5)对于改、扩建工程,若要绘制噪声现状等声级图,也可以采用网格法布置测量点。例如,对于改扩建机场工程,为了绘制噪声现状 WECPNL 等值图,可在主要飞行航迹下离跑道两端不超过 15km,侧向不超过 2km 范围内用网格法布设测量点,跑道方向网格可取 1～2km,侧向取 0.5km。

## 七、环境噪声现状评价

1. 环境噪声现状调查的基本方法

常用的方法有收集资料法、现场调查测量法两种,实际工作中两种方法可以结合使用。

2. 声环境现状测量布点原则

1)声环境现状测量点布置一般要覆盖整个评价范围,但重点要布置在现有噪声源对敏感区有影响的那些点上(楼房建筑要增加垂直声场分布测点,视情况可间隔一或二层布点或逐层布点)。绘制监测点示意图,明确敏感目标与工程之间的相对位置(方位、距离、高差)及环境特征。

2)声环境现状测量点布置要考虑建设项目声源性质:对于点声源性质建设项目,靠近声源处测量点密度应高于距声源较远处的测点密度;对于线声源性质建设项目,可根据噪声敏感区域分布状况和工程特点,贯彻“以点代线,点段结合,反馈全线”的原则,确定若干有代表性的典型噪声测量断面。

3)声环境现状测量点布置要考虑声源源强现状特性:对于新建工程,当评价范围内没有明显的噪声源且声级较低时,现状测量点可以大幅度减少;对于改、扩建工程可按室内和室外声源分别给出主要噪声源的源强;若要绘制环境现状声等级线图,也可采用网格法布置测量点。

3. 声环境现状测量的测量量和测量时段

(1)测量量

1)环境噪声测量量为等效 A 声级;高声级的突发性噪声测量量为最大 A 声级及噪声持续时间;机场飞机噪声的测量量为计权等效连续感觉噪声级。

2)噪声源的测量量有倍频带声压级、总声压级、A 声级或声功率级等。

3)脉冲噪声应同时测量 A 声级及脉冲周期。

(2)测量时段

1)应在声源正常运转或运行工况的条件下测量。

2)每一测量点,应分别进行昼间、夜间的测量。测量时间与时段应有代表性,要符合各类声源环境的监测技术规范;对于噪声起伏较大的情况,应增加昼间、夜间的测量次数,或进行昼夜 24h 连续监测以取得较为客观、准确的现状值;机场噪声必要时进行一个飞行周期(一般为一周)的噪声监测。

4. 声环境现状评价的主要内容

1)评价范围内现有噪声敏感区、保护目标的分布情况,与建设项目之间的方位、距离及高差关系,环境噪声功能区的划分情况等(以表格、示意图和文字相结合的方式说明)。

2)声环境现状的调查和测量方法,包括测量仪器、参照或参考的测量方法、评价标准、测量点位、测量时段、读数方法等。

3)评价范围内现有噪声源种类、数量及相应的噪声级、噪声时空分布特性、主要噪声源分析等。

4)评价范围内声环境现状。包括:

①各环境噪声功能区噪声级、达标与超标状况及主要噪声源;

②评价范围边界或工业企业厂界噪声级、达标与超标状况及主要噪声源;

③典型测点昼夜24h连续监测声级分布图表,机场改、扩建工程应给出各监测点主要机型的最大A声级、有效感觉噪声级和该点的计权等效连续感觉噪声值,给出该点的计权等效连续感觉噪声值70dB、75dB、80dB、85dB等值曲线。

5)评价范围内受噪声影响的人口分布。

## 八、声环境影响预测

1. 预测范围

一般与评价范围相同,也可稍大于评价范围。

2. 预测点布设原则

1)所有的环境噪声现状测量点都应作为预测点。

2)为了便于绘制等声级图,可以用网格法确定预测点。网格的大小根据具体情况确定,对于建设项目包含呈线状声源特征的情况,平行于线状声源走向的网格间距可大些(例如100～300m),垂直于线状声源走向的网格间距可小些(例如20～60m);对于建设项目包含呈点声源特征的情况,网格的大小一般在20m×20m～100m×100m范围。

3)评价范围内需要特别考虑的预测点。

3. 声源声级衰减计算方法的选用原则

在声环境影响评价中,需要根据靠近声源某一位置(参考位置)处的已知声级来计算距声源较远处预测点的声级。在预测前需根据声源与预测点之间空间分布形式对声源简化成3类声源:点声源、线声源和面声源。

1)点声源确定原则:当声波波长比声源尺寸大得多或预测点离声源的距离比声源本身尺寸大得多时,声源可做点声源处理,等效点声源位置在声源本身的中心。

2)线声源确定原则：当许多点声源连续分布在一条直线上时，可认为该声源是线状声源。

3)面声源状况的考虑：当声源体积较大(有长度有高度)、声源声级较强时，在声源附近的一定距离内会出现随距离变化而声级基本不变或变化微小时，可认为该环境处于面声源影响范围；当城市市区主干道周边楼房建筑某一层附近出现垂直声场最大值时，可认为该层声环境受到主干道多条车道线声源叠加的影响。

4. 室外声源声波在空气中传播引起声级衰减的主要因素

主要因素有：几何发散引起的衰减、地面效应引起的衰减、声屏障(遮挡物)引起的衰减和大气引起的衰减。

## 九、声环境影响评价的基本内容

1)项目建设前声环境现状。

2)评述建设项目在施工、运行阶段噪声的影响程度、影响范围和超标状况。重点要评价敏感区域或敏感点声环境的变化。

3)分析受噪声影响的人口分布。

4)分析建设项目的噪声源和引起超标的主要噪声源或主要原因。

5)分析建设项目选址、选线、设备布局和设备选型的合理性；分析建设项目设计中已有的噪声防治措施的适用性和防治效果。

6)提出建设项目需要增加的噪声防治措施，进行其经济、技术的可行性论证。

7)在噪声污染管理、噪声监测、城市规划 3 个方面提出建议。

## 十、噪声防治对策的环节和原则

噪声防治对策必须符合针对性、具体性、经济合理性和技术可行性原则。

1. 从声源上降低噪声

1)选用低噪声设备和材料。

2)改革工艺和操作方法以降低噪声。

3)加强设备维护使之处于良好的运转状态。

4)建设项目避让或线路摆动。

2. 从噪声传播途径上降低噪声

1)采用“合理布局”和“闹静分开”的设计原则。

2)采用吸声、隔声、消声等控制措施降低噪声(例如隔声箱、隔声间、消声器等)。

3)采用隔声屏障降低噪声，结构形式可采用规范的声屏障或利用自然地形地物或建生态型声屏障。

3. 从受声敏感目标自身降低噪声

1)敏感目标安装隔声门窗或隔声通风窗。

2)通过置换改变敏感点使用功能。

3)敏感目标搬迁，远离建设项目。

## 十一、环境振动评价

环境振动评价的基本任务、类别、评价等级、现状监测、影响预测与评价可参照声环境评价内容。

1. 环境振动评价的评价量与现状测量

1)评价量为铅垂向 z 振级。

2)现状测量要点：冲击振动取每次冲击过程中的最大示数为评价量。对于重复出现的冲击振动，以 10 次读数的算术平均值为评价量；无规振动每个测量点等间隔地读取瞬时示数，采样间隔不大于 5s，连续测量时间不少于 1 000s；铁路振动和城市轨道交通(类似铁路振动特点)读取每次列车通过过程中的最大示数，每个测量点连续测量 20 次列车，以 20 次读数的算术平均值作为评价量。

2. 环境振动评价范围

1)工业企业项目，建筑施工项目：可视振动源强大小在 50～100m 确定。

2)铁路、城市轨道交通等项目：评价范围 50～60m。

3. 振动防治对策

1)工业企业固定振动源可采用减振垫、减振弹簧、减振沟等措施。

2)铁路、城市轨道交通可采用重钢轨、无缝线路(长钢轨)、减振道床、轨道减振器、浮置板、整体道床等措施。

## 十二、《城市区域环境噪声标准》(GB 3096—93)

1. 适用范围

1)本标准规定了城市 5 类区域的环境噪声最高限值。其评价单位为等效声级 $L_{eq}$。例如对于声环境复杂的监测点不能简单地测量 10min，而是要有一定的测量时段：对于铁路噪声要分别测量代表平均车流量的昼间和夜间各 1h 的等效声级；对于公路噪声要进行 24h 昼夜连续监测分别得出昼间 16h 平均值和夜间 8h 的平均值。

2)本标准适用于城市区域(乡村生活区域可参照本标准执行)。由于大部分乡村未进行环境噪声功能区划工作，当新建项目建在乡村地区或公路铁路项目穿越乡村地区时，其执行的环境噪声标准应由当地人民政府行文确认。

随着公路、铁路(含轻轨)建设的迅速发展，交通噪声引发的扰民纠纷日益突出。为了有效地控制交通噪声污染，解决公路、铁路（含轻轨）等建设项目穿越乡村地区环境噪声标准确认问题，国家环保总局颁发环发[2003]94 号文《关于公路、铁路（含轻轨）等建设项目环境影响评价中环境噪声有关问题的通知》。该通知进一步明确：公路、铁路（含轻轨）通过的乡村生活区域，其区域声环境功能由县级以上地方人民政府参照《城市区域环境噪声标准》（GB 3096—93）和《城市区域环境噪声适用区划分技术规范》（GB/T 15190—94）确定用地边界外合理的噪声防护距离。

2. 各类标准的适用区域

各类标准适用区域由当地人民政府划定。划定适用区按《城市区域环境噪声适用区划分技术规范》（GB/T 15190—94）执行。

本标准昼间、夜间的时间由当地人民政府按当地习惯和季节变化划定。

3. 夜间突发噪声限值

夜间突发的噪声，其最大值不准超过标准值 15dB。

## 十三、其他标准

1.《机场周围飞机噪声环境标准》（GB 9660—88）

（1）评价量

本标准采用一昼夜的计权等效连续感觉噪声级作为评价量，用 WECPNL 表示，单位为 dB。

（2）标准值和适用区域

本标准适用的区域地带范围由当地人民政府划定。

2.《城市区域环境振动标准》（GB 10070—88）

本标准适用于连续发生的稳态振动、冲击振动和无规振动。

每日发生几次的冲击振动，其最大值昼间不允许超过标准值 10dB，夜间不超过 3dB。

本标准适用的地带范围，由地方人民政府划定。可参照城市区域环境噪声功能区划的结果来确定。昼间与夜间的时间由当地人民政府按当地习惯和季节变化划定。

3.《工业企业厂界噪声标准》（GB 12348—90）

（1）适用范围

本标准适用于工厂及有可能造成噪声污染的企事业单位的边界。测量点应选在法定厂界外 1m，高度 1.2m 以上的噪声敏感处。如厂界有围墙，测点应高于围墙；若厂界与居民住宅相连，厂界噪声无法测量时，测点应选在居室中央，室内限值应比相应标准值低 10dB。

(2)其他

1)本标准适用范围由地方人民政府划定。

2)本标准昼间、夜间的时间由当地人民政府按当地习惯和季节变化划定。

3)夜间频繁突发的噪声(如排气噪声),其峰值不准超过标准值 10dB(A),夜间偶然突发的噪声(如短促鸣笛声),其峰值不准超过标准值 15dB(A)。

4)背景值修正。厂界噪声属排放控制值,应扣除背景值影响。

4.《铁路边界噪声限值及测量方法》(GB 12525—90)

本标准规定了城市铁路边界处铁路噪声的限值及其测量方法。

本标准适用于对城市铁路边界噪声的评价。铁路边界系指距铁路外轨轨道中心线 30m 处。

1)本限值中昼间、夜间的时间由当地人民政府按当地习惯和季节变化划定。

2)测量时间:昼间、夜间各选一个小时(在接近其机车车辆运行平均密度的某一个小时)进行测量。必要时,昼间或夜间分别进行全时段测量。

5.《建筑施工场界噪声限值》(GB 12523—90)

本标准适用于城市建筑施工期间场地产生的噪声。噪声值是指与敏感区域相应的建筑施工场地边界线处的限值。建筑施工场地的边界是由政府有关部门限定的建筑施工场地最外面的边界线。

## 第五节　非污染生态环境影响评价

### 一、评价工作的分级

根据评价项目对生态影响的程度和影响范围的大小,将生态影响评价工作级别划分为 1、2、3 级。

经过对工程和项目所在区域进行初步分析,选择 1～3 个主要的生态影响,依据表 4-8 列出的生态影响及生态因子变化的程度和范围进行工作级别划分,如果选择的生态影响多于 1 个,则依据其中评价级别高的影响确定工作级别。

2 级以上项目的评价,要满足生态完整性的需要,对生态影响是否超越了项目所在区域的生态负荷或环境容量进行分析确定。

3 级项目的评价可以从简,但也要对主要生态影响进行分析确定。

生物量减少的度量方法是对照历史上本系统的量值或经典文献提供的地球上本系统的平均值进行量算。异质性程度变化的量算要以历史上本系统的数值为基础进行估算。区域环境的变化要度量绿地的数量变化和空间分布状况的变化。

表 4-8　评价工作级别(1、2、3 级)

| 主要生态影响及其变化程度 \ 评价工作级别 \ 工程影响范围($km^2$) | | >50 | 20～50 | <20 |
|---|---|---|---|---|
| 生物群落 | 生物量减少(<50%) | 2 | 3 | / |
| | 生产量锐减(≥50%) | 1 | 2 | 3 |
| | 异质性程度降低 | 2 | 3 | / |
| | 相对同质 | 1 | 2 | 3 |
| | 物种的多样性减少(<50%) | 2 | 3 | / |
| | 物种的多样性锐减(≥50%) | 1 | 2 | 3 |
| | 珍稀濒危物种消失 | 1 | 1 | 1 |
| 区域环境 | 绿地数量减少,分布不均,连通程度变差 | 2 | 3 | / |
| | 绿地减少 1/2,分布不均,连通程度变极差 | 1 | 2 | 3 |
| 水和土地 | 荒漠化 | 1 | 2 | 3 |
| | 理化性质改变 | 2 | 3 | / |
| | 理化性质恶化 | 1 | 2 | 3 |
| | 敏感地区 | 1 | 1 | 1 |

可以根据项目的性质、总投资和产值,项目所在区域生态环境的敏感程度,生态影响的空间分布情况等,对评价的级别作适当调整,但调整幅度上下不应超过一级,调整或从简结果应征得环保主管部门同意。

荒漠化的量化指标如下:潜在荒漠化的生物生产量为 3～4.5t/($hm^2$ · a),正在发展的荒漠化的生物生产量为 1.5～3.0t/($hm^2$ · a),强烈发展的荒漠化的生物生产量为 1.0～1.5t/($hm^2$ · a),严重荒漠化的生物生产量为 0.0～1.0 t/($hm^2$ · a)。

水的理化性质改变是指水体质量类型在Ⅰ～Ⅲ类范围内的变化,水理化性质恶化指水体质量类型由Ⅰ～Ⅲ类变为Ⅳ～Ⅴ类。土壤理化性质变化比较复杂,除由于物理组成改变而使土地利用方向发生变化外,多是由于生物蓄积能力改变而使土壤生产能力发生变化,要对照本类型土壤的背景值进行度量。土壤理化性质改变指生产能力在该类型土地生产能力范围内,理化性质恶化是指由上一级别退化为较低的土地生产能力级别。

## 二、生态环境影响评价范围

生态因子之间互相影响和相互依存的关系是划分评价范围的原则和依据。非污染生态影响评价的范围主要根据评价区域与周边环境的生态完整性确定。对于

1、2、3 级评价项目，要以重要评价因子受影响的方向为扩展距离，一般不能小于 8～30km，2～8km 和 1～2km。

## 三、生态环境现状调查

1. 自然环境状况

自然环境基本特征调查，包括评价区内气象气候因素、水资源、土壤资源、动植物资源、珍稀濒危动植物的分布和生理生态习性、历史演化情况及发展趋势、评价区人类活动历史对生态环境的干扰方式和强度、自然灾害及其对生态环境的干扰破坏情况、生态环境演变的基本特征等。

评价区内敏感区和人文景点的历史和现状情况调查。

调查中要注意已有图件的收集，根据工作级别不同，对图件的要求也不同，但主要收集下述图件和编制图件的资料图片：地形图（在该地形图上应标有地表状况，尤其是绿地的分布状况，拟建工程厂区、城镇分布状况，主要厂矿及大型建构筑物分布状况等，并划明评价区及界外区范围）；基础图件包括土地利用现状图、植被图、土壤侵蚀图等。

根据评价因子的需要编制正规生态基础图件，包括动植物资源分布图、自然灾害程度和分布图、生境质量现状图等。

2. 社会经济状况

(1)社会结构情况调查

主要包括人口密度、人均资源量、人口年龄构成、人口发展状况，以及生活水平的历史和现状，科技和文化水平的历史和现状，评价区域生产的主要方式等。

(2)经济结构与经济增长方式

主要包括产业构成的历史、现状及发展，自然资源的利用方式和强度。

(3)移民问题的调查

主要包括迁移规模、迁移方式、预计的产业情况，住区情况调查以及潜在的生态问题和敏感因素的分析。

(4)自然资源量的调查

包括农业资源、气候资源、海洋资源、植被资源、矿产资源、土地资源等的储藏情况和开发利用情况。

3. 敏感生态问题的调查

生态环境敏感性指在自然状况下生态系统某一生态过程潜在的活动强度，用于标明其对人类活动反应的敏感程度，说明产生生态失衡与生态环境问题的可能性大小。采用 GIS 技术，做出各单项影响因子的敏感性空间分布图，再按一定的规则进行叠加综合，得到某一生态问题的综合敏感性分布图，进行敏感性等级评价和分区。敏感性分为 5 级，即极敏感、高度敏感、中度敏感、轻度敏感、不敏感。

常见的敏感生态问题的调查有土壤侵蚀敏感性调查、沙漠化敏感性调查、荒漠化敏感性调查。

沙漠化程度是沙漠化发生地区环境退化程度的客观反映。利用地理景观及土地沙漠化的发展判断沙漠化程度，把沙漠化分为潜在的、正在发展中的、强烈发展中的和严重的 4 级，指出了“沙漠化危机”的程度；从生态学角度判断沙漠化程度，抓住了沙漠化是土地生产力退化（土地生产潜力、生物生产量、及生态系统能量转化效率明显降低）过程的实质，比较科学。

4. 生物多样性调查

(1)植物物种多样性调查

只限于维管植物（包括蕨类植物和种子植物），调查单位面积（$hm^2$）内维管植物种数。

(2)动物多样性调查

有示踪法、遥测法、野外观测法等，常用香农-威纳指数法进行分析。

(3)项目拟建区关键敏感种的调查

生物多样性保护理论认为，群落或生态系统一般都有最脆弱的物种，最脆弱的物种通常是群落或生态系统中最大的捕食者和最稀有的物种，最脆弱的物种最先灭绝。系统关键种的生存力研究是定义系统生存力的最适用途径。

5. 生态完整性的调查

生态完整性评价包括自然系统生产能力的定量估测和稳定状态分析两个方面：

(1)生产能力估测

通过自然植被净第一性生产力的估测来完成。可选用参考权威著作提供的数据；也可选用区域蒸散模式。

(2)稳定状况的调查

包括恢复稳定性和阻抗稳定性。恢复（或回弹）是系统被改变后返回原来状态的能力，用返回原状态所需要的时间来衡量。

## 四、生态环境现状评价

1. 评价内容

生态现状评价，要回答主要的环境问题，其中包括：

1)从生态完整性的角度评价现状环境质量，即注意区域环境的功能与稳定状况。

2)用可持续发展观点评价自然资源现状、发展趋势和承受干扰的能力。

3)植被破坏、荒漠化、珍稀濒危动植物物种消失、自然灾害、土地生产能力下降等重大资源环境问题及其产生的历史,现状和发展趋势。

2. 评价方法

生态现状评价要有大量数据支持评价结果,也可以应用定性与定量相结合的方法进行。常用方法有图形叠置法、系统分析法、生态机理分析法、质量指标法、景观生态学法、数学评价方法等。

3. 现状评价结论

现状评价结论要明确回答区域环境的生态完整性、人与自然的共生性、土地和植被的生产能力是否受到破坏等重大环境问题,要回答自然资源的特征及其对干扰的承受能力,并用可持续发展的观点对生态环境质量进行判定。

## 五、生态影响预测

1. 生态影响预测的内容

根据工程影响途径、现状调查成果确定。如果没有敏感的生态保护目标,需要就工程对评价区自然系统生态完整性的影响进行预测;如果存在敏感的生态保护目标,还要增加对敏感生态保护目标影响的预测内容。

2. 生态影响预测的基本方法

(1)对生态完整性影响

对自然系统生态完整性的影响预测要在本底值估测作为类比标准、背景值监测作为对照的基础上预测和评价。

(2)对敏感生态保护目标的影响

不同的敏感目标生态学特征不同,预测和评价的方法也不同。

## 六、生态影响防护措施

1. 生态影响的防护

生态影响的防护通常以替代方案的形式实现。开发建设项目的替代方案主要有场址或线路走向的替代、施工方式的替代、工艺技术的替代、生态保护措施的替代等。这些替代措施可以对生态影响起到避免、消减和补偿的作用,并达到生态环境损失最小、费用最少、生态功能最佳的效果。

生态影响的防护对于建设项目的设计、施工、运行和管理是非常重要的。生态影响评价工作不但要发现建设项目可能产生的生态影响,更重要的是能够提出避免、消减或补偿的措施建议。

生态影响的避免,就是采取适当的措施,尽可能在最大限度上避免潜在的不利生态影响。

生态影响的防护、恢复，就是采取适当的措施，尽量减少不可避免的生态影响的程度和范围。

生态影响的补偿：当重要物种（例如树木）、生境（例如林地）及资源受到工程影响时，可采取在当地或异地（工程场址内或场址外）提供同样物种或相似生境的方法得到补偿。

防护重要生境及野生生物可能受工程影响的措施，按优先次序选择，应遵循“避免→消减→补偿”这一顺序。即能避免的尽量避免，实在不能避免的则采取措施消减，消减不能奏效的应有必要的补偿方案。

2. 生态影响的恢复

建设项目产生的不可避免的生态影响或暂时性的生态影响，可以通过生态恢复技术予以消除。生态恢复技术的理论基础是恢复生态学，恢复生态学的理论基础是生态系统的群落演替。

3. 替代方案

1 级评价项目要进行替代方案比较。要对关键的单项问题进行替代方案比较，并对环境保护措施进行多方案比较。

替代方案的内容包括：①关于选线、选址的替代。②关于项目组成和规模的替代。③关于施工工艺设计和施工方法的替代。④生态保护措施的替代。

4. 经济损益分析

生态影响经济损益分析的原则：①把生态质量作为生产力要素的原则，后者是可以观察和测定的。②突出重点、兼顾一般的原则，要抓住重大影响因素进行分析，对相关密切的一般影响因素可适当加以综合。③终级影响原则，只考虑那些人类经济活动或生态环境直接相关的最终影响后果。④一次性估价原则，要按有关规定依经济寿命年限折现，使估价具有可比性。

经济损益分析的常用方法：①恢复和防护费用法；②影子工程法；③市场价值法；④机会成本法；⑤调查评价法等。根据影响因子的不同特点，采用不同方法估算。无法恢复的生境破坏和物种灭绝不做经济损益分析。

## 七、生态环境影响评价的主要内容

1）进行规划或者建设项目的工程分析。

2）进行生态现状的调查与评价。

3）进行环境影响识别与评价因子筛选。

4）进行选址选线的环境合理性分析。

5）确定评价等级和范围。

6）进行建设项目全过程的影响评价和动态管理。

7)进行敏感保护目标的影响评价,研究保护措施。

8)研究消除和减缓影响的对策措施。

9)得出结论。

## 第六节　开发区区域环境影响评价

开发区区域环境影响评价适用于经济技术开发区、高新技术产业开发区、保税区、边境经济合作区、旅游度假区等区域开发以及工业园区等类似区域开发的环境影响评价的一般性原则、内容、方法和要求。

开发区区域环境影响评价主要识别开发区的区域开发活动可能带来的主要环境影响以及可能制约开发区发展的环境因素;分析确定开发区主要相关环境介质的环境容量,研究提出合理的污染物排放总量控制方案;从环境保护角度论证开发区环境保护方案,包括污染集中治理设施的规模、工艺和布局的合理性,优化污染物排放口及排放方式;对拟议的开发区各规划方案(包括开发区选址、功能区划、产业结构与布局、发展规模、基础设施建设、环保设施等)进行环境影响分析比较和综合论证,提出完善开发区规划的建议和对策。

### 一、环境影响评价实施方案

按照开发区的性质、规模、建设内容、发展规划、阶段目标和环境保护规划,结合当地的社会、经济发展总体规划、环境保护规划和环境功能区划等,调查主要敏感环境保护目标、环境资源、环境质量现状,分析现有环境问题和发展趋势,识别开发区规划可能导致的主要环境影响,初步判定主要环境问题、影响程度以及主要环境制约因素,确定主要评价因子。主要包括:

1. 开发区选址的合理性分析

根据开发区性质、发展目标和生产力配置基本要素,分析开发区规划选址的优势和制约因素。开发区生产力配置一般有 12 个基本要素,即土地、水资源、矿产或原材料资源、能源、人力资源、运输条件、市场需求、气候条件、大气环境容量、水环境容量、固体废物处理处置能力、启动资金。

2. 开发规划目标的协调性分析

按主要的规划要素,逐项比较分析开发区规划与所在区域总体规划、其他专项规划、环境保护规划的协调性,包括区域总体规划对该开发区的定位、发展规模、布局要求,对开发区产业结构及主导行业的规定,开发区的能源类型、污水处理、固体废物处置、给排水设计、园林绿化等基础设施建设与所在区域总体规划中各专项规划的关系,开发区规划中制定的环境功能区划是否符合所在区域环境保护目标和环境功能区划要求等。

可采用列表的方式说明开发区规划发展目标及环境目标与所在区域规划目标及环境保护目标的协调性。

## 二、开发区污染源分析

根据规划的发展目标、规模、规划阶段、产业结构、行业构成等，分析预测开发区污染物来源、种类和数量。特别注意考虑开发区项目类型与布局存在较大不确定性、阶段性的特点。

根据开发区不同发展阶段，分析确定近、中、远期区域主要污染源。鉴于规划实施的时间跨度较长并存在一定的不确定性因素，污染源分析预测以近期为主。

区域污染源分析的主要因子应满足下列要求：国家和地方政府规定的重点控制污染物；开发区规划中确定的主导行业或重点行业的特征污染物；当地环境介质最为敏感的污染因子。

1)选择与开发区规划性质、发展目标相近的国内外已建开发区作类比分析，采用计算经济密度(每平方公里的能耗或产值等)的方法，类比污染物排放总量数据。

2)对于已形成主导产业和行业的开发区，应按主导产业的类别分别选择区内的典型企业，调查审核其实际的污染因子和现状污染物排放量，同时考虑科技进步和能源替代等因素，估算开发区污染物排放量。

3)对规划中已明确建设集中供热系统的开发区，废气常规因子排放总量可依据集中供热电厂的能耗情况计算。

4)对规划中已明确建设集中污水处理系统的开发区，可以根据受纳水体的功能确定排放标准级别和出水水质，依据污水处理厂的处理能力和处理工艺，估算开发区水污染物排放总量。未明确建设集中污水处理系统的开发区，可以根据开发区供水规划，通过分析需水量，估算开发区水污染物排放总量。

5)生活垃圾产生量预测应主要依据开发区规划人口规模、人均生活垃圾产生量，并充分考虑经济发展对生活垃圾增长的影响。

## 三、环境影响分析与评价

### 1. 开发区能源结构及其环境空气影响分析

该部分主要包括区外主要污染源对区内环境空气质量的影响分析；区内污染物排放对区内、外环境敏感地区的环境影响分析；集中供热(汽)厂的位置、规模、污染物排放情况及其对环境质量的影响预测与分析；工艺尾气排放方式、污染物种类、排放量、控制措施及其环境影响分析。

2. 地表水环境影响分析与评价

该部分应包括开发区水资源利用、污水收集与集中处理、尾水回用以及尾水排放对受纳水体的影响；水质预测的情景设计应包含不同的排水规模、不同的处理深度、不同的排污口位置和排放方式；可以针对受纳水体的特点，选择简易（快速）水质评价模型进行预测分析。

3. 地下水环境影响分析与评价

根据当地水文地质调查资料，识别地下水的径流、补给、排泄条件以及地下水和地表水之间的水力联通，评价包气带的防护特性；分析影响地下水水质的途径，提出限制性（防护）措施。

4. 固体废物处理/处置方式及其影响分析

预测可能的固体废物的类型，确定相应分类处理方式；开发区固体废物处理/处置纳入所在区域的固体废物管理/处置体系的，应确保可利用的固体废物处理处置设施符合环境保护要求（例如符合垃圾卫生填埋标准、符合有害工业固体废物处置标准等），并核实现有固体废物处理设施可能提供的接纳能力和服务年限。否则，应提出固体废物处理/处置建设方案，并确认其选址符合环境保护要求；对于拟议的固体废物处理/处置方案，应从环境保护角度分析选址的合理性。

5. 噪声影响分析与评价

根据开发区规划布局方案，按有关声环境功能区划分原则和方法，拟定开发区声环境功能区划方案；对于开发区规划布局可能影响区域噪声功能达标的，应考虑调整规划布局、设置噪声隔离带等措施。

6. 生态环境保护与生态建设

调查生态环境现状和历史演变过程、生态保护区或生态敏感区的情况，包括生物量及生物多样性、特殊生境及特有物种，自然保护区、湿地，自然生态退化状况包括植被破坏、土壤污染与土地退化等。

分析评价开发区规划实施对生态环境的影响，主要包括生物多样性、生态环境功能及生态景观影响；分析由于土地利用类型改变导致的对自然植被、特殊生境及特有物种栖息地、自然保护区、水域生态与湿地、开阔地、园林绿化等的影响；分析由于自然资源、旅游资源、水资源及其他资源开发利用变化而导致的对自然生态和景观方面的影响；分析评价区域内各种污染物排放量的增加、污染源空间结构等变化对自然生态与景观方面产生的影响。

应着重阐明区域开发造成的包括对生态结构与功能的影响、影响性质与程度、生态功能补偿的可能性与预期的可恢复程度、对保护目标的影响程度及保护的可行途径等。

对于预计的可能产生的显著不利影响，要求从保护、恢复、补偿、建设等方面提出和论证实施生态环境保护措施的基本框架。

## 四、污染物总量控制

根据区域环境质量目标确定污染物总量控制的原则，提出污染物总量控制方案，应考虑到集中供热、污水集中处理排放、固体废物分类处置的原则要求。

大气环境容量与污染物总量控制指标有烟尘、粉尘、二氧化硫；对所涉及的区域进行环境功能区划，确定各功能区环境空气质量目标；根据环境质量现状，分析不同功能区环境质量达标情况；结合当地地形和气象条件，选择适当方法，确定开发区大气环境容量(即满足环境质量目标的前提下污染物的允许排放总量)；结合开发区规划分析和污染控制措施，提出区域环境容量利用方案和近期(按 5 年计划)污染物排放总量控制指标。

水环境容量与废水排放总量控制指标因子有化学需氧量、氨、总氮、总磷等因子以及受纳水体最为敏感的特征因子；分析基于环境容量约束的允许排放总量和基于技术经济条件约束的允许排放总量；对于拟接纳开发区污水的水体(例如常年径流的河流、湖泊、近海水域)，应根据环境功能区划的所规定的水质标准要求，选用适当的水质模型分析确定水环境容量；对季节性河流，原则上不要求确定水环境容量。

对于水污染物排放实现达标排放，但水体无足够的环境容量可资利用的情形下，应在制定基于水环境功能的区域水污染控制计划的基础上确定开发区水污染物排放总量。

如预测的各项总量值均低于上述基于技术水平约束下的总量控制指标和基于水环境容量的总量控制指标，可选择最小的指标提出总量控制方案；如预测总量大于上述两类指标中的某一类指标，则需调整规划，降低污染物总量。

## 五、环境保护措施

环境保护措施包括对开发区规划目标、规划布局、总体发展规模、产业结构以及环保基础设施建设的调整方案。

1)当开发区土地利用的生态适宜度较低，或区域环境敏感性较高时，应考虑选址的大规模、大范围调整。

2)当选址临近生态保护区、水源保护地、重要和敏感的居住地，或周围环境中有重大污染源并对区域选址产生不利影响以及某类环境指标严重超标且难以短时期改善时，要建议提出调整；一般情况下，开发区边界应与外部较敏感地域保持一定的空间防护距离。

3)开发区内各功能区除满足相互间的影响最小，并留有充足的空间防护距离外，还应从基础设施建设、各产业间的合理连接，以及适应建立循环经济和生态园区的布局条件来考虑开发区布局的调整。

4)规模调整包括经济规模和土地开发规模的调整，在拟定规模调整建议时，应考虑开发区的最终规模和阶段性发展目标。

5)当开发区发展目标受外部环境影响时(例如受区外重大污染源影响较大)，在不能进行选址调整时，要提出对区外环境污染控制进行调整的计划方案，并建议将此计划纳入到开发区总体规划之中。

## 六、主要的环境影响减缓措施

大气环境影响减缓措施应从改变能流系统及能源转换技术方面进行分析。重点是煤的集中转换以及转换技术的多方案比较。

水环境影响减缓措施应重点考虑污水集中处理、深度处理与回用系统，以及废水排放的优化布局和排放方式的选择。例如在选择更先进的污水处理工艺的同时，考虑增加土地处理系统、强化深度处理和中水回用系统。

对典型工业行业，可根据清洁生产、循环经济原理从原料输入、工艺流程、产品使用等进行分析，提出替代方案与减缓措施。

固体废物影响的减缓措施重点是固体废物的集中收集、减量化、资源化和无害化处理处置措施。

对于可能导致对生态环境功能产生显著影响的开发区规划，根据生态影响特征制定可行的生态建设方案。

## 七、开发区区域环境影响评价的专题设置

评价专题的设置要体现区域环境影响评价的特点，突出规划的合理性分析和规划布局论证、排污口优化、能源清洁化和集中供热(汽)、环境容量和总量控制等涉及全局性、战略性内容。

开发区区域环境影响评价一般设置以下专题：

1)环境现状调查与评价。

2)规划方案分析与污染源分析。

3)环境空气影响分析与评价。

4)水环境影响分析与评价。

5)固体废物管理与处置。

6)环境容量与污染物总量控制。

7)生态环境保护与生态建设。

8)开发区总体规划的综合论证与环境保护措施。

9)公众参与。

10)环境监测和管理计划。

区域开发可能影响地下水时，需设置地下水环境影响评价专题，主要评价工作内容包括调查水文地质基本状况和地下水的开采利用状况、识别影响途径和选择预防对策和措施。

涉及大量征用土地和移民搬迁或可能导致原址居民生活方式、工作性质发生大的变化的开发区规划，需设置社会影响分析专题。

## 第七节　规划项目环境影响评价

规划环境影响评价技术导则适用于国务院有关部门、设区的市级以上地方人民政府及其有关部门组织编制的下列规划：

1)“一地三域”总体规划(土地利用的有关规划，区域、海域、流域的建设、开发利用规划)。

2)“十种”专项规划(工业、农业、畜牧业、林业、能源、水力、交通、城市建设、旅游、自然资源开发的有关专项规划)。

### 一、规划环境影响评价的原则

科学、客观、公正原则：规划环境影响评价必须科学、客观、公正，综合考虑规划实施后对各种环境要素及其所构成的生态系统可能造成的影响，为决策提供科学依据。

早期介入原则：规划环境影响评价应尽可能在规划编制的初期介入，并将对环境的考虑充分融入到规划中。

整体性原则：一项规划的环境影响评价应当把与该规划相关的政策、规划、计划以及相应的项目联系起来，做整体性考虑。

公众参与原则：在规划环境影响评价过程中鼓励和支持公众参与，充分考虑社会各方面利益和主张。

一致性原则：规划环境影响评价的工作深度应当与规划的层次、详尽程度相一致。

可操作性原则：应当尽可能选择简单、实用、经过实践检验可行的评价方法，评价结论应具有可操作性。

### 二、规划环境影响评价的工作程序及内容

规划环境影响评价的基本内容包括：规划分析；环境现状与分析；环境影响识

别；确定环境目标和评价指标；环境影响分析与评价；针对各规划方案（包括替代方案）拟定环境保护对策和措施，确定环境可行的推荐规划方案；公众参与；拟定监测、跟踪评价计划；编写规划环境影响评价文件（报告书、篇章或说明）。

1. 规划分析

规划分析包括：①规划的描述；②规划方案的初步筛选；③确定规划环境影响评价内容和评价范围。

2. 现状调查、分析与评价

现状调查、分析与评价是进行规划环境影响识别的基础，主要通过资料与文献的收集、整理与分析进行。

(1)现状调查的内容

针对规划对象的特点，按照全面性、针对性、可行性和效用性的原则，有重点地进行调查。调查内容包括环境、社会和经济 3 个方面。

(2)现状分析与评价的工作内容和方法

规划环境影响评价的现状分析与评价和项目环境影响评价相比，更重视社会调查、分析和评价。

1)工作内容：社会经济背景分析及相关的社会、经济与环境问题分析，确定当前主要环境问题及其产生原因；生态敏感区（点）分析，例如特殊生境及特有物种、自然保护区、湿地、生态退化区、特有人文和自然景观以及其他自然生态敏感点等，确定评价范围内对被评价规划反映敏感的地域及环境脆弱带；环境保护和资源管理分析，确定受到规划影响明显加重，并且可能达到、接近或超过地域环境承载力的环境因子。

2)方法：规划环境影响评价的现状调查与分析方法和项目环境影响评价类似，常用的有资料收集与分析，现场调查与监测等。

3. 环境影响识别与确定环境目标和评价指标

(1)确定环境目标

针对规划可能涉及的环境主题、敏感环境要素以及主要制约因素，按照有关的环境保护政策、法规和标准拟定或确认规划环境影响评价的环境目标，包括规划涉及的区域和行业的环境保护目标，以及规划设定的环境目标。规划涉及的环境问题可按当地环境、自然资源、全球环境 3 大类分别表述。

(2)识别内容和方法

在对规划的目标、指标、总体方案进行分析的基础上，识别规划目标、发展指标和规划方案实施可能对自然环境（介质）和社会环境产生的影响。环境影响识别的内容包括对规划方案的影响因子识别、影响范围识别、时间跨度识别、影响性质识别。识别方法有核查表法、矩阵法、网络法、GIS 支持下的叠加图法、系统流图法、层次分析法、情景分析法等。

(3)确定评价指标

以环境影响识别为基础，结合规划及环境背景调查情况，规划所涉及部门或区域环境保护目标，并借鉴国内外的研究成果，通过理论分析、专家咨询、公众参与初步确立评价指标，并在评价工作中补充、调整、完善。

在规划环境影响评价中，较为通用的指标有：生物量指标、生物多样性指标、土地占用指标、土壤侵蚀量指标、大气环境容量指标、温室气体排放量指标，声环境功能区划，地面水功能区划、水污染因子排放控制标准等。

## 三、规划环境影响评价的方法

将适用规划环境影响的评价方法列于表 4－9。

**表 4－9　规划的环境影响适用的评价方法**

| 评价环节 | 方法名称 | 评价环节 | 方法名称 |
|---|---|---|---|
| 规划方案的初步筛选 | 核查表法 | 规划环境影响的预测与评价 | 投入产出分析 |
| | 矩阵法 | | 环境数学模型 |
| | 对比、类比、相容分析法 | | 情景分析法 |
| | 专家咨询法 | | 加权比较法 |
| 环境背景调查分析 | 收集资料法、现场调查和监测法 | | 费用效益分析法 |
| | 地理信息系统(GIS) | | 层次分析法 |
| 规划环境影响的识别 | 核查表法 | | 可持续发展能力评估 |
| | 矩阵法 | | 对比评价法 |
| | 网络法 | | 环境承载力分析 |
| | 系统流图法 | 累积环境影响评价 | 专家咨询法 |
| | 层次分析法 | | 核查表法 |
| | 情景分析法 | | 矩阵法 |
| 公众参与 | 会议讨论 | | 网络法 |
| | 调查表 | | 系统流图法 |
| | 公众咨询 | | 环境数学模型法 |
| | 新闻传媒 | | 承载力分析 |
| | | | 叠图法＋GIS |
| | | | 情景分析法 |

1. 核查表法

核查表法是将可能受规划行为影响的环境因子和可能产生的影响性质列在一个清单中，然后对核查的环境影响给出定性或半定量的评价。

核查表方法使用方便，容易被专业人士及公众接受。在评价早期阶段应用，可保证重大的影响没有被忽略。但建立一个系统而全面的核查表是一项繁琐且耗时的工作；同时核查表没有将“受体”与“源”相结合，并且无法清楚地显示出影响过程、影响程度及影响的综合效果。

2. 矩阵法

矩阵法是将规划目标、指标以及规划方案（拟议的经济活动）与环境因素作为矩阵的行与列，并在相对应位置填写用以表示行为与环境因素之间的因果关系的符号、数字或文字。

矩阵法有简单矩阵、定量的分级矩阵、Phillip - Defillipi 改进矩阵、Welch - Lewis 三维矩阵等，可用于评价规划筛选、规划环境影响识别、累积环境影响评价等多个环节。

矩阵法的优点包括可以直观地表示交叉或因果关系，矩阵的多维性尤其有利于描述规划环境影响评价中的各种复杂关系，简单实用，内涵丰富，易于理解；缺点是不能处理间接影响和时间特征明显的影响。

3. 叠图法

叠图法是将评价区域特征包括自然条件、社会背景、经济状况等的专题地图叠放在一起，形成一张能综合反映环境影响的空间特征的地图。

叠图法适用于评价区域现状的综合分析，环境影响识别（判别影响范围、性质和程度）以及累积影响评价。

叠图法能够直观、形象、简明地表示各种单个影响和复合影响的空间分布，但无法在地图上表达“源”与“受体”的因果关系，因而无法综合评定环境影响的强度或环境因子的重要性。

4. 网络法

网络法是用网络图来表示活动造成的环境影响以及各种影响之间的因果关系。多级影响逐步展开，呈树枝状，因此又称影响树方法。网络法可用于规划环境影响识别，包括累积影响或间接影响识别。网络法主要有以下形式：

1）因果网络法，实质是一个包含有规划与其调整行为、行为与受影响因子以及各因子之间联系的网络图。其优点是可以识别环境影响发生途径、便于依据因果联系考虑减缓及补救措施；缺点是要么过于详细，致使花费很多本来就有限的人力、物力、财力和时间去考虑不太重要或不太可能发生的影响，要么过于笼统，致使遗漏一些重要的间接影响。

2)影响网络法，是把影响矩阵中的关于经济行为与环境因子进行的综合分类以及因果网络法中对高层次影响的清晰的追踪描述相结合，最后形成一个包含所有评价因子(即经济行为、环境因子和影响联系)的网络。

5. 系统流图法

系统流图法是将环境系统描述成为一种相互关联的组成部分，通过环境成分之间的联系来识别次级的、三级的或更多级的环境影响，是描述和识别直接和间接影响的非常有用的方法。

系统流图法利用进入、通过、流出一个系统的能量通道来描述该系统与其他系统的联系和组织。

系统图指导数据收集，组织并简要提出需考虑的信息，突出所提议的规划行为与环境间的相互影响，指出那些需要更进一步分析的环境要素。

系统流图法最明显不足之处是简单依赖并过分注重系统中能量过程和关系，忽视了系统间的物质、信息等其他联系，可能造成系统因素被忽略。

6. 情景分析法

情景分析法是将规划方案实施前后、不同时间和条件下的环境状况，按时间序列进行描绘的一种方式。它可以用于规划的环境影响的识别、预测以及累积影响评价等环节。本方法具有以下特点：

该法可以反映出不同的规划方案(经济活动)情景下的环境影响后果，以及一系列主要变化的过程，便于研究、比较和决策。

情景分析法还可以提醒评价人员注意开发行动中的某些活动或政策可能引起重大的后果和环境风险。

情景分析法需与其他评价方法结合起来使用，因为情景分析法只是建立了一套进行环境影响评价的框架，分析每一情景下的环境影响还必须依赖于其他一些更为具体的评价方法，例如环境数学模型、矩阵法或 GIS 等。

7. 投入产出分析

在国民经济部门，投入产出分析主要是编制棋盘式的投入产出表和建立相应的线性代数方程体系，构成一个模拟现实的国民经济结构和社会产品再生产过程的经济数学模型，借助计算机，综合分析和确定国民经济各部门间错综复杂的联系和再生产的重要比例关系。投入是指产品生产所消耗的原材料、燃料、动力、固定资产折旧和劳动力；产出是指产品生产出来后所分配的去向、流向，即使用方向和数量，例如用于生产消费、生活消费和积累。

在规划环境影响评价中，投入产出分析可以用于拟定规划引导下，区域经济发展趋势的预测与分析，也可以将环境污染造成的损失作为一种“投入”(外在化的成本)，对整个区域经济环境系统进行综合模拟。

8. 环境数学模型法

环境数学模型法是用数学形式定量表示环境系统或环境要素的时空变化过程和变化规律，多用于描述大气或水体中污染物质随空气或水等介质在空间中的输运和转化规律。在建设项目环境影响评价中和环境规划中采用的环境数学模型同样可运用于规划环境影响评价。环境数学模型包括大气扩散模型、水文与水动力模型、水质模型、土壤侵蚀模型、沉积物迁移模型和物种栖息地模型等。

数学模型具有以下特点：较好地定量描述多个环境因子和环境影响的相互作用及其因果关系，充分反映环境扰动的空间位置和密度，可以分析空间累积效应以及时间累积效应，具有较大的灵活性(适用于多种空间范围；可用来分析单个扰动以及多个扰动的累积影响；分析物理、化学、生物等各方面的影响)。

数学模型法的不足之处是：对基础数据要求较高、只能应用于人们了解比较充分的环境系统、只能应用于建模所限定的条件范围内、费用较高以及通常只能分析对单个环境要素的影响。

9. 加权比较法

加权比较法是对规划方案的环境影响评价指标赋予分值，同时根据各类环境因子的相对重要程度予以加权；分值与权重的乘积即为某一规划方案对于该评价因子的实际得分；所有评价因子的实际得分累计加和就是这一规划方案的最终得分；最终得分最高的规划方案即为最优方案。分值和权重的确定可以通过 Delphy 法进行评定，权重也可以通过层次分析法(AHP 法)予以确定。

10. 对比评价法

对比评价法包括前后对比分析法、有无对比法两种。

1)前后对比分析法，是将规划执行前后的环境质量状况进行对比，从而评价规划环境影响。其优点是简单易行，缺点是可信度低。

2)有无对比法是指将规划环境影响预测情况与若无规划执行这一假设条件下的环境质量状况进行比较，以评价规划的真实或净环境影响。

11. 环境承载力分析

环境承载力指的是在某一时期，某种状态下，某一区域环境对人类社会经济活动的支持能力的阈值。环境所承载的是人类行动，承载力的大小可用人类行动的方向、强度、规模等来表示。

环境承载力的分析方法的一般步骤为：

1)建立环境承载力指标体系。

2)确定每一指标的具体数值(通过现状调查或预测)。

3)针对多个小型区域或同一区域的多个发展方案对指标进行归一化。$m$ 个小型区域的环境承载力分别为 $E_1, E_2, \cdots, E_m$，每个环境承载力由 $n$ 个指标组成 $E_j=$

$\{E_{1j}, E_{2j}, \cdots, E_{nj}\}, j=1,2,\cdots,m$；第 $j$ 个小型区域的环境承载力大小用归一化后的矢量的模来表示。

4)选择环境承载力最大的发展方案作为优选方案。环境承载力分析常常以识别限制因子作为出发点，用模型定量描述各限制因子所允许的最大行动水平，最后综合各限制因子，得出最终的承载力。承载力分析方法尤其适用于累积影响评价，因为环境承载力可以作为一个阈值来评价累积影响显著性。

在评价下列方面的累积影响时，承载力分析较为有效可行：基础设施规划建设、空气质量和水环境质量、野生生物种群、自然娱乐区域的开发利用、土地利用规划等。

12. 累积影响评价方法

累积影响评价方法包括专家咨询法、核查表法、矩阵法、网络法、系统流图法、数学模型法、承载力分析、叠加图法、情景分析法等。

## 四、环境保护对策与减缓措施

在拟定环境保护对策与措施时，应遵循"预防为主"的原则和下列优先顺序。

1)预防措施。用以消除拟议规划的环境缺陷。

2)最小化措施。限制和约束行为的规模、强度或范围，使环境影响最小化。

3)减量化措施。通过行政措施、经济手段、技术方法等降低不良环境影响。

4)修复补救措施。对已经受到影响的环境进行修复或补救。

5)重建措施。对于无法恢复的环境，通过重建的方式替代原有的环境。

## 五、评价结论

1)采纳环境可行的推荐方案。

2)修改规划目标或规划方案。修改原则：①目标约束性原则。新的规划方案不应偏离规划基本目标，或者偏重于规划目标的某些方面而忽视了其他方面。②充分性原则。应从不同角度设计新的规划方案，为决策提供更为广泛的选择空间。③现实性原则。新的规划方案应在技术、资源等方面可行。④广泛参与的原则。应在广泛公众参与的基础上形成新的规划方案。

3)放弃规划。

## 六、监测与跟踪评价

监测与跟踪评价是规划实施阶段要开展的工作。

1. 跟踪评价的作用

①评价规划实施后的实际环境影响。②规划环境影响评价及确定其建议的减

缓措施是否得到了有效的贯彻实施。③确定为进一步提高规划的环境效益所需的改进措施。④总结该规划环境影响评价的经验教训。

2. 监测与跟踪评价计划的基本内容

列出需要进行监测的环境因子或指标;环境监测方案与监测方案的实施;对下一层次规划或推荐的规划方案所含具体项目环境影响评价的要求。

3. 监测方法

利用现有的环境标准和监测系统,监测规划实施后的环境影响,以及通过专家咨询和公众参与等方式,监督规划实施后的环境影响。

### 七、规划环境影响评价的公众参与

1. 公众参与的主要环节

主要环节包括环境背景调查(通过公众参与掌握重要的、为公众关心的环境问题),环境资源价值估算,减缓措施,跟踪评价及监督。

2. 公众参与的时机和方式

时机:应覆盖规划环境影响评价的全过程。

方式:论证会、听证会、问卷调查、大众传媒、发布公告、专家咨询、座谈会、热线电话等。

## 第八节　环境风险评价

环境风险评价是指对建设项目建设和运行期间发生的可预测突发性事件或事故(一般不包括人为破坏及自然灾害)引起有毒有害、易燃易爆等物质泄漏,或突发事件产生的新的有毒有害物质,对人身安全与环境所造成的影响和损害进行评估,提出防范、应急与减缓措施。

环境风险评价的目的是分析和预测建设项目存在的潜在危险、有害因素,建设项目建设和运行期间可能发生的突发性事件或事故(不包括人为破坏及自然灾害),引起有毒有害和易燃易爆物质泄漏,所造成的人身安全与环境影响和损害程度,提出合理可行的防范、应急与减缓措施,以使建设项目事故率、损失和环境影响达到可接受水平。

环境风险评价的工作重点是事故引起厂(场)界外人群的伤害、环境质量的恶化及对生态系统影响的预测和防护。

### 一、概述

1. 评价工作等级

根据评价项目的物质危险性和功能单元重大危险源判定结果,以及环境敏感程度等因素，环境风险评价工作分为一级、二级。

一级评价按本标准对事故影响进行定量预测，说明影响范围和程度，提出防范、减缓和应急措施。二级评价可参照本标准进行风险识别、源项分析和对事故影响进行简要分析，提出防范、减缓和应急措施。

2. 评价范围

对危险化学品按其伤害阈和工业场所有害因素职业接触限值及敏感区位置，确定影响评价范围。

大气环境影响一级评价范围，距离源点不低于 5km；二级评价范围，距离源点不低于 3km。

地面水和海洋评价范围按《环境影响评价技术导则—地面水环境》规定执行。

3. 影响识别

建设项目环境风险评价中，关心的主要风险是生产和贮运中的有毒有害物、易燃易爆物的泄露与着火、爆炸环境风险，如产品加工过程中产生的有毒物、易燃易爆物的风险。

(1)有毒化学物质的危害

贮量→释放→浓度→照射→剂量→效应：健康与安全、生态系统、物理危害。

贮量→着火→压力、热量、有毒产物→照射→效应：健康与安全、生态系统、物理危害。

(2)易燃易爆物的危害

活动→事故(初始事件)→事件(可能的事件链)→效应：健康与安全、生态系统、物理危害。

## 二、风险识别

风险识别是建设项目环境风险评价的基础，通过风险识别确定危险因素和风险类型。

1. 风险识别的范围

风险识别范围包括生产设施风险识别和生产过程所涉及的物质风险识别。

1)生产设施风险识别范围：主要生产装置、储运系统、公用工程系统、工程环保设施及辅助生产设施等。

2)物质风险识别范围：主要原材料及辅助材料、燃料、中间产品、最终产品以及生产过程排放的“三废”污染物等。

2. 风险类型

根据有毒有害物质的放散起因，风险类型分为火灾、爆炸、泄漏 3 种类型。

3. 风险识别内容

1)资料收集和准备。

①建设项目工程资料:可行性研究资料、工程设计资料、建设项目安全评价资料、安全管理体制及事故应急预案资料。

②环境资料:利用环境影响报告书中有关厂址周边环境和区域环境资料,重点收集人口分布资料。

③事故资料:国内外同行业事故统计分析及典型事故案例资料。

2)对所涉及的有毒有害物质进行风险识别,筛选环境风险评价因子。

3)计算各功能单元中环境风险评价因子贮(积)存量,对各功能单元进行风险识别。

4)分析潜在事故的类型、可能的危害及向环境转移的途径。

## 三、风险管理

1. 降低风险的减缓措施

(1)选址、总图布置和建筑安全防范措施:厂址及周围居民区、环境保护目标设置卫生防护距离,厂区周围工矿企业、车站、码头、交通干道等设置安全防护距离和防火间距。厂区总平面布置符合防范事故要求,有应急救援设施及救援通道、应急疏散及避难所。

2)危险化学品储运安全防范措施:对贮存危险化学品数量构成危险源的贮存地点、设施和贮存量提出要求,与环境保护目标和生态敏感目标的距离符合国家有关规定。

3)工艺技术设计安全防范措施:自动监测、报警、紧急切断及紧急停车系统;防火、防爆、防中毒等事故处理系统;应急救援设施及救援通道;应急疏散通道及避难所。

4)自动控制设计安全防范措施:可燃气体、有毒气体监测报警系统和在线分析系统设计方案。

5)电气、电讯安全防范措施:爆炸危险区域、腐蚀区域划分及防爆、防腐方案。

6)消防及火灾报警系统。

7)紧急救援站或有毒气体防护站设计。

2. 应急预案

应急预案是指面对突发事件如自然灾害、重大特大事故、环境公害及人为破坏的应急管理、指挥、救援计划等。一般应建立在综合防灾规划上。其几大重要子系统为:完善的应急组织管理指挥系统;强有力的应急工程救援保障体系;综合协调、应对自如的相互支持系统;充分备灾的保障供应体系;体现综合救援的应急队伍系统等。

应急预案内容如表 4－10 所示。

**表 4－10　应急预案内容**

| 序号 | 项　　目 | 内 容 及 要 求 |
|---|---|---|
| 1 | 应急计划区 | 危险目标：装置区、贮罐区、环境保护目标 |
| 2 | 应急组织机构、人员 | 工厂、地区应急组织机构、人员 |
| 3 | 预案分级响应条件 | 规定预案的级别及分级响应程序 |
| 4 | 应急救援保障 | 应急设施、设备与器材等 |
| 5 | 报警、通讯联络方式 | 规定应急状态下的报警通讯方式、通知方式和交通保障、管制 |
| 6 | 应急环境监测、抢险、救援及控制措施 | 由专业队伍负责对事故现场进行侦察监测，对事故性质、参数与后果进行评估，为指挥部门提供决策依据 |
| 7 | 应急检测、防护措施、清除泄漏措施和器材 | 事故现场、邻近区域、控制防火区域，控制和清除污染措施及相应设备 |
| 8 | 人员紧急撤离、疏散，应急剂量控制、撤离组织计划 | 事故现场、工厂邻近区、受事故影响的区域人员及公众对毒物应急剂量控制规定，撤离组织计划及救护，医疗救护与公众健康 |
| 9 | 事故应急救援关闭程序与恢复措施 | 规定应急状态终止程序事故现场善后处理，恢复措施邻近区域解除事故警戒及善后恢复措施 |
| 10 | 应急培训计划 | 应急计划制定后，平时安排人员培训与演练 |
| 11 | 公众教育和信息 | 对工厂邻近地区开展公众教育、培训和发布有关信息 |

## 四、环境风险评价的基本内容

1)风险识别。

2)源项分析。

3)后果计算。

4)风险计算和评价。

5)风险管理。

二级评价可选择风险识别、最大可信事故及源项、风险管理和减缓风险措施等几项进行评价。

# 习　题

### 一、不定项选择题

1. 环境风险评价工作划分为两级，划分的依据是评价项目的物质危险性和功能单元重大危险源判定结果以及环境敏感程度等因素。下列属于一级评价的是

( )。

A. 可燃、易燃危险性物质的重大危险源　B. 爆炸危险性物质的非重大危险源

C. 一般毒性危险物质的重大危险源　D. 一般毒性危险物质的非重大危险源

E. 剧毒危险性物质的非重大危险源

2. 规划环境影响评价的原则包括( )。

A. 科学、客观、公正原则　B. 规划优先原则

C. 整体性原则　D. 公众参与原则

E. 早期介入原则

3. 规划环境影响评价报告书中对拟议规划的概述应包括( )。

A. 规划的社会经济目标和环境保护目标

B. 规划与上、下层次规划的关系和一致性分析

C. 规划目标与其他规划目标、环保规划目标的关系和协调性分析

D. 规划期限、范围及实施保障

E. 符合规划目标和环境目标要求的可行的各规划(替代)方案概要

4. 规划环境影响评价中,对环境现状的分析包括( )。

A. 调查分析环境现状　B. 识别敏感的环境问题

C. 识别制约拟议规划的主要因素　D. 调查、分析环境的历史演变

5. 在作规划环境影响评价时,确定评价范围要考虑的因素包括( )。

A. 地域因素　B. 法律、行政权限要求

C. 公众和相关团体的意见　D. 减缓和补偿要求

E. 规划性质

6. 规划环境影响评价的评价方法主要包括( )。

A. 加权比较法　B. 层次分析法　C. 环境承载力分析

D. 费用效益分析　E. 投入产出法

7. 在进行开发区环境影响评价中,对其污染源进行分析时,由于开发区规划的时间跨度较长和不确定因素,污染源预测应以( )为主。

A. 长期　B. 中期　C. 远期　D. 近期

8. 在开发区区域环境影响评价中,调查生态环境现状和历史演变过程、生态保护区或生态敏感区的情况时,应包括( )。

A. 生物量　B. 生物多样性　C. 自然生态退化情况

D. 自然保护区　E. 风景名胜区

9. 在开发区区域环境影响评价中,主要的环境保护对策包括对开发区( )的调整方案。

A. 规划目标　B. 规划布局　C. 产业结构

D. 总量控制　E. 环保基础设施建设

10. 开发区区域环境影响的识别方法主要有（　）。

A. 矩阵法　B. 网络法　C. 模型模拟法

D. 系统流程图法　E. 叠加图法

11. 在开发区区域环境影响评价中，大气环境容量与污染物总量控制的指标包括（　）。

A. 二氧化硫　B. 烟尘　C. 氮氧化物

D. 粉尘　E. 二氧化氮

12. 在开发区区域环境影响评价中，对固体废物影响的减缓措施重点是固体废物的（　）。

A. 集中收集　B. 减量化　C. 资源化

D. 无害化处理　E. 安全化

13. 在开发区区域环境影响评价中，对地表水环境分析与评价应包括（　）。

A. 水污染现状　B. 污水收集与集中处理　C. 尾水回用

D. 尾水排放对受纳水体的影响　E. 开发区水资源利用

14. 开发区区域环境影响评价技术导则的适用范围是（　）。

A. 经济技术开发区　B. 高新技术产业开发区　C. 旅游度假区

D. 工业小区　E. 边境经济合作区

15. 自然资源开发项目对区域生态环境影响的预测内容包括（　）。

A. 新的生态变化　B. 某些生态影响严重化

C. 原来存在的生态问题向有利方向发展

D. 经济损益分析　E. 资源的消耗

16. 生态影响经济损益分析的原则有（　）。

A. 生态质量作为生产力要素　B. 可持续发展

C. 突出重点，兼顾一般　D. 一次性估价　E. 因地制宜

17. 下列典型自然资源开发项目的生态影响评价成果要求提交生态环境影响报告书的是（　）。

A. 水利工程　B. 矿产开采工程　C. 交通运输

D. 海洋和海岸带开发建设　E. 旅游资源开发

18. 对于一个影响范围大于 50km² 的工程，使其所在区域内绿地数量减少，分布不均，连通程度变差，则生态影响的评价等级应为（　）。

A. 1 级　B. 2 级　C. 3 级　D. 4 级

19. 生态现状评价应选用（　）等的测量值、统计值来支持评价结果。

A. 植被覆盖率　B. 植被密度　C. 土壤侵蚀程度

D. 水质参数　　　　　　E. 物种数量

20. 在生态影响评价过程中，对于 3 级评价项目，以重要评价因子受影响的方向为扩展距离不应小于（　）。

A. 2～8km　　B. 30～40km　　C. 8～30km　　D. 1～2km

21. 以下各项表述错误的是（　）。

A. 生物量是指单位面积或体积内生物体的重量

B. 生态因子是指生物或生态系统的周围环境因素

C. 频度是指在景观体系中某一类型拼块在某一地域中的数目与拼块总数的百分比

D. 生物群落是指在一定的区域或一定的生境中各个生物种群相互松散结合的一种结构单元

22. 对于一影响范围为 20～50km² 的工程，使其所在区域内的生物量减少量大于或等于 50%，则生态影响的评价等级应为（　）。

A. 1 级　　B. 2 级　　C. 3 级　　D. 4 级

23. 在生态影响评价过程中，对于一级评价项目，以重要评价因子受影响的方向为扩展方向，距离不应小于（　）。

A. 2～8km　　B. 30～40km　　C. 8～30km　　D. 1～2km

24. 关于现行的《大气污染物综合排放标准》适用范围，下列说法正确的是（　）。

A. 该标准不适用于建设项目的环境影响评价、设计、环境保护设施竣工验收

B. 该标准不仅适用于建设项目的环境影响评价、设计、环境保护设施竣工验收，而且适用于投产后的大气污染物排放管理

C. 该标准适用于建设项目的环境影响评价、设计、环境保护设施竣工验收，但对投产后的大气污染物排放管理不适用

D. 该标准适用于投产后的大气污染物排放管理

E. 以上说法都不对

25. 在我国现有的国家大气污染物排放标准体系中，按照综合性排放标准与行业性排放标准不交叉执行的原则，下列叙述正确的是（　）。

A. 锅炉执行《锅炉大气污染物排放标准》

B. 工业炉窑执行《工业炉窑大气污染物排放标准》

C. 火电厂执行《火电厂大气污染物排放标准》

D. 重有色金属工业执行《重有色金属工业大气污染物排放标准》

26. 现行《大气污染物综合排放标准》对排气筒的高度作了相应的规定。两个排放相同污染物的排气筒，若其距离小于几何高度之和的（　）倍，应合并视为一根等效排气筒。

A. 1倍　　B. 1.5倍　　C. 2倍　　D. 2.5倍

27. 对于某二级改建评价项目，其大气污染源调查对象应包括（　）。

A. 该项目新污染源　　B. 评价区内工业污染源

C. 评价区内民用污染源　　D. 项目原有污染源

28. 对于某三级评价项目，在对其进行大气监测时，每次的监测时间为（　）。

A. 02时　　B. 07时　　C. 14时

D. 20时　　E. 19时

29. 在对评价区面源进行调查统计过程中，将评价区在选定的坐标系内网格化之后，按网格统计面源应包括如下参数（　）。

A. 主要污染物排放量　　B. 面源排放高度

C. 面源分类　　D. 污染物的来源

30. 确定环境影响预测的范围和内容取决于（　）。

A. 评级等级　　B. 项目大小　　C. 工程特点　　D. 环境特性

31. 在进行环境影响预测过程中，考虑到环境对影响的衰减能力，应考虑如下几个时段（　）。

A. 影响的衰减能力最强的时段　　B. 影响的衰减能力最弱的时段

C. 环境对污染的净化最强的时段　　D. 影响的衰减能力一般的时段

32. 对建设项目周围地区进行现状调查时，根据评价项目工作等级、环境特点和影响预测需要，应说明（　）。

A. 调查参数　　B. 调查范围　　C. 调查的方法　　D. 调查的地点

33. 某地要在农村地区新建一个煤炭贮配煤场，先要评价煤堆及运输、装卸等过程产生的煤尘等对下风向的农村民宅区产生的环境影响，下列说法合理的是（　）。

A. 该项目有必要预测施工期的大气环境质量

B. 计算煤堆场、装卸码头等污染源产生的污染物地面浓度，在关心点处进行多元叠加

C. 该项目还需计算评价区内现有全部大气污染源的叠加地面浓度

D. 该项目还需考虑评价区内其他工业污染源，进行地面浓度叠加

E. 该项目大气环境影响预测可能用到面源模式、颗粒物模式等大气环境影响预测模式

34. 以下关于锅炉大气污染物排放说法正确的是（　）。

A. 两控区内锅炉的二氧化硫的排放除执行本标准外，还须执行所在控制区规定的总量控制标准

B.《大气污染物综合排放标准》规定禁止在一类区新扩建污染源，所以在一类区禁止新建任何燃油、燃煤、燃气锅炉

C. 以重油、渣油为燃料的锅炉已在两控区禁止新建
D. 以重油、渣油为燃料的锅炉允许在二、三类区新建
E. 燃油锅炉可以建设在任何地方

35.《工业炉窑大气污染物排放标准》按年限规定了(　)。
A. 工业炉窑烟尘的最高允许排放浓度
B. 工业炉窑生产性粉尘的最高允许排放浓度
C. 工业炉窑有害污染物的最高允许排放浓度
D. 工业炉窑烟气黑度的排放限值
E. 工业炉窑烟囱高度

36. 下面对《污水综合排放标准》关于污染物排污口设置要求的叙述错误的是(　)。
A. 对于标准中的第一类污染物,不分行业和污水排放方式,也不分受纳水体的功能类别,一律在车间或车间处理设施排放口采样,而不需在排污单位排放口采样
B. 对于标准中的第二类污染物,可以仅在排污单位排放口采样
C. 对于标准中的两类污染物,均须在排污单位排放口采样
D. 对于标准中的两类污染物,均须在车间或车间处理设施排放口采样

37.《地下水质量标准》依据我国地下水水质现状、人体健康基准值及地下水质量保护目标,并参照生活饮用水、工业、农业用水水质最低要求,将地下水质量划分为5类,下面关于各类水质的特点和适用范围表述正确的是(　)。
A. Ⅰ类主要反映地下水化学组分的天然低背景含量,适用于各种用途
B. Ⅱ类主要反映地下水化学组分的天然背景含量,适用于各种用途
C. Ⅲ类以人体健康基准值为依据,主要适用于集中式生活饮用水水源及工、农业用水
D. Ⅳ类以农业和工业用水要求为依据,除适用于农业和部分工业用水外,适当处理后可作生活饮用水
E. Ⅴ类不宜饮用,其他用水可根据使用目的选用

38.《大气污染物综合排放标准》中现有污染源大气污染物一级排放标准限值规定了一些禁排的项目,下列污染物的最高允许排放速率的一级标准属于禁排类的是(　)。
A. 氮氧化物(硝酸、氮肥和火炸药生产)　　B. 颗粒物(碳黑尘、染料尘)
C. 颗粒物(玻璃棉尘、石英粉尘、矿渣棉尘)　　D. 颗粒物(其他)
E. 氯化氢

39. 划分建设项目环境影响评价工作等级时须考虑的建设项目的工程特点包括(　)。

A. 工程性质　B. 工程规模　C. 能源及资源的使用量及类型
D. 污染物排放特点　E. 施工周期

40. 对建设项目周围地区进行现状调查时，根据评价项目工作等级、环境特点和影响预测需要，应说明（　）。

A. 调查参数　B. 调查范围　C. 调查的方法　D. 调查的地点

41. 对建设项目的环境影响进行预测时，根据各评价项目工作等级、环境特点，应尽可能详细地说明（　）。

A. 预测方法　B. 预测内容　C. 预测范围
D. 预测时段　E. 有关参数的估值方法

42. 在对污染型建设项目的环境影响评价中，筛选污染因子时需考虑的因素是（　）。

A. 评价项目污染特征　B. 当地大气污染现状
C. 评价区内已造成严重污染的污染物　D. 污染物排放的地方标准
E. 污染治理工艺

43. 大气污染物排放方式统计时，可将污染源划分为点源和面源。面源统计中，一般按网格需统计的参数有（　）。

A. 主要污染物排放量　B. 面源排放高度
C. 面源分类　D. 主要污染物排放速度

44. 下列对于大气污染气象调查说法正确的是（　）。

A. 一级评价项目调查时间至少为最近 3 年，二级为最近 2 年，三级为最近 1 年
B. 大气边界层平均场参数的观测周期为 1 年
C. 三级评价可不需进行气象观测
D. 污染气象资料调查包括地面气象资料调查和高空气象资料调查

45. 噪声环境影响评价工作等级的划分依据是（　）。

A. 噪声源种类和数量
B. 项目建设前后噪声等级的变化程度
C. 建设项目噪声有影响范围内的环境保护目标、环境噪声标准和人口分布

46. 一拟建设项目日污水排放量大于 50 000$m^3$，假如选择向流量为 75$m^3/s$ 的河流排放污水，则环境现状调查范围为（　）km。

A. 15～30　B. 4～7　C. 20～40　D. 5～8　E. 3～5

47. 水环境影响评价中，对现有污染源进行调查时，无论是点源还是非点源，最恰当的收集资料的方式是（　）。

A. 均以现场调查和现场测试为主
B. 以现场调查和现场测试为主，收集现有资料为辅

C. 以收集现有资料为主,只在十分必要时才进行实测

D. 只依据现有资料

48. 一大型建设项目具备以下特点:可能进入地表水环境的堆积物较多或土石方量较大,且建设阶段超过两年,但是地表水水质要求仅需要达到Ⅲ级,那么此项目是否需要进行建设阶段的水环境影响评价( )。

A. 需要　　B. 不需要　　C. 此处条件不明确

D. 需根据环保局意见确定

49. 下列大气污染因子中,既属于环境空气常规项目,又属于大气污染物总量控制指标的是( )。

A. 烟尘　　B. 二氧化氮　　C. 氮氧化物

D. 二氧化硫　　E. 总悬浮颗粒

50. 下列关于《环境空气质量标准》中规定的常规大气监测项目的监测方法和频次说法错误的是( )。

A. 二氧化氮和臭氧的分析都可使用化学发光法

B. 凡进行小时平均采样的,采样时间均至少 45min

C. 凡进行能够日平均采样的,采样时间均至少 18h

D. 一氧化碳的分析方法为非分散红外法

## 二、案例分析题

某水电站项目于 2001 年验收。现有 3 台 600MW 发电机组,安排移民 3 万人,水库淹没面积 100hm$^2$,由于移民安置不太妥当,造成移民区开垦陡坡、毁林开荒等现象严重。改、扩建工程拟新增 1 台 600MW 发电机组,以便增加调峰能力,库容、运行场所等工程不变。职工人员不变、新增机组只在用电高峰时使用。在山体上开河,引水进入电站。工程所需的砂石料为购买的商品料,购买处距水电站 20km 处,商品料由汽车运输,路边 500m 有一村庄。原有工程弃渣堆放在水电站下游 200m 的滩地上,有防护措施。

问:1. 分析项目现有主要环境问题,确定项目主要环境保护目标及影响因素。

2. 生态环境调查中,除一般需调查的问题外,还需重点注意哪些问题的调查?

3. 分析水电站运行期对环境的主要影响因素。除一般生态调查项目外,还应该调查什么?

4. 弃渣场位置是否合理? 应该拟采取的措施(现有电站整改措施)有哪些?

## 三、简答题

1. 简述生态影响经济损益分析的原则和方法。

2. 简述在生态环境影响预测中,生态影响的防护与恢复应遵守的原则。

3. 简述生态影响评价中,替代方案的内容和要求。

# 第五章　环境影响评价技术方法

通过本章的学习，可以了解、熟悉、掌握环境影响评价及相关业务所必需的技术方法，以提高学生对环境影响评价技术方法把握和运用的能力。

## 第一节　工程分析

一般的工厂，总是把原材料经过一系列的加工、检查、搬运、保管的过程，最后转化为成品出售。在这一过程中，若干相关作业集合起来，按照一定的顺序进行，可以产生一定范围的效果，称之为工程。对工程加以分析、调查，找出其中浪费、不均匀、不合理的地方，进而进行改善的方法，称之为工程分析。

现把项目分为污染型项目和生态影响型项目分别进行阐述。

### 一、污染型项目与生态影响型项目工程分析

通过项目组成分析找出项目建设存在的主要环境问题，列出项目组成表，分析项目产生的环境影响，为提出合适的污染防治措施奠定基础。结合物料与能源消耗定额，给出主要原料与辅料的名称、单位产品消耗量、年总耗量和来源，有毒有害原料与辅料，还应给出组分。

1.工程分析的主要内容

工程分析应对建设项目全部项目组成和所有时段的全部行为过程的环境影响因素及其影响特征、强度、方式等进行详细分析与说明。工程分析包括以下内容：

(1)工艺过程分析

通过对工程选址、选线、各时段及工艺过程的分析，了解对环境产生的各类影响的来源，以及各种污染物产生、排放情况，给出污染物种类、性质、产生量、产生浓度、削减量、排放量、排放浓度、排放方式、去向及达标情况，给出噪声、振动、热、光、辐射等污染的来源、特性及强度，给出各种废物的治理、回收、利用措施状况、运行与污染排放间的关系等。

(2)物料的储运分析

通过对建设项目资源、能源、产品诸环节的分析，核定这些环节的污染来源、达

标情况等，明确有关环境影响的来源。给出废物等的装卸、搬运、储存、预处理等种类、性质、排放方式、强度、去向。

(3)交通运输影响分析

结合资源、能源、产品、废物的储运，给出其各自的运输方式，包括公路、铁路、空运、水运及管道运输等，分析物流输入、输出平衡表。还要分析由于建设项目的施工建设和运行，使当地及附近地区交通运输量增加和运量调整所带来的环境影响的类型、因子、性质及强度。

(4)厂地的开发利用分析

通过了解拟建项目所在区域的土地利用规划，分析项目建设与土地利用规划的协调性，以及项目建设开发利用土地带来的环境影响因素。

(5)非正常工况分析

对建设项目生产运行阶段的开车、停车、检修、一般性事故和泄漏等情况的污染物非正常排放进行分析，找出污染物排放的来源、种类与强度，发生的可能性等。

2.工程分析的方法

主要的工程分析方法有类比分析法、物料平衡计算法、查阅参考资料分析法。

(1)物料衡算法

是用于计算污染物排放量的常规方法，其基本原则是依据质量守恒定律，即在生产过程中投入系统的物料总量必须等于产出的产品量和物料流失量之和。工程分析中常用的物料衡算有：总物料衡算、有毒有害物料衡算、有毒有害元素物料衡算。

其计算通式如下：

$$\sum G_{投入} = \sum G_{产品} + \sum G_{流失} \tag{5-1}$$

式中：$\sum G_{投入}$—— 投入系统的物料总量；

$\sum G_{产品}$—— 产出产品总量；

$\sum G_{流失}$ ——物料流失总量。

当投入的物料在生产过程中发生化学反应时，可按下列总量法公式进行衡算：

1)总物料衡算公式：

$$\sum G_{排放} = \sum G_{投入} - \sum G_{回收} - \sum G_{处理} - \sum G_{转化} - \sum G_{产品} \tag{5-2}$$

式中：$\sum G_{投入}$—— 投入物料中的某污染物总量；

$\sum G_{产品}$—— 进入产品中的某污染物总量；

$\sum G_{回收}$—— 进入回收产品中的某污染物总量；

$\sum G_{处理}$—— 经净化处理掉的某污染物总量；

$\sum G_{转化}$—— 生产过程中被分解、转化的某污染物总量；

$\sum G_{排放}$ ——某污染物的排放量。

2)单元工艺过程或单元操作的物料衡算：对某单元过程或某工艺操作进行物料衡算，可以确定这些单元工艺过程、单元操作的污染物产生量。

(2)类比法

类比法是用与拟建项目类型相同的现有项目的设计资料或实测数据进行工程分析的常用方法，为提高类比数据的准确性，应充分注意分析对象与类比对象间的相似性和可比性。

1)工程一般特征的相似性：项目性质、规模、车间组成、产品结构、工艺路线、生产方法、原料燃料成分与消耗量、用水量和设备类型具有相似性。

2)污染物排放特征的相似性：污染物排放类型、强度、浓度和数量、排放方式与去向、污染方式与途径等具有相似性。

3)环境特征的相似性：气象条件、地貌状况、生态特点、环境功能、区域污染情况具有相似性。

类比法常用单位产品的经验排污系数去计算污染物的排放量。但用此法应注意要根据生产规模等工程特征、生产管理及外部因素等实际情况进行修正。

经验排污系数法公式：

$$A = AD \times M$$
$$AD = BD - (aD + bD + cD + dD) \tag{5-3}$$

式中：$A$——某污染物的排放总量；

$AD$——单位产品某污染物的排放定额；

$M$——产品总产量；

$BD$——单位产品投入或生成的污染物量；

$aD$——单位产品中某污染物的量；

$bD$——单位产品所生成的副产物、回收品中某污染物的量；

$cD$——单位产品分解转化的污染物量；

$dD$——单位产品被净化处理掉的污染物量。

(3)资料复用法

资料复用法是利用同类工程已有的环境影响评价资料或可行性研究报告等资料进行工程分析的方法。虽然此法较为简便，但所得数据的准确性很难保证，所以只能在评价等级较低的建设项目工程分析中使用。

3. 工程分析的阶段划分

工程分析的阶段分为施工阶段、运行阶段(正常状况和非正常状况或运行初期和运用中后期)、服务期满即退役阶段。

4. 工程分析的重点

工程分析的重点是通过工艺过程分析、核算,确定污染源强。

(1)使用工艺流程图分析产污环节

对于大项目一般用装置流程图的方式说明生产过程(中小项目一般用方块流程图表示),同时在工艺流程中表明污染物的产生位置和污染物的种类,必要时列出主要化学方程式和副反应式。

例如,某垃圾焚烧场的物料衡算过程如图 5-1 所示。

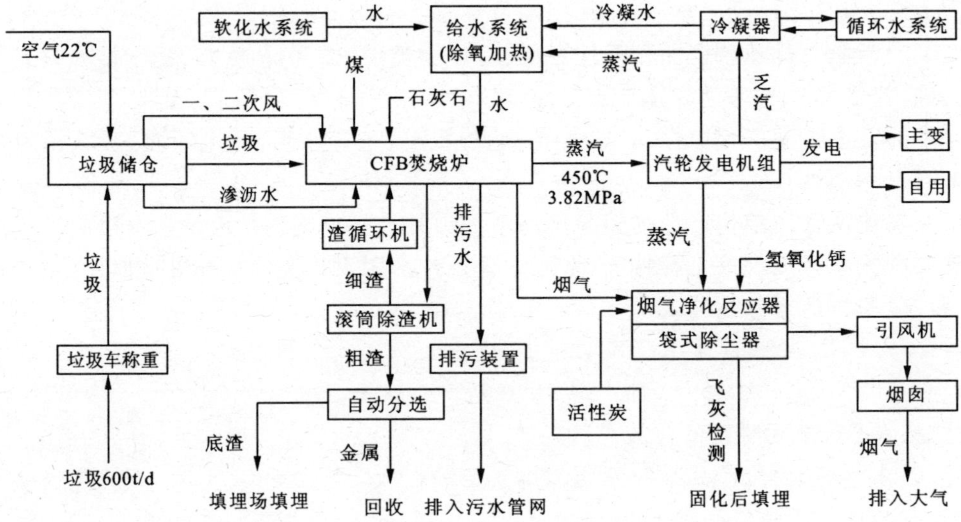


图 5-1　垃圾焚烧场的物料衡算图

(2)污染源源强核算的技术要求和计算方法

1)污染物分布及污染物源强核算。

A. 污染源分布和污染物类型及排放量是各专题评价的基础资料,必须按建设过程、运营过程两个时期详细核算和统计,某些项目还应对服务期满后(退役期)影响源强进行核算,力求完善。因此对于污染源分布应根据已绘制的污染(工艺)流程图并按排放点标明污染物排放部位,然后列表逐点统计各污染物的排放强度、浓度及数量,对于最终排入环境的污染物,确定其是否达标排放,达标排放必须以项目的最大负荷核算。

B. 废气可按点源、面源、线源进行核算，说明源强、排放方式和排放高度及存在的有关问题。

C. 废水应说明种类、成分、浓度、排放方式、排放去向。

D. 按《中华人民共和国固体废物污染防治法》对废物进行分类，废液应说明种类、成分、浓度、是否属于危险废物、处置方式和去向；废渣应说明有害成分、溶出物浓度、是否属于危险废物、数量、处理和处置方式和贮存方法。

E. 噪声和放射性应列表说明源强、剂量及分布。

污染物的排放状况可采用表 5 - 1 的方式表示。

**表 5 - 1　污染物的排放状况统计表**

| 序号 | 污染物排放点 | 主要污染因子 | 排放浓度 | 排放量 |
|---|---|---|---|---|
| | | | | |
| | | | | |
| | | | | |
| | | | | |

对于新建项目污染物排放量按环境要素，就废水、废气、固体废物分别统计排放量，可用表 5 - 2 表示。

**表 5 - 2　新建项目污染物排放量统计表**

| 类别 | 名称 | 排放点 | 设计排放量 | 设计排放浓度 | 排放方式 | 排放去向 | 执行排放浓度 | 处理后排放量 | 处理后排放浓度 |
|---|---|---|---|---|---|---|---|---|---|
| 废气 | | | | | | | | | |
| 废水 | | | | | | | | | |
| 固体废物 | | | | | | | | | |

统计方法应以车间或工段为核算单元，对于泄漏和放散量部分，原则上要实测，有困难可利用年均消耗定额的数据进行物料平衡推算。

2)技改扩建项目污染物源强。

在统计污染物排放量时，应算清新老污染源“三本账”：技改扩建前污染物排放量、技改扩建项目污染物排放量、技改扩建完成后(包括“以新带老”削减量)污染物排放量。其关系可表示为：

技改扩建前排放量－“以新带老”削减量＋技改扩建项目排放量＝技改扩建完成后排放量

可用表 5－3 表示。

**表 5－3　技改扩建项目污染物排放量统计表**

| 类别 | 名称 | 技改前排放量 | 以新带老削减量 | 技改项目排放量 | 技改完成后排放量 | 技改完成后较技改前增减量 |
|---|---|---|---|---|---|---|
| 废气 | | | | | | |
| 废水 | | | | | | |
| 固体废物 | | | | | | |

(3)无组织排放

无组织排放是指没有排气筒或排气筒高度低于 15m 排放源排放的污染物排放。

1)无组织排放源的源强确定方法有 3 种。

A. 物料衡算法：通过全厂物料的投入产出分析，核算无组织排放量。

B. 类比法：通过与工艺相同、原料相似的同类工厂进行类比，核算无组织排放量。

C. 反推法：通过对同类工厂，正常生产时无组织排放监控点的现场监测，利用面源扩散模式反推，确定无组织排放量。

2)面源调查统计内容。

首先将评价区在选定的坐标系内网格化。以评价区的左下角为原点，分别以东(E)和北(N)为正 $X$ 和正 $Y$ 轴。网格的单元，一般可取 1km×1km，评价区较小时，可取 500m×500m，建设项目所占面积小于网格单元，可取其为网格单元面积。然后按网格统计面源的下述参数：

主要污染物排放量[$t/(h \cdot km^2)$]；

面源排放高度(m)，如网格内排放高度不等时，可按排放量加权平均取平均排放高度；

面源分类，如果源分布较密且排放量较大，当其高度差较大时，可酌情按不同平均高度将面源分为 2～3 类。

## 二、生态影响型项目工程分析

生态影响型项目工程分析的内容应结合工程特点，提出工程施工期和运营期的影响和潜在影响因素，能够量化的要给出量化指标。

(1)工程资料收集要求

其中，工程设计资料包括主、辅工程区位、规模，工程的类型、工艺、设计文件和内容等；工程的平面图，在该图上应标明地表状况（主要包括地形地貌、主要水体、植被类型及分布、主要动物群落）；区域规划资料和图件。

(2)工程分析要求

同类工程的调查分析，收集国内外类似工程资料，1 级项目要调查类似项目并进行类比分析。拟建主、辅工程的简要描述及分析（主要工程措施、工艺、施工方法和运行特点）。

施工期的工程措施对生态影响途径分析，主要包括施工人员施工活动、机械设备使用等使植被、地形地貌改变的状况，使土地和水体生产能力及利用方向发生改变的情况，以及由于生态因子的变化使自然资源受到的影响。

运行期工程对生态影响的途径分析，主要包括工程运行改变的区域空间格局、土地和水体的利用状况，以及由此而影响的自然资源状况。

(3)关键问题识别和评价因子的筛选

根据对拟建项目潜在的环境问题分析，以及对项目性质和区域生态环境基本特征的分析，识别关键问题并用列表法对主要评价因子进行筛选，在完成现状评价后，进一步确认主要的评价因子。在识别和筛选过程中，要初步判定评价因子的性质、变化过程，并定性预测变化结果。

(4)工程分析的技术要点

1)工程组成完全。要把所有的工程活动都纳入分析中，例如主体工程、配套工程、公用工程、环保工程、辅助工程、大临工程、储运工程等，一般应有完善的项目组成表，明确的占地、施工、技术标准等主要内容。

2)重点工程明确。主要造成环境影响的工程，应作为重点的工程分析对象。应该明确其名称、位置、规模、建设方案、运营方式等。

3)全过程分析。分选址选线期、设计方案、建设期、运营期、运营后期等过程。

4)污染源分析。在施工建设期和运营期明确主要污染源、污染类型、源强、排放方式、纳污环境等。

5)其他分析。不同施工、运营方式的影响、风险问题等。

## 第二节 环境现状调查与评价

根据建设项目所在地区的环境特点，结合各单项影响评价的工作等级，确定各环境要素的现状调查范围，并筛选出应调查的有关参数。

环境现状调查时，首先应搜集现有的资料，当这些资料不能满足要求时，再进行现场调查和测试；调查与评价项目有密切关系的部分（如大气、地面水、地下水等）应全面、详细，环境质量现状应有定量的数据并做出分析或评价；对一般自然环境与社会环境的调查，应根据评价地区的实际情况，适当增删。

### 一、环境现状调查的方法

环境现状调查的方法主要有 3 种，即收集资料法、现场调查法和遥感的方法。

收集资料法应用范围广、收效大，比较节省人力、物力和时间。环境现状调查时，应首先通过此方法获得现有的各种有关资料，但此方法只能获得第二手资料，而且往往不全面，不能完全符合要求，需要其他方法补充。

现场调查法可以针对使用者的需要，直接获得第一手的数据和资料，以弥补收集资料法的不足。这种方法工作量大，需占用较多的人力、物力和时间，有时还可能受季节、仪器设备条件的限制。

遥感的方法可从整体上了解一个区域的环境特点，可以弄清人类无法到达的地区的地表环境情况，例如一些大面积的森林、草原、荒漠、海洋等。但此方法不宜用于微观环境状况的调查，一般只用于辅助性调查。在环境现状调查中，使用此方法时，绝大多数情况不能使用直接飞行拍摄的办法，只能判读和分析已有的航空或卫星相片。

### 二、环境现状调查的内容

环境现状调查包括地理位置、地形地貌、气象与气候、水环境、大气环境、动植物资源与生态环境、社会经济环境、文物与“珍贵”景观、人群健康状况等内容（见第二章）。

### 三、环境现状评价

环境现状评价一般是根据近两三年的环境监测资料对某地区的环境质量所进行的评价。一般以国家颁布的环境质量标准或环境背景值作为依据。

环境现状评价的区域范围可以是按环境功能划分的，例如一个城市，一个工业区，一个旅游区；可以是按自然条件划分的，例如一个流域，一个平原；可以是按行政区划分的,例如一个县,一个区。评价某一区域的环境质量,一般以国家颁布的环境质量标准或环境背景值作为依据。

评价内容主要包括:

1)环境污染评价,是为说明人类活动所排放的污染物对生态系统,特别是对人群健康已经造成的或即将造成的危害而进行的评价。评价工作首先是进行污染源调查,了解进入环境的污染物种类和数量,以及污染物在环境中迁移、扩散和转化的状况,从而研究各种污染物的浓度在时间上、空间上的变化规律。然后建立数学模式,求出污染指数,进行评价。

2)环境生态评价,是为了保护生态平衡、合理利用和开发自然资源而进行的区域范围的自然环境质量评价。主要选取空气、水、土壤、野生生物等项目作为评价参数,分别对每种参数进行评价,确定质量指数。再按其重要性进行加权,叠加成为总指数值,进行评价。

3)环境美学评价,主要用于评价旅游环境的质量。一般以旅游环境的基本功能为依据来选择评价参数,以说明环境的美学价值。

通过环境现状评价,可以了解人类活动造成的环境质量的变化,为区域环境污染综合防治提供科学依据。

## 第三节　环境影响识别与评价因子筛选

环境影响识别就是通过系统地检查拟建项目的各项"活动"与各环境要素之间的关系,识别可能的环境影响,包括环境影响因子、影响对象(环境因子)、环境影响程度和环境影响的方式。

按照拟建项目的"活动"对环境要素的作用属性,环境影响可以划分为有利影响、不利影响;直接影响、间接影响;短期影响、长期影响;可逆影响、不可逆影响等。环境影响的程度和显著性与拟建项目的"活动"特征、强度以及相关环境要素的承载能力有关。在环境影响程度的识别中,通常按 3 个等级或 5 个等级来定性地划分影响程度。例如按 5 个等级划分,不利环境影响可分为:极端不利影响、非常不利影响、中度不利影响、轻度不利影响和微弱不利影响。

拟建项目的"活动"一般按 4 个阶段划分,即:"建设前期"(勘探、选址选线、可行性研究与方案设计)、"建设期"、"运行期"、"服务期满后",需要识别不同阶段各"活动"可能带来的影响。

### 1. 环境影响识别的技术要求

在建设项目的环境影响识别中,在技术上一般应考虑以下几个方面:项目的特性(如项目类型、规模);项目涉及的当地环境特性及环境保护要求(如自然环境、社会环境、环境保护功能区域、环境保护规划)；识别主要的环境敏感区和环境敏感目标；从自然环境和社会环境两方面识别环境影响；突出对重要的或社会关注的环境要素的识别，应识别出可能导致的主要环境影响，主要环境影响因子，说明环境影响属性，判断影响程度、影响范围和可能的时间跨度。

2. 大气环境影响评价因子的筛选方法

应根据建设项目的特点和当地的大气污染状况对污染因子进行筛选。

首先选择该项目等标排放量 $P_i$ 较大的污染物为主要污染因子，等标排放量 $P_i$ 的计算

$$P_i = \frac{Q_i}{C_{0i}} \times 10^9 \qquad (5-4)$$

式中：$P_i$——等标排放量，$m^3/h$；

$Q_i$——单位时间排放量，t/h；

$C_{0i}$——大气环境质量标准，$mg/m^3$。

$C_{0i}$ 一般选用 GB 3095 中二级标准的一次采样浓度允许值(或 1h 平均值)。

$Q_i$ 应符合国家或地方大气污染物排放标准。对上述标准中只规定了日平均容许浓度限值的污染物，$C_{0i}$ 可取日平均浓度限值的 3 倍，对于致癌物质、毒性可积累或毒性较大的物质，例如苯、汞、铅等，可直接取日平均容许浓度限值。

其次还应考虑评价区内已造成严重污染的污染物。

列入国家主要污染物总量控制指标的污染物，亦应作为评价因子。

3. 水环境影响评价因子的筛选方法

水环境影响评价因子是从所调查的水质参数中选取的。

(1)现状评价因子的选择

所选择的水质参数包括两类：一类是常规水质参数，它能反映水域水质一般状况；另一类是特征水质参数，它能代表建设项目将来排放的水质。在某些情况下，还需要调查一些补充项目。

1)常规水质参数：以 GB 3838 中所提出的 pH、溶解氧、高锰酸盐指数、化学需氧量、五日生化需氧量、凯氏氮或非离子氨(总氮或氨氮)、酚、氰化物、砷、汞、铬(六价)、总磷以及水温(13 项)为基础，根据水域类别、评价等级、污染源状况适当删减。

2)特征水质参数：根据建设项目特点、水域类别及评价等级选定。可根据按行业编制的特征水质参数表进行选择，选择时可适当删减。

3)其他方面参数：当受纳水域的环境保护要求较高(例如自然保护区、饮用水源地、珍贵水生生物保护区、经济鱼类养殖区等)，且评价等级为一、二级时，应考虑调查水生生物和底质。其调查项目可根据具体工作要求确定，或从下列项目中选

择部分内容：水生生物方面（浮游动植物、藻类、底栖无脊椎动物的种类和数量，水生生物群落结构等）、底质方面（主要调查与拟建工程排水水质有关的易积累的污染物）。

4）根据项目废水排放的特点和水质现状调查结果，选择其中主要的污染物、对地表水危害较大的污染物、国家和地方要求控制的污染物作为评价因子。

（2）预测评价因子的选择

项目实施过程各阶段拟预测的水质参数应根据工程分析、环境现状、评价等级和当地的环保要求筛选和确定。预测评价因子应能反映拟建项目废水排放对地表水体的主要影响。

拟预测水质参数的数目应既说明问题，又不过多，一般应少于环境现状调查水质参数的数目。对河流，可以按下式将水质参数排序后从中选取合适的参数：

$$ISE = C_{pi}Q_{pi}/(C_{si} - C_{hi})Q_{hi} \tag{5-5}$$

式中：$C_{pi}$——水污染物 $i$ 的排放浓度；

$Q_{pi}$——含水污染物 $i$ 的废水排放量；

$C_{si}$——水质参数 $i$ 的地表水水质标准；

$C_{hi}$——河流上游水质参数 $i$ 的浓度；

$Q_{hi}$——河流上游来水流量。

$ISE$ 越大说明建设项目对河流中该项水质参数的影响越大。

## 第四节　大气环境影响预测模式

大气环境影响的预测方法大体上分为经验方法和数学方法。经验方法主要是在统计、分析历史资料的基础上，结合未来的发展规划进行预测。数学方法主要是利用数学模式进行计算或模拟。数学方法可分为 3 大类，第一类是基于 Taylor 统计理论的“统计理论”；第二类是假设湍流通量正比于平均梯度的“梯度理论”；第三类是基于因次分析的“相似理论”。

### 一、一、二级评价项目的预测内容

1）一次（30min）取样时间和 24h 取样时间的最大地面浓度和位置。

2）不利气象条件下，评价区域内的浓度分布图及其出现的频率。熏烟状态可按一次取样计算，其他典型气象条件可酌情按一次取样或按日均值计算。

3）评价区域季（期）、年长期平均浓度分布图。

4）可能发生的非正常排放条件下的浓度分布图。

5）一级评价项目在必要时还应预测施工期间的大气环境质量。

6)三级评价项目可酌情减少预测内容。

## 二、常用预测模式和烟气抬升公式的适用条件

一、二级评价项目，可采用正态模式或平流扩散方程、随机游动等数值模式预测，预测中应估计地形的影响及气象平均场的时空变化规律，并尽可能估计污染的迁移转化规律。

对于一、二级评价项目，在可能出现背风涡以及下沉、下洗气流的复杂地形或高大建筑物附近，还应通过室内模拟（风洞、水槽）试验进行预测。

1. 有风时（距地面 10m 高平均风速 $U_{10} \geqslant 1.5\text{m/s}$）点源扩散模式

以排气筒地面位置为原点，下风方地面任一点$(X,Y,Z)$，小于 24h 取样时间的浓度 $c(\text{mg/m}^3)$，可按下式计算

$$c(X,Y,Z)=\frac{Q}{2\pi U\sigma_Y\sigma_Z}\cdot\exp\left(\frac{-Y^2}{2\sigma_Y^2}\right)\cdot\left\{\exp\left[-\frac{(Z+H_e)^2}{2\sigma_Z^2}\right]+\exp\left[\frac{(Z-H_e)^2}{2\sigma_Z^2}\right]\right\} \tag{5-6}$$

式中：$Q$——单位时间排放量，mg/s；

$Y$——该点与通过排气筒的平均风向轴线在水平面上的垂直距离，m；

$\sigma_Y$——垂直于平均风向的水平横向扩散参数，m；

$\sigma_Z$——铅直扩散参数，m；

$U$——排气筒出口处的平均风速，m/s；

$h$——混合层厚度，m；

$H_e$——排气筒有效高度，m。

$H_e$ 按下式计算

$$H_e=H+\Delta H \tag{5-7}$$

式中：$H$——排气筒距地面几何高度，m；

$\Delta H$——烟气抬升高度，m。

$U$ 可按下式计算

$$U=U_{10}\left(\frac{Z}{10}\right)^P \tag{5-8}$$

无实测值时，$U$ 的计算公式中的 $U_{10}$ 可取邻近气象台（站）距地面 10m 高度处的年平均风速 $U_{10}$，对于三级评价项目，风速高度指数 $P$，建议按表 5－4 选取。

表 5-4　各稳定度等级下的 $P$ 值

| 地区＼稳定度等级 | A | B | C | D | E、F |
|---|---|---|---|---|---|
| 城市 | 0.1 | 0.15 | 0.20 | 0.25 | 0.30 |
| 乡村 | 0.07 | 0.07 | 0.10 | 0.15 | 0.25 |

扩散参数 $\sigma_Y$、$\sigma_Z$ 可表示为下式

$$\sigma_Y = \gamma_1 X^{\sigma_1}, \sigma_Z = \gamma_2 X^{\sigma_2}$$

式中：$\sigma_1$——横向扩散参数回归指数；

$\sigma_2$——铅直扩散参数回归指数；

$\gamma_1$——横向扩散参数回归系数；

$\gamma_2$——铅直扩散参数回归系数；

$X$——距排气筒下风方水平距离，m。

2. 排气筒下风方一次（30min）取样时间的最大地面浓度（mg/cm$^3$）及其距排气筒的距离 $X_m$（m）

建议按下式计算

$$c_m(X_m) = \frac{2Q}{e\pi U H_e^2 P_1} \tag{5-9}$$

式中：

$$P_1 = \frac{2\gamma_1\gamma_2 - \alpha_1/\alpha_2}{\left(1+\frac{\alpha_1}{\alpha_2}\right)^{\frac{1}{2}(1+\frac{\alpha_1}{\alpha_2})} \cdot H_e^{(1-\frac{\alpha_1}{\alpha_2})} \cdot e^{\frac{1}{2}(1-\frac{\alpha_1}{\alpha_2})}} \tag{5-10}$$

$$X_m = \left(\frac{H_e}{\gamma_2}\right)^{1/\alpha_2}\left(1+\frac{\alpha_1}{\alpha_2}\right) - \left[\frac{1}{2}\alpha_2\right] \tag{5-11}$$

3. 小风（$1.5\text{m/s} > U_{10} \geq 0.5\text{m/s}$）和静风时（$U_{10} < 0.5\text{m/s}$）的点源扩散模式

以排气筒地面位置为原点，平均风向为 $X$ 轴，地面任一点（$X,Y$）小于 24h 取样时间的浓度 $c_L$（mg/m$^3$）建议按下式计算

$$c_L(X,Y) = \frac{2Q}{(2\pi)^{3/2}\gamma_{02}\eta^2} \cdot c \tag{5-12}$$

式中：$\eta$ 和 $c$ 按下式计算

$$\eta^2 = \left(X^2 + Y^2 + \frac{\gamma_{01}^2}{\gamma_{02}^2} \cdot H_e^2\right) \tag{5-13}$$

$$c = e^{-U^2/2\gamma_{01}^2} \cdot \{1 + \sqrt{2\pi} \cdot se^{3^2/2} \cdot \Phi(s)\} \tag{5-14}$$

$$\Phi(s) = \frac{1}{\sqrt{2\pi}}\int_{-\infty}^{s} e^{-t^2/2}dt \tag{5-15}$$

$$S = \frac{UX}{\gamma_{01}\eta} \tag{5-16}$$

$\Phi(s)$可根据 $s$ 由数学手册查得，$\gamma_{01}$，$\gamma_{02}$ 分别是横向和铅直向扩散参数的回归系数[$\sigma_Y = \sigma_Z = \gamma_{01}T$，$\sigma_2 = \gamma_{02}T$，$T$ 为扩散时间(s)]。

4. 熏烟模式

熏烟模式主要用于计算日出以后，贴地逆温从下而上消失，逐渐形成混合层(厚度为 $h_f$)时，原不保积聚在这一层的污染物所造成的高浓度污染，这一浓度值 $c_f$(mg/m$^3$)可按下式计算

$$c_f = \frac{Q}{\sqrt{2\pi}Uh_f\sigma_{Yf}}\exp\left(\frac{-Y^2}{2\sigma_{Yf}^2}\right)\Phi(P) \tag{5-17}$$

式中

$$P = (h_f - H_e)/\sigma_z \tag{5-18}$$

$$\sigma_{Yf} = \sigma_Y y + H/8 \rightarrow H_e/8 \tag{5-19}$$

$\Phi(P)$的表达式与公式(5-15)中的 $\Phi(s)$相同。$\sigma_Y$，$\sigma_Z$ 应选取逆温层破坏前稳定层结的数值。

$$h_f = H + \Delta h_f \tag{5-20}$$

$$X_f = A(\Delta h_f^2 + 2H\Delta h_f) \tag{5-21}$$

式中 $A$ 及 $\Delta h_f$ 按下式计算

$$A = \rho_a c_p U/4K_c \tag{5-22}$$

$$\Delta h_f = \Delta H + P\sigma_Z, \mathrm{m} \tag{5-23}$$

$$K_c = 4.186\exp[-99x(\mathrm{d}\theta/\mathrm{d}Z) + 3.22] \tag{5-24}$$

式中：$\Delta H$——烟气抬升高度，m；

$\rho_a$——大气密度，g/m$^3$；

$c_p$——大气定压比热，J/(gK)；

$\mathrm{d}\theta/\mathrm{d}Z$——位温梯度，K/m，$\mathrm{d}\theta/\mathrm{d}Z \approx \mathrm{d}T_a/\mathrm{d}Z + 0.0098$，$T_a$ 为大气温度，如无实测值，$\mathrm{d}\theta/\mathrm{d}Z$ 可在 0.005K/m 至 0.015K/m 之间选取，弱稳定(D～E)可取下限，强稳定(F)可取上限。

$c_f$ 最大值可用迭代法求出，$P$ 的初始值可取 2.15。$c_f$ 分布值可以以 $X_f$ 为自变量，由上述各式解出其所对应的 $P$、$h_f$和 $X_f$(或 $t_f i$)关系，可用实验值校正。

5. 烟气抬升公式

(1)有风时，中性和不稳定条件，烟气抬升高度 $\Delta H$(m)的计算

1)当烟气热释放率 $Q_h$ 大于或等于 2 100kJ/s，且烟气温度与环境温度的差值

$\Delta T$ 大于或等于 35K 时，$\Delta H$ 采用下式计算：

$$\Delta H = n_0 Q_n^{n_1} H^{n_2} U^{-1} \tag{5-25}$$

$$Q_h = 0.35 P_a Q_v \frac{\Delta T}{T_s} \tag{5-26}$$

$$\Delta T = T_s - T_a \tag{5-27}$$

式中：$n_0$——烟气热状况及地表系数，见表 5-6；

$n_1$——烟气热释放率指数，见表 5-6；

$n_2$——排气筒高度指数，见表 5-6；

$Q_h$——烟气热释放率，kJ/s；

$H$——排气筒距地面几何高度，m，超过 240m 时，$H$=240m；

$P_a$——大气压力，kPa，如无实测值可取邻近气象台(站)季或年平均值；

$Q_v$——实际排烟率，$m^3/s$；

$\Delta T$——烟气出口温度与环境温度差，K；

$T_s$——烟气出口温度，K；

$T_a$——环境大气温度，K，如无实测值，可取邻近气象台(站)季或年平均值；

$U$——排气筒出口处平均风速，m/s。

**表 5-6　$n_0$、$n_1$、$n_2$ 的选取**

| $Q_h$(kJ/s) | 地表状况(平原) | $n_0$ | $n_1$ | $n_2$ |
|---|---|---|---|---|
| $Q_h$(kJ/s) | 农村或城市远郊区 | 1.427 | 1/3 | 2/3 |
| | 城市及近郊区 | 1.303 | 1/3 | 2/3 |
| 2 100kJ/s≤$Q_h$<21 000kJ/s 且 $\Delta T$≥35K | 农村或城市远郊区 | 0.332 | 3/5 | 2/5 |
| | 城市及近郊区 | 0.292 | 3/5 | 2/5 |

2)当 1 700kJ/s<$Q_h$<2 100kJ/s 时，$\Delta H$ 采用下式计算：

$$\Delta H = \Delta H_1 + (\Delta H_2 - \Delta H)\frac{Q_h - 1\,700}{400} \tag{5-28}$$

$$\Delta H_1 = 2(1.5V_s D + 0.01Q_h)/U - 0.048(Q_h - 1\,700)/U \tag{5-29}$$

式中：$V_s$——排气筒出口处烟气排出速度，m/s；

$D$——排气筒出口直径，m；

$n_0$、$n_1$、$n_2$ 按表 5-6 中 $Q_h$ 值较小的一类选取。

3)当 $Q_h$≤1 700kJ/s 或者 $\Delta T$<35K 时，$\Delta H$ 采用下式计算：

$$\Delta H = 2(1.5V_s D + 0.01Q_h)/U \tag{5-30}$$

(2)有风时，稳定条件，烟气抬升高度 $\Delta H$(m)的计算

有风时，稳定条件，建议按下式计算烟气抬升高度 $\Delta H$(m)

$$\Delta H = Q_h^{1/3}\left(\frac{dT_a}{dZ}+0.0098\right)^{1/3}U^{-1/3} \tag{5-31}$$

(3)静风和小风时，烟气抬升高度 $\Delta H$(m)的计算

静风和小风时，建议按下式计算烟气抬升高度 $\Delta H$(m)

$$\Delta H = 5.50Q_h^{1/4}\left(\frac{dT_a}{dZ}+0.0098\right)^{-3/8} \tag{5-32}$$

$\frac{dT_a}{dZ}$ 取值宜小于 0.01K/m。

## 第五节　水环境影响预测模式

### 一、建设项目地面水环境影响预测时段的划分

地表水环境预测应考虑水体自净能力不同的各个时段。通常可将其划分为自净能力最小、一般、最大 3 个时段。自净能力最小的时段通常在枯水期(结合建设项目设计的要求考虑水量的保证率)，个别水域由于面源污染严重也可能在丰水期。自净能力一般的时段通常在平水期。冰封期的自净能力很小，情况特殊，如果冰封期较长可单独考虑。海湾的自净能力与时间的关系不明显，可以不分时段。

### 二、建设项目环境影响预测的方法

预测环境影响时应尽量选用通用、成熟、简便并能满足准确度要求的方法。目前使用较多的预测方法有：数学模式法、物理模型法、类比调查法和专业判断法。

数学模式法能给出定量的预测结果，但需一定的计算条件和输入必要的参数、数据。一般情况下，此方法比较简便，应首先考虑。选用数学模式时要注意模式的应用条件，如实际情况不能很好满足模式的应用条件而又拟采用时，要对模式进行修正并验证。

物理模型法定量化程度较高，再现性好，能反映比较复杂的环境特征，但需要有合适的试验条件和必要的基础数据。制作复杂的环境模型需要较多的人力、物力和时间，只在无法利用数学模式法预测而又要求预测结果定量精度较高时才选用此方法。

类比调查法的预测结果属于半定量性质。例如由于评价工作时间较短等原因，无法取得足够的参数、数据，不能采用前述两种方法进行预测时，可选用此方法。

专业判断法则是定性地反映建设项目的环境影响。建设项目的某些环境影响很难定量估测(如对文物与“珍贵”景观的环境影响),或由于评价时间过短等原因无法采用上述3种方法时,可选用此方法。

## 三、常用河流水质数学模型与使用条件

预测范围内的河段分为充分混合段、混合过程段和上游河段。

充分混合段:指污染物浓度在断面上均匀分布的河段。当断面上任意一点的浓度与断面平均浓度之差小于平均浓度的5%时,可以认为达到均匀分布。需采用一维模式或零维模式预测断面平均水质。

混合过程段:指排放口下游达到充分混合以前的河段。需采用二维模式预测断面平均水质。

上游河段:排放口上游的河段。

河流完全混合模式的适用条件:①河流充分混合段;②持久性污染物;③河流为恒定流动;④废水连续稳定排放。

河流一维稳态模式的适用条件:①河流充分混合段;②非持久性污染物;③河流为恒定流动;④废水连续稳定排放。

大、中河流一、二级评价,且排放口下游3～5km以内有集中取水点或其他特别重要的环保目标时,均应采用二维模式预测混合过程段水质。河流二维稳态混合模式的适用条件:①平直、断面形状规则河流混合过程段;②持久性污染物;③河流为恒定流动;④连续稳定排放;⑤对于非持久性污染物,需采用相应的衰减模式。

河流二维稳态混合累积流量模式与适用条件:①弯曲河流、断面形状不规则河流混合过程段;②持久性污染物;③河流为恒定流动;④连续稳定排放;⑤对于非持久性污染物,需采用相应的衰减模式。

(S-P)模式:①河流充分混合段;②污染物为耗氧性有机污染物;③需要预测河流溶解氧状态;④河流为恒定流动;⑤污染物连续稳定排放。

1. 常用河口水质模式与适用条件

一维动态混合模式的适用条件:①潮汐河口充分混合段;②非持久性污染物;③污染物排放为连续稳定排放或非稳定排放;④需要预测任何时刻的水质。

均匀河口模式的适用条件:①均匀的潮汐河口充分混合段;②非持久性污染物;③污染物连续稳定排放;④只要求预测潮周平均、高潮平均和低潮平均的水质。

2. 常用湖泊(水库)水质模式与适用条件

湖泊完全混合衰减模式的适用条件:①小湖(库);②非持久性污染物;③污染物连续稳定排放;④预测需反应随时间的变化时采用动态模式,只需反映长期平均浓度时采用平衡模式。

湖泊推流衰减模式的适用条件：①大湖、无风条件；②非持久性污染物；③污染物连续稳定排放。

## 四、水质数学模型参数的确定方法

河流水质参数的确定方法包括：公式计算和经验估值、室内模拟实验测定、现场实测、水质数学模型率定等。

1. 耗氧系数 $K_1$ 的单独估值方法

一般采用实验定测定法

$$K_1 = K_1' + (0.11 + 54l)u/H \tag{5-33}$$

式中：$H$——河流断面的平均水深，m；

$l$——纵向坡底，m；

$u$——剪切流速（也称摩阻流速），m/s。

试验数据的处理建议采用最小二乘法或作图法。湖泊、水库可以直接采用 $K'_1$。

2. 复氧系数 $K_2$ 的单独估值方法——经验公式法

复氧系数的计算有许多经验公式，其中欧康那-道宾斯（O'Conner - Dobbins，简称欧-道公式）应用的最为普遍。

$$K_{2(20℃)} = 294\frac{(D_m u)^{1/2}}{H^{3/2}}, C_x \geqslant 17 \tag{5-34}$$

$$K_{2(20℃)} = 824\frac{D_m^{0.5} l^{0.25}}{H^{1.25}}, C_z < 17 \tag{5-35}$$

$$C_z = \frac{1}{n}H^{1/6} \tag{5-36}$$

$$D_m = 1.774 \times 10^{-4} \times 1.037^{(T-20)} \tag{5-37}$$

式中：$H$——河流断面的平均水深，m；

$l$——纵向坡底水力坡降系数；

$U$——平均流速（也称摩阻流速），m/s；

$n$——河床糙度；

$D_m$——分子扩散系数。

3. $K_1$、$K_2$ 的温度校正

$$K_{1或(T)} = K_{1或2(20℃)} \cdot \theta^{(T-20)} \tag{5-38}$$

温度常数的 $\theta$ 取值范围：对 $K_1$，$1.02 \leqslant \theta \leqslant 1.06$，一般取 1.047；对 $K_2$，$1.015 \leqslant \theta \leqslant 1.047$，一般取 1.024。

4. 混合系数示踪试验测定法

示踪试验法是向水体中投放示踪物质，追踪测定其浓度变化，据此计算所需要

的各环境水力学参数的方法。

示踪物质有无机盐类(氯化钠、氯化锂)、萤光染料(如工业碱性玫瑰红)和放射性同位素等,示踪物质的选择应满足下列要求:

1)具有在水体中不沉降、不降解,不产生化学反应的物性。

2)测定简单准确。

3)经济。

4)对环境无害。

示踪物质的投放方式有瞬时投放、有限时段投放和连续恒定投放。连续恒定投放时,其投放时间(从投放到开始取样的时间)应大于 1.5xm/u(xm 为投放点到最远取点的距离)。瞬时投放具有示踪物质用时少,作业时间短,投放简单,数据整理容易等优点。

数据整理建议采用拟合曲线法。

示踪试验可以求出 $M_x$、$M_y$、$M_1$、$M_r$、$M_v$。

5. 多参数优化法

多参数优化法是根据实测的水文、水质数据,利用优化方法同时确定多个环境水力学参数的方法。该参数是局部最优解,当要确定的参数较多时,优化的结果可能与其物理意义差别较大。为了提高解的合理性,可以采取如下措施:

1)根据经验限制各环境水利学参数的取值范围,确定初值。

2)降低维数,可用其他方法确定的参数尽量用其他方法确定之。

多参数优化法所需要的数据,因被估值的环境水力学参数及采用的数学模式不同而异,一般需要如下几个方面的数据:

1)各测点的位置,各排放口的位置,河分段的断面位置。

2)水文方面:$u$、$Q_h$、$H$、$B$、$I$、$u_{max}$等。

3)水质方面:拟预测水质参数在各测点的浓度以及数学模式中所涉及的参数。

4)各测点的取样时间。

5)各排放口的排放量、排放浓度;支流的流量及其水质。

## 五、河流完全混合模式、一维水质模式的运用

1. 河流完全混合模式

持久性污染物在河流完全混合模式

$$c = (c_p Q_p + c_h Q_h)/(Q_p + Q_h) \quad (5-39)$$

式中:$c$——废水与河水混合后的浓度,mg/L;

$c_p$——废水中污染物浓度,mg/L;

$Q_p$——废水排放量,$m^3/s$;

$c_h$——废水排入处河水中污染物浓度,mg/L;

$Q_h$——废水排入处河水流量,$m^3/s$。

2. 一维水质模式

非持久性污染物在充分混合段 S－P 模式为:

$$c = c_0 \exp\left(-K_1 \frac{x}{86\ 400u}\right) \tag{5-40}$$

$$D = \frac{K_1 c_0}{K_2 - K_1}\left[\exp\left(-K_1 \frac{x}{86\ 400u}\right) - \exp\left(-K_2 \frac{x}{86\ 400u}\right)\right] + D_0 \exp\left(-K_2 \frac{x}{86\ 400u}\right) \tag{5-41}$$

$$x_c = \frac{86\ 400u}{K_2 - K_1}\ln\left[\frac{K_2}{K_1}\left(1 - \frac{D_0}{c_0}\frac{K_2 - K_1}{K_1}\right)\right] \tag{5-42}$$

$$c_0 = (c_p Q_p + c_h Q_h)/(Q_p + Q_h) \tag{5-43}$$

$$D_0 = (D_p Q_p + D_h Q_h)/(Q_p + Q_h) \tag{5-44}$$

式中:$c$——河流污染物预测浓度,mg/L;

$u$——河流中断面平均流速,m/s;

$K_1$——为污染物的降解速率常数,即耗氧系数,1/d;

$c_h$——排污口上游河流污染物浓度,mg/L;

$c_p$——污染物排放浓度,mg/L;

$Q_p$——污水排放量,$m^3/s$;

$Q_h$——河流上游来水量,$m^3/s$;

$x$——预测点距排污口距离,m;

$c_0$——初始断面和水中污染物的初始浓度,mg/L。

3. 二维稳态混合模式的运用

(1)岸边排放

$$c(x,y) = c_h + \frac{c_p Q_p}{H\sqrt{\pi M_y x u}}\left\{\exp\left(-\frac{uy^2}{4M_y x}\right) + \exp\left[-\frac{u(2B-y)^2}{4M_y x}\right]\right\} \tag{5-45}$$

(2)非岸边排放

$$c(x,y) = c_h + \frac{c_p Q_p}{2H\sqrt{\pi M_y x u}}\left\{\exp\left(-\frac{uy^2}{4M_y x}\right) + \exp\left[-\frac{u(2a+y)^2}{4M_y x}\right] + \exp\left[-\frac{u(2B-2a-y)^2}{4M_y x}\right]\right\} \tag{5-46}$$

## 六、水质评价

一般采用标准指数法(单项水质参数评价方法)进行评价。

1. 单项水质参数

单项水质参数 $i$ 在第 $j$ 点的标准指数

$$S_{i,j} = c_{i,j}/c_{si} \tag{5-47}$$

式中：$S_{i,j}$——标准指数；

$c_{i,j}$——评价因子 $i$ 在 $j$ 点的实测浓度值，mg/L；

$c_{si}$——评价因子 $i$ 的评价标限值，mg/L。

2. 溶解氧的标准指数

$$S_{DO,j} = \frac{|DO_f - DO_j|}{DO_f - DO_s}, DO_j \geqslant DO_s \tag{5-48}$$

$$S_{DO,j} = 10 - 9\frac{DO_j}{DO_s}, DO_j < DO_s \tag{5-49}$$

$$DO_f = 468/(31.6 + T) \tag{5-50}$$

式中：$S_{DO,j}$——溶解氧的标准指数；

$DO_f$——某水温、气压条件下的饱和溶解氧浓度，mg/L；

$DO_j$——溶解氧实测浓度，mg/L；

$DO_s$——溶解氧标准浓度限值，mg/L。

3. pH 的标准指数

$$S_{pH,j} = \frac{7.0 - pH_j}{7.0 - pH_{sd}}, pH_j \leqslant 7.0 \tag{5-51}$$

$$S_{pH,j} = \frac{pH_j}{pH_{su}}, pH_j > 7.0 \tag{5-52}$$

式中：$S_{pH,j}$——pH 的标准指数；

$pH_j$——pH 实测值；

$pH_{sd}$——评价标准中 pH 的下限值(较小值)；

$pH_{su}$——评价标准中 pH 的上限值(较大值)。

水质参数的标准指数>1，表明该水质参数超过了规定的水质标准，已经不能满足使用要求。

## 第六节 固体废物环境影响预测分析方法

固体废物的环境影响评价主要分为两大类：第一类是对一般工程项目产生的固体废物，由产生收集运输处理到最终处置的环境影响评价；第二类是对处理处置固体废物设施建设项目的环境影响评价。

1. 有毒有害物的浸出和对水体的污染

淋滤液产生量一般可用下式估算

$$L = W_{SR} + W_P + W_{GW} + W_D - \Delta S - E \quad (5-53)$$

式中：$W_{SR}$——地面水径流量，$m^3$；

$W_P$——降雨量，$m^3$；

$W_{GW}$——地下水径流量，$m^3$；

$W_D$——固体废弃物原有含水量，$m^3$；

$\Delta S$——固体废弃物堆置过程中的失水量，$m^3$；

$E$——蒸发量，$m^3$。

淋滤液和浸出液的成分和浓度可以通过现场实测，也可以采用动态淋滤或静态浸出模拟试验求得。

2. 恶臭气体的释放

恶臭气体的挥发速率估算

$$E_r = 2CW\sqrt{\frac{DLV}{\pi F}} \cdot \frac{m}{M} \quad (5-54)$$

式中：$C$——化学气体的蒸气压，Pa；

$W$——堆场或填埋物的宽度，cm；

$D$——扩散率，$cm^2/s$；

$L$——堆场或填埋物的长度，cm；

$V$——风速，cm/s；

$F$——蒸气压校正系数；

$m$——土壤中挥发性化合物的质量，kg；

$M$——土壤与化合物的总质量，kg；

$E_r$——散发速率，$cm^3/s$。

## 第七节 声环境影响预测模式

### 一、点声源及线状声源声级衰减计算方法的选用原则

在预测过程中遇到的声源往往是复杂的，需根据其声源分布形式简化处理。环境影响评价中，经常把声源简化成两类声源，即点声源和线状声源。

当声波波长比声源尺寸大得多时或是预测点离开声源的距离比声源本身尺寸大得多时，声源可当作点声源处理，等效点声源位置在声源本身的中心。各种机械设备、单辆汽车、单架飞机等均可简化为点声源。

当许多点声源连续分布在一条直线上时，可认为该声源是线状声源。公路上的汽车流、铁路列车均可作为线状声源处理。

## 二、声环境影响预测模式

1. 噪声级相加的计算方法

分贝相加一定要按能量(声功率或声压平方)相加，分贝相加的计算公式如下：

$$L_{1+2} = 10\lg(10^{L_1/10} + 10^{L_2/10}) \tag{5-55}$$

2. 点声源衰减公式及应用

1)点声源的声音向外发散遵循球面分布规律：

$$\Delta L_1 = 10\lg\left(\frac{1}{4}\pi r^2\right) \tag{5-56}$$

式中：$\Delta L_1$——距离增加产生的衰减值，dB；

$r$——点声源到受声点的距离，m。

2)在距离点声源 $r_1$、$r_2$ 处的衰减值：

$$\Delta L_1 = 20\lg\frac{r_1}{r_2} \tag{5-57}$$

当 $r_2 = 2r_1$ 时，$\Delta L_1 = -6$dB，即点声源传播距离增加 1 倍，声源值衰减 6dB。

3. 线声源衰减公式及其应用

1)线声源的声音向外发散遵循圆柱体分布规律：

$$\Delta L_1 = 10\lg\left(\frac{1}{2}\pi r l\right) \tag{5-58}$$

式中：$\Delta L_1$——距离增加产生的衰减值，dB；

$r$——点声源到受声点的距离，m；

$l$——线声源的长度，m。

2)当 $r/l < 1/10$ 时，可视为无限长线声源，此时在距离线声源 $r_1$、$r_2$处的衰减值为：

$$\Delta L_1 = 10\lg\frac{r_1}{r_2} \tag{5-59}$$

当 $r_2 = 2r_1$ 时，$\Delta L_1 = -3$dB，即线声源传播距离增加 1 倍，声源值衰减 3dB。

3)当 $r$ 远大于 1 时，可视为点声源计算。

4)线声源衰减公式。

无限长线声源

$$L(r) = L(r_0) - 10\lg(r/r_0) \tag{5-60}$$

有限长线声源

A. 设线状声源长为 $l_0$，当 $r > l_0$ 且 $r_0 > l_0$ 时，

$$L_P(r) = L_P(r_0) - 20\lg(r/r_0) \tag{5-61}$$

即在有限长线声源的远场，有限长线声源可当作点声源处理。

B. 当 $r<l_0/3$ 且 $r_0<l_0/3$ 时，

$$L_P(r)=L_P(r_0)-10\lg(r/r_0) \tag{5-62}$$

即在近场区，有限长线声源可当作无限长线声源处理。

C. 当 $l_0/3<r<l_0$，且 $l_0/3<r_0<l_0$ 时，

$$L_P(r)=L_P(r_0)-15\lg(r/r_0) \tag{5-63}$$

4. 由室内源计算等效室外声级的方法

声源位于室内，假设靠近开口处（或窗户）室内、室外的声级分别为 $L_1$ 和 $L_2$。若声源所在室内声场近似扩散声场，则

$$NR=L_1-L_2=TL+6 \tag{5-64}$$

式中：$TL$——隔墙（或窗户）的传输损失。

$L_1$ 可以是测量值或计算值；若为计算值时，有如下计算式

$$L_1=L_w+10\lg\left(\frac{Q}{4\pi r_1^2}+\frac{4}{R}\right) \tag{5-65}$$

1）首先计算出某个室内靠近围护结构处的倍频带声压级：

$$L_{oct,1}=L_{w\ oct}+10\lg\left(\frac{Q}{4\pi r_1^2}+\frac{4}{R}\right) \tag{5-66}$$

式中：$L_{oct,1}$——某个室内声源在靠近围护结构处产生的倍频带声压级，dB；

$L_{w\ oct}$——某个声源的倍频带声功率级，dB；

$r_1$——室内某个声源与靠近围护结构处的距离，m；

$R$——房间常数；

$Q$——方向因子。

2）计算出所有室内声源在靠近围护结构处产生的总倍频带声压级：

$$L_{oct,1}(T)=10\lg\left[\sum_{i=1}^{N}10^{0.1L_{oct,1(i)}}\right] \tag{5-67}$$

3）计算出室外靠近围护结构处的声压级：

$$L_{oct,2}(T)=L_{oct,1}(T)-(TL_{oct}+6) \tag{5-68}$$

4）将室外声级 $L_{oct,2}(T)$ 和透声面积换算成等效的室外声源，计算出等效声源第 $i$ 个倍频带的声功率级 $L_{w\ oct}$。

$$L_{w\ oct}=L_{oct,2}(T)+10\lg S \tag{5-69}$$

式中：$S$——透声面积，$m^2$。

5）等效室外声源的位置为围护结构的位置，其倍频带声功率级为 $L_{w\ oct}$，由此按室外声源方法计算等效室外声源在预测点产生的声级。

## 第八节　生态环境影响预测与分析方法

生态环境影响预测是指用科学的方法推断生态环境在某种外来作用下所发生

的相应过程，发展趋势和结果，揭示事物的客观本质和规律。影响预测的内容包括：工程影响因素分析；生态环境受体分析（即受影响对象的确定）；生态影响效应的分析（即发生了什么问题）。

## 一、生态环境影响预测的方法

生态环境影响预测与评价方法主要有类比分析法、机理分析法（水土流失预测与评价方法、水体富营养化）、景观生态学方法、生态制图法等。这些方法可以进行文字分析与定性描述，也可以辅以数学模型进行预测。

1. 类比分析法

类比分析法是一种比较常用的定性和半定量评价方法。该法根据已有开发建设活动对生态环境产生的影响来分析或预测拟进行的开发建设活动可能产生的生态环境影响。一般有生态环境整体类比、生态因子类比、生态环境问题类比等。

类比对象的选择条件是：工程性质、工艺和规模基本相当，生态环境条件（地理、地质、气候、生物因素等）基本相似，所产生的影响已基本全部显现。

类比对象确定后，则需选样和确定类比因子及指标，并对类比对象开展调查与评价，再分析拟建项目与类比对象的差异。最后根据类比对象与拟建项目的比较，作出类比分析结论。

由于自然条件千差万别，在生态环境影响评价时很难找到完全相似的两个项目，因此，参照已建成项目的一个单项或一个部分进行类比可能更实用一些。

2. 水土流失预测评价方法

水土流失，又称土壤侵蚀，包括水力侵蚀、重力侵蚀和风力侵蚀。水力侵蚀分布最广泛，在山区、丘陵区和一切有坡度的地面，暴雨时都会产生水力侵蚀。水力侵蚀主要类型有片蚀、沟蚀、滑坡和崩塌。

水土流失的预测以美国“通用土壤流失方程”（ULSE）使用最为广泛，其结构简单，所需输入数据量少，计算结果可满足一定精度下预测的要求。模型的改进使其应用范围扩大，适用性增强，计算精度提高。

$$A = RKLSCP \tag{5-70}$$

式中：$A$——单位面积多年平均土壤流失量，t/(hm$^2$ · a)；

$R$——降雨侵蚀因子，J/m$^2$；

$K$——土壤可蚀性因子，t/(hm$^2$ · m)，根据土壤的机械组成、有机质含量、土壤结构及渗透性决定；

$L$、$S$——地形因子，其中 $L$ 为坡长，m，$S$ 为坡度，%或 °；

$C$——水土侵蚀控制因子，与植被覆盖度和耕作期有关；

$P$——土壤保持措施因子，主要有农业耕作措施因子、工程措施因子、植物措施因子。

3. 生态制图法

生态制图法即图形叠置法，是在收集的各种图件、资料的基础上或应用遥感技术采集数据的基础上完成的，把两个以上的生态信息叠合到一张图上，构成复合图，用以表示生态环境变化的方向和程度。

不同的评价等级对图件有不同的要求，1 级项目要进行评价区生物量实测，物种多样性调查和生物群落异质状况调查，2、3 级项目可以依据已有信息判断，或实测 3～5 个点位予以验证。现介绍如下：

1)生态影响评价的图件需由有正规比例的基础图件和评价成果图件组成。

2)3 级项目要完成土地利用现状图和关键评价因子的评价成果图。

3)2 级项目要完成土地利用现状图、植被分布图、资源分布图等基础图件和主要评价因子的评价和预测成果图，上述图件要通过计算机完成并可以在地理信息系统上显示。

4)1 级项目除完成上述图件和达到上述要求以外，要用图形、图像显示评价区域全方位的评价和预测成果。

编制生态图有指标法和叠图法两种基本手段，本法的特点是直观形象、简单明了，但不能作精确的定量评价。

4. 景观生态学方法

景观生态学方法通过两个方面评价生态环境质量状况：一方面是空间结构分析；另一方面是功能与稳定性分析。这种评价方法可体现生态系统结构与功能匹配一致的基本原理。

空间结构分析认为：景观是由拼块、模地和廊道组成。其中，模地是区域景观的背景地块，是景观中一种可以控制环境质量的组分。因此，模地的判定是空间结构分析的重点。模地的判定有 3 个标准：相对面积大、连通程度高、具有动态控制功能。拼块的表征，一个用多样性指数、另一个用优势度指数。优势度指数($D_o$)由密度($R_d$)、频度($R_f$)和景观比例($L_p$)三个比例计算得出。

优势度指数($D_o$)计算公式为

$$D_o=\frac{(R_d+R_f)/2+L_p}{2} \tag{5-71}$$

式中：$R_d$——密度，$R_d$=(拼块 $i$ 的数目÷拼块总数)×100%；

$R_f$——频度，$R_f$=(拼块 $i$ 出现的样方数÷总样方数)×100%，其中样方是以 1km×1km 为 1 个样方，对景观全覆盖取样，并用 Merrington Manine“t—分布点的百分比表”进行检验；

$L_p$——景观比例，$L_p$=(拼块 $i$ 的面积÷样地总面积)×100%。

景观的功能和稳定性分析包括组成因子的生态适宜性分析；生物的恢复能力分析；系统的抗干扰或抗退化能力分析；种群源的持久性和可达性分析（能流是否畅通无阻，物流能否畅通和循环）；景观开放性分析（与周边生态系统的交流渠道是否畅通）等。

5. 生产力评价法

生态系统的生产力是系统的首要功能表征。衡量其功能优劣有 3 个基本生物学参数：生物生产量、生物量和物种量。

生物生产量是生态系统在单位空间和单位时间所能生产的有机质的数量，即生产的速率，以 $t/hm^2$ 或 t/亩表示，一般以绿色植物的生产量代表整个生态系统的生物生产量。生物生长量既表征系统的生产能力，也在一定程度上可表征系统受影响后的恢复能力。

$$P_q = P_n + R \tag{5-72}$$

$$P_n = B_q + L + G$$

式中：$P_q$——总生物生产量；

$P_n$——净生物生产量；

$R$——生物呼吸作用消耗量；

$B_q$——活物质生产量；

$L$——枯枝落叶；

$G$——被动物消耗掉的生物量。

由于生物生产量的变化极不稳定，因此常选用标定生长系数作指数，即取生产量与标定生物量的比值

$$P_a = \frac{B_q}{B_{mo}} \tag{5-73}$$

式中：$P_a$——标定生长系数，$P_a$ 值越大，则生态环境质量越好；

$B_{mo}$——标定生物量。

生物量是指一定空间内某个时期全部活有机体的数量，又称现有量，一般选用标定相对生物量（$P_b$）作表征指数。

$$P_b = \frac{B_m}{B_{mo}} \tag{5-74}$$

式中：$B_m$——生物量；

$B_{mo}$——标定生物量；

$P_b$——标定相对生物量，$P_b$ 值增大，表示生态环境质量趋好。

物种量是指单位空间（例如单位面积）内的物种数量。物种量是生态系统稳定性以及系统与环境和谐程度的表征。标定物种量是将物种量与标定物种量的比

值，即标定相对物种量（$P_s$）作为评价的指标。

$$P_s = \frac{B_s}{B_{so}} \tag{5-75}$$

式中：$B_s$——物种量，种数/$hm^2$；

$B_{so}$——标定物种量，种数/$hm^2$；

$P_s$——标定相对物种量，$P_s$ 值越大，环境质量越好。

关于自然系统生产力的评价经常采用的方法是测量当地的净第一生产力（NPP）来衡量，由于生态因子侧重不同，该法已发展了许多数学模型。

6. 水体富营养化

水体富营养化评价指标按性质可分为物理性指标、化学性指标、生物性指标 3 大类。常用的评价方法根据不同体系而定，如水体富营养化预测模型和单因子法、营养物质负荷法、营养状况指数法、主成分分析法、评分法、浮游植物群落产量和群落结构法等。

## 二、生态影响预测的内容

1）自然资源开发项目对区域生态环境（主要包括对土地、植被、水文和珍稀濒危动、植物物种等生态因子）影响的预测内容包括：①是否带来某些新的生态变化；②是否使某些生态影响严重化；③是否使生态问题发生时间与空间上的变更；④是否使某些原来存在的生态问题向有利的方向发展。

2）3 级项目要对关键评价因子（例如对绿地、珍稀濒危物种、荒漠等）进行预测；2 级项目要对所有重要评价因子均进行单项预测；1 级项目除进行单项预测外，还要对区域性全方位的影响进行预测。

3）为便于分析和采取对策，要将生态影响划分为：有利影响和不利影响，可逆影响与不可逆影响，近期影响与长期影响，一次影响与累积影响，明显影响与潜在影响，局部影响与区域影响。

4）要根据不同因子受开发建设影响在时间和空间上的表现和累积情况进行预测评估。从时间分布上可以表现为年内（月份）和年际（准备期、施工期、运转期）变化两个方面。从空间分布上可以划分为宏观（开发区域及其周边地区）和微观（影响因子分布）两个部分。

5）自然资源开发建设项目的生态影响预测要进行经济损益分析。

## 三、生态环境的保护与恢复

凡涉及到珍稀濒危物种和敏感地区等类生态因子发生不可逆影响时必须提出可靠的保护措施和方案；凡涉及到尽可能需要保护的生物物种和敏感地区，必须制定补偿措施加以保护；对于再生周期较长，恢复速度较慢的自然资源损失要制定恢复和补偿措施；对于普遍存在的再生周期短的资源损失，当其恢复的基本条件没有发生逆转时，不必制定补偿措施；需制定区域的绿化规划。

### 四、替代方案

替代方案主要指开发项目的规模、选址(线)的可替代方案，也包括项目环境保护措施的多方案比较，这种替代方案原则上应达到与原拟建项目或方案同样的目的和效益，并在评价工作中应描述替代项目或方案的优点和缺点。

1级以上项目要进行替代方案比较。要对关键的单项问题进行替代方案比较、并对环境保护措施进行多方案比较，这些替代方案应该是环境保护决定的最佳选择。

## 第九节 区域环境容量分析与计算

环境容量是指在人类和自然环境不致受害的情况下，某一环境单元所能容纳的污染物的最大负荷。或者说在某一区域内容纳污染物质的能力是有一定限度的，这个限度称为环境容量。

某种水污染物在某一纳污水域中的水环境容量是指人类和水环境不致受害的情况下，这种水污染物在此纳污水域中所能容纳的最大负荷。

大气环境容量是某种大气污染物在某一环境单元中的大气环境容量，是指人类和大气环境不致受害的情况下，这种大气污染物在此环境单元中所能容纳的最大负荷。

### 一、水环境容量的计算方法

水环境容量是水体在环境功能不受损害的前提下所能接纳的污染物的最大允许排放量。可按以下方面计算水环境容量：

1)对于拟接纳开发区污水的水体，例如常年径流的河流、湖泊、近海水域应估算其环境容量。

2)污染因子应包括国家和地方规定的重点污染物、开发区可能产生的特征污染物和受纳水体敏感的污染物。

3)根据水环境功能区划明确受纳水体不同断(界)面的水质标准要求；通过现有资料或现场监测弄清受纳水体的环境质量状况；分析受纳水体水质达标程度。

4)在对受纳水体动力特性进行深入研究的基础上，利用水质模型建立污染物排放和受纳水体水质之间的输入响应关系。

5)确定合理的混合区,根据受纳水体水质达标程度,考虑相关区域排污的叠加影响,应用输入响应关系,以受纳水体水质按功能达标为前提,估算相关污染物的环境容量(即最大允许排放量或排放强度)。

## 二、大气环境容量的计算方法

1.准备工作

按通常调查城市空气质量的方法准备下述资料。

1)确定所控制的污染物,环境标准(或环境目标值)以及基准年。

2)将城市控制区网格化。

3)按排放高度、排放源的密集程度等项,将基准年内的污染源划分为点、面等类源,并按网格添入。

4)调查基准年的气象条件,给出污染严重季节的风向、风速、稳定度、联合频率或典型日的相应资料,确定湍流扩散参数。

5)选择扩散模式。

6)给出有关控制点的监测资料。

7)调查当地污染防治的可行措施以及有关的规划、政策、制度等。

2.模式校验和预测

根据所选用模式和输入资料,计算各控制点的浓度,利用监测数据,对模式进行校验和调整,最后预测控制区浓度分布并对超标情况进行分析。

3.初步削减

主要是按排放标准对点源以及可以执行排放标准的其他类源(例如厂矿、企事业单位的无组织排放源)进行初步削减。然后,按削减后的排放量进行下一步的有关计算。

4.模式计算

这一步视所采用的具体削减方法而定。例如,平权削减法主要需预测各个污染源在各控制点的污染贡献分担率;反演法可以越过上述第3步,直接利用模式给出各个污染源的允许排放量和超标量;逐级削减法则需计算环境容量。

5.削减

按所采用的削减方法对超标污染源进行削减。

6.给出最佳方案

7.制定常规监控制度

大气环境容量的计算方法有:修正的A-P值法、模拟法、线性优化(规划)法。

1)A-P值法(GB/T 13201—91)《制定地方大气污染物排放标准的技术方法》。

总量控制区污染物排放总量的限值由式(5－76)计算。

$$Q_{ak} = \sum_{i=1}^{n} Q_{aki} \tag{5-76}$$

式中:$Q_{ak}$——总量控制区某种污染物年允许排放总量限值,$10^4$ t;

$Q_{aki}$——第 $i$ 功能区某种污染物($k$)年允许排放总量限值,$10^4$ t;

$n$——功能区总数;

$i$——总量控制区内各功能分区的编号;

$a$——总量下标;

$k$——某种污染物下标。

2)各功能区污染物排放总量限值由式(5－77)计算。

$$Q_{aki} = A_{ki} \frac{S_i}{\sqrt{S}} \tag{5-77}$$

$$S = \sum_{i=1}^{n} S_i \tag{5-78}$$

式中:$S$——总量控制区总面积,$km^2$;

$S_i$——第 $i$ 功能区面积,$km^2$;

$A_{ki}$——第 $i$ 功能区某种污染物排放总量控制系数,$10^4 t \cdot a^{-1} \cdot km^{-1}$。

3)各类功能区内某种污染物排放总量控制系数由式(5－79)计算。

$$A_{ki} = AC_{ki} \tag{5-79}$$

式中:$C_{ki}$——GB 3095 等国家和地方有关大气环境质量标准所规定的与第 $i$ 功能区类别相应的年日平均浓度限值,$mg \cdot m^{-3}$;

$A$——地理区域性总量控制系数,$10^4 \cdot km^2 \cdot a^{-1}$。

4)总量控制区内低架源(几何高度低于 30m 的排气筒排放源或无组织排放源)大气污染物年排放总量限值由式(80)计算。

$$Q_{bk} = \sum_{i=1}^{n} Q_{bki} \tag{5-80}$$

式中:$Q_{bk}$——总量控制区内低架源某种污染物年允许排放总量限值,$10^4$ t;

$Q_{bki}$——第 $i$ 功能区低架源某种污染物年允许排放总量限值,$10^4$ t;

$b$——低架源排放总量下标。

5)各功能区低架源污染物排放总量限值按式(5－81)计算。

$$Q_{bki} = aQ_{aki} \tag{5-81}$$

式中:$a$——低架源排放分担率,见表 5－7。

表 5-7 我国各地区总量控制系数 $A$,低源分担率 $a$,点源控制系数 $P$ 值

| 地区序号 | 省(市)名 | $A$ | $a$ | $P$ | |
|---|---|---|---|---|---|
| | | | | 总量控制区 | 非总量控制区 |
| 1 | 新疆,西藏,青海 | 7.0~8.4 | 0.15 | 100~150 | 100~200 |
| 2 | 黑龙江,吉林,辽宁,内蒙古(阴山以北) | 5.6~7.0 | 0.25 | 120~180 | 120~240 |
| 3 | 北京,天津,河北,河南,山东 | 4.2~5.6 | 0.15 | 100~180 | 120~240 |
| 4 | 内蒙古(阴山以南),山西,陕西(秦岭以北),宁夏,甘肃(渭河以北) | 3.5~4.9 | 0.20 | 100~150 | 100~200 |
| 5 | 上海,广东,广西,湖南,湖北,江苏,浙江,安徽,海南,台湾,福建,江西 | 3.5~4.9 | 0.25 | 50~100 | 50~150 |
| 6 | 云南,贵州,四川,甘肃(渭河以南),陕西(秦岭以南) | 2.8~4.2 | 0.15 | 50~75 | 50~100 |
| 7 | 静风区(年平均风速小于1m/s) | 1.4~2.8 | 0.25 | 40~80 | 40~90 |

# 第十节 清洁生产评述

## 一、清洁生产指标的选取原则

1. 从产品生命周期全过程考虑

生命周期分析方法是清洁生产指标选取的一个最重要原则,它是从一个产品的整个寿命周期全过程地考察其对环境的影响,如从原材料的采掘,到产品的生产,再到产品销售,直至产品报废后的处置。“生命周期评价是对一个产品系统的生命周期中输入、输出及其潜在的环境影响进行汇总和评价”。生命周期评价方法的关键和它与其他环境评价方法的主要区别,是它从产品的整个生命周期来评估它对环境的总影响。

2. 体现污染预防为主的原则

清洁生产指标必须体现预防为主的原则,要求完全不考虑末端治理,因此污染物产生指标是指污染物离开生产线时的数量和浓度,而不是经过处理后的数量和浓度。清洁生产指标主要应反映出项目实施过程中所使用的资源量及其产生的废物量,包括使用能源、水或其他资源的情况,通过对这些指标的评价,反映出项目的资源利用情况和节约的可能性,达到保护自然资源的目的。

3. 容易量化

清洁生产指标涉及面比较广,有些指标难以量化。为了使所确定的清洁生产指标既能够反映项目的主要情况,又简便易行,在设计时要充分考虑到指标体系的

可操作性，因此，应尽量选择容易量化的指标项，给清洁生产指标的评价提供有力的依据。

4. 满足政策法规要求和符合行业发展趋势

清洁生产指标应符合产业政策和行业发展趋势要求，并考虑行业特点。

## 二、清洁生产评价指标含义及计算

清洁生产评价指标可分为6大类：生产工艺与装备要求、资源能源利用指标、产品指标、污染物产生指标、废物回收利用指标、环境管理指标。

(1)生产工艺与装备要求

对项目的工艺技术来源和技术特点进行分析，说明其在同类技术中所占的地位和所选设备的先进性。

(2)资源能源利用指标

包括物耗指标、能耗指标、新用水量指标3类。具体如下：

1)单位产品的能耗指标：生产单位产品消耗的电、煤、石油、天然气和蒸汽等能源，通常用该指标。

2)单位产品的物耗指标：生产单位产品消耗的主要原、辅材料，也可用产品收率、转化率等工艺指标反映。

3)新用水量指标：单位产品新用水量、单位产品循环用水量、工业用水重复利用率、间接冷却水循环率、工艺水回用率、万元产值取水量。

4)原、辅材料的选取指标：可从毒性、生态影响、可再生性、能源强度以及可回收利用性这五个方面建立定性分析指标。

(3)产品指标

对产品的要求是清洁生产的一项重要内容，因为产品的销售、使用过程以及报废后的处理处置均会对环境产生影响，有些影响是长期的，甚至是难以恢复的。因此产品首先应是我国产业政策鼓励发展的产品；其次从清洁生产要求方面还要考虑产品的包装和使用过程(如避免过分包装，选择无害的包装材料)，运输和销售过程不对环境产生影响，产品使用安全，报废后不对环境产生影响等。

(4)污染物产生指标

除资源(消耗)指标外，另一类能反映生产过程状况的指标便是污染物产生指标，污染物产生指标较高，说明工艺相应地比较落后或管理水平较低。通常情况下，污染物产生指标分为3类：即废水产生指标、废气产生指标和固体废物产生指标。

1)废水产生指标：可细分为单位产品废水产生量指标和单位产品主要水污染物产生量指标。

2)废气产生指标:可细分为单位产品废气产生量指标和单位产品主要大气污染物产生量指标。

3)固体废物产生指标:可简单分为单位产品主要固体废物产生量指标和单位固体废弃物综合利用量指标。

(5)废物回收利用指标

包括可再生材料利用率等指标。

(6)环境管理要求

1)环境法律法规标准:要求企业符合有关法律法规标准的要求。

2)环境审核:按照行业清洁生产审核指南要求进行审核、按 ISO 14001 建立并运行环境管理体系。

3)废物处理处置:要求一般废物妥善处理、危险废物无害化处理。

4)生产过程环境管理:对生产过程中可能产生废物的环节提出要求,如要求原材料质检、消耗定额、对产品合格率有考核等,防止跑冒滴漏等。

5)相关环境管理:对原料、服务供应方等的行为提出环境要求。

## 三、建设项目清洁生产分析的方法和程序

1. 清洁生产分析的方法

1)指标对比法:根据我国已颁布的清洁生产标准,或参照国内外同类装置的清洁生产指标,对比分析建设项目的清洁生产水平。

2)分值评定法:将各项清洁生产指标逐项制定分值标准,再由专家按百分制打分,然后乘以各自权重值得到总分,然后再按清洁生产等级分值对比分析项目清洁生产水平。

2. 清洁生产分析的程序

用指标对比法进行清洁生产分析的程序如下:

1)收集相关行业清洁生产标准。如果没有标准可参考,可与国内外同类装置清洁生产指标作比较。

2)预测环境影响评价项目的清洁生产指标值。

3)将环境影响评价项目的预测值与清洁生产标准值对比。

4)得出清洁生产评价结论。

5)提出清洁生产改进方案和建议。

## 四、环境影响报告书中清洁生产分析的编写要求

1. 原则

1)应从清洁生产的角度对整个环境影响评价过程中有关内容加以补充和完

善。

2)大型工业项目可在环境影响评价报告书中单列“清洁生产分析”一章,专门进行叙述;中、小型且污染较轻的项目可在工程分析一章中增列“清洁生产分析”一节。

3)清洁生产指标项的确定要符合指标选取原则,从6类指标考虑并充分考虑行业特点。

4)清洁生产指标数值的确定要有充分的依据。调查收集同行业多数企业的数据,或同行业中有代表性企业的近年的基础数据,作参考依据。

5)建设项目的清洁生产指标的描述应真实客观。

6)报告书中必须给出关于清洁生产的结论及所应采取的清洁生产方案建议。

2. 清洁生产分析的内容

1)环境影响评价中进行清洁生产分析所采用清洁生产评价指标的介绍。应介绍选取清洁生产指标过程和确定清洁生产指标数值,指标数值确定的参考技术数据,数据来源以及其可靠性。

2)建设项目所能达到的清洁生产各个指标的描述。根据建设项目工程分析的结果,并结合对资源能源利用,生产工艺和装备选择,产品指标,废弃物的回收利用以及污染物产生的深入分析,确定环境影响评价项目相应各类清洁生产指标数值。

3)建设项目清洁生产评价结论。通过将预测值与同类行业清洁生产标准值进行对比,给出简要的清洁生产评价结论。

4)清洁生产方案建议。在对建设项目进行清洁生产分析的基础上,确定存在的主要问题,并提出相应的解决方案和建议。

3. 环保措施方案分析的内容及技术要求

1)分析建设项目可研阶段环保措施方案的技术经济可行性。根据项目产生污染物的特征,充分调查企业和现有环保处理方案的经济技术运行指标,分析项目可研阶段所采用的环保设施的经济技术可行性,在这些基础上提出改进的意见。

2)分析项目采用污染处理工艺,排放污染物达标的可靠性。根据现有同类环保设施的经济技术运行指标,结合项目排放污染物的特征和防治措施的合理性,分析项目环保设施运行,确保污染物达标排放的可靠性并提出改进意见。

3)分析环保设施投资构成及其在总投资中所占的比例。汇总项目各项环保设施投资,分析其结构,计算环保投资在总投资中的比例。一般可按水、气、声、固废、绿化等列出环保投资一览表。对技改扩建项目,一览表还应包括“以新带老”的环保投资。

4)分析依托设施的可行性。例如废水经简单处理后排入区域污水处理厂,需分析污水处理厂的工艺是否与项目水质特征相符,是否有足够处理能力等。

4. 总图布置方案分析的内容及技术要求

1)分析厂区与周围环境保护目标之间所定卫生防护距离和安全防护距离的保证性。参考国家有关防护距离规范,分析厂区与周围环境保护目标之间所定防护距离的可行性,合理布局建设项目的各构筑物及生产设施,给出总图布置方案与外环境关系图。图中应标明保护目标与建设项目的方位关系、距离、保护目标的内容与性质。

2)根据气象、水文等条件分析工厂和车间布置的合理性。在充分掌握项目建设地点的气象、水文和地质资料的情况下,认真考虑这些因素对污染物的污染特性的影响,减少不利因素,合理布置工厂和车间。

3)分析对周围环境敏感点处置措施的可行性。分析项目所产生的污染物的污染特性,结合现有资料,确定项目对附近敏感点的影响程度,在此基础上提出可行的处置措施(如搬迁、防护)。

## 习 题

### 一、不定项选择题

1. 下列关于工程分析方法的说法不正确的有( )。

A. 目前常用的工程分析的方法有物料平衡法、类比法及资料复用法

B. 类比法是工程分析方法中最准确的方法

C. 资料复用法一般只在评价等级较低时候使用

D. 工程分析中常用的物料衡算有:总物料衡算、有毒有害物料衡算、有毒有害元素物料衡算

2. 相比其他方法,资料复用法的特点是( )。

A. 结果偏小,应用时要修正　　B. 较为简便,但结果的准确性难以保证

C. 能够在评价等级较低的项目中使用　　D. 计算的工作量较大

3. 某厂锅炉年耗煤量 2 000t,煤的含硫量为 4%,则全年排放二氧化硫量为( )(计算时假设 15%的硫分残留在灰分中)。

A. 80 000kg　　B. 136 000kg　　C. 160 000kg　　D. 152 000kg

4. 下列属于无组织排放源源强确定方法中的反推法的是( )。

A. 通过全厂物料的投入产出分析,核算无组织排放量

B. 通过与工艺相同、原料相似的同类工厂进行类比,核算无组织排放量

C. 通过对同类工厂,正常生产时无组织排放监控点的现场监测,利用面源扩散模式反推,确定无组织排放量

D. 以上 3 个都不对

5. 污染物排放总量控制建议指标必须(　)。

A. 满足达标排放的要求

B. 符合相关环保要求(例如特殊控制的区域和河段)

C. 技术上可行　　D. 以上 3 项必须全部满足

6. 工业取水量包括(　)。

A. 生产用水和生活用水,生产用水又分间接冷却水、工艺用水和锅炉给水

B. 间接冷却水量、工艺用水量、锅炉给水量和生活用水量

C. 冷却水量和工艺用水量

D. 间接冷却水、工艺用水和锅炉给水

7. 无组织排放源的源强确定方法包括(　)。

A. 物料衡算法　　B. 类比法　　C. 反推法　　D. 估算法

8. 按网格统计面源应该包括的参数有(　)。

A. 主要污染物排放量[$t/(h \cdot km^2)$]

B. 面源排放高度(m),如网格内排放高度不等时,可按排放量加权平均取平均排放高度

C. 面源分类　　D. 以上 3 项

9. 技改扩建项目污染物源强统计时必须(　)。

A. 应算清新老污染源"三本账":技改扩建前污染物排放量、技改扩建项目污染物排放量、技改扩建完成后(包括"以新带老"削减量)污染物排放量

B. 新老污染源"三本账"的关系可表示为:技改扩建前排放量－"以新带老"削减量＋技改扩建项目排放量＝技改扩建完成后排放量

C. 与新建项目污染源一样

D. 主要统计技改扩建前污染物排放量和技改扩建项目污染物排放量

10. 无组织排放源包括(　)。

A. 没有排气筒的污染源　　B. 排气筒高度低于 15m 的排放源

C. 以上 2 项　　D. 排气筒高于 15m 的排放源

11. 根据有毒有害物质的起因,事故风险的类型包括(　)。

A. 火灾　　B. 爆炸　　C. 泄漏　　D. 台风

12. 清洁生产指标的选取原则包括(　)。

A. 从产品生命周期全过程考虑　　B. 体现污染预防为主的原则

C. 容易量化　　D. 满足政策法规要求和符合行业发展趋势

13. 在建设项目的环境影响识别中,在技术上一般应考虑的几个方面包括(　)。

A. 项目的特性(例如项目类型、规模)

B. 项目涉及的当地环境特性及环境保护要求(例如自然环境、社会环境、环境保

护功能区域、环境保护规划)

C. 识别主要的环境敏感区和环境敏感目标

D. 从自然环境和社会环境两方面识别环境影响

E. 突出对重要的或社会关注的环境要素的识别

14. 环境影响评价中清洁生产评价指标可分为6大类,包括(　)。

A. 生产工艺与装备要求　　B. 资源能源利用指标

C. 产品指标　　D. 污染物产生指标

E. 废物回收利用指标　　F. 环境管理指标

15. 如果计算烟气抬升高度,需要明确的计算参数有(　)。

A. 烟气出口温度　　B. 排气筒出口处平均风速

C. 烟囱距地面的几何高度　　D. 大气压力

E. 烟气热状况及地表状况系数　　F. 用煤量

16. 联合频率是由(　)构成的组合频率。

A. 风向　　B. 风速　　C. 大气稳定度

D. 云量　　E. 风频

17. 污染物随着污水排入河流后(　)。

A. 在河流横向断面上立即与河水充分混合

B. 在河流横行断面上只经横向混合一定距离后与河水充分混合

C. 经垂向混合、横向混合后与河水充分混合

D. 当河流断面上任意一点的污染物浓度与断面平均浓度之差小于平均浓度的15%时,可以认为此污染物的浓度已达到均匀分布

18. 推流迁移过程中污染物不变的量为(　)。

A. 所处位置　　B. 污染物的浓度　　C. 污染物质量通量

19. 某一高架连续点源排放污染物,在风速为2m/s,有效高度为$H$时,地面最大浓度为$c_{max}$,试问当风速为4m/s,有效高度为$3/4H$时,地面最大浓度是$c_{max}$的(　)倍。(假定扩散参数不变)

A. 2　　B. 8/9　　C. 3/4　　D. 4/5

20. 对于由排放源排放的粒径小于15$\mu$m的颗粒物,地面浓度采用(　)。

A. 气体模式　　B. 斜烟羽模式　　C. 虚点源模式　　D. 窄烟云模式

21. 下列条件会造成烟气抬升高度的是(　)。

A. 风速增加,排气速率增加,烟气温度降低

B. 风速增加,排气速率降低,烟气温度增加

C. 风速降低,排气速率增加,烟气温度降低

D. 风速降低,排气速率降低,烟气温度降低

E. 风速降低，排气速率增加，烟气温度增加

22. 下列关于筛选预测水质参数的说法不正确的是(　)。

A. 根据对建设项目的初步分析，可知此项目排入水体的污染源与污染物情况

B. 结合水环境影响评价的级别，工程与水环境两者的特点，即可从将要排入水体的污染物中筛选水质参数

C. 筛选的数目尽可能多

D. 筛选的数目既要说明问题又不过多，使所选水质参数的影响预测能力基本反映建设项目的地面水环境影响

23. 当平均风速大于或等于 1.5m/s 时，预测浓度采用(　)。

A. 小风和静风扩散模型　　B. 有风点源扩散模型

C. 熏烟模式　　D. 面源扩散模式

24. 熏烟模式的应用条件是(　)。

A. 无风条件　　B. 有多个点源

C. 主要用于计算日出以后，贴地逆温从下而上消失，逐渐形成混合层

D. 小风和静风条件下

25. 在源强、气象条件确定的条件下，对地面浓度的最大值及其出现的位置起决定性影响的是(　)。

A. 风速　　B. 烟气有效高度　　C. 扩散参数　　D. 烟囱高度

26. 在评价区包含(　)情况下，大气环境影响评价可适当缩小评价区的范围。

A. 环境保护敏感区　B. 荒山　　C. 沙漠　　D. 沙尘暴源区

27. 对于新建项目一、二级评价项目，大气污染源调查的对象应包括(　)。

A. 拟建项目污染源　　B. 拟建项目老污染源

C. 评价区的工业污染源　　D. 评价区的民用污染源

28. 对于改扩建项目一、二级评价项目，大气污染源调查的对象应包括(　)。

A. 新污染源　　B. 老污染源

C. 评价区的工业污染源　　D. 评价区的民用污染源

29. 对改扩建项目，大气环境一级评价项目污染源调查的主要污染物排放量应给出(　)。

A. 改造后污染物最终排放量　　B. 现有工程排放量

C. 新扩建工程排放量　　D. 改造后污染物的削减量

30. 大气环境一级评价项目的面源调查统计内容包括(　)。

A. 排气筒高度和出口内径　　B. 主要污染物排放量

C. 面源排放高度　　D. 排气筒出口烟气温度

E. 面源分类

31. 对于大气环境一、二级评价项目，如果气象台(站)在评价区域内，且和该建设项目所在地的地理条件基本一致，则其(　)可直接使用。

A. 风场　　B. 大气稳定度　　C. 年降水量　　D. 可能有的探空资料

32. 对于大气环境一级评价项目，地面气象资料调查内容至少包括(　)。

A. 年、季(期)风向玫瑰图　　B. 月平均风速随月份的变化(曲线图)

C. 年、季(期)地面温度，露点温度及降雨量

D. 季(期)小时平均风速的日变化(曲线图)

E. 年、季(期)各风向，各风速段，各级大气稳定度的联合出现频率及年、季(期)的各级大气稳定度的出现频率

33. 对于大气环境二、三级评价项目，地面气象资料调查内容至少包括(　)。

A. 月平均风速随月份的变化(曲线图)　　B. 年、季(期)风向玫瑰图

C. 年、季(期)地面温度，露点温度及降雨量

D. 年、季(期)各风向，各风速段，各级大气稳定度的联合出现频率及年、季(期)的各级大气稳定度的出现频率

E. 季(期)小时平均风速的日变化(曲线图)

34. 如果符合可直接使用的气象台(站)有高空探空资料，对于大气环境一、二级评价项目，可酌情调查的距该气象台(站)地面 1 500m 高度以下的风和气温资料有(　)。

A. 规定时间的风向、风速随高度的变化

B. 年、季(期)的规定时间的逆温层(包括从地面算起第一层和其他各层逆温)及其出现频率，平均高度范围和强度

C. 规定时间各级稳定度的混合层高度

D. 日混合层最大高度及对应的大气稳定度

35. 对于大气环境一级评价项目，环境影响预测内容包括(　)。

A. 一次(30min)和 24h 取样时间的最大地面浓度和位置

B. 不利气象条件下，评价区域内的浓度分布图及其出现的频率

C. 评价区域季(期)、年长期平均浓度分布图

D. 可能发生的非正常排放条件下，相应 ABC 3 个选项中各项的浓度分布图

E. 必要时还应预测施工期间的大气环境质量

36. 对于大气环境二级评价项目，环境影响预测内容包括(　)。

A. 一次(30min)和 24h 取样时间的最大地面浓度和位置

B. 不利气象条件下，评价区域内的浓度分布图及其出现的频率

C. 评价区域季(期)、年长期平均浓度分布图

D. 可能发生的非正常排放条件下，相应 ABC 3 个选项中各项的浓度分布图

E. 必要时还应预测施工期间的大气环境质量

37. 如果当烟气热释放率 $Q_h$ 大于或等于是 2 100kJ/s，且烟气温度与环境温度的差值 $\triangle T$ 大于或等于 35K 时，计算烟气抬升高度，需要明确的计算参数有（　）。

A. 烟气出口温度　B. 排气筒出口处平均风速

C. 烟囱距地面的几何高度　D. 大气压力

E. 烟气热状况及地表状况系数　F. 用煤量

38. 联合频率是由（　）构成的组合频率。

A. 风向　B. 风速　C. 大气稳定度　D. 云量　E. 风频

39. S－P 模型可用于预测（　）。

A. COD　B. BOD　C. DO　D. $NH_3$－N

40. 下列情况中使用二维稳态混合模式的是（　）。

A. 需要评价的河段小于河流中达到横向均匀混合的长度

B. 需要评价的河段大于河流中达到横向均匀混合的长度（计算得出）

C. 大中型河流，横向浓度梯度明显

D. 非持久性污染物完全混合段

E. 持久性污染物完全混合段

41. 以下属于常规水质因子的有（　）。

A. pH 值、BOD、COD　B. DO、$NH_3$－N、SS

C. 砷、汞、铬（六价）　D. 酚、氰化物

E. 总磷、水温

42. 下列位置应布设取样断面的是（　）。

A. 调查范围的两端

B. 调查范围内重点保护水域及重点保护对象附近的水域

C. 支流汇入处　D. 取水口、桥梁涵洞等附近

E. 建设项目拟建排污口上游 500m

43. 噪声源的测量量有（　）。

A. 等效连续 A 声级　B. 倍频带声压级

C. 总声压级　D. 声级功率级　E. A 声级

44. 生态环境现状调查的主要方法有（　）。

A. 收集现有资料　B. 走访　C. 定位或半定位观测

D. 野外调查　E. 模拟试验

45. 生态系统评价方法大致分为（　）两种类型。

A. 生态系统质量的评价方法

B. 从保护区域内敏感目标的角度评价

C. 从社会一经济的观点评价生态系统
D. 从资源开发角度评价
E. 从资源保护的角度评价

46. 环境影响识别的主要方法有(　)。
A. 矩阵法　B. 保证率法　C. 叠图法　D. 清单法
E. 影响网络法

47. 大气环境影响评价因子的识别应选择(　)。
A. 列入国家主要污染物总量控制指标的污染物
B. 该项目排放量中等的污染物
C. 评价区内已造成严重污染的污染物
D. 该项目等标排放量 $P_i$ 较大的污染物

48. 下列属于或能表征非持久性污染物的是(　)。
A. $COD_{Cr}$　B. $BOD_5$　C. pH　D. DO　E. Pb

49. 无组织排放源的源强确定方法有(　)。
A. 资料复用法　B. 物料衡算法　C. 类比法　D. 反推法

50. 下列情况属于非正常排污的是(　)。
A. 开、停车排污　B. 正常生产排污
C. 部分设备检修排污　D. 其他非正常工况排污

51. 清洁生产的固体废物产生指标具体包括(　)。
A. 万元产品主要固体废物产生量
B. 单位产品主要固体废物产生量
C. 万元产品固体废弃物综合利用量
D. 单位固体废弃物综合利用量

52. 清洁生产的废气产生指标具体包括(　)。
A. 单位产品废气产生量指标
B. 万元产品废气产生量指标
C. 万元产品主要大气污染物产生量指标
D. 单位产品主要大气污染物产生量指标

53. 环境影响报告书中清洁生产分析编写的原则规定(　)。
A. 建设项目的清洁生产指标的描述应真实客观
B. 清洁生产指标数值的确定要有充分的依据
C. 清洁生产指标项的确定要符合指标选取原则
D. 报告书必须给出采取清洁生产方案建议
E. 建设项目的清洁生产指标的描述无须很客观

54. 某企业建一台 20 t/h 蒸发量的燃煤蒸汽锅炉，最大耗煤量 2 000kg/h，引风机风量为 30 000$m^3$/h，全年用煤量 5 000t，煤的含硫量 1.5%，排入气相 80%，$SO_2$ 的排放标准 900mg/$m^3$。计算达标排放的脱硫效率并提出 $SO_2$ 排放总量控制指标。

(1)该企业 $SO_2$ 最大排放浓度是(  ) mg/$m^3$。

A. 2 000  B. 1 500  C. 1 000  D. 1 600

(2)该企业总量控制建议指标为(  )t/a。

A. 82.44  B. 68.54  C. 96.78  D. 67.44

55. 某地水土流失后的治理费用是 85 万元/$km^2$，此地的环境影响的损失就是 85 万元/$km^2$，此计算方法属下列环境影响经济评价方法中的(  )。

A. 影子工程法  B. 隐含价格法

C. 恢复或重置费用法  D. 旅行费用法

56. 已知距某点声源 10m 处测得噪声值为 90 dB，则 30m 处的噪声值为(  )。

A. 80.5dB  B. 78dB  C. 88dB  D. 90dB

57. 已知某线声源长 10km，在距线声源 10m 处测得噪声值为 90dB，则 30m 处的噪声值为(  )。

A. 78dB  B. 85dB  C. 80.5dB  D. 90dB

58. 在植物样方调查时，首先要确定样方面积大小，对于一般草本而言，其样方面积不应小于(  )。

A. $1m^2$  B. $10m^2$  C. $100m^2$  D. $200m^2$

59. 烟气抬升公式中参数 $V_s$ 代表(  )。

A. 实际排烟率  B. 排气筒出口平均风速

C. 烟气流量  D. 烟囱出口处烟气排出速度

60. 一般废水分(  )进行预测。

A. 正常排放和不正常排放  B. 正常排放、不正常排放和事故排放

C. 正常排放和事故排放  D. 建设期、运行期和服务期满 3 个阶段

61. 气温为 23℃时，某河段溶解氧浓度为 4.5 mg/L，已知该河段属于 II 类水体，如采用单项指数法评价其指数为(  )。(根据 GB 3838—2002，II 类水体溶解氧标准为≥6mg/L)

A. 3.25  B. 1.33  C. 1.58  D. 2.25

62. 某水样 pH 值为 6.5，如采用单项指数法评价，其指数为(  )。

A. 0.5  B. 0.93  C. 0.2  D. 1.08

63. 某建设项目 COD 的排放浓度为 30mg/L，排放量为 36 000$m^3$/h，排入地表水的 COD 执行 20mg/L，地表水上游 COD 的浓度是 18mg/L，其上游来水流量

$50m^3/s$,其去水流量 $40m^3/s$,则其 ISE 是(　)。

A. 3　B. 1 080　C. 30　D. 3.75

64. 自然环境调查时,如若建设项目规模较小且与地质条件无关时,地质现状可(　)。

A. 简略叙述　B. 不叙述　C. 概略叙述　D. 详细叙述

65. 某厂有一台链条炉(烟气中的烟尘占灰分量的 80%),装有湿式除尘器,除尘效率为 80%,用煤量为 1.81t/h,煤的灰分含量为 25%,含硫率为 2%。该锅炉烟尘的排放量是(　)。

A. 20g/s　B. 15g/s　C. 30g/s　D. 25g/s

66. 某工业企业年耗新水量为 300 万吨,重复利用水量为 150 万吨,其中工艺水回用量 80 万吨,冷却水循环水量为 20 万吨,污水回量 50 万吨;间接冷却水系统补充新水量为 45 万吨,工艺水取用水量为 120 万吨。

回答下列问题:

(1)此企业的间接冷却水循环利用率为(　)。

A. 30.8%　B. 6.7%　C. 31.3%　D. 13.3%

(2)此工业工艺水回用率为(　)。

A. 66.7%　B. 53.3%　C. 40%　D. 41.6%

## 二、计算题

1. 某工厂烟囱有效源高 50m,$SO_2$ 排放量 120kg/h,烟囱排放口风速 4.0m/s。

(1)试求 $SO_2$ 最大落地浓度($P_1=40$)。

(2)若要使最大落地浓度下降至 $0.010mg/m^3$,在其他条件相同的情况下,其有效源高应为多少?

2. 某工厂一烟囱高度 45m,内径 1.0m,烟温 100℃,烟速 5.0m/s,耗煤量 180kg/h,硫分 1%,水膜除尘脱硫效率取 10%。已知项目位于平坦地形的工业区,$P_a=$ 1 010hPa),地面气温 20℃,风速 2.0m/s,稳定度为中性条件下。请计算:

(1)排放的 $SO_2$ 源强;

(2)烟囱出口处的风速;

(3)修订前的扩散参数;

(4)根据取样时间修订后的扩散参数;

(5)有效源高;

(6)距源 450m 轴线上 $SO_2$ 小时浓度。

3. 某监测断面 3 天水质监测得到一组 COD 数据:21mg/L、28mg/L、23mg/L、24mg/L、18 mg/L、23mg/L。请计算:

(1)极大值;

(2)算术平均值；

(3)内梅罗平均值；

(4)评价水体 COD 污染状况。

4. 某工厂建一台 10t/h 蒸发量的燃煤蒸汽锅炉，最大耗煤量 1 600kg/h，引风机风量为 15 000$m^3$/h，全年用煤量 4 000t 煤的含硫量 1.2%，排入气相 80%，$SO_2$ 的排放标准 1 200mg/$m^3$，请计算达标排放的脱硫效率并提出 $SO_2$ 排放总量控制指标。

# 第六章　环境污染控制技术与环保措施

## 第一节　水污染控制技术

根据污染发生源的不同，水污染主要分为工业水污染、城市水污染和农村水污染。现将各类水污染应采取的基本防治对策介绍如下。

### 一、工业废水处理技术概述

在我国总污水排放量中，工业污水排放量约占60%。工业水污染的防治是水污染防治的首要任务。国内外工业水污染防治的经验表明，工业水污染防治必须采取综合性对策，从宏观性控制、技术性控制以及管理性控制3个方面着手，才能收到良好的整治效果。

1. 废水处理方法的类型

废水处理方法按作用原理可分为4大类：物理处理法、化学处理法、物理化学处理法、生物处理法。

1)物理处理法：利用物理作用来分离废水中的悬浮物和乳浊液。常见的有格栅、筛滤、离心、澄清、过滤、隔油等方法。

2)化学处理法：利用化学反应的作用来去除水中的溶解物质或胶体物质。常见的有中和、沉淀、氧化还原、催化氧化、光催化氧化、微电解、电解絮凝、焚烧等方法。

3)物理化学处理法：利用物理化学作用来去除水中的溶解物质或胶体物质。常见的有混凝、浮选、吸附、离子交换、膜分离、萃取、汽提、吹脱、蒸发、结晶、焚烧等方法。

4)生物处理法：利用微生物的代谢作用，使废水中的有机污染物和无机微生物营养物转化为稳定、无害的物质。常见的有活性污泥法、生物膜法、厌氧生物消化法、稳定塘、湿地处理等方法。生物处理法按是否供氧分为好氧处理(例如活性污泥法、生物膜法)、厌氧处理(各种厌氧消化法)两种方法。

2. 废水处理分类

按处理程度可分为3类：分一级、二级和三级处理。

1)一级处理:从废水中去除呈悬浮状态的固体污染物、呈分层或乳化状态的油类污染物。多采用物理处理法中的各种处理单元。一级处理属于预处理。

2)二级处理:去除废水中呈胶体和溶解状态的有机污染物,一般工业废水经二级处理后达标排放。

3)三级处理:进一步去除前两级处理未能去除的污染物,可选用化学处理和生物处理中的许多单元处理方法。

除以上的三类处理外,还有以废水回收、污染物资源化和净化回用为目的的深度处理。

## 二、控制对策

1.宏观性控制对策

在宏观性控制对策方面,应当把水污染防治和水环境保护作为重要的战略目标,优化产业结构与工业结构,合理进行工业布局。

在产业规划和工业发展中,贯穿可持续发展的指导思想,调整产业结构,完全结构化的优化,使之与环境保护相协调。工业结构优化与调整应当按照"物耗少、能源少、占地少、污染少、运量少、技术密集程度高及附加值高"的原则,限制发展那些能耗大、用水多、污染大的工业,以降低单位工业产品和产值的排水量以及污染物排放负荷。积极发展第三产业,优化第一、第二与第三产业之间的结构比例,达到既促进经济发展,又降低污染负荷的目的。在人口、工业的布局上,也应当充分考虑对环境的影响,从有利于水环境保护的角度进行综合规划。

2.技术性控制对策

技术性控制对策主要包括推行清洁生产、节水减污、实行污染物排放总量控制、加强工业废水处理等。

清洁生产是通过生产工艺的改进和改革、原料的改变、操作管理的强化以及废物的循环利用等措施,将污染物尽可能的消灭在生产过程之中,使废水排放量减少到最小。在工业企业内部加强技术改造,推行清洁生产,是防治工业水污染的最重要的对策与措施。这不仅可以从根本上消除水污染,取得显著的环境效益,而且还可以带来巨大经济效益和社会效益。

提高工业用水重复利用率,这不仅意味着可以减少排污量,而且可以减少工业用水量。因此,发展节水型工业对于节约水资源、解决环境水资源短缺和经济发展的矛盾,同时减少水污染和保护水环境都具有十分重要的意义。通过与国外经济发达、工业先进的国家相比,我国大部分工厂水的浪费现象仍然十分严重。例如,钢铁工业,国外先进水平的吨钢耗水量一般为 3～5$m^3$,而我国平均水平为 70～100$m^3$。由此可见,在我国工业行业节水具有很大的潜力。

污染物排放总量控制是既要控制工业废水中的污染物浓度，又要控制工业废水的排放量，从而使排放到环境中的污染物总量得到控制。实施污染物排放总量控制将对防止工业水污染起到积极的促进作用。

促进工业废水与城市生活污水的集中处理，特别是在建有城市废水集中处理设施的城市，应尽可能的将工业废水排入城市下水道，工业废水与生活污水合并处理。这样可以节省基建投资和运行管理费用，取得更好的处理效果。但是，工业废水的水质必须满足进入城市下水道的水质标准。

3.管理性控制对策

进一步完善废水排放标准和相关的水污染控制法规和条例，加大执法力度，严格限制废水的超标排放。健全环境监测网络，在不同层次，例如对车间、工厂总排出口和受纳水体进行水质监测，并增强事故排放的预测与预防能力。

## 第二节　大气污染控制技术概述

大气污染控制技术是重要的大气环境保护对策措施，大气污染的常规控制技术分为洁净燃烧技术、高烟囱烟气排放技术、烟(粉)尘和气态污染物净化技术等。

洁净燃烧技术是在燃烧过程中减少污染物排放与提高燃料利用效率的加工、燃烧、转化和污染排放控制等所有技术的总称。

洁净煤燃烧技术主要包括以下几个方面：

(1)先进的燃煤技术

①整体煤气化联合循环发电(IGCC)；②循环流化床燃烧(CFBC)；③煤和生物质及废弃物联合气化或燃烧；④低 $NO_x$ 燃烧技术；⑤改进燃烧方式；⑥直接燃烧热机。

(2)燃煤脱硫、脱氮技术

①先进的煤炭洗选技术；②型煤固硫技术；③烟气处理技术；④先进的焦炭生产技术等。

(3)煤炭加工成洁净能源技术

①洗选；②温和气化；③煤炭直接液化；④煤气化联合燃料电源；⑤煤的热解等。

(4)提高煤炭及粉煤灰的有效利用和节能减排

烟气的高烟囱排放就是通过高烟囱把含有污染物的烟气直接排入大气，使污染物向更大的范围和更远的区域扩散、稀释。经过净化达标的烟气通过烟囱排放到大气中，利用大气的作用进一步降低地面空气污染物的浓度。

烟(粉)尘净化技术又称为除尘技术，它是将颗粒污染物从废气中分离出来并加以回收的操作过程，实现该过程的设备称为除尘器。

气态污染物种类繁多，特点各异，因此采用的净化方法也不相同，常用的方法有吸收法、吸附法、催化法、燃烧法、冷凝法、膜分离法、电子束照射净化法和生物净化法等。

二氧化硫、氮氧化物和烟（粉）尘是我国主要的大气污染物，《中华人民共和国大气污染防治法》、《燃煤二氧化硫排放污染防治技术政策》及《我国酸雨控制区和二氧化硫污染控制区环境政策》对二氧化硫、氮氧化物和烟（粉）尘的控制提出了明确而严格的要求。

## 一、二氧化硫控制技术

1. 脱硫方法分类

脱硫方法分为抛弃法和回收法两类。

抛弃法中，吸收剂与二氧化硫结合，形成废渣，其中含有烟灰、硫酸钙、亚硫酸钙和部分水，没有再生步骤。

回收法中，吸收剂吸收或吸附二氧化硫，然后再生或循环使用，烟气中二氧化硫被回收，转化为可出售的副产品如硫磺、硫酸及浓二氧化硫气体。

2. 二氧化硫控制技术分类

按所使用的吸收剂或吸附剂的形态和处理过程，一般将二氧化硫回收法分为干法和湿法两类，干法排烟脱硫是用固态吸附剂或固体吸收剂去除烟气中的二氧化硫；湿法排烟脱硫是用液态吸附剂或液体吸收剂去除烟气中的二氧化硫，详见表 6－1。

## 二、氮氧化物控制的主要方法

与脱硫相似，也需要用液态或固态的吸收剂或吸附剂来吸收吸附氮氧化物，从物质的状态来分，将氮氧化物回收法分为干法和湿法两类。

一般习惯从化工过程来划分，大致可分为 3 类：催化还原法、吸收法和干固体吸附法，详见表 6－2。

## 三、烟（粉）尘控制主要方法

烟（粉）尘的控制主要依靠改进燃烧技术和除尘技术来实现。

1. 改进燃烧技术

完全燃烧时产生的烟尘较少，因此燃烧过程供给的空气要适当，使燃烧完全燃烧，供给的空气量要大于通过氧化反应式计算出的理论空气量，一般手烧式水平炉排的供给量要比理论量多 50%～100%，油类或气体燃烧喷烧则要多 10%～30%，供给的空气量少时不能完全燃烧，多了则会降低燃烧室温度，增加烟气量。

**表 6-1 二氧化硫控制技术分类表**

| 分类 | 处理方法 | 原理 | 处理效果 |
| --- | --- | --- | --- |
| 干法排烟脱硫 | 石灰粉吹入法 | 将石灰石粉末吹入燃烧室内，在 1 050℃高温下，碳酸钙分解成石灰（CaO），并和燃烧气体中二氧化硫反应生成硫酸钙 | 脱硫率为 40%～60%，并可回收硫酸钙 |
| | 活性炭法 | 用多孔粒状、比表面积大的活性炭吸附烟气中的二氧化硫，由于催化氧化吸附作用，二氧化硫生成的硫酸附着于活性炭孔隙内。从活性炭孔隙脱出附产物的过程称脱吸 | 可回收：稀硫酸、三氧化硫、硫、碳酸钙等。用水脱吸法可回收浓度为 10%～20%的稀硫酸，用高温惰性气体脱吸法，可得浓度 10%～40%的三氧化硫，用水蒸气脱吸法，可得浓度 70%的硫酸 |
| | 催化氧化法 | 以二氧化硅为载体，五氧化二钡、硫酸钾等为催化剂，使二氧化硫催化氧化成三氧化硫，制成无水硫酸或 78%硫酸 | 可回收制成硫酸、硫酸铵 |
| 湿法排烟脱硫 | 氨法 | 又称亚硫酸铵法，是以氨水、液氨为吸收剂吸收烟气中的二氧化硫，其中间产物为亚硫酸铵和亚硫酸氢铵 | 对中间产物采用不同的方法进行处理，可回收硫酸铵、石膏和硫磺等 |
| | 钙法 | 采用石灰石、生石灰或消石灰的乳浊液为吸收剂吸收烟气中的二氧化硫，吸收生成的亚硫酸钙经空气氧化后可得到石膏 | 主要应用于低浓度二氧化硫的脱硫，石灰来源广，价格低，硫率 80%以上 |
| | 钠法 | 采用氢氧化钠、碳酸钠或亚硫酸钠水溶液为吸收剂吸收烟气中二氧化硫，生成亚硫酸钠和亚硫酸氢钠 | 具有对二氧化硫吸收快，管道线路和设备不易堵塞等优点，但吸收剂价格昂贵，主要用于二氧化硫排放量少或间断排放的污染源。 |
| | 镁法 | 采用氧化镁、镁盐浆液为吸收剂，吸收烟气中二氧化硫 | 回收的产品为硫酸或硫磺，用途广泛，脱硫率 90%以上，原料来源方便 |

2. 采用除尘技术

根据除尘过程中有没有液体参加，可分为干式除尘、湿式除尘。

根据除尘过程中的粒子分离原理，可分为重力除尘、惯性力除尘、离心力除尘、洗涤除尘、过滤除尘、电除尘、声波除尘。

合理选择除尘器，既要保证达标排放所需要的除尘效率，又要在经济上可行。对于一些以大气污染为主，烟（粉）尘排放量较大的项目，例如火电厂，水泥厂，要求粉尘排放浓度小于 50%，一般的除尘技术很难达到，故通常需要采用高效布袋除尘器。

**表 6-2　氮氧化物控制技术分类表**

| 分类 | 处理方法 | 原　理 | 处理效果 |
|---|---|---|---|
| 催化还原法 | 非选择性催化还原法 | 利用还原剂氢、甲烷，在催化剂的存在下，将氮氧化物还原成氮气，在反应中不仅与氮氧化物反应，还要与尾气里的氧气反应，没有选择 | 氮氧化物去除率达90%以上，但处理成本较高 |
| | 选择性催化还原法 | 此法消除氮氧化物是在催化剂（铂、铜、钒、钼、钴、锰等的氧化物，以及铝矾土为载体的催化剂）存在下，用氨、硫化氢、一氧化碳等为还原剂，将氮氧化物选择性地还原成氮气，但不与氧反应 | 该法工艺简单，处理效果好，转化率达90%以上，但仅能化有害为无害，尚未达到变废为宝，综合利用的目的 |
| 吸收法 | 碱液吸收法 | 用氢氧化钠、氧化钾、氨水、氢氧化钙等碱性溶液作为吸收剂来中和吸收 | 此法在消除氮氧化物的同时可除去二氧化硫，又可得到硝酸盐产品，达到综合利用的目的，但投资大、成本高 |
| | 硫酸吸收法 | 以铅室法硫酸的化学过程为基础，基本上与铅室法除硫酸的反应相似 | 该法生成的亚硝酸基硫酸，可供浓缩稀硝酸用，在消除氮氧化物的同时可除去二氧化硫 |
| 固体吸附法 | 分子筛吸附法 | 分子筛具有筛分大小不同的分子的能力，如用氢型丝光沸石、13X等分子筛，在有氧存在时，不仅能吸附氮氧化物还能将一氧化氮转化为二氧化氮。用它处理硝酸尾气，可回收硝酸或二氧化氮 | 用分子筛处理硝酸尾气，氮氧化物的消除率达95%以上，达到消除污染和综合利用的目的，但设备庞大、流程长、投资高 |
| | 泥煤-碱法法 | 泥煤对氮氧化物的吸附率很高，泥煤加熟石灰制成的吸附剂，经济又易于制取 | 对氮氧化物的脱除率可达97%～99%，排出口的氮氧化物小于0.01%～0.02% |

## 第三节　固体废物污染控制概述

《中华人民共和国固体废物污染环境防治法》确定了固体废物污染防治的原则为减量化、资源化、无害化。

减量化——清洁生产：通过改善生产工艺和设备设计以及加强管理，来降低原料、能源的消耗量；通过改变消费和生活方式，减少产品的过度包装和一次性制品的大量使用，最大限度地减少固体废物产生量。

资源化——综合利用：将固体废物视为“放错了地方的资源”，或是“尚未找到利用技术的新材料”，通过综合利用，使有利用价值的固体废物变废为宝，实现资源的再循环利用。

无害化——安全处置：对无利用价值的固体废物的最终处置（焚烧和填埋），应在严格的管理控制下，按照特定要求进行，实现无害于环境的安全处置。

## 一、固体废物处置常用的方法概述

1. 预处理方法

城市固体废物的种类复杂，大小、形状、状态、性质千差万别，一般需要进行预处理。

2. 堆肥处理方法

堆肥法是利用自然界广泛分布的细菌、真菌和放线菌等微生物的新陈代谢的作用，在适宜的水分、通气条件下，通过微生物的自身繁殖，从而将可生物降解的有机物转化为稳定的腐殖质。堆肥法的产物为堆肥，是优质的土壤改良剂和农用肥。

3. 卫生填埋方法

区别于传统的填埋法，卫生填埋法采用严格的污染控制措施，使整个填埋过程的污染和危害减少到最低限度，在填埋场的设计、施工、运行时，最关键的问题是控制含大量有机酸、氨氮和重金属等污染物的渗滤液随意地流出，做到统一收集后集中处理。

4. 一般物化处理方法

工业生产产生的某些含油、含酸或含重金属的废液，均不宜直接焚烧或填埋，要通过简单的物理化学处理。经处理后水溶液可以再回收利用，有机溶剂可以做焚烧的辅助燃料，浓缩物或沉淀物则可送去填埋或焚烧。因此，物理化学方法也是综合利用或预处理过程。

5. 安全填埋方法

安全填埋是一种把危险废物放置或贮存在环境中，使其与环境隔绝的处置方法。它也是对危险废物经过各种方式的处理之后所采取的最终处置措施，目的是割断废物和环境的联系，使其不再对环境和人体健康造成危害。所以，是否能阻断废物和环境的联系便是填埋处置成功与否的关键，也是安全填埋潜在风险的所在。

一个完整的安全填埋场应包括废物接收与贮存系统、分析监测系统、预处理系统、防渗系统、渗滤液集排水系统、雨水及地下集排水系统、渗滤液处理系统、渗滤液监测系统、管理系统和公用工程等。

6. 焚烧处理方法

焚烧法是一种高温热处理技术，即以一定的过剩空气量与被处理的有机废物在焚烧炉内进行氧化分解反应，废物中的有毒有害物质在高温中氧化、热解而被破坏。焚烧处置的特点是可以实现无害化、减量化、资源化。焚烧的主要目的是尽可能焚毁废物，使被焚烧的物质变成无害和最大限度的减容，并尽量减少新的污染物质的产生，避免造成二次污染。焚烧不但可以处置城市垃圾和一般工业废物，而且可以处置危险废物。

## 二、固体废物常用的处理与处置技术

1. 固体废物预处理技术

常见的固体废物预处理技术有压实、破碎、分选 3 种。

1)压实：用物理手段提高固体废物聚集程度，减少其容积，以便运输及后续处理，主要设备为压实机。对于去填埋的垃圾，一般应先进行压实。

2)破碎：用机械方法破坏废物内部的聚合力，减少颗粒尺寸，为后续处理提供合适的固相粒度。堆肥、焚烧前一般需进行破碎处理。

3)分选：根据固体废物的不同性质，在处理前，分离出有价值和有害的成分。根据物料的理化性质，分选方法可分为人工分选、风力分选、筛分、跳汰机分选、浮选、磁选、电选等技术。

2. 固体废物堆肥处理技术

固体废物堆肥处理技术是利用自然界广泛分布的微生物的新陈代谢作用，在适宜的水分、空气条件下，通过微生物的自身繁殖，从而将可生物降解的有机物转化为稳定的腐殖质。根据微生物对氧气要求的不同，堆肥可分为好氧堆肥和厌氧堆肥。

1)好氧堆肥：在通风、有游离氧存在时进行的分解发酵过程，由于堆肥堆温高，也称高温堆肥。此法具有发酵周期短、无害化程度高、卫生条件好、易于机械化操作的优点，因此大多数堆肥厂采用好氧堆肥。

2)厌氧堆肥：利用厌氧微生物发酵制肥。

3. 固体废物焚烧处置技术

焚烧是一种高温热处理技术，以一定的过剩空气量与被处理的有机废物在焚烧炉内进行氧化分解反应。废物中的有毒有害物质在高温下氧化、热解而被破坏。焚烧是一种可同时实现废物无害化、资源化和减量化的处理技术。焚烧应注意二次污染，常见焚烧尾气大气污染物包括：粒状污染物、酸性气体、氮氧化物、重金属、一氧化碳和有机氯化物，因此焚烧要注意做好工况控制和尾气净化。

4. 固体废物填埋处置技术

固体废物填埋处置技术利用天然或人工构造形成的一定空间，将废物填充、压实、覆盖达到贮存目的。它是固体废物最终归宿或最终处置。对于危险废物需要进行固化、稳化处理，填埋场做好严格的防渗措施。

卫生填埋：区别于传统填埋，采用严格的污染防治措施，使整个填埋的污染和危害减少至最低，关键是对含有大量有机酸、氨氮、重金属等污染物的渗滤液进行集中处理。

安全填埋：把危险废物放置或贮存于环境中，使之与环境隔绝的方法。

5. 一般物化处理方法及热解法

一般物化处理方法：某些含油、酸、碱或重金属的废液，不宜直接焚烧或填埋，要通过简单的物理化学处理，经处理水溶液可回收利用，有机溶剂可做焚烧的辅助燃料，浓缩物或沉淀物可送去填埋或焚烧。因此物化处理属于预处理或综合利用过程。

热解法：区别于焚烧，是在氧分压较低的条件下，利用热能将大分子量有机物裂解为分子量较小的、易于处理的化合物或燃料气体、油或炭黑等有机物。

## 第四节　环境噪声污染防治

噪声环境影响评价中，噪声防治对策措施主要考虑从声源上降低噪声和从噪声传播途径上降低噪声两个环节。通过评价提出的噪声防治对策和措施，必须符合针对性、具体性、经济合理性和技术可行性。

### 一、确定环境噪声污染防治对策的一般原则

(1)从声音的三要素为出发点控制环境噪声的影响，以从声源上或从传播途径上降低噪声为主，保护受体

这一原则体现，环境噪声污染防治按照法律要求，应当是区域环境噪声达标，即室外环境符合相应的声环境功能区的环境质量要求。但室内环境并非环境保护要求，而是人群生活的健康与安宁的基本需求。

(2)以城市规划为先，避免产生环境噪声污染影响

这也是体现《环境噪声污染防治法》有关规定的原则，合理的城市规划有明确的环境功能分区和噪声控制距离要求，而且严格控制各类建设布局，避免产生新的环境噪声污染。无论是新建项目还是改扩建项目，都应当符合城市规划布局的相关规定。

(3)关注环境敏感人群的保护，体现“以人为本”

国家制定声环境质量标准和相应的环境噪声排放标准，都是为了保护不同生活环境条件下的人群免受环境噪声影响。因此，凡是有人群生活的地方就有环境噪声需要达到的标准，若超过相应标准就需要落实环境噪声污染防治措施，以保护人类生存的环境权益。

(4)管理手段和技术手段相结合控制环境噪声污染

控制环境噪声污染不仅仅依靠工程措施来实现，有力的和有效的环境管理手段同样可以起到很好效果。它包括行政管理和监督、合理规划布局、企业环境管理和对相关人员的宣传教育等。将有效的管理手段和针对性的工程技术手段有机结合起来，是采取防治对策的一项重要原则。

(5)针对性、具体性、经济合理、技术可行原则

不管采取哪种环境噪声污染防治对策措施，最终都达到需要的降噪目标。因此，要保证对策措施必须针对实际情况且具体可行，负荷经济合理性和技术可行性。

## 二、防治环境噪声污染的基本方法

1. 科学统筹进行城乡规划

明确土地使用功能分区，合理安排城市功能区和建设布局，预防噪声污染。规划布局时，划定建筑物与交通干线合理的防噪声距离，制定相应的建筑设计要求。

2. 从声源上降低噪声

从声源上降低噪声是指将发声大的设备改造成发声小的或不发声的设备，其方法包括：改进机械设计以降低噪声，例如在设计和制造过程中选用发声小的材料来制造机件，改进设备结构和形状、改进传动装置以及选用已有的低噪声设备都可以降低声源的噪声；改革工艺和操作方法以降低噪声，例如用压力式打桩机代替柴油打桩机，反铆接改为焊接，液压代替锻压等。维持设备处于良好的运转状态，因设备运转不正常时噪声往往增高。

3. 在噪声传播途径上降低噪声

在噪声传播途径上降低噪声是一种常用的噪声防治手段，以使噪声敏感区达标为目的，具体做法如下：

1)采用“闹静分开”和“合理布局”的设计原则，使高噪声敏感设备尽可能远离噪声敏感区。

2)利用自然地形物(例如位于噪声源和噪声敏感区之间的山丘、土坡、地堑、围墙等)降低噪声。

3)合理布局噪声敏感区中的建筑物功能和合理调整建筑物平面布局，即把非噪声敏感建筑或非噪声敏感房间靠近或朝向噪声源。

4)采取声学控制措施，例如对声源采用消声、隔振和减振措施，在传播途径上增设吸声、隔声等措施。

## 三、典型工程噪声防治对策和措施

1. 工业噪声的防治对策和措施

工业噪声防治以固定的工业设备噪声源为主。对项目整体来说，可以从工程

选址、总图布置、设备选型、操作工艺变更等方面考虑尽量减少声源可能对环境产生的影响。对声源已经产生的噪声，则根据主要声源影响情况，在传播途径上分别采用隔声、隔振、消声、吸声等措施降低噪声影响，必要时需采用声屏障等工程措施降低和减轻噪声对周围环境和居民的影响。而直接对敏感建筑物采取隔声窗等噪声防护措施是最后的选择。

在考虑降噪措施时，首先应该关注工程项目周围居民等敏感目标分布情况和项目临近区的声环境功能需求。若项目噪声影响范围内无人群生活，按照国家现行法规和标准规定，原则上不要求采取噪声防治措施。但若工程项目所处地区的地方政府或地方环境保护行政主管部门对项目周边有土地使用规划功能要求或环境质量要求，则应采取必要措施保证达标或者给出相应噪声控制要求，例如噪声控制距离或者规划土地使用功能等要求。

2. 公路、铁路、城市轨道交通的噪声防治对策和措施

公路、铁路、城市轨道交通的噪声影响主要对象是线路两侧的以人群生活(包括居住、学习等)为主的环境敏感目标。其防治对策和措施主要有:线路优化比选，进行线路和敏感建筑物之间距离的调整;线路路面结构、路面材料或是路基、道轨材料改变;道路和敏感建筑物之间的土地利用规划以及临街建筑物使用功能的变更、声屏障和敏感建筑物本身防护;优化运行方式(包括车辆选型、速度控制、鸣笛控制和运行计划变更等)和进行远距离拆迁安置等，以降低和减轻公路、铁路和城市轨道交通产生的噪声对周围环境和居民的影响。

3. 机场飞机噪声的防治对策和措施

机场飞机噪声影响与其他类别工程项目噪声影响形式不同，主要是非连续的单个飞行事件的噪声影响，而且使用的评价量和标准也不同。可通过机场位置选择，跑道方位和位置的调整，飞行程序的变更，机型选择，昼间、夜间飞行架次比例的变化，起降程序的优化，敏感建筑物本身的噪声防护或使用功能更改、拆迁，噪声影响范围内土地利用规划或土地实用功能的变更等措施减少和降低飞机噪声对周围环境和居民的影响。

## 第五节　生态环境保护措施

建设项目生态环境影响减缓措施和生态环境保护措施是整个生态环境影响评价工作成果的集中体现，也是环境影响报告书中生态评价最精华的部分。开发建设项目生态环境保护措施应遵循或满足如下一些基本原则与要求。

## 一、生态影响的防护与恢复要遵守的原则

1)凡涉及到珍稀濒危物种和敏感地区等类生态因子发生不可逆影响时,必须提出可靠的保护措施和方案。

2)凡涉及到需要保护的生物物种和敏感地区,必须制定补偿措施加以保护。

3)对于再生周期较长,恢复速度较慢的自然资源损失,要制定恢复和补偿措施。

4)对于普遍存在的再生周期短的资源损失,当其恢复的基本条件没有发生逆转时,不必制定补偿措施。

5)需制定区域的绿化规划,原则是自然资源中的植被,尤其是森林,损失多少,必须补充多少,进行原地补充或异地补充。

## 二、减少生态环境影响的工程措施

从工程项目自身的合理选址选线、合理的工程设计方案、合理的施工建设方式和有效的管理出发来减少生态环境影响,是最有效的方法,也最具有可行性。这些措施也是项目建设者应尽的环保责任。

1. 合理选址选线

从环境保护出发,合理的选址和选线主要是指:

1)选址选线避绕敏感的环境保护目标,不对敏感保护目标造成直接危害。这是"预防为主"的主要措施。

2)选址选线符合地方环境保护规划和环境功能(含生态功能)区划的要求,或者说能够与规划相协调,即不使规划区的主要功能受到影响。

3)选址选线地区的环境特征和环境问题清楚,不存在"说不清"的科学问题和环境问题,即选址选线不存在潜在的环境风险。

4)从区域角度或大空间长时间看,建设项目的选址选线不影响区域中具有重要科学价值、美学价值、社会文化价值和潜在价值的地区或目标,即保障区域可持续发展的能力不受到损害或威胁。

2. 工程方案分析与优化

从以经济为中心转向"以人为本",实行可持续发展战略,不仅是经济领域的重大战略转变,也是环境保护战略和环境影响评价思想和方法的重大转变。许多工程建设方案是按照经济效益最大化进行设计的,这在以经济为中心的战略下具有一定的合理性(符合总战略方针),但从科学发展观来看,就可能不完全合理,因为可持续发展就是追求经济—社会—环境整体效益的最佳化,或者说发展战略以单一经济目标转向经济—社会—环境综合目标。因此,一切建设项目都必须按照新

的科学发展观审视其合理性。环境影响评价中，亦必须进行工程方案环境合理性分析，并在环保措施中提出方案优化建议。从可持续发展出发，工程方案的优化措施主要是：

(1)选择减少资源消耗的方案

最主要的资源是土地资源、水资源。一切工程措施都需首先从减少土地占用尤其是减少永久占地等方面进行分析。例如，公路的高填方段，采用收缩边坡或“以桥代填”的替代方案，需在每个项目环境影响评价中逐段分析用地合理性和采用替代方案的可行性。水电水利工程需从不同坝址、不同坝高等方面分析工程方案的占地类型、占地数量及占地造成的社会经济损失，给出土地资源损失最少、社会经济影响最小的替代方案建议。

(2)采用环境友好的方案

“环境友好”是指建设项目设计方案对环境的破坏和影响较少，或者虽有影响也容易恢复。这包括从选址选线、工艺方案到施工建设方案的各个时期。例如，公路铁路建设以隧道方案代替深挖方案；建设项目施工中利用城市、村镇闲空房屋、场地，不建或少建施工营地，或施工营地优化选址，利用废弃土地，少占或不占耕地、园地等。环境影响评价中应对整体建设方案结合具体环境认真调查分析，从环境保护角度提出优化方案建议。

(3)采用循环经济理念，优化建设方案

目前，在建设项目工程方案设计中采用的一些方法，例如公路铁路建设中的移挖作填(用挖方的土石作填方用料)，港口建设中的航道开挖做成陆填料，水利项目中用洞采废石做混凝土填料，建设项目中弃渣造地复垦等，都是一种简单的符合循环经济理念的做法。循环经济概念包括生态工艺概念，还包括节约资源、减少环境影响等多种含义。利用循环经济理念优化建设方案，是环境影响评价中需要大力探索的问题，应结合建设项目及环境特点等具体情况，创造性地发展环保措施。尤其需要不断学习和了解新的技术与工艺进步，将其应用于环境影响评价实践中，推进建设项目环境保护的进步与深化。

(4)发展环境保护工程设计方案

环境保护的需求使得工程建设方案不仅应满足工程既定功能和经济目标的要求，而且应满足环境保护需求。这方面的技术发展十分薄弱，需要在建设项目环境影响评价和环保管理中逐步推进。例如，高速公路和铁路建设会对野生生物造成阻碍，需要设计专门的生物通道；水坝阻隔了鱼类的洄游，需要设计专门的过鱼通道；古树名木受到建设项目选址选线的影响，不得不进行整体移植；文物的搬迁和易地重植都是新的问题，都需要发展专门的设计方案，而且都需要在实践中检验其是否真有效果。因此，建设项目环境影响评价中不仅应提出专门的环境保护工程设计的要求，而且往往需要提出设计方案建议或指导性意见，并需要提出一些保障性措施，才可能使这些措施真正落实。

3.施工方案分析与合理化建议

施工建设期是许多建设项目对生态环境发生实质性影响的时期，因而施工方案、施工方式、施工期环境保护管理都是非常重要的。

施工期的生态环境影响因建设项目性质不同和项目所处环境特点的不同会有很大的差别。在建设项目环境影响评价时需要根据具体情况做具体分析，提出有针对性的施工环境保护工作建议。一般而言，下述几个方面都是重要的。

(1)建立规范化操作程序和制度

以一定程序和制度的方式规范建设期的行为，是减少生态环境影响的重要措施。例如，公路、铁路、管线施工中控制作业宽度带，可大大减少对周围地带的破坏和干扰，尤其在草原地带，控制机动车行道范围，防止机动车在草原上任意选路行驶，是减少对草原影响的根本性措施。

(2)合理安排施工次序、季节、时间

合理安排施工次序，不仅是环境保护需要的，也是工程施工方案优化的重要内容。程序合理可以省工省时，保证质量。

合理安排施工季节，对野生生物保护具有特殊意义，尤其在生物产卵、孵化、育幼阶段，减少对其干扰，可达到有效保护的目的。

合理安排施工时间，也是一样，例如学生上课、居民夜眠时，都需要安静，不在这一段安排高噪声设备的施工，就可以大大减少影响。

(3)改变落后的施工组织方式，采用科学的施工组织方法

建设项目的目标是明确的，并且一定可以实现，需要注意的是项目实施过程的科学化、合理化，以收到省力省钱、高效高质的效果。要做到科学化、合理化就必须精心研究、精心设计、精心施工，把功夫下在前期准备上。

4. 加强工程的环境保护管理

加强工程的环境保护管理，包括认真做好规划选址选线论证，做好环境影响评价工作，做好建设项目竣工环境保护验收工作，做好“三同时”管理工作等。根据建设项目生态环境影响和生态环境保护的“过程性”特点，以及建设项目生态环境影响的渐进性、累积性、复杂性、综合性特点，有两项管理工作特别重要，那就是：

1)施工期环境工程监理与施工队伍管理。

2)营运期生态环境监测与动态管理。

## 三、生态环境监理

许多建设项目在施工建设期发生实质性的生态环境影响，例如公路铁路建设、

水利水电工程等，因而进行施工期环境保护监理就成为这类项目环境管理的重要环节，因此必须编制施工监理方案。

环境监理应是整个工程监理的一部分，是对以工程质量为主的监理的补充。监理由第三方承担，受业主委托，依据合同和有关法律法规(包括批准的环境影响报告书)，对工程建设承包方的环保工作进行监督、管理、监察。

环境监理目前尚无明确的法律规定，主要依据环境影响报告书执行，对报告书批准的要求进行监理的项目实施监理。施工期环境保护监理范围应包括工程施工区和施工影响区。监理工作方式包括常驻工地实行即时监管，以及定期巡视辅以仪器监控。不管采取什么方式，都需要监理严格的工作制度，包括记录制度、报告制度、例会制度等，要对每日发生的问题和处理结果记录在案，并应将有关情况通报承包商和业主。

生态环境监理是环境监理中的重点，不同的建设项目确定不同的重点监理内容和重点监理区域，这主要由环境影响报告书规定。一般而言，水源和河流保护、土壤保护、植被保护、野生生物保护、景观保护都是必须要纳入监理的。遇有生态环境敏感保护目标时，往往需要编制更有针对性的监理工作方案。

负责监理工作的总监的环保意识、生态意识对监理工作的成效有很大作用，监理人员的环保培训是必不可少的。

## 四、生态监测

生态环境的复杂性、生态影响的长期性和由量变到质变的特点，决定了生态监测管理具有特殊而重要的意义，生态监测也是重要的生态环境保护措施。生态监测有施工期生态监测，亦有长期跟踪的生态监测。

1. 生态监测的目的

1)了解背景。即继续对生态环境观察和研究，认识其特点和规律。例如，对某些作为保护目标的野生生物及其栖息地的观察和研究，没有长期的过程是不可能完全把握的。

2)验证假说。即验证环境影响评价中所做出的推论、结论是否正确、是否符合实际。这种验证不仅对评价的项目有益，而且对进行类比分析，推进生态环境影响评价工作是非常有意义的。

3)跟踪动态。即跟踪监测实际发生的影响，发现评价中未曾预料到的重要问题，可以采取相应的补救措施。

2. 生态监测方案

长期的生态监测方案，应具备如下主要内容：

1)明确监测目的，或确定要认识或解决的主要问题，一般列入监测的问题都是敏感的、重要的而又是一时不能完全了解或把握的问题。监测只针对环境影响报告书中确定的问题，而不是全面的生态环境监测。

2)确定监测项目或监测对象。针对想要认识或解决的问题，选取最具代表性的或是最能反映环境状况变化的生态系统或生态因子作为监测对象。例如，以法定保护的生物、珍稀濒危生物或地区特有生物为监测对象，可直接了解保护目标的动态；以对环境变化敏感的生物为监测对象，可判断环境的真实影响与变化程度；以土地利用或植被为监测对象，可了解区域城市化动态或土地利用强度，也可以了解植被恢复措施的有效性等。合理选择监测对象是十分重要的。

3)确定监测点位、频次或时间等，明确方案的具体内容。

4)规定监测方法和数据统计规范，使监测的数据可进行积累与比较。生态监测的方法规范化是一项严肃、科学、细致的工作，在没有规范化的方法之前，一般可采用资源管理部门通用方法、生态学常规方法以及科研中常用方法，但一经规定，就要一直沿用下去。

5)确立保障措施。由于生态监测可能持续几年，有时可能伴随建设项目的始终，因而制定明确而详尽的实施保障措施是十分必要的。这包括投资估算，例如起始费用、维护费用、年度费用等；包括确定实施单位，例如自建还是委托；包括技术装备、人员组成；还包括监测检查机制、保障措施以及特殊情况出现时的应对措施等。

## 五、绿化方案

建设项目的绿化具有两层含义：一是补偿建设项目造成的植被破坏，即重建植被工程，这是项目建设者应当承担的环境责任，其补偿量一般不应少于其破坏量；二是建设项目为自身形象建设或根据所在地区环境保护要求进行的生态建设工程，其建设方案应满足水土保持、美化与城市绿化的要求。

建设项目一般都应编制绿化方案，作为一个比较完善的绿化方案，一般应包括编制指导思想(或编制原则)、方案目标、方案措施、方案实施计划及方案管理。

### 1. 绿化方案的一般原则

绿化方案编制中，一般应遵循如下基本原则：

1)采用乡土物种，无论树种、植草，最好采用乡土树种。该方法优点如下：一是容易成活，即植被被重建容易成功；二是容易形成特色，因为是本土物种，就有本土特色，而有特色就是美的；三是可防止外来物种入侵，减少生态风险。

2)生态绿化，就是讲求生态系统综合环境功能的绿化。换句话说，重建的植被不仅是为了点缀、美化环境，而是注重其实际的环境功能，使其综合发挥涵养水源、保持土壤、防风固沙、调节气候、制造氧气、净化水气废物、提供野生生物生境等功能。生物量大小可作为这些综合功能的表征，因而单位面积绿地上其生物量要尽可能大，一般可按照乔灌草立体结构设计，以保证其最充分地利用太阳能，生产最多的生物质。

3)因土种植。土壤是植被重建的地质基础。一般而言，土壤肥沃、土层较厚的土地可(应)种植乔木；土壤贫瘠、土层甚薄的地方，则只能(应)种草本植物或灌木。由此可见，土壤条件的准备是绿化成功与否的关键，尤其像西南地区，喀斯特地貌区，水土流失严重的石山区，土层薄、土壤缺乏，成为这些地区植被重建、生态改善的制约因素。因此，在建设项目环保措施中，保存土层土壤是大多数建设项目都应采取的重要措施。

4)因地制宜。一是按照局部地区的生态条件(例如降雨量、土壤、热量等)设计绿化方案，使得绿化方案与当地生态条件相吻合；二是从环境功能保护和工程自身安全等需求出发进行绿化方案设计，例如为稳定陡坡或为防止沙漠前移和社会经济条件限制设计绿化方案，不在基本农田或耕地、园地里搞“一刀切”式的“绿色通道”建设，而是在荒地、废弃地加大绿化力度，增加面积，从而科学合理地实现绿化的根本目的。

2.绿化方案目标

建设项目绿化方案目标主要为规定绿化面积指标和绿化覆盖率。

绿化面积指标的规定取决于以下5点。

1)建设项目破坏的植被量和相应补偿的植被面积。

2)建设项目自身绿化美化需求和城市规划应达到的绿化指标。

3)建设项目影响敏感保护目标(如水源林等)应进行的局部地区特殊补偿或植被重建等。

4)水土保持需求的绿化量。

5)立地条件所容许的最大绿化量，例如，长江三角洲稻田水网区受到绿地量不足的限制。

根据绿化率和绿化面积指标，必要时提出单位面积生物量指标，亦可作为一种质量指标。

## 六、生态影响的补偿与建设

补偿是一种重建生态系统以补偿因开发建设活动而损失的环境功能的措施。补偿有就地补偿和异地补偿两种形式。就地补偿类似于恢复，但建立的新生态系统与原生态系统没有一致性；异地补偿则是在开发建设项目发生地无法补偿损失的生态功能时，在项目发生地以外实施补偿措施，例如，在区域内或流域内的适宜地点或其他规划的生态建设工程中补偿，最常见的补偿是耕地和植被的补偿。植被补偿按生物物质生产等当量的原理确定具体的补偿量。补偿措施的确定应考虑流域或区域生态功能保护的要求和优先次序，考虑建设项目对区域生态功能的最大依赖和需求。补偿措施体现社会群体等施用和保护环境的权利，也体现生态保护的特殊性要求。

在生态已经相当恶劣的地区，为保证建设项目的可持续运营和促进区域的可持续发展，开发建设项目不仅应该保护、恢复、补偿直接受影响的生态系统及其环境功能，而且需要采取改善区域生态，建设具有更高环境功能的生态系统的措施。例如，沙漠和绿洲边缘的开发建设项目，水土流失严重或地质灾害严重山区、受台风影响严重的滨海地带及其他生态脆弱地带实施的开发建设项目，都需要为解决当地最大的生态问题进行有关的生态建设。

## 第六节 污染物排放总量控制原理与方法

污染物总量控制是以环境质量目标为基本依据，对区域内各污染源的污染物排放总量实施控制的管理制度。在实施总量控制时，污染物的排放总量应小于或等于允许排放总量。区域的允许排污量应当等于该区域环境允许的纳污量。环境允许纳污量则由环境允许负荷量和环境自净容量确定。例如，对一个河流段的污染物允许纳污量是由该河段控制断面的污染物允许负荷量（通常为该控制断面的水质标准浓度与水流流量之乘积）及水体自净容量两者累加确定的。污染物总量控制管理比排放浓度控制管理具有较明显的优点，它与实际的环境质量目标相联系，在排污量的控制上宽、严适度；执行污染物总量控制，可避免浓度控制所引起的不合理稀释排放废水、浪费水资源等问题，有利于区域水污染控制费用的最小化。

### 一、污染物总量控制的概念

按照国家对污染物排放总量控制指标的要求，在核算污染物排放量的基础上提出工程污染物总量控制建议指标，是建设项目环境影响评价的任务之一，污染物总量控制建议指标应包括国家规定的指标和项目的特征污染物。

项目的特征污染物，是指国家规定的控制指标未包括，但又是项目排放的主要污染物，例如电解铝、磷化工排放的氟化物、氯碱化工排放的氯气、氯化氢等。这些污染物虽然不属于国家规定的污染物排放总量控制指标，但由于其对环境影响较大，又是项目排放的特有污染物，必须作为项目的污染物排放总量控制指标。

评价中提出的项目污染物排放总量控制指标，其单位为 t/a。

国家对主要指标（例如二氧化硫、化学需氧量）实行全国控制，根据各省市的具体情况，将指标分解到各省市，再由省市分解到地（市）州，最终控制指标下达到县。

为了更科学地实行污染物总量控制，全国组织对主要河流的水环境容量和主要城市的大气环境容量进行测算，使全国的污染物总量控制指标更加科学合理。

## 二、总量控制建议指标

通过环境影响评价提出总量控制建议指标时应包括国家规定的指标和项目的特征污染物，而且需要满足以下要求：

1)满足达标排放的要求。排放不达标的污染物不能作为总量控制建议指标。

2)符合相关环保要求，比总量控制更严的环境保护要求(例如特殊控制的区域和河段)。

3)技术上可行，通过技术改造可以实现达标排放。

1. 电力二氧化硫总量指标分配

发电机组二氧化硫总量指标，按照所在的区域和时段，采取统一规定的绩效方法进行分配。

东部地区第Ⅲ时段机组2010年排放绩效值$GPS$为0.7克/度电。电力二氧化硫总量指标$M_i$计算公式为

$$M_i = CAP_i \times 5\ 500 \times GPS_i \times 10^{-3} \tag{6-1}$$

式中：$CAP_i$——另三个机组的装机容量，MW；

$GPS_i$——第$i$个机组的排放绩效值，克/度电。

例如，某电厂两台600MW机组，每台机组为$600 \times 5\ 500 \times 0.7 \times 10^{-3} = 2\ 310$ (t/a)，则全厂合计$2\ 310 + 2\ 310 = 4\ 620$(t/a)

如果含硫率为0.7%，按5 500h计算，综合脱硫效率需达到94%以上。

2. 热电联产机组供热部分

供热部分折算成等效发电量$D_i$参与分配

$$D_i = H_i \times 0.278 \times 0.3 \tag{6-2}$$

式中：$H_i$——第$i$个机组供热量，MJ。

总量指标

$$M_i = (CAP_i \times 5\ 500 + D_i/1\ 000) \times GPS_i \times 10^{-3} \tag{6-3}$$

## 习 题

1. 下列关于运行中的垃圾填埋场对环境的主要影响，说法正确的有(　)。

A. 流经填埋场区的地表径流可能受到污染

B. 填埋场孳生的害虫、昆虫、啃齿动物

C. 填埋场工人生活噪声对公众产生一定的影响

D. 填埋作业及垃圾堆体可能造成滑坡、崩塌、泥石流等地质环境影响

E. 填埋场产生的气体排放可能发生的爆炸对公众安全的威胁

2. 垃圾填埋场污染防治措施主要内容包括(　)。

A. 除尘脱硫措施

B. 渗滤液的治理和控制措施以及填埋场衬里破裂补救措施

C. 减振防噪措施

D. 释放气的导排或综合利用措施以及防臭措施

3. 固体废物处置常见的预处理方法有(　)。

A. 分选　　B. 破碎　　C. 堆肥　　D. 压实

4. 生态环境保护战略特别注重保护下列哪些地区(　)。

A. 城市居民区　　B. 生态环境良好的地区

C. 生态系统特别重要的地区　　D. 工业开发区

5. 以下关于合理选址选线说法正确的有(　)。

A. 选址选线以最小的成本和最高的经济效益为原则

B. 选址选线避绕敏感的环境保护目标

C. 选址选线符合地方环保规划和环境功能区划要求

D. 选址选线不存在潜在的环境风险

E. 选址选线应保障区域可持续发展能力不受到损害或威胁

6. 下列关于固体废物致人疾病途径的说法正确的是(　)。

A. 处置堆存填埋固体废物可以通过地下水的间接饮用使人致病

B. 污水处理厂的污泥作为肥料通过农作物可使人致病

C. 固体废物的堆肥产品通过农作物可使人致病

D. 固体废物直接倒入江河湖泊影响水生生物,食用水生生物后可使人致病

7. 特定地区的大气环境容量与以下因素有关的是(　)。

A. 特定污染在大气中的转化、沉积、清除机理

B. 区域大气扩散、稀释能力

C. 区域内污染源及其污染物排放强度时空分布

D. 空气环境功能区划及空气环境质量保护目标

E. 涉及的区域范围与下垫面复杂程度

8. 水环境影响评价时,对于拟接纳开发区污水的下列水体中应估算水环境容量的是(　)。

A. 湖泊　　B. 常年径流的河流

C. 近海水域　　D. 远海水域

9. 污染物总量控制建议指标应包括(　)。

A. 国家规定的指标　　B. 项目的一般污染物
C. 地方规定的指标　　D. 项目的特征污染物

10. 在环境影响评价中提出的项目污染物总量控制建议指标必须满足下列要求中的(　)。

A. 符合相关环保要求,比总量控制更严的环境保护要求
B. 技术上可行
C. 经济上可行
D. 符合达标排放的要求

# 第七章　环境影响的经济损益分析

环境影响的经济损益分析，也称为环境影响的经济评价，就是要估算某一项目、规划或政策所引起环境影响的经济价值，并将环境影响的价值纳入项目、规划或政策的经济分析（费用效益分析）中去，以判断这些环境影响对该项目、规划或政策的可行性会产生多大的影响。对负面的影响估算出的是环境成本、对正面的影响估算出的是环境效益。

环境影响的经济损益分析具体包括建设项目环境影响经济评价和环保措施的经济损益评价两部分。

## 第一节　环境经济评述方法

建设项目环境影响的经济评价，是以大气、水、声、生态等环境影响评价为基础的。建设项目环境影响经济损益分析包括建设项目环境影响经济评价和环保措施的经济损益评价两部分。

环保措施的经济损益评价即环保措施的经济论证，是通过估算环保措施的投资费用、运行费用和取得的效益，用于多种环境措施的比较，以选择费用较低的环保措施。环保措施的经济论证不能代表建设项目的环境影响经济损益分析。

环境的总价值包括使用价值和非使用价值。使用价值是指环境被生产者或消费者使用时表现出来的价值，包括直接使用价值、间接使用价值、选择价值。人们虽然现在不使用某一环境，但人们希望保留它，这样，将来就有可能使用它，也即保留了人们选择使用它的机会，环境所具有的这种价值就是环境的选择价值。环境的非使用价值是指人们虽然不使用某一环境物品，但该环境物品仍具有的价值。根据不同动机，环境的非使用价值又可分为遗赠价值和存在价值。

价值的恰当量度是最大支付意愿。当消费环境服务或环境物品时，没有市场价格，其价值等于人们享受这些环境服务时所获得的消费者剩余，有些环境价值评估技术，就是通过测量这一消费者剩余来评估环境的价值；此外，环境价值也可根据人们对某种特定的环境退化而表示的最低补偿意愿（WTA）来度量，见公式（7－1）。

价值＝最低补偿意愿＝价格×消费量＋消费者剩余 (7－1)

市场价格有些情况下可近似地衡量物品的价值，但不能准确度量一个物品的价值。

## 第二节 环境价值评估方法

目前全部的环境价值评价技术（方法）可分为3组。

第Ⅰ组评估方法：旅行费用法、隐含价格法、调查评价法、成果参照法。

第Ⅱ组评估方法：医疗费用法、人力资本法、生产力损失法、恢复或重置费用法、影子工程法、防护费用法。

第Ⅲ组评估方法：反向评估法、机会成本法。

### 一、常用的评估方法

1. 旅行费用法

适用范围：一般用来评估户外游憩地的环境价值。

基本思想：将旅行费用作为旅游地环境服务价格的替代物。

基本公式：旅游价值＝旅游费用支出＋旅行时间价值＋其他花费。

**【例1】** 人们到某风景名胜区旅游，旅游费用支出包括人均交通费30元、餐饮费50元、门票25元、游船消费35元、住宿100元，旅行时间一般为两天，游客人均收入平均水平约80元/天，人均购买宣传资料、纪念品的费用约50元/人次，2007年接待游客约120万人次，用旅行费用法评估该风景名胜区的其旅游价值为（ ）万元。

A. 450 B. 370 C. 54 000 D. 44 400

**【答案】** C

2. 隐含价格法

适用范围：用于评估大气质量改善的环境价值，也可用于评估大气污染、水污染、环境舒适性和生态系统环境服务功能等的环境价值。

基本思想：环境因素会影响房地产的价格，通过回归分析，可从房地产价格中分离出环境因素引起的那部分房地产价格变化，从而确定人们对环境因素的估价。

求解：需要建立隐含价格方程和建立环境质量需求方程后求解。

应用条件：①房地产价格在市场中自由形成；②可获得完整的、大量的市场交易记录以及长期的环境质量记录。

3. 调查评价法

适用范围：可用于评估大部分环境对象，例如大气污染的环境损失、环境污染的健康损害、人的生命价值、特有环境的非使用价值。其中特有环境的非使用价值只能用本方法来评估。

基本思想：通过构建模拟市场来揭示某种环境物品的支付意愿（WTP），从而评价环境价值。

基本步骤：模拟市场设计、问题提问方式选择、模拟市场操作、抽样调查、结果分析。

4. 成果参照法

基本思想：把旅行费用法、隐含价格法、调查评价法的实际评价结果作为参照对象，用于评价一个新的环境物品，该法相当于类比分析法。

特点：最大的特点是节省时间、费用。

3 种类型：①直接参照单位价值。②参照已有案例研究的评估函数，代入要评估的项目区变量，得到项目环境价值。③进行 Meta 分析（汇总分析、集成分析）。

5. 市场价值法

基本思想：市场价值法即生产率法，是将环境看成为生产要素，环境质量的变化导致生产率和生产成本的变化，从而导致产量和利润的变化，而产量和利润是可以用市场价格来计量的。利用计量因环境质量变化引起的产量和利润的变化来计量环境质量变化的经济效益或经济损失。

适用范围：是一种直接和应用广泛的方法，例如用于因污染造成农产品减产的评价。

6. 医疗费用法

适用范围：用于评估环境污染引起的健康影响（疾病）的经济价值。

基本思想：若环境污染引起某种疾病（发病率）的增加，治疗该疾病的费用可作为人们为避免该环境影响所具有的支付意愿的底限值。

缺陷：无视疾病给人们带来的痛苦，未捕捉到健康影响这一面。

7. 人力资本法

适用范围：用于评估环境污染的健康影响（收入损失、死亡）。

基本思想：环境污染引起误工、收入能力降低、某种疾病死亡率的增加，由此引起的收入减少，可以作为人们为避免该环境影响所具有的支付意愿的底限值。

计算方法：它把人作为生产财富的资本，用一个人生产财富的多少来定义这个人的价值。由于劳动力的边际产量等于工资，所以用工资表示一个人的边际价值，用一个人工资的总和（经贴现）表示这个人的总价值。基于这个角度，标准的人力资本法采取如下作法：①只计算工资收入，不计非工资收入，因为劳动力只创造工资；②无工资收入者，价值取为零；③采用税前工资；④工资不反映劳动力边际产量时采用影子工资；⑤严格的人力资本法从工资收入中还要减去个人的消费，由早逝造成的工资丧失中还要减去医药费的节省;⑥贴现未来工资收入时,采用社会贴现率。

8. 生产力损失法

适用范围:用于评估环境污染和生态破坏造成的工农业等生产力的损失。

基本思想:用环境破坏造成的产量损失,乘以该产品的市场价格,来表示该环境破坏的损失价值。这种方法也称市场价值法。

条件:需依据受控实验或野外调查后进行生物统计分析,来确定污染和损失的剂量一反应关系。

9. 恢复或重置费用法

一种环境资源的破坏可以用恢复到原来状态所需要的费用来作为该环境资源被破坏带来的经济损失或它的最低经济价值。实际上,环境退化、生态破坏往往很难恢复到原来功能,所以恢复费用也只是它的最低损失费用。

一种环境资源的破坏也可以用防护它不受破坏所需的费用,作为该环境资源被破坏带来的经济损失。例如,评估公路噪声的危害,可以用建立噪声隔离墙所需的费用来衡量。

适用范围:用于评估水土流失、重金属污染、土地退化等环境破坏造成的损失。

基本思想:用恢复被破坏的环境(或重置相似环境)的费用来表示该环境的价值。

10. 影子工程法

影子工程法用于评价水污染造成的损失、森林生态功能价值等。在环境资源受到破坏之后,用人工建造一个工程来代替原来的环境功能所需的费用来估计破坏该环境资源的经济损失。例如,某处地下水受到污染而失去饮用水功能,可以用重新建造一个饮用水源所需要的费用来评估该地下水资源受到破坏的经济损失。

适用范围:用于评估水污染造成的损失、森林生态功能价值等。

基本思想:用复制具有相似环境功能的工程的费用来表示该环境的价值。

11. 反向评估

反向评估不是直接评估环境影响的价值,而是根据项目的内部收益率或净现值反推,推算出项目的环境成本不超过多少时,该项目才是可行的(数据严重不足时,可考虑用)。

12. 机会成本法

机会成本是指一定的资源用在生产某产品时,所放弃的对另一种产品生产的价值。或者说,机会成本是指利用一定的资源获得某种收入时所放弃的另一种收入。例如一块土地,可以种植小麦或大豆,为种植小麦而放弃的大豆产量成为种植小麦的机会成本。

## 二、各组评估方法的特点

1. 第Ⅰ组评估方法的特点

第Ⅰ组评估方法都有完善的理论基础，是对环境价值（支付意愿衡量）的正确度量，可以称为标准的环境价值评估方法，已广泛应用于对非市场物品的价值评估。

2. 第Ⅱ组评估方法的特点

第Ⅱ组评估方法都是基于费用或价格的。他们虽然不等于价值，但据此得到的评价结果，通常可作为环境影响价值的低限值。

优点：所依据的费用或价格数据比较容易获得、数据变异小、易被管理者理解。

缺陷：理论上该组方法评估出的并不是以支付意愿衡量的环境价值。

3. 第Ⅲ组评估方法的特点

第Ⅲ组评估方法是在无市场价格情况下，资源使用的成本可以用所牺牲的替代用途的收入来估算。

4. 三组方法的优先顺序

在可能情况下三组环境价值评估方法的选择优先顺序为：首选第Ⅰ组评估方法，因其理论基础完善，是标准的环境价值评估方法；再选第Ⅱ组评估方法，可作为低限值，但有时具有不确定性；最后选第Ⅲ组评估方法，有助于项目决策。

# 第三节　经济损益分析原理与步骤

## 一、经济损益分析原理与步骤

环境影响的经济损益分析一般分为 4 个步骤：筛选环境影响；量化环境影响；评估环境影响的货币化价值；将货币化的环境影响价值纳入项目的经济分析。

1）筛选环境影响。从 4 个方面来进行筛选。

A. 影响是否是内部的或已被抑制：环境影响经济评价只考虑外部影响，即未被纳入财务核算的影响；也只考虑项目未被抑控的影响，按项目设计已被环境保护措施处理掉的影响也将被排除。

B. 影响小的或不重要的：损益分析只关注大的、重要的环境影响。

C. 影响是否不确定或过于敏感：影响虽然较大但是否发生具有很大的不确定性时排除；涉及政治等过于敏感的也排除。

D. 影响能否量化和货币化：难以量化和货币化的被排除。

经筛选，全部环境影响被分为 3 类。

A. 剔除、不再做任何评价分析的影响：如内部的环境影响、小的环境影响及被控抑的影响。

B. 需要做定性说明的影响：较大的但不确定、显著但难以量化的影响。

C. 需要且能够量化和货币化的影响。

2)量化环境影响。环境影响已有量化方式，不一定适合下一步的价值评；许多情况，环境影响评价报告只给出项目排放污染物的数量和浓度，而不是这些污染物对受体影响的大小。

3)评估环境影响的货币化价值。这是关键的一步，也是环境影响评价的核心。

4)将货币化的环境影响价值纳入项目的经济分析。

## 二、费用效益分析

费用效益分析有两个步骤：

(1)编制现金流量表

基于财务分析中的现金流量表(财务现金流量表)，编制用于费用效益分析的现金流量表(经济现金流量表)。实际上是按费用效益分析和财务分析的不同来调整财务现金流量表。把估算出的环境成本计入现金流出项，把估算出的环境效益计入现金流入项。

(2)计算项目的可行性指标

判断项目的可行性，有两个主要的指标：经济净现值、经济内部收益率。

1)经济净现值(ENPV)。经济净现值是反映项目对国民经济所做净贡献的绝对指标。它是用社会贴现率将项目计算期内各年的净效益(等于效益减去费用)折算到建设起点(期初)的现值之和。经济净现值大于零的项目就是可选择的项目。其计算公式为

$$\mathrm{ENPV} = \sum_{i=0}^{n} \frac{B_{\mathrm{T}i} - C_{\mathrm{T}i}}{(1+r)^i} \tag{7-2}$$

式中：$B_{\mathrm{T}i}$、$C_{\mathrm{T}i}$——分别为发生在第 $i$ 年的总效益和总费用；

$n$——计算期；

$r$——社会贴现率。

一般来说，经济净现值大于或等于零的项目应被认为是可以考虑的项目。

2)经济内部收益率(EIER)。经济内部收益率是反映项目对国民经济的贡献的相对指标。它是使得项目计算期内的经济净现值累计等于零时的贴现率。其表达式为

$$\sum_{i=0}^{n} \frac{B_{\mathrm{T}i} - C_{\mathrm{T}i}}{(1+\mathrm{EIRR})^i} = 0 \tag{7-3}$$

式中：$B_{Ti}$、$C_{Ti}$——分别为发生在第 $i$ 年的总效益和总费用；

$n$——计算期；

$r$——社会贴现率。

一般来说，经济内部收益率大于或等于社会贴现率的项目应被认为是可以考虑的项目。

## 习　题

### 一、单项选择

1. 市场价值法要得到建设项目所带来某一生产过程效益的变化，可以通过一个函数对生产过程产量进行积分，这个函数是（　）。
   A. 资产效益变化函数　　B. 商品需求价格函数
   C. 人力资本函数　　D. 防护费用函数
2. 广泛用于噪声污染环境价值评价的方法是（　）。
   A. 机会成本法　　B. 防护费用法　　C. 恢复费用法　　D. 影子工程法
3. 揭示偏好法包括（　）。
   A. 旅行费用法　　B. 生产率变动法　　C. 人力资本法　　D. 重置成本法
4. 陈述偏好法包括（　）。
   A. 损害函数法　　B. 意愿调查评估法　　C. 机会成本法　　D. 防护支出法
5. 对环境价值的含义描述错误的是（　）。
   A. 环境的使用价值通常包括直接使用价值、非使用价值和选择价值
   B. 人们虽然现在不使用某一环境，但人们希望保留它，这样，将来就有可能使用它，也即保留了人们选择使用它的机会，环境所具有的这种价值就是环境的选择价值
   C. 环境的非使用价值是指人们虽然不使用某一环境物品，但该环境物品仍具有的价值
   D. 根据不同动机，环境的非使用价值又可分为遗赠价值和存在价值
6. 下列选项中可用于确定环境中的非使用价值的是（　）。
   A. 调查评价法来评估　　B. 机会成本法　　C. 生产力变动法　　D. 影子工程法
7. 下列不属于成果参照法主要类型的是（　）。
   A. 参照已有案例研究的评估函数，代入要评估的项目区变量，得到项目的环境影响价值
   B. 直接参照单位价值
   C. 以环境价值为因变量，以环境质量特性、人口特性、研究模型等为自变量，进

行 Meta 回归分析

D. 间接参照总体价值

8. 下列选项中,( )为景观的游憩价值。

A. 旅游门票大于零时,该消费者剩余

B. 旅游门票大于 100 时,该消费者剩余

C. 旅游门票等于零时,该消费者剩余

D. 旅游门票大于 1 000 时,该消费者剩余

9. 成果参照法的最大优点是( )。

A. 容易量化　　B. 节省时间、费用

C. 容易使用计算机辅助手段　　D. 容易进行国内外结果参比

10. 调查评价法应用的关键在于( )。

A. 调查方法合理、得当　　B. 充足的投资

C. 要构建一个合理的环境物品交易机制　　D. 合理的区域政策

11. 医疗费用法的明显的不足之处是( )。

A. 它无视疾病给人们带来的痛苦　　B. 耗费大量时间、费用

C. 无法进行量化　　D. 计算机分析不足

12. 使用人力资本法时,人的边际价值用( )表示。

A. 一个人一生创造的社会财富　　B. 一个人的工资

C. 一个人工资的总和　　D. 一个人生产财富的多少

13. 在使用人力资本法时,当工资不反映劳动力边际产量时( )。

A. 采用工资总和　　B. 采用影子工资

C. 采用边际价值　　D. 采用社会贴现率

14. 使用反向评估时,要根据( )反推。

A. 项目的外部收益率或净现值　　B. 项目的总收益率

C. 项目总投资　　D. 项目的内部收益率或净现值

15. 费用效益分析中所使用的价格反映了( )。

A. 市场需求和区域经济差异之间的关系

B. 整个社会资源供给与需求状况的均衡价格

C. 区域资源供给与需求状况的均衡价格

D. 整个社会资源供给与国家宏观调控状况的关系

16. 若一个项目的建设能为社会做出净贡献是指( )。

A. 当经济净现值等于零时

B. 当经济净现值大于零时

C. 当项目的经济内部收益率小于行业基准内部收益率时

D. 当项目的经济内部收益率等于行业基准内部收益率时

## 二、多项选择题

1. 常用的调查评价方法有(　)。

A. 德尔斐法　B. 市场价值法　C. 投标博弈法　D. 人力资本法

2. 对项目进行费用效益分析,可以分解为下列步骤中的(　)。

A. 识别项目的费用和效益

B. 把发生在未来的费用与效益贴现为现值

C. 对经过贴现的费用和效益进行比较

D. 要建立数学模型预测未来的发展状况

3. 为了识别项目的费用和效益,要进行如下步骤的研究和分析(　)。

A. 确定分析范围,识别主要的环境影响

B. 分析的范围越大越好

C. 分析和确定重要环境影响的物理效果

D. 通过价值评估技术对上述物理效果进行货币估值

4. 下面说法正确的是(　)。

A. 经济净现值是反映项目对国民经济所作净贡献的相对指标

B. 济内部收益率是反映项目对国民经济的贡献的绝对指标

C. 经济净现值率是项目净现值与全部投资现值之比,即单位投资现值的净现值

D. 计算费用时,要包括所发生的所有的直接和间接的成本,同时减去可能的成本节约;计算效益时,要包括发生的所有直接和间接效益

5. 在费用效益分析中说法正确的是(　)。

A. 一定数额的成本或者效益出现的时间越晚,它们的主观价值就越大

B. 社会机会成本率又称为社会贴现率

C. 对厂商的经济活动进行费用效益分析时,在不同的时间内支付的费用和获得的效益具有加和性

D. 社会贴现率是费用效益分析中比较与选择方案的判别依据

6. 环境资源的总经济价值分为(　)。

A. 成本价值　B. 有用性价值　C. 内在价值　D. 再生价值

7. 作为环境资源的总经济价值一部分的使用价值可分为(　)。

A. 直接使用价值　B. 间接使用价值　C. 选择价值　D. 被选择价值

8. 下列关于环境资源的总经济价值一部分的使用价值的说法正确的是(　)。

A. 直接使用价值是环境资源对目前的生产或消费的直接贡献来决定的

B. 间接使用价值包括从环境所提供的用来支持目前的生产和消费活动的各种功能中间获得的效益

C. 选择价值又称为期权价值

D. 所谓使用价值就是当某一物品被使用或消费时，满足人们某种需要或偏好的能力

9. 环境损害与效益的价值评估方法可以分为（　）。

A. 直接市场价值法　B. 揭示偏好法　C. 陈述偏好法　D. 相互比较法

10. 直接市场价值法评价发包括（　）。

A. 剂量-反应法　B. 防护支出法　C. 生产函数法　D. 内涵资产定价法

11. 生产率变动法的基本步骤为（　）。

A. 估计环境变化对受者造成的影响的物理效果和范围

B. 估计该影响对成本或产出造成的影响

C. 估计产出或者成本的市场价值

D. 根据大量所获信息，建立各种关系模型

12. 采用直接市场评价法所需要具备的条件包括（　）。

A. 环境质量变化直接增加或减少商品或服务的产出，这种商品或服务是市场化的，或者潜在的、可交易的，甚至它们有市场化的替代物

B. 环境影响的物理效果明显，而且可以观察出来，或者能够用实证方法获得

C. 市场运行良好，价格是一个产品或服务的经济价值的良好指标

D. 能够具备大量的信息，以建立合适的模型

13. 直接市场评价法存在的问题有（　）。

A. 一般说来，很难估计出对环境造成影响的活动与产出、成本或损害之间的物理关系

B. 在确定对受者的影响时，通常很难把环境因素从其他影响因素中分离出来

C. 当环境变化对市场产生明显影响时，需要对市场的结构、弹性、供给和需求反应进行深入的观察

D. 当确定一项活动对产出的影响时，需要建立一个假设存在或假设不存在的后果序列

14. 面对环境的变化，可以采取的防护行为有（　）。

A. 采取防护措施　B. 购买环境替代品

C. 迁移　D. “影子/补偿”项目

15. 防护支出法可以适用于（　）。

A. 空气、水、噪声污染

B. 土壤侵蚀，滑坡以及洪水风险；土壤肥力下降，土地退化

C. 各种生态系统

D. 海洋和沿海海岸的污染和侵蚀

16. 防护支出法实际应用时应该满足(　)。

A. 人们能够了解和理解来自于环境的威胁

B. 市场运行良好

C. 人们能够采取措施保护他们自己免受影响

D. 能够估算并支付这些保护措施的费用

17. 意愿调查要建立在(　)。

A. 可预付性　B. 可支付性　C. 拍卖竞争　D. 投标竞争

18. 意愿调查价值评估法可以采用的方法有(　)。

A. 直接询问调查对象的支付或接受赔偿的意愿

B. 询问调查对象对表示上述意愿的商品或服务的需求量,并从询问结果推断出支付意愿或接受赔偿的意愿

C. 通过对有关专家进行调查的方式来评定环境资产的价值

D. 在获得大量的信息基础上,利用数学模型模拟支付意愿或接受赔偿的意愿

19. 设计意愿调查方案,要注意(　)。

A. 样本数量　B. 对偏差较大的答案的处理

C. 与汇总有关的问题　D. 样本的特性

20. 意愿调查价值评估法的局限性有(　)。

A. 有大量的各种偏差存在,例如信息偏差和假象偏差等

B. 它不能适用于无价格的自然资产的保护,例如森林和原始区域

C. 抽样结果的汇总问题,抽样结果预测有关真实结果的技术非常复杂

D. 支付意愿与接受赔偿意愿的不一致性

21. 意愿调查价值评估的使用范围可以是(　)。

A. 土壤侵蚀,滑坡以及洪水风险;土壤肥力下降,土地退化

B. 交通条件改善　C. 供水、卫生设施和污水处理

D. 海洋和沿海海岸的污染和侵蚀

22. 使用意愿调查价值评估法的条件有(　)。

A. 环境变化对市场具有直接的影响　B. 充足的资金、人力和时间

C. 可以直接通过市场获取人们对物品或服务的偏好的信息

D. 样本人群要有代表性

23. 恢复费用法可以评价(　)。

A. 水土流失　B. 水污染造成的工、农、渔、林业损失

C. 交通条件改善　D. 采煤引起地面下沉而引起的建筑物损失

24. 关于影子价格法的说法正确的有(　)。

A. 它在计算某一区域环境所带来的收益或损害时,可以假设一同样大小、生态

功能类似的环境所具有的总收益或总费用，将其作为补偿费用以代表该区域的收益或费用

B. 用非实际存在的“影子价格”把环境功能价格化

C. 用影子价格法计算时，总价值不能通过各种功能的“价值”而得到

D. 计算时，先要分别计算环境中各种功能的“价值”，而后求出环境的总价值

25. 下列关于建设项目环境影响经济评价分析的说法正确的有（　）。

A. 环境影响的经济评价必须在得到各环境要素影响评价结果后进行

B. 建设项目环境影响经济损益评价包括建设项目环境影响经济评价和环保措施的经济损益评价

C. 环境保护措施的经济论证，是要估算环境保护措施的投资费用、运行费用、取得的效益，用于多种环境保护措施的比较，以选择费用比较低的环境保护措施

D. 环境保护措施的经济论证一般可以代替建设项目的环境影响经济损益分析

26. 下列关于环境价值的说法正确的是（　）。

A. 环境的使用价值通常包括直接使用价值、非使用价值和选择价值

B. 选择价值是人们虽然现在不使用某一环境，但人们希望保留它，这样，将来就有可能使用它，也即保留了人们选择使用它的机会

C. 环境的非使用价值是指人们虽然不使用某一环境物品，但该环境物品仍具有的价值

D. 根据不同动机，环境的非使用价值又可分为遗赠价值和选择价值

E. 旅行费用法

27. 下列关于旅行费用法的说法正确的有（　）。

A. 旅行费用法一般用来评估户外游憩地的环境价值

B. 旅行费用法的基本思想是到该地旅游要付出代价，这一代价即旅行费用

C. 旅行费用越高，来该地游玩的人数越少；反之亦然

D. 旅游门票大于零时，该消费者剩余，就是这一景观的游憩价值

28. 关于隐含价值法适用范围的观点正确的是（　）。

A. 隐含价值法可用于评估大气质量改善的环境价值

B. 隐含价值法可用于评估大气污染的环境价值

C. 隐含价值法可用于水污染的环境价值

D. 隐含价值法可用环境舒适性和生态系统环境服务功能等的环境价值

29. 隐含价格法的应用条件是（　）。

A. 房地产价格在市场中自由形成

B. 房地产价格在市场中主要以宏观调控形成为主

C. 可获得完整的、大量的市场交易记录以及长期的环境质量记录

30. 一般而言，隐含价格法对环境质量的估价需要两个步骤，是指（ ）。

A. 建立隐含价格方程　　B. 建立市场交易记录过程模拟

C. 建立房地产价格自由形成机制模型　　D. 建立环境质量需求方程

31. 关于调查评价法的说明正确的是（ ）。

A. 调查评价法可用于所有的环境对象

B. 其中环境的使用价值，只能使用调查评价法来评估

C. 调查评价法通过构建模拟市场来揭示人们对某种环境物品的支付意愿，从而评价环境价值的方法

D. 调查评价法应用的关键在于要构建一个合理的环境物品交易机制

32. 下述关于成果参照法的说法正确的是（ ）。

A. 成果参照法是将旅行费用法、隐含价值法、调查评价法的实际评价结果，作为参照对象，用于评价一个新的环境物品

B. 成果参照法是将影子价格法、隐含价值法、防护支出法的实际评价结果，作为参照对象，用于评价一个新的环境物品

C. 该法相似于环境影响评价中常用的隐含价值分析方法

D. 其最大的优点是节省时间、费用

33. 成果参照法的主要类型有（ ）。

A. 直接参照单位价值

B. 参照已有案例研究的评估函数，代入要评估的项目区变量，得到项目的环境影响价值

C. 间接参照总体价值

D. 以环境价值为因变量，以环境质量特性、人口特性、研究模型等为自变量，进行 Meta 回归分析

34. 关于医疗费用法分析的描述不正确的是（ ）。

A. 医疗费用法用于环境污染引起的大气质量改善的经济价值

B. 如果环境污染引起某种疾病的增加，治疗该疾病的费用，可以作为人们避免该环境影响所具有的支付意愿的底限值

C. 医疗费用法的不足之处是，耗费大量的时间、费用

D. 医疗费用法没有捕捉到健康影响这一方面

35. 下述关于人力资本法的说法错误的有（ ）。

A. 人力资本法用于评估环境污染的健康影响

B. 用工资表示一个人的总价值

C. 用一个人工资的总和表示这个人的边际价值

D. 人力资本法把人作为生产财富的资本，用一个人生产财富的多少来定义这个人的价值

36. 从某种角度上讲，标准的人力资本法采取的做法是（ ）。

A. 只计算工资收入，不计非工资收入，因为劳动力只创造工资

B. 无工资收入者，价值取为零，采用税前工资，工资不反映劳动力边际产量时采用影子工资

C. 严格的人力资本法从工资收入中还要减去个人的消费，由早逝造成的工资丧失中还要减去医药费的节省

D. 贴现未来工资收入时，采用社会贴现率

37. 下列关于反向评估法的说法正确的是（ ）。

A. 反向评估是一种直接的评估环境影响的价值的方法

B. 反向评估推算出项目的环境成本不超过多少时，该项目才是可行的

C. 反向评估是根据项目的外部收益率或净现值反推

D. 数据严重不足时，可考虑用

38. 关于费用效益分析说法正确的是（ ）。

A. 费用效益分析从区域的角度出发，分析某一项目对区域经济净贡献的大小

B. 费用效益分析中所使用的价格，反映了整个社会资源供给与需求状况的均衡价格

C. 要考虑该项目引起的间接的、未发生实际支付的效益和费用

D. 在费用效益分析中，补贴和税收必须要列入企业的收支项目中

39. 费用效益分析的主要步骤包括（ ）。

A. 分析项目的经济效益

B. 基于财务分析中的现金流量表，编制用于费用效益分析的现金流量表

C. 计算项目可行性指标

D. 计算项目的总投资量

40. 在费用效益分析中，判断项目的可行性，最重要的判定指标包括（ ）。

A. 经济净现值　　B. 现金流量表

C. 经济内部收益率　　D. 经济外部收益率

41. 下列关于经济内部收益率的说法正确的是（ ）。

A. 经济内部收益率反映项目对国民经济贡献的绝对量指标

B. 经济内部收益率是使项目计算期内的经济净现值等于零时的贴现率

C. 当项目的经济内部收益率大于行业基准内部收益率时，表明该项目是可行的

D. 贴现率是将发生于同一时间的费用或效益折算成可以比较的费用或效益的折算比率

42. 下列哪种情况下一个项目是可行的(　)。

A. 当项目的经济内部收益率大于行业基准内部收益率时

B. 当项目的经济内部收益率等于行业基准内部收益率时

C. 当经济净现值等于零时

D. 当经济净现值大于零时

E. 敏感性分析

43. 费用效益分析中,考察项目对环境影响的敏感性时,考虑分析的指标或参数有(　)。

A. 贴现率,环境影响的价值(上限、下限)

B. 市场边界(受影响人群的规模大小)

C. 环境影响持续的时间(超出项目计算期时)

D. 环境计划执行情况(好、坏)

44. 理论上,环境影响经济损益分析的步骤包括(　)。

A. 筛选环境影响

B. 量化环境影响

C. 评估环境影响的货币化价值

D. 将货币化的环境影响价值纳入项目的经济分析,以判断项目的这些环境影响将在多大程度上影响项目、规划或政策的可行性

45. 一般从以下这些方面来筛选环境影响:(　)。

A. 影响是否内部的或已被控制　　B. 影响是否小的或不重要

C. 影响是否不确定或过于敏感　　D. 影响能否被量化和货币化

46. 环境的总价值包括(　)。

A. 某种特定环境退化表示的最低补偿意愿

B. 被生产者或消费者使用时所表现出的价值

C. 遗赠价值和存在价值

D. 特有物种和独特景观的价值

47. 用于评估环境污染引起的健康影响的经济价值的方法有(　)。

A. 防护费用法　　B. 人力资本法　　C. 影子工程法　　D. 医疗费用法

**三、简答题**

1. 试举两种环境经济学方法在 EIA 中的应用。

2. 简述防护费用法与恢复费用法的区别。

3. 什么是影子价格法? 有什么用途?

4. 费用-效益分析中,什么是机会成本法?

5. 费用-效益分析的一般步骤是什么?

6. 费用-效益分析中，什么是影子工程法？

7. 有一森林娱乐区，一直供附近居民免费娱乐。有人建议开发这个区域，若这样，居民就失去了这个娱乐区，这个娱乐区的价值有多大？或者说开发这个区域给居民带来的损失有多大？请用投标博弈法设计对娱乐区价值或效益损失分析的方案。

8. 请说明环境的总价值、环境的使用价值、选择价值、环境的非使用价值之间的关系。

9. 请简述旅行费用法的主要应用范围及其基本思想。

10. 请写出隐含价值法的主要应用范围、使用基本条件以及应用步骤。

11. 请写出成果参照法的主要缺点及其主要类型。

12. 请分析医疗费用法的主要使用范围及其缺点。

13. 请简述人力资本法的含义并简述其过程。

14. 费用效益分析和财务分析的差别主要体现在哪些方面？

15. 请写出用效益分析的步骤以及判断项目可行性最重要的判定指标。

16. 请简述环境影响的经济损益分析的步骤并作简要说明。

# 第八章　建设项目环境保护竣工验收

《建设项目环境保护验收监管理办法》明确将建设项目分为以污染排放为主的项目和以生态影响为主的项目两类，实施分类管理。本技术要求规定了建设项目的环境保护设施竣工验收监测（以下简称验收监测）的原则、依据、内容、执行标准选择、采样和分析方法等一般要求。

## 第一节　概述

### 一、相关名词介绍

1．环境保护设施

建设项目为自身污染物达标排放或满足污染物总量控制的要求而必须采取的治理措施。主要包括以下方面的设施、装置、设备：

1）专用于环境、生态保护和污染防治。

2）既是生产工艺中的一个环节，同时又具有环境保护功能。

3）用于污染物回收与综合利用。

4）与建设项目环境保护监测工作配套。

5）用于防止潜在突发性污染事故。

建设项目为维护其影响的生态环境而必须采取的环境保护工程措施包括：生态恢复工程、绿化工程、边坡防护工程等。

2．环境保护设施竣工验收监测

环境保护设施竣工验收监测是指对建设项目环境保护设施建设、管理、运行及其效果和污染物排放情况全面的检查与测试。

3．验收监测执行标准

验收监测执行标准指建设项目进行环境影响评价时所依据的标准，作为判定建设项目能否达标排放的标准，是通过环境保护设施竣工验收的依据。

4．验收监测参照标准

验收监测参照标准指参照标准为建设项目投产时的国家和地方现行标准以及

参照执行的其他标准，是环境保护行政主管部门进行监督管理及企业污染防治整改提供的判定标准。验收监测参照标准一般不作为竣工验收的依据。

### 二、验收监测方案的编制

验收监测方案应包括以下内容：

1)简述内容：任务由来、依据，尤其要阐明环境影响报告书(表)结论意见、环保对策、措施及环境影响报告书审批文件的要求。

2)建设项目工程实施概况：工程基本情况，生产过程污染物产生、治理和排放流程，环保设施建设及其试运行情况。

3)验收监测执行标准：列出应执行的国家或地方环境质量标准、污染物排放标准的名称、标准编号、标准等级和限值，环境影响报告书(表)批复中的特殊限值要求，《初步设计(环保篇)》中的环保设施设计指标或要求等。

4)验收监测的内容：按废水、废气、噪声和固废等分类，全面简要地说明监测因子、频次、断面或点位的布设情况，附示意图；采样、监测分析方法；验收监测的质量控制措施。

5)现场监测操作安全注意事项(必要时针对工厂实际情况制定)。

6)对企业环境保护管理检查的内容。

## 第二节　建设项目环境保护竣工验收

### 一、建设项目环境保护竣工验收程序

1)建设项目竣工后，建设单位应当向有审批权的环境保护行政主管部门申请该建设项目竣工环境保护验收，同时报送验收申请和自查报告(县级审批的报县环保局、市级审批的报市环保局)。

进行试生产的建设项目，建设单位应当自试生产之日起 3 个月内申请验收。对确不具备验收条件的，建设单位应当在试生产的 3 个月内提出延期验收申请，说明延期验收的理由及拟进行验收的时间。经批准后建设单位方可继续进行试生产。

2)建设单位委托有资质的监测单位，对主要因排放污染物对环境产生污染和危害的项目编制环境保护验收监测报告。监测结果不满足有关要求的，限期整改，并重新申请验收，对限期整改仍达不到验收合格条件的，下达停产整顿通知。

3)有审批权的环境保护行政主管部门组织成立验收组对建设项目进行竣工环境保护验收检查。验收组对建设项目的环境保护设施及其他环境保护措施进行现场检查和审议，提出验收意见。

4)建设单位落实验收组整改意见措施，完善建设项目竣工环境保护验收申请表等相关材料。

5)建设单位向环境保护行政主管部门报送验收材料。经审核各项资料齐备，具备验收合格条件的项目，环境保护部门办理验收审批文件；经审核不具备验收合格条件的项目，限期整改、补充材料。

6)环境保护部门在收到合格验收材料之日起30日内，完成验收。对符合验收条件的建设项目，环境保护部门批准验收材料。

## 二、验收的内容、重点和验收标准

1. 验收监测的依据

1)国家有效的建设项目环境保护管理法规、办法和技术规定。

2)与建设项目有关的环保技术文件。

3)有关建设项目工程环保工作的意见和批复。

4)开展建设项目环保设施竣工验收监测的依据。

5)工程建设中有关环保设施设计改动的报批手续和批复文件。

6)环境保护设施运行情况自检报告。

7)其他有关需要说明问题和情况及其有关资料或文件等。

2. 验收重点的确定依据

1)项目可研、批复以及设计文件确定的项目建设规模、内容、工艺方法及与建设项目有关的各项环境设施，包括监测手段、各项生态保护设施。

2)环境影响评价文件及其批复规定应采取的各项环境保护措施，以及污染物排放、敏感区域保护、总量控制等要求。

3)各级环境保护主管部门针对建设项目提出的具体的环境保护要求文件。

4)国家法律、法规、行政规章及规划确定的敏感区。例如饮用水源保护区、自然保护区、重要生态功能保护区等。

5)国家相关的产业政策及清洁生产要求。

3. 验收重点

1)核查验收范围，对照原环境影响评价批复文件及设计文件检查核实项目工程组成，包括建设内容规模及产品、生产能力、工程量、占地面积等情况及其变更情况。

2)确定验收标准。

3)核查验收工况。

4)核查验收监测调查结果。

5)核查验收环境管理。

6)核查验收现场。

7)核查验收结论。

4. 验收标准确定原则

验收监测采用标准包括评价标准和测试方法标准两个部分。评价标准又分为验收监测执行标准和验收监测参照标准。

执行标准应主要以进行环境影响评价时采用的各种标准和环境影响评价报告书(表)及其批复的要求为依据,验收监测执行标准的确定应考虑以下因素:

1)在环境影响报告书中,由环境保护主管部门行文确认的环境影响评价标准。

2)进行环境影响评价时,国家或地方执行的各类污染物排放标准及环境质量标准。

3)有关环境保护行政主管部门在对环境影响评价报告书(表)批复时,要求执行的各项环境质量标准、污染物排放标准以及环境保护行政主管部门根据环境保护需要所规定的特殊标准限值。

4)根据国家和地方对环境保护的新要求,经负责验收的环境保护行政主管部门批准,可采用验收监测时现行的国家或地方标准。

5)国家和地方对国家规定的污染物排放总量控制指标中的总量控制要求。

6)对国家和地方标准中尚无规定的污染因子,应以环境影响报告书(表)和工程《初步设计》(环境保护篇)等的要求或设计指标为依据来进行评价。

5. 验收监测参照标准的确定

验收监测参照标准的确定应考虑以下因素。

1)新颁布的国家或地方标准中规定的污染因子排放标准值以及环境量标准值。

2)环保设施的设计指标。

3)对国家和地方标准中尚无规定的污染因子,也可参考国内其他行业标准和国外标准,但应附加必要说明。

6.验收监测方法标准选取原则

验收监测时,应尽量按国家污染物排放标准和环境质量标准要求,采用列出的标准测试方法。对国家排放标准和环境质量标准未列出的污染物和尚未列出测试方法的污染物,其测试方法按以下次序选择:

1)国家现行的标准测试方法。

2)行业现行的标准测试方法。

3)国际现行的标准测试方法和国外现行的标准测试方法。

4)对目前尚未建立标准方法的污染物的测试,可参考国内外已成熟但未上升为标准的测试技术,但应附加必要说明。

7. 验收监测污染因子的确定

监测污染因子确定的原则如下。

1)环境影响报告书(表)和建设项目《初步设计》(环保篇)中确定的需要测定的污染物。

2)建设项目投产后,在生产中使用的原辅材料、燃料,产生的产品、中间产物、废物(料),以及其他涉及的特征污染物和一般性污染物。

3)现行国家或地方污染物排放标准中规定的有关污染物。

4)国家规定总量控制的污染物指标。

5)厂界噪声。

6)生活废水中的污染物及生活用锅炉(包括茶炉)废气中的污染物。

7)影响环境质量的污染物,包括:环境影响报告书(表)及其批复意见中,有明确规定或要求考虑的影响环境保护敏感目标环境质量的污染物;试生产中已造成环境污染的污染物;地方环境保护行政主管部门提出的,对当地环境质量已产生影响的污染物;负责验收的环境保护行政主管部门根据当前环境保护管理的要求和规定而确定的对环境质量有影响的污染物。

8)对“环境影响评价”中涉及有电磁辐射和振动内容的,应将电磁辐射和振动列入应监测的污染因子。

9)废水、废气和工业固(液)体废物排放总量。

## 三、验收监测、调查的工作内容与技术要求

1. 验收监测主要工作内容

验收监测是对建设项目环境保护设施建设、运行及其效果,“三废”处理和综合利用,污染物排放,环境管理等情况的全面检查与测试,主要内容如下:

1)对设施建设、运行及管理情况检查。

2)设施运行效率测试。

3)污染物(排放浓度、排放速率和排放总量等)达标排放测试。

4)设施建设后,排放污染物对环境影响的监测。

具体建设项目的监测内容应根据其所涉及的具体项目进行确定。

2. 环境保护检查

环境保护检查主要包括以下内容。

1)建设项目执行国家的“建设项目环境影响报告制度”的情况。

2)建设项目建设过程中,对环境影响报告书(表)、登记表中污染物防治和生态保护要求及环保行政主管部门审批文件中批复内容的实施情况。

3)环保设施运行情况和效果。

4)“三废”处理和综合利用情况。

5)环境保护管理和监测工作情况,包括环保机构设置、人员配置、监测计划和仪器设备、环保管理规章制度等。

6)事故风险的环保应急计划,包括配备、防范措施,应急处置等。

7)环境保护档案管理情况。

8)周边区域环境概况。

9)生态保护措施实施效果。

3. 环境保护设施运行效率测试

对涉及以下领域的环境保护设施或设备均应进行运行效率监测。

1)各种废水处理设施的处理效率。

2)各种废气处理设施的处理效率。

3)工业固(液)体废物处理设备的处理效率等。

4)用于处理其他污染物的处理设施的处理效率。

4. 污染物达标排放监测

对涉及以下领域的污染物均应进行达标排放监测。

1)排放到环境中的废水。

2)排放到环境中的各种废气。

3)排放到环境中的各种有毒有害工业固(液)体废物及其浸出液。

4)厂界噪声(必要时测定噪声源)。

5)建设项目的无组织排放。

6)国家规定总量控制污染物的排放总量。

5. 环境影响监测

新建设项目环保设施竣工验收监测对环境影响的监测,主要针对环境影响报告书(表)及其批复中对环境敏感保护目标的要求。检测以建设项目投运后,环境敏感保护目标能否达到相应环境功能区所要求的环境质量标准,主要考虑以下几个方面。

1)环境敏感保护目标的环境地表水、地下水和海水质量。

2)环境敏感保护目标的环境空气质量。

3)环境敏感保护目标的声学环境质量。

4)环境敏感保护目标的环境土壤质量。

5)环境敏感保护目标的环境振动铅垂向之振级。

6)环境敏感保护目标的电磁辐射公众照射导出限值。

6. 生态调查的主要内容

生态调查的主要内容包括建设项目在施工、运行期落实环境影响评价文件、工程设计文件以及各级环境保护行政主管部门批复文件所提出的生态保护措施的情况；建设项目已采取的生态保护、水土保持措施实施效果；开展公众意见调查，了解公众对项目建设期、施工期、运营期环境保护工作的满意度，了解项目建设对当地经济、社会、生活的影响；针对建设项目已生产的环境破坏或潜在的环境影响提出补救措施或应急措施。

## 四、环境保护设施竣工验收监测频次

为使验收监测结果全面和真实地反映建设项目污染物排放和环保设施的运行效果，采样频次应充分反映污染物排放和环保设施的运行情况，因此，监测频次一般按以下原则确定。

1)对有明显生产周期、污染物排放稳定的建设项目，对污染物的采样和测试频次一般为 2～3 个周期，每个周期 3～5 次(不应少于执行标准中规定的次数)。

2)对无明显生产周期、稳定、连续生产的建设项目，废气采样和测试频次一般不少于 2 天，每天采 3 个平行样；废水采样和测试频次一般不少于 2 天，每天 4 次；厂界噪声测试一般不少于连续 2 昼夜(无连续监测条件的，测试频次需 2 天，昼夜各 2 次)；固体废物(液)采样和测试一般不少于 6 次(堆场采样和分析样品数都不应少于 6 个)。

3)对污染物确实稳定排放的建设项目，废水和废气的监测频次可适当减少，废气采样和测试频次不得少于 3 个平行样，废水采样和测试频次不少于 2 天，每天 3 次。

4)对污染物排放不稳定的建设项目，必须适当增加的采样频次，以便能够反映污染物排放的实际情况。

5)对型号、功能相同的多个小型环境保护设施效率测试和达标排放监测，可采用随机抽测方法进行。抽测的原则为：随机抽测设施数量比例应不小于同样设施总数量的 50%。

6)若需进行环境质量监测时，水环境质量测试一般为 1～3 天、每天 1～2 次；空气质量测试一般不少于 3 天、采样时间按 GB 3095—1996 数据统计的有效性规定执行；环境噪声测试一般不少于 2 天，测试频次按相关标准执行。

7)对考核处理效率的测试，可选择主要因子并适当减少监测频次；

8)若需进行环境生态状况调查，工作内容、采样和测试频次按负责审批该建设项目环境影响报告书(表)的环境保护行政主管部门的要求进行。

## 五、验收监测的质量保证和质量控制

### 1. 验收监测的工况要求

验收监测时，工况要求分下列几种情况：

1)工业生产型建设项目，验收监测应在工况稳定、生产达到设计生产能力的75%以上负荷(国家、地方排放标准对生产负荷另有规定的按标准规定执行)的情况下进行。

2)对无法短期调整工况达到设计生产能力的75%以上负荷的建设项目中，可以调整工况达到设计生产能力的75%以上负荷的部分，验收监测应在满足75%或75%以上负荷或国家及地方标准中所要求的生产负荷的条件下进行。

3)对无法短期调整工况达到设计生产能力的75%或75%以上负荷的建设项目中，投入运行后确实无法短期调整工况满足设计生产能力的75%或75%以上负荷的部分，验收监测应在主体工程运行稳定、应运行的环境保护设施运行正常的条件下进行，对运行的环境保护设施和尚无污染负荷部分的环保设施，验收监测采取注明实际监测工况与检查相结合的方法进行。

2. 采样和测试及其质量保证和质量控制

1)环保设施竣工验收现场监测，首先应按规定满足相应的工况条件，否则负责验收监测的单位应停止现场采样和测试。

2)现场采样和测试应严格按《验收监测方案》进行，并对监测期间发生的各种异常情况进行详细记录，对未能按《验收监测方案》进行现场采样和测试的原因应予详细说明。

3)环保设施竣工验收监测中使用的布点、采样、分析测试方法，应首先选择目前适用的国家和行业标准分析方法、监测技术规范，其次是国家环保总局推荐的统一分析方法或试行分析方法以及有关规定等。

4)环保设施竣工验收的质量保证和质量控制，按国家有关规定、监测技术规范和有关质量控制手册进行。

5)参加环保设施竣工验收监测采样和测试的人员，应按国家有关规定持证上岗。

6)水质监测分析过程中的质量保证和质量控制：采样过程中应采集不少于10%的平行样；实验室分析过程一般应加不少于10%的平行样；对可以得到标准样品或质量控制样品的项目，应在分析的同时做10%质控样品分析；对无标准样品或质量控制样品的项目，且可进行加标回收测试的，应在分析的同时做10%加标回收样品分析。

7)气体监测分析过程中的质量保证和质量控制：采样器在进现场前应对气体分析计、采样器流量计等进行校核。

8)噪声监测分析过程中的质量保证和质量控制：监测时应使用经计量部门检定、并在有效使用期内的声级计。

9)固体废弃物监测分析过程中的质量保证和质量控制：采样过程中应采集不

少于10%的平行样；实验室分析过程一般应加不少于10%的平行样；对可以得到标准样品或质量控制样品的项目，应同时做不少于10%标准样品或质控样品；对不可得到标准样品或质量控制样品，但可以做加标回收样品的项目，应同时做不少于10%的加标回收样品。

3. 采样记录及分析结果

验收监测的采样记录及分析测试结果，按国家标准和监测技术规范有关要求进行数据处理和填报，并按有关规定和要求进行三级审核。

## 第三节　建设项目环境保护竣工验收监测报告的编制

### 一、验收监测报告、调查报告的编制

1. 验收监测一般工作程序、结果及结果报告形式

1)根据建设项目环境管理的分类，编制环境影响报告书的建设项目以及因所在地区已进行区域环境影响评价而编写建设项目环境影响报告表的建设项目，或环境影响评价时编写建设项目环境影响报告表但监测内容较多的建设项目，应通过收集有关的技术资料、现场勘察、编制验收监测方案、进行现场监测，以验收监测报告形式报告监测结果。

2)根据建设项目环境管理的分类，编写建设项目环境影响报告表并且验收监测内容比较简单的建设项目，通过收集有关的技术资料、现场勘察、进行现场监测，以建设项目环境保护设施竣工验收监测表形式报告监测结果。

3)填写建设项目环境影响登记表的建设项目，只对有一定污染物排放规模和按要求应设有废水、废气、噪声处理设施的污染源进行监测，以建设项目环境保护设施竣工验收监测表形式报告监测结果。

2. 验收监测报告编制技术要求

建设项目竣工环境保护验收监测主要针对因排放污染物对环境影响造成污染或危害的建设项目进行，验收监测报告应充分反映建设项目环境保护设施运行和措施落实的效果：各项污染物达标排放情况；建设项目对周围环境的影响；环境管理的全面检查结果。

3. 验收调查报告编制技术要求

(1)正确确定验收调查范围

调查范围一般与项目环境影响评价文件一致。若项目建设内容发生变动或环境影响评价文件未能反映项目的实际生态影响，应根据现场初步调查结果在环境影响评价范围基础上调整确定。

(2)明确验收调查重点

根据有关验收原则,并考虑各类项目环境影响的特点,确定验收调查的重点。

(3)选取验收调查因子

原则上根据项目所处的区域环境特征和项目的环境影响性质来确定。

(4)确定适用调查方法

调查方法有文件核实、现场勘察、现场监测、生态监测、公众意见调查、遥感调查等,应针对不同调查对象,采用相应的调查方法。

(5)分析评价方法

一般采取类比分析法、列表清单法、指数法与综合指数法、生态系统综合评价法等。

(6)评价判别标准

主要以环境影响评价时确定的标准或环境影响评价预测值为标准来判断其是否达到了环境影响评价及批复文件的生态环境保护目标,评价判别标准主要包括:

1)国家、行业和地方规定的标准和规范。

2)背景或本底标准。

3)科学研究已判定的生态效应。

## 二、验收监测报告编制的基本要求

验收监测报告应充分如实地反映现场检查和现场监测的实际情况。对发现的问题,应进行必要和符合实际的分析。对污染物排放浓度、排放速率和总量控制的达标情况和检查情况等给出明确的结论和进行必要的描述。对企业存在的问题,提出相应的整改建议。

验收监测报告根据验收监测要求的需要进行编制。前言、验收监测的依据、建设项目工程概况、环境影响评价意见及环境影响评价批复的要求、验收监测评价标准部分的编写应在原验收监测方案的基础上,加入需要补充的内容。验收监测报告还应包括以下内容:①总论;②建设项目工程概括;③建设项目污染及治理;④环境影响评价对初步设计进行回顾及其批复要求;⑤验收监测评价标准(上述5个编写内容及要求与验收监测方案一致,重点应补充完善地理位置图、厂区平面图、工艺流程图、物料平衡图、水平衡图、污染治理工艺流程图、监测点位图。尤其应根据监测时的气象参数确定落实无组织排放的监测点位);⑥验收监测结果及评价;⑦国家规定的总量控制污染物排放情况;⑧公众意见调查结果;⑨环境管理检查结果;⑩验收监测结论与建议;⑪附录。

1. 验收监测的结果及分析评价

验收监测结果及分析应充分反映验收监测中检查和现场监测的实际情况,进行必要和符合实际的分析。

(1)监测期间工况分析

应给出监测期间,能反应工程或设备运行情况的数据或参数。对工业生产型建设项目,还应计算出实际运行负荷。

(2)监测分析质量控制和质量保证

介绍监测分析质量控制和质量保证进行的情况和结果。

(3)废水、废气排放源及其相应的环保设施、厂界噪声、工业固(液)废物和无组织排放源监测部分的编写

分别对废水、废气和厂界噪声(必要时测噪声源)场、工业固(液)废物和无组织排放源监测内容进行编制,主要内容包括:

1)进行现场监测的情况;

2)验收监测方案要求和规定的验收监测项目、频次、监测断面或监测点位、监测采样、分析方法及监测结果;

3)用相应的国家和地方的新、旧标准值、设施的设计值和总量控制指标,进行分析评价;

4)出现超标或不符合设计指标要求时的原因分析等。

(4)厂区附近的环境质量监测

主要内容包括:

1)环境敏感点环境质量状况和可能受到的影响的简要描述。

2)进行环境质量监测的区域情况和监测情况。

3)验收监测方案要求和规定的验收监测项目、频次、监测断面或监测点位、监测采样、分析方法及监测结果。

4)用相应的国家和地方的新、旧标准值和设施的设计值,进行分析评价。

5)出现超标或不符合设计指标要求时的原因分析等。

(5)环境生态状况调查

编写的主要内容包括:

1)建设项目环境保护行政主管部门对进行环境生态状况调查的要求,详细地介绍环境生态状况调查的评价依据。

2)环境生态状况调查区域的情况。

3)简述生态状况调查区域及调查项目、频次的确定,监测断面或监测点位的布设情况(必要时附上示意图)。

4)验收监测环境生态状况调查方法、来源和质量控制措施。

5)验收监测环境生态状况调查的结果及分析评价。

(6)国家规定的总量控制污染物的排放情况

目前国家规定实施总量控制的污染物为：砷、镉、汞、铅、氟、铬、化学需氧量、石油类、二氧化硫、烟尘、粉尘、固体废弃物排放量，根据各排污口的流量和监测的浓度，计算并用表格列出建设项目污染物年产生量和年排放量。对改扩建项目，还应根据环境影响报告书列出改扩建工程原有排放量，以及根据监测结果计算改扩建后原有生产设施现在的污染物产生量和排放量。

2. 验收监测结论与建议

(1)结论

根据验收监测的检查和测试结果进行分析评价，按执行制度，废水、废气排放源及其相应的环保设施，厂界噪声，工业固(液)废物，无组织排放源，监测厂区附近的环境质量监测和环境生态状况调查，给出验收监测的综合结论(主要以污染物达标排放、以新代老、总量控制执行情况、执行国家对建设项目环境管理有关制度和环境保护行政主管部门的有关要求进行说明)。

(2)建议

根据现场监测、检查结果的分析和评价，结论中明确指出存在的问题，提出需要改进的设施或措施建议等，可根据以下几个方面的问题提出合理的整改意见和建议：

1)环保设备对污染物的处理效率及污染物的排放未达到原设计指标和要求。

2)环保设备对污染物的处理和污染物的排放未达到设计时的国家或地方标准要求。

3)环保设备对污染物的处理和污染物的排放未达到现行有效的国家或地方标准。

4)环保设备及排污设施未按规范完成。

5)环境保护敏感目标的环境质量未达到国家或地方标准要求或存在的扰民现象。

6)固废处理或综合利用、环境绿化、生态或植被恢复等未达到环境影响评价、环境影响评价批复或初步设计的要求。

7)国家规定实施总量控制的污染物排放量超过有关环境管理部门规定或核定的总量等。

## 习　题

### 一、单项选择题

1. 环境监测方法标准应选择与环境质量标准、排放标准相配套的方法标准。若质量标准、排放标准未做明确规定，应首选(　)。

   A. 环境监测分析方法标准　　　　B. 国家环境监测分析方法标准

C. 国际环境监测分析方法通用标准　　D. 地方环境监测分析方法标准

2. 由于噪声在夜间比昼间影响大，故计算昼夜等效声级时，需要将夜间等效声级加上(　)后再计算。

A. 25dB　　B. 20dB　　C. 15dB　　D. 10dB

3. 验收时对第一类污染物污水排放口的考核应是(　)。

A. 在车间排放口或针对性治理设施排放口进行排放标准考核

B. 重点考核与外环境发生关系的总排污口污染物排放浓度及吨产品最高允许排水量

C. 对清净地下水排放口执行污水综合排放标准

D. 不分行业和污水排放方式，也不分受纳水体的功能类别，一律在车间或车间处理设施排放口考核

4. 对于大气无组织污染物排放的考核应(　)。

A. 对照行业要求考核监控点与参照点浓度差值或界外最高浓度点浓度值

B. 对照行业要求分别考核最高允许排放浓度及最高允许排放速率

C. 严格对照建设项目环境影响报告书及批复的要求及行业标准和国家大气污染物综合排放标准的要求进行考核

D. 除执行大气污染物排放标准外还应执行所在区规定的总量控制指标

5. 验收监测时应用标准正确评价监测结果，应严格按照标准指标评价，如污水综合排放标准是按(　)进行评价。

A. 年日均浓度值　　B. 季度、月均浓度值

C. 监测期间污染物最高浓度值　　D. 日均浓度值

6. 验收监测时应用标准正确评价监测结果，应严格按照标准指标评价，如大气污染物综合排放标准是按(　)进行评价。

A. 年日均浓度值　　B. 季度、月均浓度值

C. 监测期间污染物最高排放浓度值　　D. 日均浓度值

7. 验收监测时应用标准正确评价监测结果，应严格按照标准指标评价，如水环境质量标准是按(　)进行评价。

A. 年日均浓度值　　B. 季度、月均浓度值

C. 监测期间污染物最高排放浓度值　　D. 日均浓度值

8. 下列选项中，(　)是评价验收调查结果的常用方法。

A. 现场监测　　B. 类比分析法　　C. 公众意见　　D. 现场勘查

9. 验收监测废气时，对有明显生产周期的建设项目，污染物的采样和测试的频次一般为(　)生产周期，每个周期(　)次。

A. 2～3 个　3～5 次　　B. 3～5 个　5～7 次

C. 3～5 个　3～5 次　　　　D. 2～4 个　4～7 次

10. 验收监测废水时，对生产稳定且污染物排放有规律的排放源，以生产周期为采样期，采样不得少于(　)周期，每个采样周期内一般应采样(　)次。

A. 2～3 个　3～5 次　　　　B. 3 个　5～7 次

C. 2 个　3～5 次　　　　D. 2～4 个　4～7 次

## 二、多项选择题

1. 验收监测方案中的简述内容中尤其要阐明的是(　)。

A. 任务由来、依据

B. 环境影响报告书(表)结论意见

C 环境影响报告书(表)环保对策、措施

D. 环境影响报告书审批文件的要求

2. 验收监测执行标准包括(　)。

A. 应执行的国家或地方环境质量标准

B. 污染物排放标准

C. 环境影响报告书(表)批复中的特殊限值要求

D.《初步设计(环保篇)》中的环保设施设计指标或要求等

3. 下列选项中，(　)是验收监测因子的确定原则。

A. 废水、废气和工业固(液)体废物排放总量

B. 厂界噪声

C. 国家规定总量控制的污染物指标

D. 现行国家或地方污染物排放标准中规定的有关污染物

4. 为使验收监测结果全面和真实地反映建设项目污染物排放和环保设施的运行效果，对采样频次下列说法不正确的是(　)。

A. 对有明显生产周期、污染物排放稳定的建设项目，对污染物的采样和测试频次一般为 2～3 个周期，每个周期 3～5 次，少于执行标准中规定的次数

B. 对污染物排放不稳定的建设项目，废水和废气的监测频次可适当减少

C. 对型号、功能相同的多个小型环境保护设施效率测试和达标排放监测，可采用随机抽测方法进行

D. 对考核处理效率的测试，可选择主要因子并适当减少监测频次

5.《建设项目环境保护验收管理办法》明确将建设项目分为(　)。

A. 以污染排放为主的项目　　　　B. 劳动密集型项目

C. 科技密集型项目　　　　D. 以生态影响为主的项目

6. 污染型项目具体包括(　)。

A. 工业类项目　　　　B. 房地产项目

C. 交通、矿山项目　　D. 饮食娱乐服务业项目

7. 生态型项目具体包括(　)。

A. 水利、水电、交通、矿山项目　　B. 油田及输油气管线建设项目

C. 农林、旅游等建设项目　　D. 房地产项目

8. 建设性项目验收重点的依据是(　)。

A. 项目可研、批复以及设计文件确定的项目建设规模、内容、工艺方法及与建设项目有关的各项环境设施,包括监测手段,各项生态保护措施

B. 环境影响评价文件及其批复规定应采取的各项环境保护措施,以及污染物排放、敏感区域保护、总量控制等要求

C. 各级环境保护主管部门针对建设项目提出的具体环境保护要求文件

D. 国家法律、法规、行政规章及规划确定的敏感区

E. 国家相关的产业政策及清洁生产要求

9. 建设项目验收的重点主要包括(　)。

A. 核查验收范围,确定验收标准

B. 核查验收工况,核查验收监测(调查)结果

C. 核查验收环境管理

D. 检查验收现场,验收结论

10. 验收监测与调查标准选用的原则主要有(　)。

A. 国家、地方环境保护行政主管部门对建设项目环境影响评价批复的环境质量标准和排放标准

B. 地方环境保护行政主管部门有关环境影响评价执行标准的批复以及下达的污染物排放总量控制指标

C. 建设项目环保初步设计中确定的环保设施的设计指标

D. 监测方案标准应规定与环境质量标准、排放标准相配套的方法标准

E. 综合性排放标准与行业排放标准要合理交叉执行

11. 建设项目环保初步设计中,确定的环保设施的设计指标包括(　)。

A. 处理效率　　B. 处理能力

C. 环保设施进、出口污染物浓度　　D. 废气排气筒高度

12. 建设项目竣工环境保护验收监测与调查的范围是(　)。

A. 检查各项环保设施或工程的实际建设、管理、运行状况以及各项环保治理措施落实情况

B. 监测分析建设项目外排废水、废气、噪声、固体废物等排放达标情况

C. 监测必要的环境保护敏感点的环境质量

D. 调查分析评价生态保护情况

13. 验收监测与调查的主要内容包括(　)。

A. 对设施建设、运行及管理情况检查

B. 设施运行效率测试

C. 污染物(排放浓度、排放速率和排放总量等)达标排放测试

D. 设施建设后，排放污染物对环境影响的监测

14. 下列属于需进行运行效率监测的领域的是(　)。

A. 各种废水、废气处理设施的处理效率

B. 工业固(液)体废物处理设备的处理效率等

C. 开展公众意见调查，了解公众对项目建设期、施工期、运营期环境保护工作满意度，以及项目建设对当地经济、社会、生活的影响

D. 用于处理其他污染物的处理设施的处理效率

15. 需要进行达标排放监测的有(　)。

A. 排放到环境中的各种类型废水、废气、有毒有害工业固(液)体废物及其浸出液

B. 厂界噪声

C. 建设项目的无组织排放

D. 国家规定总量控制污染物的排放总量

16. 环境保护敏感点环境质量的监测中需要注意(　)。

A. 环境敏感保护目标的环境地表水、地下水和海水质量

B. 建设项目在施工、运行期落实环境影响评价文件、工程设计文件以及各级环境保护行政主管部门批复文件所提到的生态保护措施情况

C. 环境敏感保护目标的环境土壤质量、环境振动铅垂向之振级

D. 环境敏感保护目标的电磁辐射、公众照射导出限值

17. 生态调查的主要内容是(　)。

A. 建设项目已采取的生态保护、水土保持措施实施效果

B. 环境土壤质量和环境噪声

C. 针对项目已产生的破坏或潜在的环境影响提出补救措施或应急措施

D. 环境保护敏感点的环境质量

18. 建设项目的生态影响通常可归纳为(　)。

A. 资源影响　　B. 生态影响　　C. 环境危害　　D. 景观影响

19. 验收调查的工作程序主要包括(　)。

A. 主资料收集与现场初步踏勘　　B. 编制验收调查方案

C. 实施现场调查　　D. 编制验收调查报告(表)

20. 验收调查报告编制的技术要求主要有(　)。

A. 正确确定验收调查范围　　B. 明确验收调查重点、选取验收调查因子

C. 确定适用的调查方法　　D. 分析评价方法、评价判别标准

21. 在验收调查报告编制中，评价判别标准主要包括(　)。

A. 国家、行业和地方规定的标准及规范

B. 国外相同行业的标准及规范

C. 背景或本底标准

D. 科学研究已判定的生态效应

22. 建设项目验收监测工作可分为(　)。

A. 准备阶段：资料收集、现场勘查、环保检查

B. 编制验收监测方案阶段：确定验收监测工作目的、程序、范围、内容

C. 现场监测阶段：依据验收监测方案确定的工作内容进行监测及检查

D. 验收监测报告编制阶段：汇总监测数据和检查结果，得出结论

23. 建设项目验收监测的技术要求是(　)。

A. 验收监测污染因子的确定原则　B. 电磁辐射监测技术要求

C. 固体废物监测技术要求　　D. 在线自动连续监测仪校比技术要求

24. 下列选项中，对验收监测的工况要求错误的是(　)。

A. 验收监测应在工况稳定、生产负荷达到设计生产能力的 85%以上情况下进行

B. 工况无法调整达到设计生产能力 75%以上负荷的那部分，验收监测应在主体工程稳定、环境保护设施运行正常，并征得环境保护行政主管部门同意的情况下进行，同时注明实际监测时的工况

C. 对于工况无法整体上达到设计生产能力 75%以上负荷的建设项目，必须调整工况达到设计生产能力 75%以上负荷的条件下进行

D. 工况应根据建设项目的产品产量、原材料消耗量、主要工程设施的运行负荷以及环境保护处理设施的负荷进行计算

25. 为了确保建设项目的质量保证和质量控制，需要的技术要求有(　)。

A. 参加竣工验收监测采样和测试的人员，按照国家有关规定持证上岗；监测仪器在检定有效期内

B. 监测数据经二级审核

C. 水、气体监测分析过程中的质量保证和质量控制

D. 噪声、固体废物监测分析过程中的质量保证和质量控制

26. 振动监测技术要求中对监测频次的要求正确的有(　)。

A. 对于稳态振源，每个测点测量 3 次，取 10s 内的平均示数为评价量

B. 对冲击振动，取每次冲击过程中的最大示数为评价量

C. 对无轨振动，每个测点等间隔地读取瞬时示数，采样间隔不小于 5s

D. 对无轨振动，连续测量时间不少于 1 000s，以测量数据的累积百分 Z 振级 $VLZ_{10}$ 值为评价量

27. 下列对固体废物监测技术要求说法正确的是（ ）。

A. 固体废物的监测主要分为检查和测试两个方面

B. 须调查项目建设及生产过程中产生的固体废物的来源、判定及鉴别其种类、统计分析产生量、检查处理处置方式

C. 若项目建设及生产过程中产生的固体废物委托处理，应核查被委托方的资质、委托合同

D. 核查建设项目生产过程中使用的固体废物是否负荷相关控制标准要求

28. 污染物排放总量核算的技术要求有（ ）。

A. 排放总量核算项目为国家或地方规定实施污染物总量控制的指标

B. 监测数据经二级审核

C. 依据实际监测情况，确定某一监测点某一时段内污染物排放总量，根据排污单位年工作的实际天数计算污染物年排放总量

D. 某污染物监测结果大于规定监测方法检出下限时，不参与总量核算

29. 关于环境保护设施竣工验收监测频次，下列选项中正确的是（ ）。

A. 对有明显生产周期、污染物排放稳定的建设项目，对污染物的采样和测试频次一般为 2～3 个周期，每个周期不少于 3 次（不应少于执行标准中规定的次数）

B. 固体废物（液）采样和测试一般不少于 3 次（堆场采样和分析样品数都不应少于 3 个）

C. 对型号、功能相同的多个小型环境保护设施效率测试和达标排放监测，可采用随机抽测方法进行。抽测的原则为：随机抽测设施数量比例应不小于同样设施总数量的 35%

D. 对考核处理效率的测试，可选择主要因子并适当减少监测频次

30. 关于废水监测频次，正确的是（ ）。

A. 对生产稳定且污染物排放有规律的排放源，以生产周期为采样周期，采样频次不得少于 2 个周期

B. 对间断排放水量大于 $20m^3/d$，可采用有水时监测，监测频次不少于 2 次

C. 对非稳定连续排放源，一般应采用加密的等时间采样和测试方法，一般以每日开工时间或 24h 为周期，采样不小于 5 个周期

D. 采用等时间采样方法测试时，每个周期依据实际排放情况，按每 2～3h 采样和测试一次

31. 关于高速公路交通噪声监测频次，正确的是（ ）。

A. 噪声敏感区域和噪声衰减测量，连续测量 2 天，每天测量 4 次，昼、夜各 2 次，分别在车流量平均时段和高峰时段测量

B. 噪声敏感区域和噪声衰减测量，每次测量 40min

C. 24h 连续交通噪声测量，每小时测量 1 次

D. 24h 连续交通噪声测量，每次测量不少于 40min，连续测量 2 天

32. 建设项目竣工环境保护验收时，固体废物监测对可以得到标准样品或质量控制样品的项目，应在分析的同时做（ ）的质控样品分析。

A. 10%　　B. 15%　　C. 5%　　D. 20%

33. 建设项目竣工环境保护验收时，对非稳定废水连续排放源，采用等时采样方法测试时，每个周期依据实际排放情况，按每（ ）采样和测试一次。

A. 1～2h　　B. 1～ 3h　　C. 2～3h　　D. 3～4h

34. 建设项目竣工环境保护验收时，对生产稳定且污染物排放有规律的废水排放源，以生产周期为采样周期，采样不得少于（ ）周期，每个周期 3～5 次。

A. 1 个　　B. 3 个　　C. 4 个　　D. 2 个

35. 建设项目竣工环境保护验收时，厂界噪声监测无连续监测条件的应测 2 天，昼夜（ ）。

A. 各 4 次　　B. 各 3 次　　C. 各 1 次　　D. 各 2 次

36. 建设项目竣工环境保护验收时，高速公路噪声监测，应选择车流量有代表性的路段，在距高速公路肩（ ），高度大于 1.2m 范围内布设 24h 连续测量点位。

A. 50m　　B. 60m　　C. 70m　　D. 80m

**三、简答题**

1. 什么是验收监测？其主要工作内容是什么？
2. 简述验收监测方案的内容。
3. 验收监测的目的是什么？
4. 验收监测报告书应包含哪些基本内容？
5. 一套完备而有效的环境影响评估体系应具备哪些基本要素？
6. 请根据自己的体会谈谈我国环境影响评价验收监测内容有哪些不足。
7. 请简述验收监测前应现场调查的主要内容。
8. 简述竣工验收监测的管理要求。
9. 简述验收监测的意义。
10. 简述验收监测的一般程序。
11. 如何编制验收监测实施方案？
12. 请简述建设项目确定验收重点的依据以及验收重点的内容。
13. 请写出建设项目验收监测与调查标准选用的原则，并分析标准使用过程中应注

意的问题。

14.请写出建设项目竣工环境保护验收监测与调查的范围。

15.请简述建设项目验收监测与调查主要内容并做相应解释说明。

16.请写出验收调查工作程序、验收调查报告编制技术要求。

17.请写出验收监测工作的程序。

18.请简述建设项目验收监测技术要求以及验收监测报告主要章节的内容。

19.请概括地写出环境保护设施竣工验收监测频次要求。

# 第九章　环境影响评价典型案例分析

根据全国统一考试实践经验和《全国环境影响评价工程师职业资格考试大纲(2009 版)》的要求，本章收集和整理了 10 个环境影响评价和环境保护验收的实际案例，其中有 2 个污染性建设项目环境影响评价案例、2 个生态影响建设项目环境影响评价案例、2 个区域开发类建设项目环境影响评价案例、2 个规划环境影响评价案例和 2 个建设项目竣工环境保护验收案例，对部分案例增加了局部点评和问题思考，进一步提高了教材的针对性，以满足学习和考试需要。

## 第一节　污染型建设项目典型案例与点评

本节包括 2 个污染性建设项目环境影响评价案例，模拟考试题型来设立案例一和案例二。

### 案例一　新建80m³/d 自来水厂项目

【素材】

A 市引进国际先进技术与设备，拟新建一座设计能力为 80m³/d 的长征自来水厂。长征自来水厂取水口位于 B 河江心。B 河全长 1 100km，在取水口上游 3km 范围内无废水排放口，B 河在 A 市段水量丰沛且水质良好，属于地表水环境质量Ⅱ类水体。在取水口下游 5 000m 处为国家一级保护动物——白鲟保护区，取水口下游 2 500m 处有 C 市饮用水源取水口。

水源的水经取水泵房通过一根 DN2800、长约 1 500m 的引水管送至该自来水厂。原水经过絮凝、沉淀、过滤和加氯消毒等处理工艺后经市政给水管网送至位于 A 市中心城区的配水管网。该项目排泥水经沉淀过滤处理后排入 B 河，并利用水厂附近一处低洼地埋置脱水泥饼。

建设内容包括水源取水工程、自来水净化工程及配送水工程。取水工程包括江心取水构筑物；自来水净化工程包括配水井、絮凝沉淀池、石英砂滤池、清水池、吸水井、消毒池、污泥泵房等；配送水工程包括输水管渠、配水管网、泵站、水塔水池等。

A市常年主导风向为北北东风，长征自来水厂厂界正西方向100m处有一所绿苑中学，师生约280人。在厂界西南方向1 200m处有一座省级文物保护单位——白马寺。

【问题】

1. 在进行建设项目评价时，环境可行性论证应当注意哪几个方面？

2. 分析该项目取水工程产生的环境问题。

3. 自来水净化工程对环境的影响有哪些？

4. 自来水厂产生的脱水泥饼除了利用低洼地处置外，还有哪些处置措施？

5. 自来水厂建设过程中应注意哪些问题？施工期的主要环境影响是什么？

【参考与分析】

1. 在进行建设项目评价时，环境可行性论证应当注意哪几个方面？

在进行该项目评价时，应该从以下几个方面论述工程的环境可行性。

1)取水水源水量在枯水期、丰水期及平水期是否都能满足水厂取水水量需求；

2)尽管取水口周边没有污染企业，但B河水质现状监测结果能否满足取水水质要求；

3)取水口上游3km和下游3km范围内没有废水排放口，对取水口水质有利；

4)自来水厂的建设和输水管网的铺设是否避开了国家法律法规禁止建设的地方，是否符合当地土地规划及环境功能区划；

5)采取污染防治措施后的污染物排放是否能满足当地环境容量要求；

6)对环境敏感保护目标是否产生影响，应当特别关注项目建设对绿苑中学和白马寺的影响；

7)氯气泄露对大气环境及人群健康可能产生的环境风险是否在可以接受的范围内；

8)公众对水厂建设是否持支持态度。

【举一反三】

在回答此类问题时，要特别关注以下几个方面的内容：结合工程所在地地质条件、工程运输条件、环境保护敏感点分布、工程布局等，重点分析项目选址是否符合国家有关法律法规、是否符合城市总体规划、是否符合土地用地规划及环境功能区划，污染防治措施达到的处理效果是否满足当地环境容量要求、环境风险的可接受程度，公众认可程度等。

2. 分析该项目取水工程产生的环境问题。

该项目取水工程产生了下列环境问题：

1)取水工程造成B河流下游水量减少，特别是在枯水期。若B河水量减少则会造成该水体稀释和自净能力下降，取水口下游的水质变差。

2)取水工程将造成下游的水位下降,使水生生态环境发生变化,对取水口下游水生动物的栖息地和活动区造成影响,特别应关注对白鲟生境的影响。

3)取水工程是否对下游 2 500m 处 C 市饮用水源取水口的水量产生不利影响。

4)取水泵站设置对 B 河流域景观美学产生影响。

5)给取水口下游的农业灌溉用水造成困难,对下游其他用水也造成影响。

本题主要考查河流下游水量减少对环境产生的影响。主要对河流稀释自净能力下降对水质产生的影响进行分析,以及对水位下降和水量减少对环境保护目标的影响,对取水口下游农田灌溉的影响进行分析之外,景观美学评价也是重点评价内容。

3. 自来水净化工程对环境的影响有哪些?

自来水净化工程对环境的影响主要包括以下内容。

1)排泥水对 B 河的影响

(1)自来水净化工程产生的排泥水排入水体后,对 B 河水质产生的影响;②排泥水进入 B 河水体后,将会对该水体水生生物和白鲟保护区带来的不利影响;③排泥水对下游 2 500m 处 C 市饮用水源取水口带来不利的影响。

(2)脱水泥饼对环境空气产生的影响

该项目脱水泥饼是利用低洼地埋置,若脱水泥饼未妥善处置而随意堆放,将会对大气环境产生不利影响,特别是在大风干燥天气,容易造成局部大气环境粉尘污染。

(3)噪声对环境的影响

自来水净化工程噪声主要为各类泵产生的噪声,对周围声环境会产生一定的影响,特别是绿苑中学和白马寺。

(4)氯泄露事故对环境风险产生的影响

氯气为剧毒气体。加氯车间如发生氯气泄露事故,将会对周围环境空气保护目标产生不利影响。此外,氯气还会对厂界附近绿苑中学约 280 名师生的健康产生威胁,对白马寺的建筑也会产生腐蚀影响。

4. 自来水厂产生的脱水泥饼除了利用低洼地处置外,还有哪些处置措施?

自来水厂产生的脱水泥饼除了利用低洼地处置外,还有以下 3 个处置措施:

1)陆上埋弃。该方法大部分是利用充裕的空地、荒漠、土坑、洼地、峡谷或是废弃的矿井等来埋置泥饼。

2)卫生填埋。卫生填埋是自来水厂污泥处置的最常用的方法。该方法是将自来水厂内的脱水泥饼同垃圾填埋场的生活垃圾一并填埋,也可以作为垃圾填埋场的覆土,自来水厂脱水泥饼土质一般都能满足垃圾填埋场的覆土要求。

3)脱水泥饼综合利用。该方法是指将脱水泥饼加入一定量的添加剂作为制砖原料,综合利用,以节约土壤资源。

5. 自来水厂建设过程中应注意哪些问题?施工期的主要环境影响是什么?

自来水厂厂界周边有绿苑中学和省级文物保护单位(白马寺),都属于环境保护敏感目标。因此在水厂的建设和输水管网的铺设过程中应该充分考虑对这些环境敏感点的保护。在施工过程中施工机械应尽量避免在靠近敏感点外运行,施工运输车辆应尽量避免经过这些敏感点等;同时,在输水管网的铺设过程中应注意水土保持,防止水土流失。

施工期的主要影响有施工扬尘、施工导致的水土流失、施工机械及运输车辆噪声、施工人员的生活垃圾和建筑施工垃圾等。

【举一反三】

在回答这类问题时,首先应当确定题目所提供的环境保护敏感目标,在建设过程中应该充分考虑这些环境敏感点的保护。在施工过程中施工机械应尽量避免在靠近敏感点处运行,施工运输车辆应尽量避免经过这些敏感点等。施工期的主要影响有施工扬尘、施工运输车辆以及施工人员的生活垃圾和建筑垃圾等。同时,管网的建设属于线型工程,管网走向应尽量避开敏感点,且铺设过程中应注意水土保持,防止水土流失。

## 案例二　年产3万吨粘胶纤维项目

【素材】

某公司拟在某工业园区内新建年产3万吨粘胶纤维生产线,该工业区地处丘陵低山地区,属于环境空气功能二类区,企业污水经厂内污水站处理达标进入长江水体,该段长江水体执行地表水Ⅲ类水体功能。

粘胶纤维生产主要是以浆粕为原料经过碱化、黄化(加入二硫化碳)生成粘胶,粘胶经凝固浴(A浴)中凝固再生成纤维素丝条,经切断等后加工生产成粘胶纤维。项目年工作日333d,工作小时8 000h。项目建设内容:项目生产车间有原液站、纺丝站、酸站;辅助及公用车间有冷冻站、软水站、原材料贮库,污水及废气治理设施。项目使用的主要原料为浆粕、二硫化碳、烧碱、硫酸、硫酸锌等。项目排放的主要废气污染物中二硫化碳浓度为116.37kg/h、硫化氢浓度为13.98kg/h;废水排放情况详见表9-1。

该项目$COD_{Cr}$排放总量控制指标为200t/a。

表 9-1 废水排放情况一览表

| 类别 | 废水量($m^3/h$) | 废水性质 |
| --- | --- | --- |
| W1 | 40 | 碱性废水含氢氧化钠、硫化钠、二硫化碳、纤维素;pH:7～10;硫离子:56mg/L;化学需氧量:1 850mg/L |
| W2 | 175 | 酸性废水含硫酸、硫酸锌、硫酸钠等,pH:2～4;化学需氧量:400mg/L;锌离子:130mg/L;硫离子:12mg/L |
| W3 | 5 | 生活污水经化粪池处理后,污水中含化学需氧量:240mg/L;BOD:180mg/L |
| W4 | 78 | 其他废水,pH:6～8;CODCr:50mg/L |

【问题】

1.确定该项目水环境评价等级。

2.该项目需进入污水处理站的废水有哪些?废水要达标排放,锌和硫的处理效率要达到多少?

3.污水处理站对废水处理后,化学需氧量应达到多少才可满足总量控制指标?

4.该项目设计有哪些危险化学品?存在哪些重大事故风险?

【参考与分析】

1.确定该项目水环境评价等级。

该项目废水为 $W_1$、$W_2$、$W_3$,其总量为 $220m^3/h$,废水量为 5 $285m^3/d$,废水中主要污染物为化学需氧量、硫化物、锌、,其水质的复杂程度属于中等,纳污水体长江属大规模地面水域,其地表水水质要求达到《地表水环境质量标准》(GB 3838—2002)Ⅲ类标准,按照《环境影响评价技术导则》水环境影响评价工作分级方法,水环境影响评价等级定为二级。

2.该项目需进入污水处理站的废水有哪些?废水要达标排放,锌和硫的处理效率要达到多少?

答:该项目需进入污水处理站的废水有 $W_1$、$W_2$、$W_3$、$W_4$,为净下水,可直接外排。

混合废水锌的浓度:175×130/(175+40+5)=103.4(mg/L);

混合废水硫的浓度:(40×56+175×12)/(175+40+5)=19.73(mg/L);

根据《污水综合排放标准》(GB 8978—1996)中标准分级规定:排入 GB 8978 中Ⅲ类水域(划定的保护区和游泳区除外)和排入 GB 3097 中Ⅱ类海域的污水执行二级标准。该项目企业污水经厂内污水站处理达标进入长江水体,该段长江水体执行地表水Ⅲ类水体功能,因此项目污水执行二级排放标准,即硫化物浓度

1.0mg/L；总锌浓度 2.0mg/L。

锌的处理效率：(103.4－2.0)/103.4＝98％

硫的处理效率：(19.73－1)/19.73＝95％

3. 污水处理站对废水处理后，化学需氧量应达到多少以下可满足总量控制指标？

答：该项目净下水化学需氧量排放量为 78×8 000×50＝31.2(t/a)

项目总量指标为 200t/a；

则污水处理站废水化学需氧量总量为：200－31.2＝168.8(t/a)

污水处理站废水化学需氧量总量为：$168.8\times10^{9}/(220\times10^{3}\times8\ 000)=$ 96mg/L。污水处理站废水化学需氧量在 96mg/L 以下，可以满足总量控制要求。

4. 该项目设计有哪些危险化学品？存在哪些重大事故风险？

答：该项目在原辅材料中使用的易燃、易爆、有毒有害、腐蚀性强的化学品主要为：二硫化碳、烧碱、硫酸。

项目重大事故风险主要为运输、贮存以及生产过程中二硫化碳泄露和火灾爆炸事故引发二硫化碳大量挥发所造成的环境风险。

## 第二节　生态影响型建设项目典型案例与点评

### 案例一　古圣砂岩开采项目

【素材】

某水泥有限公司拟开发利用古圣砂岩矿资源，年产 872 179t 砂岩。项目矿界范围面积 0.44km²，分为北东矿块和南西矿块。高速公路两侧边界距离各为 50m。距厂区破碎站北侧约 100m 为古圣移民住宅区，总计约 100 户；距南西矿区厂界约 150m 为销冲队，住户约 15 户。矿山北侧有一条季节性河流(古圣河)，主要用于农田灌溉。

工程内容包括矿山开采(无爆破开采)、公路开拓运输、破碎系统和皮带运输。皮带廊道位于古圣移民住宅区东侧约 80m。设计圈定砂岩矿石资源量 2 299.44 万吨，矿山服务年限为 26.36 年。矿山前期生产为露天矿开采，最终为凹陷开采，最终形成深度为 8m 和 24m 的两个采坑。矿山年工作 280d，每天工作两班，每班 8h。

【问题】

1. 该项目主要保护目标是什么？

2. 该项目主要的环境、生态影响是什么？应采取的环保措施有哪些？

3. 进行项目环境影响评价预测时，应收集哪些资料？

4. 项目运行期环境影响预测内容有哪些？

【参考与分析】

1. 该项目主要保护目标是什么？

该项目大气环境、声环境保护目标为：古圣移民住宅区、销冲队以及高速公路。

【举一反三】

建设项目主要保护目标一般考虑项目所在地区的居民点，同时还要考虑其他因素。本案例项目为高速公路，矿山开采对高速公路的安全是否会造成影响（根据《安徽省铜陵市古圣矿区水泥砂岩矿矿山地质环境影响评估报告》的结论，确保矿山露采场边界与高速公路两侧边界距离≥50m，则矿山开采不会危及高速公路的安全）。

2. 该项目主要的环境、生态影响是什么？应采取的环保措施有哪些？

1）该项目主要的环境、生态影响为：

施工期：①砍伐地表植物对生态环境的影响。②矿区地表覆盖土剥离和工业场地建设造成的水土流失、施工粉尘、噪声对环境的影响。③修建矿山道路对环境的影响（占地、施工扬尘、噪声、取弃土场等）。

运营期：①空气影响。有组织排放粉尘源主要是矿石破碎、皮带输送产生的空气影响。②矿区和莱场水土流失。③矿山污染。矿山工业场地的维修间、露天停车场、洗车台设施会产生洗车废水，洗车废水主要污染物是油和悬浮物。④矿石运输交通噪声。矿山开采过程中采装、运输、破碎等工序都将产生噪声，高噪声设备主要有挖掘机、空压机、破碎机、筛分机、自卸式载重汽车等。

服务期满（闭矿）：闭矿后矿区对景观环境的影响。

2）应采取的措施为：对于矿山采掘、矿石汽车内部运输产生的无组织排放粉尘采用洒水降尘措施；而对于有组织排放粉尘，采用配置袋式除尘器，并在皮带卸料处安装喷水设施，可有效控制扬尘。对汽车冲洗水和含油的场地雨水，必须经隔油沉淀池去除油和悬浮物，经处理后使其废水含油量低于 0.5mg/L，方可将水排入古圣河，以确保古圣河中油含量低于《地表水环境质量标准》Ⅳ类（0.5 mg/L），避免古圣河的水用于农业灌溉而污染农田。对破碎机、风机等设备采用减振、吸声和隔声措施。除尘系统风机配有消声器，破碎室等处设有隔声操作室。

【举一反三】

采取生态保护措施的目的主要是防止水土流失，具体措施有：在工程设计中确定合理、稳定的边坡角；对在开采境界内的高边坡和失稳边坡实施工程进行加固，例如水泥护坡、削坡减载等工程措施；根据采场地形条件设置排水沟。对矿山道路、矿山工业场地等开挖和平整场地形成的边坡，即时进行防护。对永久性边坡视其稳定程度可采用挡墙、削坡、永久性植被等措施；对临时性边坡采取削坡、喷浆等临时性防护措施。矿山服务终了后，对采场边坡进行土地再造工程，结合当地的种植特点和经济作物条件，营造和恢复矿区的绿色植被。

3.进行项目环境影响评价预测时，应收集哪些资料？

1)水环境：污水排水去向，纳污水体为几类水体，水污染源调查。

2)大气环境：所在区域环境空气属几类区，当地气象资料，包括风速、风向、大气稳定度，主要大气污染源分布情况。

3)生态环境。

森林调查：类型、面积、覆盖率、生物量、组成物种等，评价生物量损失、物种影响、有无重要保护物种。

水土流失调查：侵蚀面积、程度、侵蚀量及损失、发展趋势、工程与水土流失关系。

4)声环境：主要噪声源与敏感点的相对的位置。

4.项目运营期环境影响预测内容有哪些？

该项目运营期环境影响预测内容为：

1)声环境：厂界和敏感点声环境影响预测。

2)大气环境：粉尘和汽车尾气对敏感点影响预测。

3)生态环境：矿山运营期间对区域生态环境影响预测。

4)水环境：洗车水、生活污水对地表水影响预测。

## 案例二　高速公路建设项目

【素材】

某四车道高速公路建设项目长120km，地处干旱区，但暴雨季节易发生洪水，沿线依次经过10km的低丘漫岗未利用的荒地区、20km的山地森林、70km的平原草地、13km的农田和7km的城镇，沿线需修建1km隧道1处、特大动物自然保护区1处，跨越具有饮用水源功能的河流1处，土石方量约300万立方米，工程预计需设33处取土场、25处弃土场。

【问题】

1.该项目的建设对环境影响的特殊性主要表现在哪些方面？

2.该项目的建设对生态系统有何影响？直接和间接影响分别有哪些？

3.分析该项目对生态系统的边缘效应。

4.简要分析该项目对生态系统产生的阻隔影响。

5.公路对野生动物和植物的影响表现为哪些方面？

6.公路建设造成的生境损失是指什么？

【参考与分析】

1. 该项目的建设对环境影响的特殊性主要表现在哪些方面?

高速公路建设项目属于生态影响型的开发项目,与污染影响型项目不同,其特殊性就是对环境的影响以生态环境影响为主。同时,高速公路项目属于线状工程,空间跨度大,穿越的地区是一个带状、流动的污染排放源。道路通过的区域地质地貌差异大,环境问题的研究难度大,涉及专业多、范围广。

2. 该项目的建设对生态系统有何影响?

该项目的建设对生态系统的影响主要包括:

1)该高速公路长120km,为四车道宽,项目的建设将占用大面积的土地,因此项目沿线的征地将导致项目沿线耕地减少。

2)公路沿线附近建筑物的拆迁将造成公路沿线居民居住环境发生改变。

3)公路沿线经过森林、草地、省级野生动物自然保护区,公路的建设将使部分自然资源遭到破坏。

4)该项目的建设经过山地,沿线需修建隧道、大桥、涵洞等山体开挖和隧道以及取弃土场工程,容易造成水土流失,地表植被、生物资源及其他环境资源的破坏等。

5)公路建设将使公路路基及其附近用地产生土地硬化、土地资源承压力增大等问题。

6)施工过程中由于人类活动增多,会产生较大的短时间扰动,对动植物的生境产生不利影响。

7)高速公路属于线型工程,路上为高速通过的车流,因此项目将完整的自然生态系统基质一分为二,形成新的廊道,破坏了生态系统的完整性,对物种流动形成阻断,从而容易产生岛屿效应。

8)公路建设项目作为人造景观将改变生态系统的原有景观布局,产生景观破碎问题。

9)公路运营期汽车行驶所产生的废气、噪声及局部气温垂直分布的改变将对动植物生境产生影响。

总体来说,该项目的建设对生态系统的影响分为直接影响和间接影响。

1)直接影响表现为:由于公路路面和公路边界对土地的占用,原有土地利用方式(如林地、草地、农田等)转化为人工裸地,导致自然生态系统面积减少,原有自然生态环境发生改变;

2)间接影响表现为:该项目建成运营后,公路上来往车辆行驶产生的噪声、废气以及人工灯光等造成生境破碎化和生态系统功能下降。

【举一反三】

公路建设项目属于生态影响型项目,对生态环境的影响较大。一般情况下,此类项目对生态环境的影响包括：

1)施工期的填挖土方使沿线的植被遭到破坏，农田被侵占，地表裸露，从而使沿线地区的局部生态结构发生一定的变化。工程在取土和填土后，裸露的表面被雨水冲刷将造成水土流失，进而降低土壤肥力，影响陆生生态系统的稳定性。

2)工程占地减少了当地的耕地绝对量，影响农业生产。路基地面硬化，扰动甚至减少野生动植物生境和动物栖息地，同时对其他自然植被也存在着不利影响。

3)运营期间公路的现状特征对生境造成切割，破坏了生态系统原有的完整性。

3.分析该项目对生态系统的边缘效应。

边缘效应是指“两个或多个不同生物地理群落交界处，因结构复杂出现不同生境的种类共生，种群密度增大，生物多样性增加，生产力相应较高”的现象。由于公路建设使得大多数本地生物被损害，公路路基与原有生态系统的交接处又为部分动物提供了生存环境，即公路边缘为野生动植物提供了一个多样化的生存场所，因而产生了边缘效应。

该项目建成后，公路路基与原有生态系统交界处，因结构复杂出现不同生境的种类共生，种群密度增大，生物多样性增加，从而产生边缘效应。边缘效应的影响可以深入到森林内100m甚至更远，这在破碎景观中进一步减小了适宜生境的面积，引起大量外部物种入侵。而且边缘效应对斑块内部物种丰富度和多度产生重要影响。道路增加产生的边缘效应可以引起比道路本身所占面积大得多的生境退化。边缘效应影响还涉及微气候、空气质量、声环境、土壤理化性质和其他的生态系统过程等许多方面。

沿着公路移动的车辆和人群为植物、种子、小型动物和较少移动的动物提供了方向，同时，公路边缘为动植物提供了生存环境。公路建设使得大多数本地生物被损害，而公路边缘为野生动植物提供了一个多样化的生存场所，在公路边缘出现的物种多数是可以承受较大生态干扰的物种。

4.简要分析该项目对生态系统产生的阻隔影响。

公路屏障会中断自然进程，包括植物的扩散和动物的移动。公路对野生动植物的阻碍作用源于生态干扰和生境回避的综合作用(交通噪声、车辆移动、污染和人类活动)。高速公路几乎可以阻止所有陆地动物和众多水生物种。各种无脊椎动物对小气候、基底、公路路面的敞开程度反应不同。两栖类、爬行类和小型哺乳动物对公路敞开性、公路路面的敞开性、公路路面和交通强度较为敏感。

5.公路对野生动物和植物的影响表现为哪些方面?

公路建设对野生动物的直接影响是指建设项目占地、人类活动增加，使野生动物的栖息地空间减少。间接影响主要表现在植物减少或污染破坏引起的食物资源减少对野生动物的影响。

公路建设对野生植物的影响主要表现在以下几个方面。

1)公路工程属永久性用地,公路沿线开挖地表使植被遭受到彻底的破坏。

2)临时用地(包括施工便道、施工场地、取土场、弃土场及堆料场地)会使原有的植被遭受不同程度的破坏,使植物生产能力下降,植被覆盖度降低。

3)公路建设项目形成一道屏障,对于生物尤其是对于地面植物,起着分离与阻隔的作用。

公路分隔使景观破碎,将自然生物生境切割成孤立的块状,使生境岛屿化,不利于生物多样性的保护。

6. 公路建设造成的生境损失是指什么?

1)公路建设占用大面积土地,严重破坏了动植物的生存环境。

2)公路建设直接导致建设区动植物死亡,生物量减少,生物多样性下降和生态系统功能降低。

3)公路产生的生态干扰和污染,会扩展到公路两侧几千米至几十千米范围内,影响大面积区域动植物的种群数量、分布及生理健康,造成自然生境更大的损失和退化。

## 第三节　区域开发类建设项目典型案例与点评

### 案例一　房地产开发项目

【素材】

某住宅小区建设工程占地 15.8$m^2$,建筑面积为 260 637$m^2$。其中住宅建筑面积 239 756$m^2$,配套设施建设 15 000$m^2$。规划设计居住人口 2 140 户,5 992 人;机动车停车位 1 046 个,其中地上 246 个、地下 800 个位子。配套公共建筑主要包括设备用房、超市、一所三个班的幼儿园、车库。

该项目为一个大型村庄的整体搬迁改造工程(以下简称开发小区)的三期工程。该村庄改造共计四期,改造工程采取边拆边改造的方法。项目用地南侧为拟拆迁的某村民住宅,东侧为一煤炭加工储运厂,西侧隔一条宽 40m 的城市主干道为一所中学,北侧为一高级写字楼,周围 100m 范围内建筑物最高为 40m。项目所在地周围水、电设施齐全,属于开发区污水处理厂汇水范围,但项目周边尚无市政污水管网。开发区建有集中供热锅炉,但是项目周边市政供热管网尚未接入。拟建项目所在的开发小区以前建有供热容量为 50t/h 的燃煤锅炉,本供热锅炉原计划为项目邻近的小区提供热源,但是目前邻近小区供热方案发生了变化,未使用该锅炉。

【问题】

1.该项目的工程分析主要包括哪几部分内容?

2.项目环境现状调查包括哪些内容?重点调查什么?

3.水环境影响预测应按照什么思路进行?

4.大气环境影响预测按照采用开发区热力的方案考虑是否合适?在该项目环境影响评价中应如何考虑本开发小区供热锅炉的问题?

5.该项目建设的外环境影响包括哪些主要内容?在施工期敏感点确定中如何考虑和解决南侧某村居民住宅的施工期环境影响问题?

【参考与分析】

1.该项目的工程分析主要包括哪几部分内容?

工程分析主要包括工程概况、工程污染源分析及环保措施方案3个方面的内容。

1)工程概况主要包括:对主体工程、配套工程、公用工程的介绍。

主体工程内容主要包括:项目名称,建设性质(新建、改建、扩建),项目建设地点(包括文字和地图两部分),占地面积及土地类型,项目组成和建设内容,主要经济技术指标,平面布局(附图说明),公用工程,工程投资及进度情况。

配套设施内容主要包括:建筑面积分配平衡,配套设备的型号、数量、位置及相关环保措施。

公用工程内容一般包括:项目的供水来源,供水方案,供热方案,通风、制冷、供气、供电等工程。

2)污染源分析主要分施工期和营运期两个阶段。施工期污染源包括施工人员生活废水、固体废物(包括生活垃圾和建筑垃圾),重点分析施工烟尘和噪声。运营期污染源包括大气污染源(重点分析供热方案)、水污染源、噪声污染源和固体废物污染源。

3)环保措施方案分析:污水处理方案、噪声防治方案、供热方案的可行性分析(锅炉除尘、脱硫、除氮方案)。

【举一反三】

房地产项目的污染源与其公用工程的支持条件有关。项目建设与人们的生活息息相关,污染源主要体现在人们从事这类活动时使用的燃料、能源、水,位于人们活动频繁的地点,产生的污染物质对敏感环境的影响比较直接。工程污染源分析一般包括污染因子的确定、污染物排放方式及污染物排放量。在污染源分析时需要根据具体项目的使用功能、使用的时间、规模和使用情况,来分析确定污染源。各项污染源分析的方法采用类比分析与模型计算相结合。

2.项目环境现状调查包括哪些主要内容?重点调查什么?

项目环境现状调查主要内容包括自然环境、社会环境、项目所在地环境污染状况以及环境质量。

重点调查施工期噪声、烟尘对项目周边的敏感保护目标(如学校等),造成的影响;东侧煤炭加工储运厂的生产及其污染物产生规律、产生量,对该项目的影响;周边道路的基本情况,例如道路级别、宽度、车流量、道路噪声级;村庄的整体改造规划情况。

【举一反三】

作为房地产项目,周围环境对其的影响很重要,该题环境现状调查除了以上几点外,重点还应考虑以下几点:①调查项目周边对拟建项目有影响的污染源的情况,例如东侧煤炭加工储运厂的情况。②调查周边交通噪声(道路)的情况。③调查项目所在地的规划情况。④对环境敏感点的调查。

3.水环境影响预测应按照什么思路进行?

该项目虽然位于开发区污水处理厂范围内,但是开发区市政污水管线并未接入该开发小区周边,该项目水环境影响预测部分需按该工程自建污水处理设施的情况考虑进行预测分析,并需根据工程用排水量,确定污水处理设施的规模、工艺。

【举一反三】

房地产项目水环境影响预测分为以下几种:①无城市污水处理厂和市政条件支持,水环境影响预测需估算污水排放量,明确污水水质类型,提出水质达标的建议(如自建污水处理站)。②属于城市污水处理厂的汇水范围,但市政条件不支持,水环境影响预测需估算污水排放量,明确水质类型,提出污水排放去向。若市政条件完善,不需自建污水处理设施;若市政条件不完善,则按不被城市污水处理厂接纳的情况考虑。③属于城市污水处理厂汇水范围,市政条件支持,则水环境影响预测需估算水量,并分析市政接纳的可行性。该题属于第二种情况。

4.大气环境影响预测按照采用开发区热力的方案考虑是否合适?在该项目环境影响评价中应如何考虑本开发小区供热锅炉的问题?

不合适,项目周边尚未接入开发区热力管线,该工程没有使用开发区热力的条件。

该项目开发小区建有锅炉房,锅炉房建设时规划为邻近小区服务,但是邻近小区的供热方案发生了变化,不再使用该项目开发区的锅炉,该工程供热可考虑用此锅炉。在使用该开发小区锅炉为该项目供热时,需论证锅炉的容量、四期合计的使用量、该锅炉的污染排放的合法性、是否满足总量控制的要求、污染浓度是否达标、高度是否合理。

【举一反三】

房地产项目大气环境影响预测主要包括污染源的确定、污染总量的核算。对于采暖要考虑采暖方案的可行性及其污染达标的可行性。房地产项目采暖有以下几种情况:①有市政热力解决,这种情况下只要分析市政热力的支持就行了。②自建锅炉或采取别的供热方式,这种情况需要分析为该项目提供热源的锅炉的供热量(或者剩余供热量)是否能满足该项目的供热需求,同时需分析评价该锅炉产生的二氧化硫等污染物是否达标排放。只有在该锅炉供热能力满足该项目供热需求及各项污染物达标排放的情况下,该项目热源由它提供才是可行的。③借用附近别的供热设施,这样需要明确该供热设施是否考虑到为该项目提供热源。如果不能提供或者热源不够该项目使用,则方案不可行。该题属于第一种和第三种方式的特例。尽管开发区有几种热力,但热力管网尚未接入用地周边,该项目不具备使用市政热力的条件。小区建有锅炉房,尽管为别的小区设计使用,但是因供热方案发生变化,该项目也可考虑使用这个原建的锅炉。项目又属于小区的四期项目,使用小区已建锅炉供热,需要考虑容量和污染物达标排放。

5.该项目建设的外环境影响包括哪些主要内容?在施工期环境保护目标的确定中如何考虑和解决南侧某村居民住宅的施工期环境影响问题?

外环境影响包括东侧煤炭加工储运厂的噪声及扬尘影响、西侧道路交通噪声影响;同时包括该地区的有关规划的影响,例如村庄整体搬迁规划方案的影响。

尽管该项目现在距离南侧某村居民住宅较近,施工期会对其造成扬尘和噪声影响,但是该村庄拟拆迁,因此施工期环境保护目标是否包括南侧某村居民,需要调查落实该工程与拆迁工程的时间先后。若拆迁工程在拟建项目施工前进行,则不需要将该村庄列为环境保护目标;若拆迁工程在后,南侧某村居民住宅则按环境保护目标考虑,预测施工期对其的影响,根据预测结果提出相应的噪声、扬尘保护措施。

## 案例二　金属矿山开发项目

【素材】

在矿产资源丰富的地区有一座金属矿山,占地 $256hm^2$。拟在此地建设一生产规模为200万吨/年的矿物的采选工程。拟采用地下开采方式,开采深度为－210～70m,采用斜坡道＋竖井的开拓方式。废石经竖井提升由汽车运至废石场,废石量540万立方米,废石场占地 $50hm^2$。矿石从斜坡道传送至选矿厂矿石仓,矿石经过粗碎、中碎、细碎、磨碎、浮选等工序,加工成金属精矿,产量为60万吨/年。产出尾矿110万吨/年,由5km管路输送至尾矿库,输送浓度30%。该尾矿库为山谷型,库容600万立方米,该尾矿库初期坝为堆石坝,坝高10m,后期坝用尾矿砂堆筑而成,后期坝高20m。尾矿库坝下游800m处有一座以养殖鱼类为主的湖泊。矿区坐落在比较茂密的次生林边缘地带,矿区开采区地表有一条国道和与道路平行的一条光缆穿过。

【问题】

1.分析该项目的主要生态环境问题。

2.金属矿山地下开采的主要环境影响有哪些?

3.尾矿库的主要环境影响有哪些方面?指出尾矿库运行阶段相应的治理措施。

4.分析该项目的主要环境风险因素及其减少环境风险的主要措施要点。

5.该项目生态环境恢复的范围和主要治理措施有哪些?

6.从保护生态环境角度对本矿山开发项目提出建议。

【参考与分析】

1.分析该项目的主要生态环境问题。

主要生态环境问题包括:地下开采区造成地表塌陷,破坏土地功能和地表植被,切断地下水分布,改变地形地貌,从而导致生态系统改变;尾矿库坝压占用大量场地,需要砍伐树木、铲除地表植被,影响下游湖泊水质,坝体溃决使自然灾害加剧;道路、生活区等的建设引起水土流失;固废(矿渣、尾矿、废石)等占用大量土地,引起景观变化,影响生态环境;土壤污染问题。

2.金属矿山地下开采的主要环境影响有哪些?

金属矿山地下开采使地表产生错动影响区,在不同阶段出现地表塌陷,对国道和与道路平行的光缆造成切断、陷落、拉伸变形等直接影响。

3.尾矿库的主要环境影响有哪些方面?指出尾矿库运行阶段相应的治理措施。

尾矿库的主要环境影响包括:在运行阶段,渗流外排、溢流携带尾砂外泄、汛期库水外排;尾矿库干滩风蚀、尾矿砂外溢形成扬尘污染,甚至沙尘暴;尾矿的后期形成坝边坡;在关闭阶段形成面积巨大的干滩,风蚀严重,形成沙尘暴尘源。

主要措施为:运行期确保回水率达到设计要求;渗流回用;汛前检查库、坝、水是否达到设计要求。后期对坝边坡及时覆盖;均匀放矿。关闭期覆盖全部干滩,建立植被;对尾矿库继续管理维护。

4.分析该项目的主要环境风险因素及其减少环境风险的主要措施。

风险因素:生产中产生、使用有毒有害物。减少环境风险的主要措施:采取工程措施消除有毒有害物质;正确贮存、使用有毒有害物质。

风险因素:使用炸药。减少环境风险的主要措施:将炸药贮存在环境安全的场地。

风险因素:开采爆破。减少环境风险的主要措施:使用环境影响小的采矿方法。

风险因素:尾矿库溃坝风险。减少环境风险的主要措施:及时消除隐患,全过程管理尾矿库。

【举一反三】

对于矿山项目的主要环境风险要素值得关注的是:①开矿体的爆破;②使用、运输、贮存炸药;③使用、排放有毒有害物;④尾矿库风险事故的后果对环境的危害、影响。

5. 该项目生态环境恢复的范围和主要治理措施有哪些?

塌陷区——用地表废石、尾矿充填、场地恢复生态。

尾矿库——后期坝边坡及时覆盖;关闭期覆盖全部干滩,建立植被。

废石场——覆盖废石场,建立植被。

其他废弃场地——清除建筑垃圾,恢复植被。

6. 从保护生态环境角度对本矿山开发项目提出建议。

金属矿山开发项目,由于提取的金属量少、矿山废弃物量大,会大量占用土地,并且可能污染土壤、砍伐植被、改变地貌等。因此,最主要的保护环境建议是:大量消纳废弃物(废石、尾矿、废渣等),可充填于井下、废弃坑等低洼场地,安排复垦工程、恢复生态工程。

## 第四节　规划环境影响评价项目典型案例与点评

### 案例一　水电规划环境影响评价

【素材】

某山脉一河流流域总面积 25 900km$^2$,干流长度 383km,天然落差 2 493m,水量丰沛,干流河床比降大,年平均径流量 158m$^3$/s,水能资源丰富。在该河流上游距离河口 146km 处已经有一蓄水 5.4 亿立方米的水库。河段所在地区经济不发达,流域总人口 5.1 万人,涉及两个县的 14 个乡,国内总产值 1.7 亿元。为发展地方经济,开发水电资源成为该流域的一个必然的选择。根据该河流的形态、资源分布特点和水库的蓄水位变化情况,水电部门做出了该流域梯级水电开发规划。该规划提出 5 个拟订方案,分别在河流的不同河段开发 4 组可能的梯级开发方案,其中一个作为规划的推荐方案,规划中主要对不同梯级组的地质条件、水文泥沙情况、交通条件、动能经济指标、水库淹没、工程枢纽布置、工程量以及环境影响等方面进行技术经济比较和论证。最后推荐的开发方案是"一库 5 级"方案。

【问题】

1. 该规划的环境影响评价重点是什么?

2. 简述生态影响预测与评价的主要内容。

3. 规划分析的主要内容有哪些?

4. 列表表示该规划环境影响评价的评价指标体系。

5. 开展该规划环境影响评价需要涉及哪些机构或者部门？其作用是什么？

【参考与分析】

1. 该规划的环境影响评价重点是什么？

该项目是属于专项规划的环境影响评价，从项目性质和所在地区的环境概况看，项目的主要影响是对所在地区的生态系统及水库淹没区的土地利用和社会的影响。在对该规划进行环境影响评价时的重点是规划分析、生态影响评价和替代方案。规划分析中该规划与其他相关规划的协调是重点内容；生态影响评价重点是规划对流域陆生和水生态系统的影响；替代方案分析比较主要是针对不同的规划方案以及规划取消情况下的零方案，对社会、经济和环境的影响的对比分析。

【举一反三】

从专项规划的特点出发，其环境影响评价的重点就是工作的重点和规划将来可能产生的主要环境影响。专项规划不同于建设项目，水电开发规划的影响更多应该关注其对区域的整体影响，所以规划分析是重要的。另外此类规划的行动后果一般不产生重要的污染问题，而对于流域的生态系统则影响很大。

2. 简述生态影响预测与评价的主要内容。

水电梯级开发产生的生态影响主要包括：土地淹没对陆生动植物分布及多样性的影响，对水生生物多样性的影响。因此生态影响与预测的主要内容包括以下5个方面。

1)对陆生植物的影响。①直接影响：各规划方案的水库淹没情况；各规划方案的植被损失情况；影响区内有无珍稀(列入国家级或地方级保护名录的)动植物；对流域内陆地生态系统中动物和植物多样性的影响。②间接影响：人为活动增加，水电开发造成的交通运行、电力输送等活动对植被的破坏。③施工期的临时影响：施工活动造成的植被破坏。

2)对陆生动物的影响。①工程实施后的影响：水库的蓄水和发电将造成水库周边频繁的水陆变换，可能会影响到爬行类和两栖类动物的生境条件。河道在丰水期水量会减少，对动物会产生影响。②施工过程对动物的影响：对鸟类、兽类、昆虫和其他动物的影响。

3)对流域内陆地生态系统稳定性及完整性的影响。

4)对水生生物的影响。①施工过程对水生生物的影响：对藻类、底栖动物、鱼类的影响。②运行期对水生生物的影响：库区使得生物量增加，种类增加；河道水量减少对河流中鱼类、底栖生物和藻类等的影响。

5)对干流河段水生生物的多样性、完整性和稳定性的影响。

3. 规划分析的主要内容有哪些？

规划分析主要内容包括以下几点。

1)规划描述:规划的背景及意义、规划方案简介、规划推荐方案和规划的近期工程及开发顺序等。

2)规划目标协调性分析:水电开发规划与本地区社会经济发展目标的协调,与整个流域开发目标的协调,与本地区其他相关规划(土地利用规划、水利规划、城镇体系发展规划及旅游资源开发规划等)的协调性分析。

3)规划的环境限制性因素分析。

4.列表表示该规划环境影响评价的评价指标体系。

该规划环境影响评价的评价指标体系如表9-2所示。

**表9-2 评价指标体系**

| 主题 | 环境目标 | 评价指标 |
|---|---|---|
| 生态环境 | 保护生物多样性,保持生态系统的结构功能的完整,不加剧水土流失 | 是否导致物种消失,珍稀物种的数量和分布,陆生生物的数量和多样性,水生生物的数量和多样性,水土流失量,弃渣土石方量 |
| 水环境 | 流域水环境达到功能要求,水源功能得以保护,生态用水得以保证,景观用水得以保证 | 河流、水库水质达标率,供水水源达标率,生态用水保证率,景观用水保证率 |
| 社会环境 | 有利于地区经济发展,有利于当地居民的生活条件与社会发展规划相协调,有利于当地居民的就业 | 对当地经济的贡献率,移民增加数量,就业数量,对当地基础设施的贡献 |
| 资源开发利用 | 水能资源有效利用,土地资源有效利用,景观旅游资源有效利用 | 水能资源利用率,淹没耕地数量,淹没林地数量,永久占地数量,受影响旅游点数量 |

5.开展该规划环境影响评价需要涉及哪些机构或者部门?其作用是什么?

开展本规划环境影响评价要涉及的部门及其作用如表9-3所示。

**表9-3 规划环境影响评价涉及的部门及其作用**

| 机构或部门 | 作用 |
|---|---|
| 当地政府水利水电主管部门 | 规划的审批和委托编制 |
| 当地政府环境保护行政主管部门 | 参与规划环境影响评价的审查 |
| 上级环境保护行政主管部门 | 主管规划环境影响评价的审查 |
| 评价机构 | 规划环境影响报告书的编制 |
| 规划编制单位 | 规划的编制,接收或拒绝环境影响报告书中的环境保护措施 |
| 政府其他相关部门 | 对环境影响报告书提出意见 |
| 其他关心的公众或非政府组织 | 公众参与 |

# 案例二　木里河规划的环境影响评价

【素材】

木里河是雅砻江右岸一级支流，发源于四川省甘孜藏族自治州理塘县以北的沙鲁里山脉，河流自西北流向东南，经木里县的列瓦、瓜别于洼里附近诸如雅砻江，全流域面积 19 114km$^2$，卧龙河汇口以上积水面积 9 416km$^2$。木里河水量丰沛，河床坡降陡，自然落差大。干流拉结沟—阿布地河道长 387.5km，天然落差 2 210m，平均比降 5.7‰，河口多年平均流量 142m$^3$/s，年径流量 44.8 亿立方米，为四川省中型河流中径流量较大，水能资源较丰富的河流之一。

本次规划涉及河段为木里河干流(上通坝—阿布地)，该河段山高谷深，耕地少而分散，且多系坡地，河滩地较少。规划区域对外交通条件差，人类活动少，对径流量的影响及水资源需求量极为有限。规划河段均位于凉山彝族自治州木里藏族自治县境内，河段长 157.5km，天然落差 1 235m，平均比降 7.84‰。规划范围涉及唐央乡、沙湾乡、东孜乡、固增乡、挑巴乡、博科乡、牦牛坪乡等 8 个乡。根据《四川省木里河干流(上通坝—阿布地)水电规划报告》论证，规划河段推荐采用“一库六级”开发方案，自上而下依次为上通坝、卡基娃(具有不完全年调节性能的“龙头水库”电站)、沙湾、固增、俄公堡、立洲 6 个梯级电站，总装机容量 132.2 万千瓦，枯水期平均发电 41.05 万千瓦，年发电量 66.09 亿千瓦·时，其中枯水期发电量 17.743 亿千瓦·时。

【问题】

1. 该规划中相关法律法规的执行情况。

2.《规划环境影响评价技术导则》的使用情况。

3. 规划环境影响评价的技术方法的应用情况。

【参考与分析】

1. 该规划中相关法律法规的执行情况。

1)2003 年 9 月 1 日生效的《中华人民共和国环境影响评价法》规定了包括“一地三域”综合性规划、十类专项规划及其指导性规划需要开展环境影响评价；2004 年 7 月经国务院批准的国家环境保护总局文件“关于印发《编制环境影响报告书的规划的具体范围(试行)》和《编制环境影响篇章或说明的规划的具体范围(试行)》的通知”(环发[2004]98 号，以下简称 98 号文)进一步明确了实施环境影响评价的规划范围。本案例所涉及的规划属于“水利有关的专项规划，即流域、区域涉及江河、湖泊开发利用的水资源开发利用综合规划和供水、水力发电等专业规划”类型，按该文件要求应当编写环境影响报告书。本案例是在 2003 年 10 月启动的，尽管当时“98 号文”尚未出台，还是依据“《中华人民共和国环境影响评价法》，编制了环境影响报告书。

2)尽管本规划涉及的是一个较小流域,影响相对较小,本次规划环境影响评价还是按照《规划环境影响评价技术导则(试行)》中有关规定和要求,实施了公众参与,咨询相关部门和专家以及发放公众调查表。

3)本次规划环境影响评价的结论与建议在最后形成的规划文件汇总已有所反映,如下3个方面的建议被采纳:①从减少淹没损失和搬迁移民的角度推荐龙头水库卡基娃采用低坝方案;②从减少淹没损失和搬迁移民的角度推荐立洲至阿布地河段采用一级混合式开发方案;③从减少植被破坏,控制水土流失的角度出发,建议在地形、地质条件允许的情况下,各梯级引水洞线布置在博茶公路所在的方向,以减轻施工公路建设对生态环境的影响。

4)本规划环境影响评价报告书由四川省环境保护局会同四川省发展和改革委员会进行的审查。

2.《规划环境影响评价技术导则》的使用情况。

(1)对《规划环境影响评价技术导则》的执行方面

本规划环境影响评价所采用的技术路线、工作程序、推荐的技术方法、文件辨析的格式等均是按照《规划环境影响评价技术导则》的要求开展的。

(2)遵照环境影响评价原则方面

从介入时机来讲,虽然不是从规划方案形成时就开始了,但规划环境影响评价参与了规划的优化过程,仍属于早期介入;环境影响评价对规划方案中选择较优的方案,并从流域角度提出一些环境保护和减缓负面影响的措施,属于第三方评价,针对4个规划方案评价,较为科学、客观、公正;整个的评价并没有融入到规划方案的形成过程。

(3)规划方案的初步筛选

本次评价中通过对4个梯级开发方案的水文泥沙分析计算、地质条件现场勘测调查、各梯级电站工程区的交通条件分析、动能经济指标计算、水库淹没实物指标调查、环境影响预测、工程枢纽的布置、工程量计算及投资估算分析,以及是否满足地方电力系统的电力需求等方面综合分析,对梯级开发方案进行了详细的技术经济比较和论证,提出了规划推荐方案(即方案二)和近期开发工程。

(4)规划分析的基本内容

规划分析中依据水电规划的特点及所在流域和地区的实际情况,分别从规划的背景、规划方案、相关规划3个方面作了较为详细的分析,尤其是在规划方案分析中分别针对4个不同的规划方案进行了综合分析,并依据综合分析的结论进行了方案优选的推荐;在相关规划分析中选择了“雅砻江流域开发规划”、“凉山州地方电力发展规划”、“木里县藏区建设项目规划”、“木里县国民经济和社会发展计划”等12项规划进行了分析，较为全面。

(5)规划实施后影响环境的主要因素及产生的主要环境问题

本次规划环境影响评价中分别从本项规划的实施可能对环境产生重大影响的社会经济因素(例如地方财政收入、就业增收、生活水平、燃料及能源结构、产业结构、移民、淹没耕地与林地、土地资源、工程施工特别是道路工程建设和弃渣处置等)入手，分析其主要环境问题(例如水文情势恶化、水环境与水生生态系统破坏、生态植被破坏、水土流失、地质灾害等)。这些问题要在项目环境影响评价中给予足够的重视，应通过深入的技术经济论证，明确提出切实可靠的缓解措施和控制方案。

(6)规划环境影响评价的内容与范围

本次规划环境影响评价内容确定恰当，即以水环境、生态环境和社会环境为主，并着重评价具有综合性、深远性的指标，评价指标主要有水文情势、水温、水质、生态完整性、生物多样性、局地气候、社会经济、文物古迹、景观资源、水资源利用、民族宗教等。

评价范围的确定则按照不同要素分别进行，例如水环境与水生生态、陆域生态的影响评价范围为流域，水土流失评价范围为整个河段的河谷区域，重点是水库淹没区和施工区，社会经济评价范围按行政区划分，较为准确。

(7)环境保护对策与减缓措施

本次规划环境影响评价中提出的环境保护对策与减缓措施针对性较强，提出对实施规划方案产生的废水、扬尘、噪声处置措施与生态恢复及水土保持方案合理。

(8)不足之处

一项完美的规划环境影响评价应该由各方面(社会、经济、技术、环保等)相关的专家组成评价组，并与规划编制组密切配合，评价与规划两项工作同步开展，在最初的规划方案形成和优化时就将环保的思想纳入规划之中。这样，最终形成的规划就是符合社会、经济、技术、环境等多方面要求的规划。规划形成过程就是规划环境影响评价的过程，形成的推荐规划方案同时也是规划环境影响评价的结果。

3.规划环境影响评价的技术方法的应用情况。

本次规划环境影响评价结合水电规划的特点及涉及流域、地区实际，针对不同的评价环节分别采用了导则中给出的不同的方法，方法选择基本恰当，尤其是使用层次分析法(AHP)进行规划方案的综合分析，并考虑“零方案”，具有特色。

# 第五节 建设项目环保验收典型案例与点评

## 案例一 某综合医院竣工环保验收项目

【素材】

某综合性医院选址在城市中心地带，设有床位 300 张，设有放射科（X 光机、CT 机）、传染病区等 23 个诊疗科室，员工 400 人。辅助生活设施有盥洗卫生室、办公室、洗衣房等。公用工程中有 1 台 DZL2－1.25－Ⅲ型燃煤锅炉，配 XZD－2 型单筒旋风除尘器，烟囱高 25m；1 台 YFL－AL 型医疗废物焚烧炉，烟囱高 6m。医疗废水二氧化氯处理系统 1 套，医院绿化面积 1 300$m^2$。工程总投资预算 5 000 万元，环保设施投资 85.4 万元。工程于 2001 年 3 月立项，2003 年 7 月试运行，2003 年 8 月进行监测验收。废水经排洪沟排入淮河干流（Ⅲ类）。

项目污水处理工艺路线见图 9－1。

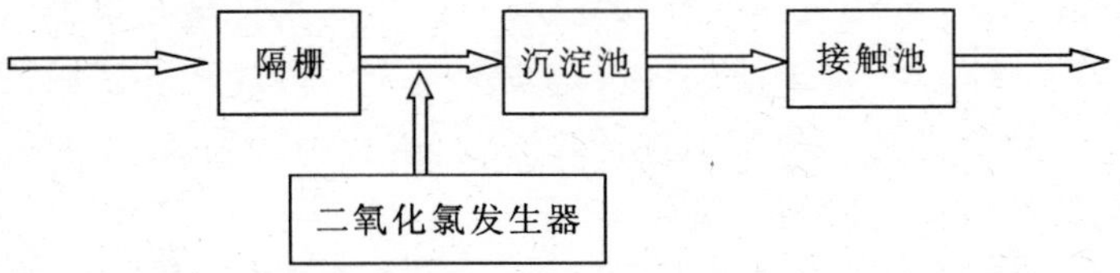


图 9－1 项目污水处理工艺流程

【问题】

1. 简述该项目竣工环境保护验收标准的确定原则。

2. 分析该项目竣工环境保护验收监测的范围。

3. 简述该项目竣工环境保护验收中，废气和废水监测布点原则及点位布设。

4. 该项目竣工环境保护验收监测中，污染源监测的重点是哪些？并简述该项目竣工验收监测的主要内容。

【参考与分析】

1. 简述该项目竣工环境保护验收标准的确定原则。

验收标准的确定原则：按照环境影响管理一致性、连续性的特点，验收标准采用环境影响评价时的施行标准。对建设期新出台和修订的法律法规、标准等，仅在验收时参照评价，不作为验收的依据。

该项目的验收监测标准主要包括两个方面：一是污染源达到排放标准，包括污染源的主要污染指标达标、浓度监测达标，污染源排放口技术指标达标（例如排气筒高度达标、废水排放口规范、监测点位设立规范等），排放总量达标（重点包括总量控制指标达标）；二是验收监测的采样测试方法标准。

验收监测方法选取原则：验收监测时，应尽量按国家污染物排放标准和环境质量标准要求，列出标准测试方法。

2. 分析该项目竣工环境保护验收监测的范围。

医院竣工环境保护验收监测的范围包括：医院医疗废水消毒处理系统的运行效果和废水达标情况、锅炉废气消烟除尘处理效率和烟气达标情况、焚烧炉废气消烟除尘效率和达标情况。

对比环境影响评价报告、专家评审结论和环境主管部门的审批意见，验收本次验收的主要污染源及其环保设施。

1）废气污染源及其环保设施：包括燃煤锅炉配置的 XZD—2 型单筒旋风除尘器排气中烟尘浓度、速率和除尘效率；医疗废物焚烧炉的温度、烟气停留时间、焚烧效率及烟气中污染物排放浓度和速率等。

2）废水污染源及其环保设施：医院污水处理站各主要处理车间的处理效率及处理后污水中各污染物的浓度和排放量等。

3）噪声源及其环保设施：包括锅炉鼓风机和引水机、水泵等的源强、降噪效果和厂界噪声等。

4）固体废物及其环保设施：包括锅炉炉渣、医疗固废、污水处理过程中的污泥、焚烧炉的炉灰和除尘器收尘的处理途径及固废处理设施的处理效果。

5）放射源：包括放射科内的 X 光、CT 机等放射源强和处理效果。

3. 简述在该项目竣工环境保护验收中，废气和废水监测布点原则及点位布设。

（1）采样布点原则

在详细了解验收项目（锅炉和焚烧炉）的生产工艺状况和环保设施类别、结构以及排放污染物的种类、特性与排放点位置的基础上，确定烟尘测试，应依据《锅炉烟尘测试方法》（GB 5468—91）设采样孔和采样点。

对焚烧炉依据《危险废物焚烧污染控制标准》（GB 18485—2001）及《固定污染源排气中颗粒物测定与气态污染物采样方法》（GB/T 16157—1996）布设采样孔和采样点。

（2）点位布设

1）锅炉焚烧炉烟道气监测布点。根据 GB/T 16157—1996 规定，不同形状、不同直径的烟囱其监测布点要求不一致。本次验收监测，烟道气采样点设置为：

$1^{\#}$ 点——锅炉除尘器进口：烟道为矩形 300mm×400mm，按断面尺寸分成 2 个等面积的小矩形块，测点位于等面积小矩形中心，设 2 个测点。

$2^{\#}$ 点——锅炉除尘器出口：烟道为圆形，按等面积圆环，设 2 个测点。

3# 点——焚烧炉除尘器进口：设 1 个测点。

4# 点——焚烧炉排放口(除尘器出口)：设 1 个测点。

2)废水监测点位布设。在医院污水处理站的沉淀池进口设 1# 采样点，接触池的出口设 2# 采样点，共 2 个采样点。

3)噪声监测点位布设。根据该院实际情况，在医院东西南北厂界至少各设 1 个厂界噪声监测点，共设 4 个点。噪声源监测点：锅炉鼓风机和引风机各设 1 个点。

4)无组织排放监测点位布设。根据当地环保局的要求和该项目环境影响评价报告的实际情况，决定是否在该项目污水处理站设恶臭污染物无组织排放监测点。

4.该项目竣工环境保护验收监测中，污染源监测的重点是哪些？并简述该项目竣工验收监测的主要内容。

医院竣工环境保护验收监测的重点为：医疗废水处理系统的处理效果和大肠杆菌的达标率；医疗废物焚烧炉的处理效果和燃烧废气中污染物排放的达标情况。

该项目竣工验收监测工作的主要内容如下。

1)现场踏勘与调查。调查污染处理设施医疗废水二氧化氯处理系统、医疗废物焚烧系统、医院的绿化面积是否按环境影响报告和批复进行建设，是否有环境保护管理机构、监测人员，是否有环境保护管理制度。

2)对建设项目排污情况和环保设施运转效果按照监测方案进行监测；监测布点见第 3 题。对监测结果从浓度、速率、排放总量等方面进行全面综合的评价。

3)环保设施的处理能力和效率监测分析。污染治理设施是否达到企业的设计要求，是否按环境影响报告和批复进行建设，是否达到污染物排放标准的要求。

4)分析环保设施运行中存在的问题。该项目组焚烧炉的烟囱高度为 6m，无法达到《危险废物焚烧污染控制标准》(GB 18485—2001)的要求。

5)提出竣工验收监测结论和建议。医疗废物得到焚烧处理，医疗废水经消毒处理，锅炉烟气被消烟除尘，环境保护制度已经建立和健全。医院的绿化面积、传染病区的安全设置距离、环保措施已符合要求。污水处理系统、医疗废物焚烧炉有专人管理。

6)验收监测和评价，作出医疗废水、锅炉废气、焚烧炉的焚烧废气是否达标排放的结论。根据《危险废物焚烧污染控制标准》(GB 18485—2001)和焚烧炉的焚烧量，建议医疗废物焚烧炉烟囱高度至少加高到 20m。

【举一反三】

1)对于医院等产生危险废物的单位，对危险废物的安全处理和处置是一项重大的问题。一般的医疗危险废物采用焚烧方式处理；其他可高温降解的危险废物均可采用焚烧方式处理；不可高温降解的危险废物，采取其他集中安全处置方式处理。

2)锅炉是大气污染源监测的基本单元,掌握锅炉的监测布点原则和方法,并能够很快地应用到炉窑、工艺废气排气筒等其他大气污染源方面。

3)在医院废水监测中,要考虑废水排入Ⅲ水体,在采用液氯消毒的方式时,注意其出口的余氯要低于相应的排放值 0.5mg/L。

4)《危险废物焚烧污染控制标准》(GB 18485—2001)中对焚烧炉排放焚烧废气的烟囱高度最低要求为 20m,具体项目中应该根据焚烧量和环境影响报告中的要求进行设定。

## 案例二 污水处理厂环境保护验收

【素材】

根据某地城市总体规划,结合城市已建的排水设施,新建一污水处理厂,处理能力为 8 万 $m^3/d$,服务面积 46.4$km^2$,污水收集管网 41.3km,中途泵站 12 座。处理污水的来源主要是城市生活污水,采用交替式活性污泥法处理工艺,建有进水泵房、曝气沉砂池、交替式生物池、污泥浓缩池、储泥池等设施,还有配电间、机修车间、仓库等辅助设施。

污水进入处理厂后,先经粗格栅除垃圾杂物,再经细格栅进入曝气沉砂池,污水在曝气沉砂池的停留时间为 3min,预处理后的污水进入交替式生物处理池,曝气区停留时间为 6.33h,沉淀区停留时间为 3.75h。污水经处理各项指标达到排放标准后方可排放。表 9-4 为污水处理厂进水口与出水口两天测定的结果。

表 9-4 污水处理厂进、出水监测结果

| 监测项目 | 污水处理厂进水 | | | 污水处理厂出水 | | |
|---|---|---|---|---|---|---|
| | 第 1 天 | 第 2 天 | 平均值 | 第 1 天 | 第 2 天 | 平均值 |
| pH | 7.00 | 7.80 | 7.40 | 7.02 | 7.62 | 7.32 |
| 化学需氧量(mg/L) | 419 | 431 | 425 | 52 | 54 | 53 |
| 生化需氧量(mg/L) | 260 | 282 | 271 | 20 | 23 | 21 |
| 氨氮(mg/L) | 26.8 | 32.2 | 29.5 | 20 | 18 | 19 |
| 水量($\times 10^4 m^3/d$) | 7.82 | 7.86 | 7.84 | 7.20 | 7.30 | 7.35 |

污水处理厂厂界无组织排放废气执行《恶臭污染物排放标准》新、扩、改建的二级标准。

【问题】

1.表 9-4 中的 pH 平均值计算有误,请予以更正。

2.根据表 9-4 计算各污染物项目的去除率(除 pH 外),并根据出水量和进、出水水质平均值计算各污染物的排放量，以此计算化学需氧量和氨氮排放总量。

3. 对污水处理厂的废气无组织排放监测应安排哪些项目？污水处理厂厂界总体呈东西长、南北宽的矩形，验收监测时风向为东南风，请问参照点应布设在矩形厂界的哪一角？

4. 我国对固体废弃物管理提出的"三化"原则是什么？

5. 根据素材中提供的数据计算监测期间污水处理厂的生产负荷，并说明此负荷是否符合要求。

6. 对于日处理能力在 10 万 $m^3$ 以下的污水处理设施，除采用活性污泥法外，还可以采用什么技术进行二级处理？请列举两种。

【参考与分析】

1. 表 9-4 中 pH 平均值计算有误，请予以更正。

pH 是氢离子浓度的负倒数，因此其平均值不能用简单的算数平均值来计算。表 9-4 中进、出水 pH 的平均值计算是有错误的。

$pH=-\lg[H^+]$

若 $pH_1=7.00$（进水 1），即 $[H^+]_1=10^{-7.00}$ mol/L

$pH_2=7.80$（进水 2），即 $[H^+]_2=10^{-7.80}$ mol/L

$[H^+]=1/2\{[H^+]_1+[H^+]_2\}=1/2\times10^{-7.00}\times(1+10^{-0.8})$

$=1/2\times10^{-7.00}\times1.158=0.579\times10^{-7.00}$ mol/L

则进水混合后 pH 均值 $=-\lg[H^+]=-\lg(0.579\times10^{-7.00})=0.24+7.00=7.24$

同样，出水混合后 pH 均值应为 7.24。

2. 根据表 9-4 计算各污染物项目的去除率（除 pH 外），并根据出水量和进、出水水质平均值计算各污染物的排放量，以此计算化学需氧量和氨氮排放总量。

去除率见表 9-5。

**表 9-5　污水处理厂各污染物去除率**

| 监测项目 | 污水处理厂进水 (mg/L) | 污水处理厂出水 (mg/L) | 去除率(%) | 实际排放量 (t/d) |
|---|---|---|---|---|
| 化学需氧量(mg/L) | 425 | 53 | 87.5 | 3.90 |
| 生化需氧量 (mg/L) | 271 | 21 | 92.3 | 1.54 |
| 氨氮(mg/L) | 29.5 | 19 | 35.6 | 1.40 |
| 水量($\times10^4 m^3/d$) | 7.84 | 7.35 | — | — |

污染物排放总量按出水口排水量计算。

化学需氧量总量为 3.90×365=1 424(t/a)

氨氮总量为 1.40×365=511(t/a)

3. 对污水处理厂的废气无组织排放监测应安排哪些项目？污水处理厂厂界总体呈东西长、南北宽的矩形，验收监测时风向为东南风，请问参照点应布设在矩形厂界的哪一角？

对污水处理厂的废气无组织排放监测应安排氨、硫化氢和臭气的监测。

必须根据监测时的气象情况，在上风向设定一个参照监测点，故应设在矩形厂界的东南厂界外 10m 范围内。

4. 我国对固体废弃物管理提出的“三化”原则是什么？

“三化”原则是指对固体废弃物实行减量化、资源化、无害化。

国家对固体废弃物污染环境的防治，实行减少固体废物的产生量和危害性，充分合理利用固体废物和无害化处置固体废物的原则，促进清洁生产和循环经济发展。污水处理厂的污泥脱水常采用带式压滤机。

5. 根据素材中提供的数据计算监测期间污水处理厂的生产负荷，并说明此负荷是否符合要求。

污水处理厂的生产负荷按进水口处理量计算，见表 9-6。

**表 9-6　污水处理厂生产负荷**

| 监测时间 | 设计处理量(万吨/天) | 实际进水口处理量(万吨/天) | 生产负荷(%) |
|---|---|---|---|
| 第 1 天 | 8 | 7.82 | 97.8 |
| 第 2 天 | 8 | 7.86 | 98.3 |

验收监测应在工况稳定、生产负荷达到设计能力 75%以上时进行，该项目在验收监测时的工况和生产负荷是符合要求的。

6. 对于日处理能力在 10 万立方米以下的污水处理设施，除采用活性污泥法外，还可以采用什么技术进行二级处理？请列举两种。

日处理能力在 10 万立方米以下的污水处理设施，可选用氧化沟法、SBR 法、水解好氧法、AB 法和生物滤池法等技术，也可选用常规活性污泥法。

## 习　题

1. 某项目地处低丘地带，山坡普遍为缓坡，坡度一般在 20°以下，丘与丘之间距离宽阔，连接亦无陡坡。据调查，纳污水体全长约65km，流域面积526.2km$^2$，年平均流量6.8m$^3$/s，河宽20～30m，枯水期1m$^3$/s，环境容量很小。项目所在地位于该水体的中下游，纳污段水体功能为农业及娱乐用水。拟建排污口下游15km处为国家级森林公园，约26km处该水体汇入另一较大河流，且下游15km范围内无饮用水源取水点。工程分析表明，该项目污染物排放情况为：废水42 048m$^3$/d，其中含化学需氧量为2 323.6kg/d，生化需氧量为680.3kg/d，悬浮物为1 449.8 kg/d，氨氮为63.62 kg/d；废气1.23×10$^7$m$^3$/d，其中烟尘1 298.7kg/d，二氧化硫19.9kg/d。

根据以上资料，回答以下问题。

(1)确定水环境影响评价工作等级和评价因子。

(2)请制定一套合理的水环境质量现状调查监测方案。

(3)简要说明选用的水环境影响预测模式及其选用的原因。

2. 一外商企业拟在河网发达的南方J省S市的工业集中区内新建年产60万吨精对苯二甲酸(PTA)项目。厂址紧靠J、Z两省交界，北距J省S市30km，东南距Z省X市15km。工程内容主要包括60万吨/年PTA主生产装置、自备热电站(3台220tJh循环流化床锅炉，配2×50MW抽凝式汽轮发电机)、码头工程(2个500t级泊位的液体化工码头和3个500t级泊位的杂货码头)及其他配套的公用工程等。本工程主要化工原料的消耗量及运输方式见表9-6，主要化工原料在厂区内设贮罐贮存。工程废水污染物的产生情况见表9-7，拟采取的废水治理措施见图9-2，厂址区域水系及敏感点分布情况见图9-2，其中本项目纳污水体L河执行《地表水环境质量标准》(GB 3838—2002)Ⅲ类标准，L河受潮汐影响，经常有逆流现象发生。

问题：

(1)说明本项目的工程分析应包括的主要内容。

(2)确定本项目地表水环境现状监测方案和厂区废水排放应执行的标准。

(3)分析本项目废水污染治理措施存在的问题并提出修正方案。

(4)分析本项目选址的环境可行性。

(5)确定本项目的评价重点。

**表 9-7　主要化工原料消耗及运输方式一览表**

| 名　　称 | 形态 | 运输方式 | 包装方式 | 消耗量(t/a) |
|---|---|---|---|---|
| 对二甲苯 | 液态 | 船运 | 散装 | 399 840 |
| 醋酸 | 液态 | 船运 | 散装 | 29 664 |
| 醋酸异丁酯 | 液态 | 陆运 | 槽车 | 1 200 |
| 烧碱(40%) | 液态 | 陆运 | 槽车 | 2 400 |
| 甲醇 | 液态 | 陆运 | 槽车 | 10 733 |
| 硫酸 | 液态 | 陆运 | 槽车 | 852 |

**表 9-8　废水污染物产生情况一览表**

| 序号 | 废水量($m^3/h$) | 主要污染物产生浓度(mg/L) |
|---|---|---|
| $W_1$ | 105 | 化学需氧量:5 000;对苯二甲酸:1 500 |
| $W_2$ | 3 | 化学需氧量:18 000;对苯二甲酸:6 700 |
| $W_3$ | 20 | 化学需氧量:22 500;对苯二甲酸:350 |
| $W_4$ | 10 | 化学需氧量:5 000;石油类:95 |
| $W_5$ | 140 | 化学需氧量:300;pH:1～3 |
| $W_6$ | 130 | 化学需氧量:26;悬浮物:16 |

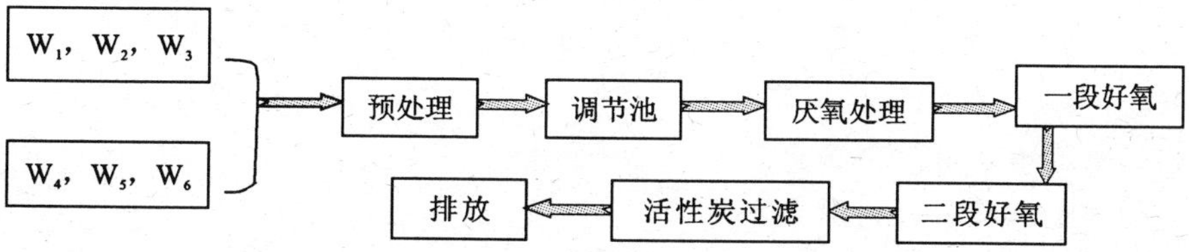


图 9-2　拟采取的废水治理措施

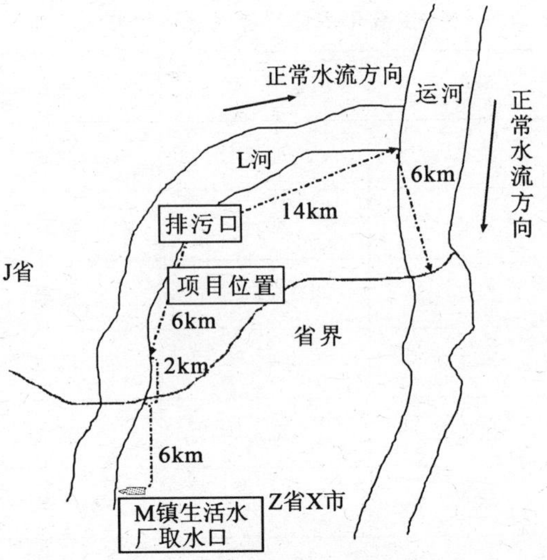


图 9-3　厂址区域水系及敏感点分布情况

3. H省拟在L县新建2×1 000MW超临界凝汽式燃煤发电机组。项目J一址所在地形为丘陵，距L县规划边界约9km。厂址周围环境现状及厂区平面布置见图9-4。工程供水水源为L县污水处理厂中水和P水库，采用带自然通风冷却塔的二次循环方式。正常运行情况F，工业废水和生活污水处理达标后回用不外排；工程采用石灰石—石膏湿法烟气脱硫工艺，设计脱硫效率为90%；用三室五电场静电除尘器，除尘效率为99.8%，脱硫系统的除尘效率为50%；采用低氮燃烧技术，预留脱除氮氧化物装置空间；两台炉合用一座240m烟囱；废气污染物排放量为二氧化硫0.479t/h；氮氧化物2.71t/h；烟尘：0.213t/h。工程采用露天煤场；灰渣分湿除、干除灰系统，干灰场贮存方式，灰场属山谷灰场。

问题：

(1)分析本项目建设与相关环境保护及产业政策的相关性。

(2)确定环境空气质量现状监测与影响预测因子。

(3)分析本项目厂区平面布置的合理性，必要时提出相应的调整方案和工程需增设的污染防治措施。

(4)确定本项目污染物总量控制因子。

(5)确定本项目评价重点。

4. 某市拟建一火电厂，主体工程包括锅炉、气轮机、发电机各两台。辅助工程包括供水系统、灰渣场、除灰系统以及燃料的运输系统等。配套工程包括石灰石—石膏法烟气脱硫系统和烟气脱氮装置。项目主要废水为冷却塔排污废水

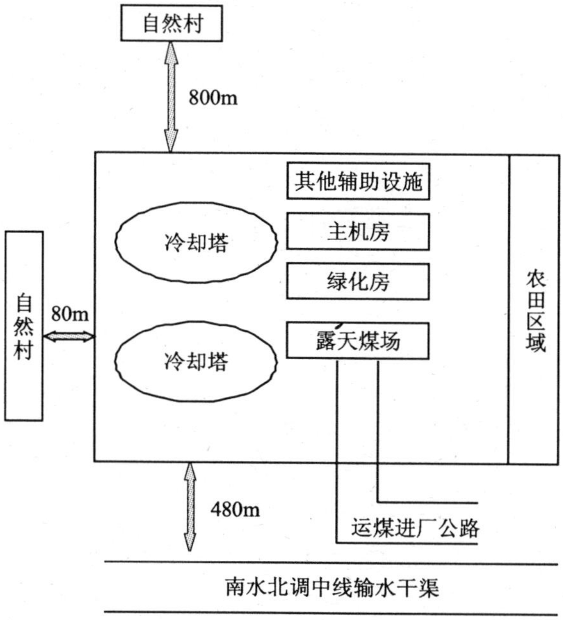


图 9-4　项目 J 厂址周围环境现状及厂区平面布置图

(600t/h)，其余废水基本不排放；主要大气污染物排放量为二氧化硫 0.40t/h，烟尘0.21t/h，氮氧化物折合为二氧化氮排放量 0.80t/h。项目所在地为山区丘陵地带，主导风向为 ENE，除夏热多雨外其他季节干旱较突出。距市区 45km，选址区南 0.35km 处为 A 村庄，东北 8km 为 B 镇，西偏北约 15km 为一市级森林生态保护区，北偏西 19km 处为区政府，东南约 2.1km 处为一河流，主要功能为农业灌溉和航运。

(1)该项目的主要环境影响有哪些？评价重点是什么？

(2)在进行大气环境影响评价时要对哪些敏感点的情况进行预测？

(3)在进行大气现状监测时共布设了 6 个点，其是否合理并说明理由。

5. 某地拟在城郊建一规模化造纸厂，同时建设林纸一体化原料林基地 $200hm^2$，基地引用黄河水灌溉，需修建引水渠总计约 70km，但受流域水资源平衡控制影响，引水量有限，不能完全满足造纸厂及原料林灌溉的需要。工程需修建通往城市的道路 20km。项目所在地地下水较为丰富，且埋藏较浅。城市生产生活用水主要来源于地下，但城市没有污水处理厂。原料林基地大部分为未利用的荒草地或沙丘、荒漠区，部分利用退耕还林地。拟建原料林基地东侧有一国家级自然保护区，且规划建设的公路需从保护区实验区通过。项目区年降水量约 300mm，蒸发量约 3 980mm，冬长夏短，春季多大风。当地以旱作农业为主，水田比重小且引黄河水灌溉。

根据上述背景材料，回答以下问题：

(1)原料林基地建设合理性应从哪几个方面予以论证？

(2)原料林基地项目工程分析的主要内容是什么？

(3)清洁生产与节能减排分析要点是什么？

(4)指出本工程土地利用类型重大变化问题。

(5)指出本项目建设的环境风险。

# 附录 A 《全国环境影响评价工程师职业资格考试大纲》

环境保护部 2009 年

## 第一科目 环境影响评价相关法律法规考试大纲【2009 年版】

【考试目的】

通过本科目考试，检验具有一定实践经验的环境影响评价专业技术人员对从事环境影响评价所必需的法律法规、政策等相关知识了解、熟悉、掌握的程度和在环境影响评价及相关业务工作中正确理解、执行国家相关法律法规和政策的能力。

【考试内容】

### 一、环境保护法律法规体系

(1)熟悉我国环境保护法律法规体系的构成；

(2)了解我国环境保护法律法规体系中各层次之间的相互关系。

### 二、《中华人民共和国环境保护法》

(1)掌握环境的含义；

(2)了解本法的适用范围；

(3)掌握建设项目环境影响报告书的有关规定；

(4)熟悉保护自然生态系统区域、野生动植物自然分布区域、水源涵养区域、自然遗迹、人文遗迹、古树名木的有关规定；

(5)掌握加强对农业环境保护的有关规定；

(6)掌握产生环境污染和公害的单位必须采取有效措施防治污染和公害的有关规定；

(7)掌握新建和技术改造的企业防治污染和公害的有关规定；

(8)掌握建设项目防治污染设施“三同时”的有关规定；

(9)熟悉因发生事故或者其他突发性事件，造成或者可能造成污染事故的单位应当加强防范的有关规定；

(10)熟悉违反建设和使用污染防治设施的有关规定应承担的法律责任。

### 三、《中华人民共和国环境影响评价法》、《建设项目环境保护管理条例》及配套的部门规章、规范性文件

（一）环境影响评价的定义及原则

(1)了解《中华人民共和国环境影响评价法》的立法目的；

(2)掌握环境影响评价的法律定义；

(3)掌握环境影响评价的原则。

（二）规划的环境影响评价

(1)掌握需进行环境影响评价的规划的类别、范围及评价要求；

(2)掌握专项规划环境影响报告书及规划有关环境影响的篇章或者说明的主要内容；

(3)掌握专项规划环境影响评价公众参与的有关规定；

(4)熟悉规划有关环境影响的篇章或者说明的报送要求；

(5)熟悉专项规划环境影响报告书的报审时限；

(6)熟悉专项规划环境影响报告书的审查程序和审查时限；

(7)熟悉专项规划环境影响报告书结论及审查意见采纳的有关规定；

(8)熟悉对环境有重大影响的规划实施后组织环境影响跟踪评价的有关规定；

(9)了解规划编制机关和审查机关在规划环境影响评价中违反有关规定应承担的法律责任。

（三）建设项目的环境影响评价

1.建设项目环境影响评价分类管理

(1)掌握建设项目环境影响评价分类管理的有关法律规定；

(2)掌握环境影响评价分类管理中类别确定的原则规定；

(3)掌握建设项目环境影响评价分类管理中环境敏感区的含义。

2.建设项目环境影响评价文件的编制与报批

(1)掌握建设项目环境影响报告书内容的有关法律规定；

(2)掌握环境影响报告表和环境影响登记表的内容和填报要求；

(3)掌握建设项目环境影响评价公众参与的有关规定；

(4)了解建设项目环境影响评价应当避免与规划环境影响评价相重复的有关规定；

(5)熟悉建设项目环境影响评价文件报批的有关规定及审批时限；

(6)掌握建设项目环境影响评价文件重新报批和重新审核的有关规定。

3.建设项目环境影响评价分级审批

(1)了解国务院环境保护行政主管部门负责审批的环境影响评价文件的范围；

(2)了解省级环境保护行政主管部门提出建设项目环境影响评价分级审批建

议的原则。

4.建设项目环境影响评价的实施

(1)掌握建设项目实施环境保护对策措施的有关规定；

(2)熟悉建设项目环境影响后评价的有关规定；

(3)掌握建设单位未依法执行环境影响评价制度擅自开工建设应承担的法律责任。

5.建设项目环境影响评价机构资质管理

(1)掌握建设项目环境影响评价机构资质管理的有关法律规定；

(2)掌握建设项目环境影响评价资质等级和评价范围划分的有关规定；

(3)了解建设项目环境影响评价机构资质条件的有关规定；

(4)熟悉建设项目环境影响评价机构的管理、考核与监督的有关规定；

(5)熟悉建设项目环境影响评价机构应承担的法律责任；

(6)熟悉建设项目环境影响评价机构违反资质管理有关规定应受的处罚。

6.建设项目环境影响评价行为准则

熟悉承担建设项目环境影响评价工作的机构及其环境影响评价技术人员的行为准则。

(四)建设项目竣工环境保护验收

(1)掌握建设项目竣工环境保护验收的范围；

(2)熟悉建设单位申请竣工环境保护验收的时限及延期验收的有关规定；

(3)掌握对建设项目竣工环境保护验收实施分类管理的规定；

(4)了解申请建设项目竣工环境保护验收应提交的材料；

(5)掌握建设项目竣工环境保护验收的条件；

(6)熟悉建设项目试生产环境保护的有关规定；

(7)熟悉建设单位未按有关规定申请环境保护设施竣工验收应受的处罚；

(8)熟悉建设项目需配套建设的环境保护设施未建成、未经验收或验收不合格，主体工程正式投入生产或者使用的，建设单位应受的处罚；

(9)熟悉承担建设项目竣工环境保护验收监测或调查工作的单位及其人员的行为准则。

(五)环境影响评价工程师职业资格制度

(1)熟悉环境影响评价工程师登记的有关规定；

(2)掌握环境影响评价工程师的职责；

(3)掌握环境影响评价工程师违反有关规定应受的处罚；

(4)了解环境影响评价工程师继续教育的有关规定。

## 四、环境影响评价相关法律法规

（一）《中华人民共和国大气污染防治法》

（1）熟悉大气污染物总量控制区的有关规定；

（2）熟悉企业应当优先采用清洁生产工艺，减少大气污染物产生的有关规定；

（3）掌握防治燃煤产生大气污染的有关规定；

（4）了解不得制造、销售或者进口污染物排放超过规定排放标准的机动车船的规定；

（5）掌握防治废气、粉尘和恶臭污染的有关规定。

（二）《中华人民共和国水污染防治法》

（1）了解本法的适用范围；

（2）熟悉水污染防治原则的有关规定；

（3）掌握排放水污染物不得超过国家和地方规定的水污染物排放标准和不污染物排放总量控制指标的规定；

（4）掌握新建、扩建、改建直接或间接向水体排放污染物的建设项目和其他水上设施环境影响评价的有关规定；

（5）熟悉国家对重点污染物排放实施总量控制制度的有关规定；

（6）掌握禁止私设暗管或者采取其他规避监管的方式排放水污染物的有关规定；

（7）掌握水污染防治措施的有关规定；

（8）掌握饮用水源和其他特殊水体保护的有关规定；

（9）了解生产、贮存危险化学品的企业事业单位应当采取措施，防止在处理安全生产事故过程中产生的可能严重污染水体的消防废水、废液直接排入水体的规定。

（三）《中华人民共和国水污染防治法实施细则》

掌握生活饮用水地表水源保护区适用标准的有关规定。

（四）《中华人民共和国环境噪声污染防治法》

（1）掌握环境噪声、环境噪声污染、噪声排放、噪声敏感建筑物和噪声敏感建筑物集中区域的含义；

（2）了解地方各级人民政府在制定城乡建设规划时，防止或减轻环境噪声污染的有关规定；

（3）熟悉城市规划部门在确定建设布局时，合理划定建筑物与交通干线的防噪声距离的有关规定；

（4）掌握在噪音敏感建筑物集中区域内，造成严重环境噪音污染的企业事业单位应该遵守的有关规定；

(5)熟悉在城市范围内向周围生活环境排放工业噪声，应当符合国家规定的工业企业厂界噪声排放标准的规定；

(6)熟悉产生环境噪声污染的工业企业，应当采取有效措施减轻对周围生活环境影响的规定；

(7)熟悉在城市市区范围内向周围生活环境排放建筑施工噪声，应当符合国家规定的建筑施工场界环境噪声标准的规定；

(8)掌握在城市市区噪声敏感建筑物集中区域内，禁止夜间进行产生环境噪声污染的建筑施工作业的有关规定；

(9)掌握交通运输噪音污染防治的有关规定；

(10)熟悉社会生活噪音污染防治的有关规定。

(五)《中华人民共和国固体废物污染环境防治法》

(1)掌握固体废物、工业固体废物、生活垃圾、危险废物、贮存、处置、利用的含义；

(2)了解本法的适用范围；

(3)掌握固体废物污染防治原则；

(4)掌握固体废物贮存、处置设施、场所的有关规定；

(5)掌握企业事业单位应当对其产生的工业固体废物加以利用、安全分类存放或采取无害化处置措施的有关规定；

(6)掌握矿业固体废物贮存设施停止使用后应当按照有关环境保护规定进行封场的有关规定；

(7)掌握建设、关闭生活垃圾处置设施、场所的有关规定；

(8)了解制定危险废物管理计划的有关规定；

(9)了解组织编制危险废物集中处置设施、场所建设规划及组织建设危险废物集中处置设施、场所的有关规定；

(10)掌握产生危险废物的单位必须按照国家规定处置危险废物的有关规定；

(11)掌握分类收集、贮存危险废物的有关规定；

(12)了解禁止过境转移危险废物的规定。

(六)《中华人民共和国海洋环境保护法》

(1)了解本法的适用范围；

(2)了解海洋环境污染损害、内水、滨海湿地、海洋功能区划的含义；

(3)了解海洋生态保护的有关规定；

(4)掌握入海排污口设置的有关规定；

(5)掌握禁止、严格限制或严格控制向海域排放废液或废水的有关规定；

(6)掌握须采取有效措施处理并符合国家有关标准后，方能向海域排放污水或废水的规定；

(7)熟悉防治海岸工程建设项目对海洋环境的污染损害的有关规定。

(七)《中华人民共和国放射性污染防治法》

(1)了解本法的适用范围；

(2)了解核设施选址、建造、运营、退役前进行环境影响评价的有关规定；

(3)了解开发利用或关闭铀(钍)矿前进行环境影响评价的有关规定；

(4)了解产生放射性废液的单位排放或处理、贮存放射性废液的有关规定；

(5)了解放射性固体废物的处置方式及编制处置设施选址规划的有关规定；

(6)掌握产生放射性固体废物的单位处理处置放射性固体废物的有关规定。

(八)《中华人民共和国清洁生产促进法》

(1)了解清洁生产的法律定义；

(2)了解国家对浪费资源和严重污染环境的落后生产技术、工艺、设备和产品实行强制淘汰制度的规定；

(3)熟悉企业在进行技术改造时应采取的清洁生产措施；

(4)了解农业生产者应采取的清洁生产措施；

(5)了解餐饮、娱乐、宾馆等服务性企业应采取的清洁生产措施；

(6)了解建筑工程应采取的清洁生产措施。

(九)《中华人民共和国循环经济促进法》

(1)了解循环经济、减量化、再利用、资源化的法律定义；

(2)了解发展循环经济应遵循的原则；

(3)熟悉企业事业单位应采取措施降低资源消耗，减少废物的产生量和排放量，提高废物的再利用和资源化水平的规定；

(4)熟悉新建、改建、扩建项目必须符合本行政区域主要污染物排放、建设用地和用水总量控制指标的要求；

(5)熟悉减量化、再利用和资源化的有关规定。

(十)《中华人民共和国水法》

(1)熟悉水资源开发利用的有关规定；

(2)熟悉建立饮用水水源保护区制度的有关规定；

(3)掌握设置、新建、改建或者扩大排污口的有关规定；

(4)熟悉河道管理范围内禁止行为的有关规定；

(5)了解禁止围湖造地、围垦河道的规定；

(6)了解工业用水应增加循环用水次数，提高水的重复利用率的规定。

（十一）《中华人民共和国节约能源法》

(1)熟悉能源和节能的法律定义；

(2)了解国家节能政策的有关规定；

(3)熟悉国家对落后的耗能过高的用能产品、设备实行淘汰制度的规定；

(4)熟悉禁止生产、进口、销售及使用国家明令淘汰或者不符合强制性能源效率标准的用能产品、设备、生产工艺的规定；

(5)了解工业节能的有关规定。

（十二）《中华人民共和国防沙治沙法》

(1)了解土地沙化的法律定义；

(2)了解在沙化土地范围内从事开发建设活动须进行环境影响评价的规定；

(3)掌握沙化土地封禁保护区范围内禁止行为的有关规定；

(4)了解已经沙化的土地范围内的铁路、路、河流、水渠两侧和城镇、村庄、厂矿、水库周围，实行单位治理责任制的有关规定。

（十三）《中华人民共和国草原法》

(1)了解编制草原保护、建设、利用规划应当遵循的原则及应当包括的内容；

(2)掌握基本草原保护制度的有关规定；

(3)熟悉禁止开垦草原的有关规定。

（十四）《中华人民共和国文物保护法》

(1)了解在文物保护单位的保护范围及建设控制地带内不得进行的活动的有关规定；

(2)熟悉建设工程选址中保护不可移动文物的有关规定。

（十五）《中华人民共和国森林法》

(1)熟悉森林的分类；

(2)掌握进行勘查、开采矿藏和各项建设工程占用或者征用林地的有关规定；

(3)掌握禁止毁林开垦、开采等行为的有关规定；

(4)熟悉采伐森林和林木必须遵守的规定。

（十六）《中华人民共和国渔业法》

(1)了解本法的适用范围；

(2)熟悉在鱼、虾、蟹洄游通道建闸、筑坝，对渔业资源有严重影响的，应当建造过鱼设施或者采取其他补救措施的规定。

（十七）《中华人民共和国矿产资源法》

(1)熟悉非经国务院授权的有关主管部门同意，不得开采矿产资源的地区；

(2)了解关闭矿山的有关规定；

(3)了解矿产资源开采的有关规定。

（十八）《中华人民共和国土地管理法》

(1)了解国家土地用途管制制度的有关规定；

(2)熟悉保护耕地和占用耕地补偿制度的有关规定；

(3)掌握国家实行基本农田保护制度的有关规定；

(4)了解建设占用土地的有关规定；

(5)了解由国务院批准的征用土地的范围。

（十九）《中华人民共和国水土保持法》

(1)熟悉修建铁路、公路和水工程必须采取防止水土流失措施的有关规定；

(2)熟悉开办矿山企业、电力企业和其他企业必须采取防止水土流失措施的有关规定；

(3)掌握在山区、丘陵区、风沙区内的建设项目编制水土保持方案的有关规定。

（二十）《中华人民共和国野生动物保护法》

(1)了解本法的适用范围；

(2)熟悉野生动物保护的有关规定。

（二十一）《中华人民共和国防洪法》

(1)了解建设跨河、穿河、穿堤、临河工程设施防洪的有关规定；

(2)了解防洪区、洪泛区、蓄滞洪区和防洪保护区的法律定义。

（二十二）《中华人民共和国城市规划法》

(1)了解城乡规划和规划区的法律定义；

(2)了解编制省域城镇体系规划、城市总体规划、镇总体规划以及乡规划、村庄规划的有关规定；

(3)熟悉城市新区开发、建设和旧城区改建的有关规定；

(4)熟悉城乡建设和发展依法保护和合理利用风景名胜资源的有关规定；

(5)熟悉禁止擅自改变城乡规划确定用途的用地种类。

（二十三）《中华人民共和国河道管理条例》

(1)了解本条例的适用范围；

(2)掌握修建桥梁、码头和其他设施须按照防洪和航运的标准、要求进行的有关规定；

(3)掌握城镇建设和发展不得占用河道滩地的规定。

（二十四）《中华人民共和国自然保护区条例》

(1)掌握自然保护区的功能区划分及保护要求；

(2)掌握自然保护区内禁止行为的有关规定；

(3)掌握内部未分区的自然保护区按照核心区和缓冲区管理的规定。

(二十五)《风景名胜区管理暂行条例》

熟悉风景名胜区保护的有关规定。

(二十六)《基本农田保护条例》

(1)了解基本农田和基本农田保护区的法律定义;

(2)掌握与建设项目有关的基本农田保护措施。

(二十七)《医疗废物管理条例》

熟悉医疗废物集中贮存、处置设施选址的有关规定。

(二十八)《危险化学品安全管理条例》

熟悉危险化学品生产装置和贮存设施与有关场所、区域的距离必须符合国家标准或有关规定。

(二十九)《中华人民共和国防治海岸工程建设项目污染损害海洋环境管理条例》

(1)熟悉海岸工程建设项目的法律定义及范围;

(2)熟悉建设各类海岸工程建设项目应采取的环境保护措施;

(3)掌握禁止兴建的海岸工程建设项目的有关规定。

(三十)《防治海洋工程建设项目污染损害海洋环境管理条例》

(1)熟悉海洋工程建设项目的法律定义及范围;

(2)掌握严格控制围填海工程的有关规定;

(3)了解海洋工程拆除、弃置或者改作他用的环境保护有关规定;

(4)熟悉海洋工程污染物排放管理的有关规定。

## 五、环境政策与产业政策

(一)国务院关于落实科学发展观加强环境保护的决定

(1)了解用科学发展观统领环境保护工作的基本原则;

(2)熟悉经济社会发展必须与环境保护相协调的有关要求;

(3)了解需切实解决的突出环境问题;

(4)了解加强环境监管制度的有关要求。

(二)节能减排综合性工作方案

(1)掌握国家节能减排的主要目标;

(2)熟悉控制高能耗、高污染行业过快增长的主要措施;

(3)了解“十一五”时期淘汰落后生产能力的主要行业和内容。

(三)全国生态环境保护纲要

(1)熟悉重要生态功能区的类型和生态功能保护区的级别;

(2)熟悉对生态功能保护区采取的保护措施;

(3)了解各类资源开发利用的生态环境保护要求。

(四)国家重点生态功能保护区规划纲要

(1)熟悉重点生态功能保护区规划的指导思想、原则及目标;

(2)了解重点生态功能保护区规划的主要任务。

(五)全国生态脆弱区保护规划纲要

(1)熟悉生态脆弱区保护规划的指导思想、原则及目标;

(2)了解生态脆弱区保护规划的总体任务和具体任务。

(六)产业结构调整的相关规定

(1)熟悉产业结构调整的方向和重点;

(2)了解《促进产业结构调整暂行规定》施行后废止的相关产业目录;

(3)了解推进产能过剩行业结构调整的总体要求和原则;

(4)熟悉推进产能过剩行业结构调整的重点措施;

(5)掌握《产业结构调整指导名录》的分类。

(七)外商投资产业指导目录

掌握外商投资产业指导目录的分类。

(八)废弃危险化学品污染环境防治办法

(1)熟悉废弃危险化学品的含义;

(2)了解本办法的适用范围;

(3)熟悉危险化学品的生产、贮存、使用单位转产、停产、停业或者解散的环境保护有关规定。

(九)国家危险废物名录

(1)了解列入本名录的危险物类别;

(2)了解列入本名录危险物范围的原则规定。

## 第二科目　环境影响评价技术导则与标准考试大纲【2009年版】

【考试目的】

通过本科目的考试,检验具有一定实践经验的环境影响评价专业技术人员对环境影响评价技术导则与标准了解、熟悉、掌握的程度和在环境影响评价及相关业务工作中正确应用环境影响评价技术导则,正确选择环境影响评价有关标准的能力。

【考试内容】

## 一、环境标准体系

(一)环境标准体系的构成

(1)熟悉国家环境标准的分类及各自的特点；

(2)熟悉我国现行的主要环境影响评价技术导则的种类及其应用范围；

(3)了解国家颁布的主要环境质量标准和污染物排放标准。

(二)各类标准之间的关系

(1)了解国家环境标准与地方环境标准之间的关系；

(2)熟悉环境功能区和环境质量标准之间的关系；

(3)了解环境质量标准和污染物排放标准之间的关系；

(4)了解综合性污染物排放标准与行业污染物排放标准之间的关系。

## 二、《环境影响评价技术导则》

(一)《环境影响评价技术导则——总纲》

1.工作程序

熟悉环境影响评价工作程序。

2.工作等级划分

(1)掌握划分环境影响评价工作等级的依据；

(2)熟悉不同环境影响评价等级的评价要求。

3.环境影响报告书的编制

掌握环境影响报告书编制的内容及要求。

4.工程分析

(1)熟悉建设项目工程分析应遵循的基本原则；

(2)熟悉建设项目实施过程的阶段划分；

(3)掌握建设项目工程分析的对象及要求；

(4)掌握建设项目工程分析的重点；

(5)熟悉建设项目工程分析的方法与特点。

5.环境现状调查

(1)熟悉建设项目所在地区环境现状调查的一般原则；

(2)掌握建设项目所在地区环境现状调查的主要内容；

(3)掌握主要的环境现状调查方法及特点。

6.环境影响预测与评价

(1)熟悉建设项目环境影响预测的原则；

(2)掌握常用建设项目环境影响预测方法与特点；

(3)掌握建设项目环境影响时期的划分和预测环境影响时段；
(4)掌握建设项目环境影响预测的范围及内容；
(5)掌握单项评价方法的含义及其应用原则。
7.环境影响报告书结论的编写
掌握环境影响报告书结论编写的原则、要求及内容。
(二)《环境影响评价技术导则——大气环境》
1.评价工作等级与评价范围
(1)掌握大气环境影响评价工作等级的划分方法；
(2)掌握大气环境影响评价范围的确定原则。
2.大气环境源调查与分析
(1)熟悉大气污染源调查与分析对象；
(2)熟悉各等级评价项目大气污染源调查的内容及要求；
3.环境空气质量现状调查
(1)掌握环境空气质量现状监测因子与监测制度；
(2)熟悉环境空气环境质量现状监测布点原则；
(3)熟悉环境空气质量现状监测结果统计分析内容。
4.气象观测资料调查
(1)熟悉气象观测资料调查的基本原则；
(2)了解一级评价项目气象观测资料调查要求；
(3)了解二级评价项目气象观测资料调查要求；
(4)熟悉地面气象观测资料和常规高空气象探测资料调查的主要内容；
(5)了解常规气象资料分析内容。
5.大气环境影响预测与评价
(1)掌握大气环境影响预测的一般步骤；
(2)熟悉大气环境影响预测因子和预测范围确定的原则；
(3)掌握各类污染源计算清单的内容；
(4)熟悉大气环境影响预测计算点的分类；
(5)熟悉各等级评价项目大气环境影响预测内容及要求；
(6)掌握常规预测情景组合；
(7)熟悉大气环境影响预测分析与评价的主要内容；
(8)掌握推荐模式的适用条件。
6.大气环境防护距离
熟悉大气环境防护距离的确定原则与要求。
7.大气环境影响评价结论与建议

掌握大气环境影响评价结论与建议的主要内容。

8.附录

了解附录中对环境影响报告书附图、附表、附件的要求。

(三)《环境影响评价技术导则——地面水环境》

1.评价等级

掌握地面水环境影响评价工作级别的划分。

2.地面水环境现状调查

(1)熟悉地表水环境现状调查范围的确定原则；

(2)熟悉不同评价等级各类水域的调查时期；

(3)了解各类水域水文调查与水文测量的原则与内容；

(4)熟悉点污染源调查的原则及基本内容；

(5)了解非点污染源调查的原则及基本内容；

(6)掌握水质调查水质参数的选择原则；

(7)熟悉各类水域布设水质取样断面、取样点的原则；

(8)熟悉地面水环境现状评价的原则。

3.地面水环境影响预测

(1)熟悉建设项目地面水环境影响时期及预测地面水环境影响时段的确定原则；

(2)掌握拟预测水质参数筛选的原则；

(3)熟悉各类地面水环境水体简化和污染源简化的条件；

(4)掌握利用数学模式预测各类地面水体水质时,模式的选用原则。

(5)了解在地面水环境影响预测中物理模型法、类别调查法和专业判断法的适用条件；

(6)掌握河流、海域水质数学模式的适用条件；

(7)熟悉湖泊、水库、海湾水质数学模式的适用条件；

(8)熟悉预测点布设的原则；

(9)了解面源环境影响预测的一般原则。

4.评价地面水环境影响

(1)熟悉评价地面水环境影响的原则；

(2)掌握评价地面水环境影响的基本资料要求；

(3)掌握单项水质参数评价方法的种类及其适用范围。

(四)《环境影响评价技术导则——声环境》

1.一般规定

(1)了解声环境影响评价的工作程序；

(2)掌握声环境影响评价工作等级的划分；
(3)熟悉各等级声环境影响评价工作的基本要求；
(4)掌握环境噪声评价量及应用条件。
2.环境噪声现状调查与测量
(1)掌握环境噪声现状调查的基本内容；
(2)熟悉环境噪声现状调查的基本方法；
(3)掌握环境噪声现状测量点的布设原则；
(4)熟悉环境噪声现状测量的测量量和测量时段；
(5)掌握环境噪声现状评价的主要内容。
3.噪声预测
(1)掌握噪声预测的基础资料要求；
(2)熟悉噪声预测范围和预测点的布设原则；
(3)了解噪声源噪声级数据获得的途径及要求；
(4)熟悉简化声源的条件和方法；
(5)熟悉户外声源声波在气中传播引起声级衰减的主要因素。
4.声环境影响评价
(1)熟悉声环境影响评价的基本内容；
(2)掌握噪声防治对策应考虑的环节。
(五)《环境影响评价技术导则——非污染生态影响》
1.评价工作等级及评价范围
(1)掌握生态影响评价工作等级的划分；
(2)掌握生态影响评价范围的确定原则。
2.工程调查与分析
(1)熟悉工程资料收集的要求；
(2)熟悉工程分析的要求；
(3)掌握对关键问题识别和评价因子筛选的要求。
3.生态环境状况调查与现状评价
(1)掌握生态环境状况调查的基本内容及要求；
(2)熟悉生态现状评价的要求；
(3)熟悉生态现状评价的主要内容；
(4)熟悉常用的生态现状评价方法与适用范围。
4.生态影响预测与评价
(1)熟悉生态影响预测的内容；
(2)了解生态影响经济损益分析的原则。

5.生态影响的防护、恢复及替代方案

(1)熟悉生态环境的防护与恢复应遵循的原则;

(2)熟悉生态影响的管理措施;

(3)熟悉替代方案的原则要求。

6.典型项目的生态环境影响评价

熟悉典型自然资源开发项目中生态环境影响评价要点。

(六)《开发区区域环境影响评价技术导则》

1.总则

(1)熟悉导则的适用范围;

(2)掌握开发区区域环境影响评价重点。

2.环境影响评价实施方案

(1)熟悉实施方案的基本内容;

(2)熟悉规划方案初步分析的内容及要求。

3.环境影响报告书标准要求

(1)熟悉区域环境现状调查和评价的内容和要求;

(2)熟悉规划方案分析的内容和要求;

(3)熟悉环境容量与污染物总量控制的主要内容;

(4)熟悉生态环境保护与生态建设的主要内容;

(5)熟悉开发区规划综合论证的内容和要求;

(6)熟悉确定环境保护对策及环境影响减缓措施的原则和要求。

(七)《规划环境影响评价技术导则》

1.总则

(1)熟悉导则的适用范围;

(2)掌握规划环境影响评价的原则。

2.规划环境影响评价的内容与方法

(1)熟悉规划环境影响评价的基本内容;

(2)了解环境目标和评价指标的含义;

(3)了解规划分析的基本内容;

(4)熟悉规划环境影响评价中拟定环境保护对策与减缓措施的原则和优先顺序。

(八)《建设项目环境风险评价技术导则》

1.总则

(1)掌握导则的适用范围;

(2)熟悉环境风险评价的目的和重点;

(3)熟悉环境风险评价工作级别的划分；

(4)熟悉环境风险评价的工作程序。

2.风险识别

熟悉风险识别的范围、类型和内容。

3.风险计算和评价

(1)熟悉风险值的定义；

(2)了解风险评价的原则。

4.风险管理

(1)熟悉风险防范措施；

(2)了解应急预案的主要内容。

(九)《建设项目竣工环境保护验收技术规范——生态影响类》

1.适用范围

熟悉规范的适用范围。

2.总则

(1)了解验收调查的工作程序；

(2)熟悉验收调查时段的划分；

(3)熟悉验收调查标准的确定原则；

(4)了解验收调查的运行工况要求；

(5)掌握验收调查的重点。

3.调查技术要求

(1)掌握环境敏感目标调查的内容及要求；

(2)熟悉工程调查的内容及要求；

(3)掌握环境保护措施落实情况调查的内容及要求；

(4)熟悉生态影响调查的内容、方法及调查结果分析的主要内容；

(5)熟悉调查结论与建议的编写要求及方法。

## 三、环境质量标准

(一)《环境空气质量标准》

(1)掌握环境空气质量功能区的分类；

(2)掌握环境空气质量标准分级；

(3)了解常规污染物(二氧化硫、总悬浮颗粒物、可吸入颗粒物、二氧化氮、一氧化碳、臭氧)的浓度限值；

(4)了解常规污染物的监测分析方法；

(5)掌握常规污染物数据统计的有效性规定。

(二)《地表水环境质量标准》

(1)了解标准项目划分与适用范围;

(2)掌握水域功能和标准的分类;

(3)掌握水质评价的原则;

(4)了解地表水环境质量标准基本项目中常规项目(水温、pH值、溶解氧、高锰酸盐指数、化学需氧量、五日生化需氧量、氨氮、总氮、总磷)的标准限值;

(5)了解地表水环境质量标准基本项目中常规项目的监测分析方法。

(三)《地下水质量标准》

(1)掌握本标准的适用范围;

(2)掌握地下水质量分类;

(3)了解地下水水质监测的监测频率和监测项目;

(4)了解地下水质量单组分评价的方法和原则;

(5)熟悉地下水质量保护的原则要求。

(四)《海水水质标准》

(1)熟悉海水水质的分类;

(2)熟悉混合区的规定。

(五)《声环境质量标准》

(1)掌握本标准的适用范围;

(2)掌握声环境功能区分类;

(3)熟悉各类声环境功能区环境噪声限值及相关规定;

(4)了解环境噪声监测测点选择条件;

(5)了解声环境功能区的划分要求。

(六)《城市区域环境振动标准》

熟悉城市各类区域铅垂向Z振级标准值。

(七)《土壤环境质量标准》

(1)熟悉土壤环境质量的分类;

(2)熟悉土壤环境质量标准的分级。

## 四、《污染物排放标准》

(一)《大气污染物综合排放标准》

(1)掌握本标准的适用范围;

(2)熟悉本标准的指标体系;

(3)掌握排放速率标准分级;

(4)熟悉排气筒高度与排放速率的有关规定;

(5)熟悉监测采样时间与频次；

(6)了解现有污染物源大气污染物中常规项目(二氧化硫、氮氧化物、颗粒物)的排放限值；

(7)了解新污染物源大气污染物中常规项目(二氧化硫、氮氧化物、颗粒物)的排放限值。

(二)《污水综合排放标准》

(1)掌握本标准的适用范围；

(2)掌握污水综合排放标准的分级；

(3)掌握污染物按性质及控制方式进行的分类；

(4)掌握污染物排污口设置的有关要求；

(5)熟悉监测频率要求；

(6)熟悉新建、改建、扩建项目按年限执行不同污染物最高允许排放浓度限值的有关规定；

(7)了解第一类污染物最高允许排放浓度。

(三)《工业企业厂界环境噪声排放标准》

(1)熟悉本标准的适用范围；

(2)熟悉环境噪声排放限值的有关规定；

(3)了解噪声测量条件、测点位置、测量时段、背景噪声测量、测量结果修正的有关规定；

(4)了解噪声测量结果评价的有关规定。

(四)《建筑施工场界噪声限值》

(1)熟悉本标准的适用范围；

(2)掌握各施工阶段的标准限值。

(五)《社会生活环境噪声排放标准》

(1)熟悉本标准的适用范围；

(2)熟悉环境噪声排放限值的有关规定；

(3)熟悉噪声测量条件、测点位置、测量时段、背景噪声测量、测量结果修正的有关规定；

(4)了解噪声测量结果评价的有关规定。

(六)《恶臭污染物排放标准》

(1)熟悉本标准的适用范围；

(2)熟悉恶臭厂界标准值的分级；

(3)了解标准实施的有关基本规定。

（七）《工业炉窑大气污染物排放标准》

(1)熟悉本标准的适用范围；

(2)熟悉本标准的适用区域及各区域对工业炉窑建设的要求。

（八）《锅炉大气污染物排放标准》

(1)熟悉本标准的适用范围；

(2)熟悉本标准的适用区域划分及年限划分；

(3)熟悉一类区域禁止新建的锅炉类型；

(4)熟悉新建锅炉房烟囱高度的规定；

(5)了解锅炉安装连续监测装置的有关规定。

（九）《生活垃圾填埋污染控制标准》

(1)熟悉本标准的适用范围；

(2)熟悉生活垃圾填埋场的选址要求；

(3)了解生活垃圾填埋场废物的入场要求；

(4)了解生活垃圾填埋场污染物排放控制要求。

（十）《危险废物贮存污染控制标准》

(1)熟悉本标准的适用范围；

(2)熟悉危险废物贮存设施的选址要求。

（十一）《危险废物填埋污染控制标准》

(1)熟悉本标准的适用范围；

(2)熟悉危险废物填埋场场址选择要求。

（十二）《危险废物焚烧污染控制标准》

(1)熟悉本标准的适用范围；

(2)熟悉危险废物焚烧厂选址的技术要求。

（十三）《一般工业固体废弃物贮存、处置场污染控制标准》

(1)熟悉本标准的适用范围；

(2)了解贮存、处置场的类型；

(3)熟悉贮存、处置场场址选择要求；

(4)了解贮存、处置场污染控制项目。

## 第三科目　环境影响评价技术方法考试大纲【2009年版】

【考试目的】

通过本科目考试，检验具有一定实践经验的环境影响评价专业技术人员对从事环境影响评价业务所必需的技术方法了解、熟悉、掌握的程度和在环境影响评及相关业务工作中正确把握、运用环境影响评价技术方法的能力。

【考试内容】

## 一、工程分析

(一)污染型项目工程分析

(1)掌握建设项目工程分析的基本内容和技术要求;

(2)熟悉工程选址可行性和总图布局合理性分析中需要关注的主要环境问题;

(3)掌握物料平衡、类比法及资料复用法的基本原理及计算方法;

(4)掌握使用工艺流程图分析产污环节;

(5)掌握污染源源强核算的技术要求及计算方法;

(6)掌握水平衡图及水平衡各指标的计算方法;

(7)掌握污染物无组织排放的统计内容;

(8)熟悉环保措施方案分析的内容及技术要求。

(二)生态影响型项目工程分析

(1)掌握生态影响型项目工程分析的技术要点;

(2)掌握分析项目组成、布置和工程特点的基本方法;

(3)熟悉项目施工期、运行期主要生态影响途径的分析方法。

## 二、环境现状调查与评价

(一)自然环境与社会环境调查

(1)熟悉自然环境现状调查的基本内容和要求;

(2)了解社会经济环境状况调查的基本内容和要求。

(二)大气环境现状调查与评价

(1)掌握大气污染源调查与分析方法;

(2)掌握环境空气质量现状监测布点方法;

(3)掌握大气环境质量现状监测结果统计分析方法;

(4)了解补充地面气象观测要求;

(5)掌握常规气象资料(温度、风速、风向玫瑰图、主导风向)的分析方法与应用。

(三)地面水环境现状调查与评价

(1)掌握不同类型污染源调查方法;

(2)掌握不同水体环境现状调查的基本内容和要求;

(3)熟悉河流、湖泊常用环境水文特征及常用参数的调查方法;

(4)了解河口、近海水体的基本环境水动力特征及相应的调查方法;

(5)了解不利水文条件及其确定方法;

(6)熟悉单项水质参数法在水质现状调查中的应用。

(四)地下水环境现状调查与评价

(1)熟悉描述地下水水文地质条件的基本内容和常用参数;

(2)掌握地下水质量现状调查和评价的方法;

(3)了解包气带防护性能评价的基本方法。

(五)环境噪声现状调查与评价

(1)掌握环境噪声现状评价量的含义及应用;

(2)掌握环境噪声现状测量的要求;

(3)熟悉工矿企业、铁路(公路)等建设项目环境噪声现状水平调查的方法及要点;

(4)掌握声环境现状评价的方法。

(六)生态环境现状调查与评价

(1)掌握生态现状调查的基本内容;

(2)熟悉陆生植被、生物量调查和评价的方法;

(3)掌握调查和确定生态敏感目标的方法;

(4)熟悉陆生动物调查和评价的方法;

(5)了解水生生态调查和评价的基本方法;

(6)了解"3S"技术在生态现状调查中的应用;

(7)熟悉植被类型;

(8)熟悉土地利用类型;

(9)了解生态评价制图的基本要求和方法;

(10)了解景观生态学方法在环境影响评价中的应用。

## 三、环境影响识别与评价因子的筛选

(1)熟悉环境影响识别的方法;

(2)掌握评价因子筛选的方法。

## 四、环境影响预测与评价

(一)大气环境影响预测与评价

(1)掌握使用估算模式计算点源和面源影响所需数据要求和应用;

(2)掌握预测计算点的设置;

(3)掌握常规预测情景的设计;

(4)掌握项目建成后最终的区域环境质量状况分析与应用;

(5)熟悉典型气象条件和长期气象条件下建设项目的环境影响分析与应用;

(6)了解使用 AERMOD、ADMS 模式系统计算点源影响所需污染源和气象数据要求和应用；

(7)了解《环境影响评价技术导则——大气环境》附录中对环境影响报告书附图、附表、附件的要求及其应用。

(二)地表水环境影响预测与评价

(1)熟悉水污染物在地表水体中输移、转化、扩散的主要过程；

(2)掌握常用河流水环境影响预测稳态模式(一维、二维)要求的基础资料及参数；

(3)熟悉多源叠加水环境影响预测的基本方法；

(4)了解湖泊、河口水环境影响预测模式要求的基础资料及参数；

(5)掌握河流水质预测模式参数的确定方法；

(6)熟悉选择水质预测因子的基本方法；

(7)掌握常用河流水质预测模式的运用；

(8)了解湖泊、河口、近海水质预测模式的运用。

(三)地下水环境影响评价与防护

(1)了解污染物进入包气带、含水层中的途径及其在含水层中的运移特征；

(2)熟悉防止污染物进入地下水含水层的主要措施。

(四)声环境影响预测与评价

(1)掌握噪音声级相加与相减计算方法；

(2)熟悉声环境影响评价中确定声源类型的基本条件；

(3)掌握点声源发散衰减公式、计算和应用；

(4)熟悉线声源发散衰减公式、计算和应用；

(5)熟悉噪声从室内向室外传播的计算方法；

(6)熟悉声环境影响评价的方法；

(7)了解绘制等声级线图的技术要求。

(五)生态影响预测与评价

(1)熟悉生态影响预测的技术要求和基本方法；

(2)掌握生态影响评价的技术要求与方法；

(3)熟悉生物量变化的评价方法；

(4)了解土壤侵蚀、水体富营养化的评价方法；

(5)了解景观美学评价指标与方法。

(六)固体废物环境影响评价

(1)熟悉固体废物的分类；

(2)了解固体废物中污染物进入环境的方式及在环境中的迁移转化；

(3)掌握采用焚烧、填埋等方式处置固体废物产生的主要环境影响。

## 五、环境保护措施

(1)了解环境保护措施技术经济论证的内容和要求；
(2)熟悉二氧化硫、氮氧化物、烟尘、粉尘控制的主要方法及应用；
(3)熟悉常用的废水处理工艺及应用；
(4)熟悉防治噪音污染的基本方法；
(5)熟悉常用固体废物控制及处理处置方法；
(6)熟悉生态防护与恢复措施及应用。

## 六、环境容量与污染物排放总量控制

(一)区域环境容量分析
(1)熟悉大气环境容量的基本概念、计算方法及在环境影响评价中的运用；
(2)熟悉水环境容量的基本概念、河流水环境容量的计算方法及在环境影响评价中的运用。
(二)污染物排放总量控制目标分析
(1)熟悉建设项目实现污染物排放总量控制目标的途径；
(2)了解通过环境影响评价提出污染物排放总量控制建议指标的方法。

## 七、清洁生产

(1)掌握清洁生产指标的选取与计算；
(2)熟悉建设项目清洁生产分析的内容和方法。

## 八、环境风险分析

(1)掌握重大危险源的辨识；
(2)了解风险源项分析的方法；
(3)了解风险事故后果分析的方法；
(4)了解环境风险的防范措施要求。

## 九、环境影响的经济损益分析

了解经济评价方法在环境影响评价中的应用。

## 十、建设项目竣工环境保护验收监测与调查

(1)熟悉验收重点、范围及验收标准的确定；

(2)掌握验收监测与调查的主要工作内容和技术要求。

## 第四科目　环境影响评价案例分析考试大纲【2009年版】

【考试目的】

通过本科目考试，检验具有一定实践经验的环境影响评价专业技术人员运用环境影响评价相关法律法规、技术导则与标准、技术方法正确解决环境影响评价实际问题的能力。

【考试内容】

### 一、相关法律法规运用和政策、规划的符合性分析

(1)分析建设项目环境影响评价中运用的法律法规的适用性；

(2)分析建设项目与相关环境保护政策及产业政策的符合性；

(3)分析建设项目与环境保护规划和环境功能区划的符合性。

### 二、项目分析

(1)分析建设项目生产工艺过程的产污环节、主要污染物、资源和能源消耗等，给出污染源强，非污染生态影响为主的项目还应根据工程特点分析施工期和运营期生态影响的因素和途径；

(2)从生产工艺、资源和能源消耗指标等方面分析建设项目清洁生产水平；

(3)分析计算改扩建工程污染物排放变化情况；

(4)不同工程方案(选址、规模、工艺等)的分析比选。

### 三、环境现状调查与评价

(1)判定评价范围内环境敏感区与环境保护目标；

(2)制定环境现状调查与监测方案；

(3)评价环境质量现状。

### 四、环境影响识别、预测与评价

(1)识别环境影响因素与筛选评价因子；

(2)判断建设项目影响环境的主要因素及分析产生的主要环境问题；

(3)选用评价标准；

(4)确定评价工作等级、评价范围及各环境要素的环境保护要求；

(5)确定评价重点；

(6)设置评价专题；

(7)选择、运用预测模式与评价方法；
(8)预测和评价环境影响(含非正常工况)。

## 五、环境风险评价

(1)识别重大危险源并描述可能发生的风险事故；
(2)提出减缓和消除事故环境影响的措施。

## 六、环境保护措施分析

(1)分析污染物达标排放情况；
(2)分析污染控制措施及其技术经济可行性；
(3)分析生态影响防护、恢复与补偿措施及其技术经济可行性；
(4)分析污染物排放总量情况；
(5)制订环境管理与监测计划。

## 七、环境可行性分析

(1)分析建设项目的环境可行性；
(2)判别环境影响评价结论的正确性。

## 八、建设项目竣工环境保护验收监测与调查

(1)核查建设项目执行环境影响报告书批复及落实环境影响报告书要求的情况；
(2)确定建设项目竣工环境保护验收监测与调查的范围；
(3)选择建设项目竣工环境保护验收监测与调查的标准；
(4)确定建设项目竣工环境保护验收监测点位；
(5)确定建设项目竣工环境保护验收监测与调查的重点与内容；
(6)判别建设项目竣工环境保护验收监测与调查的结论及整改方案建议的正确性。

## 九、规划环境影响评价

(1)分析规划的环境协调性；
(2)判断规划实施后影响环境的主要因素及可能产生的主要环境问题；
(3)比选规划的替代方案及分析环境影响减缓措施的合理性。

# 附录B　现行标准目录清单

**表 B-1　水环境质量标准**

| 标准编号 | 标准名称 | 发布日期 | 相关信息/修改与解释 |
|---|---|---|---|
| GB 3097—1997 | 《海水水质标准》 | 1997-12-03 | |
| GB 11607—1989 | 《渔业水质标准》 | 1989-08-12 | |
| GB 5084—1992 | 《农田灌溉水质标准》 | 1992-01-04 | 关于《咸菜加工企业污水中无机盐排放适用标准》的复函;关于执行《农田灌溉水质标准》有关问题的复函;关于《废水排放执行标准》有关问题的复函;关于执行《氯化物污水排放标准》问题的复函 |
| GB 3838—2002 | 《地表水环境质量标准》 | 2002-04-28 | 关于《集中式饮用水源水质采用标准》问题的复函;关于《污水综合排放标准》中总铜浓度限值问题的复函;关于《废水排放执行标准》有关问题的复函;关于《淮河流域城市污水处理厂出水水质标准》的复函 |
| GB/T14848—1993 | 《地下水质量标准》 | 1993-12-30 | 水污染物排放标准 |

**表 B-2　水污染物排放标准**

| 标准编号 | 标准名称 | 发布日期 | 相关信息/修改与解释 |
|---|---|---|---|
| GB 20425—2006 | 《皂素工业水污染物排放标准》 | 2006-09-01 | |
| GB 20426—2006 | 《煤炭工业污染物排放标准》 | 2006-09-01 | |
| GB 18466—2005 | 《医疗机构水污染物排放标准》 | 2005-07-27 | |
| GB 19821—2005 | 《啤酒工业污染物排放标准》 | 2005-07-18 | |
| GB 19430—2004 | 《柠檬酸工业污染物排放标准》 | 2004-01-18 | |
| GB 19431—2004 | 《味精工业污染物排放标准》 | 2004-01-18 | |
| GB 14470.3—2002 | 《兵器工业水污染排放标准——弹药装药》 | 2002-11-18 | |
| GB 14470.2—2002 | 《兵器工业水污染排放标准——火工药剂》 | 2002-11-18 | |

续表 B-2

| 标准编号 | 标准名称 | 发布日期 | 相关信息/修改与解释 |
|---|---|---|---|
| GB 14470.1—2002 | 《兵器工业水污染排放标准——火炸药》 | 2002-11-18 | |
| GB 18918—2002 | 《城镇污水处理厂污染物排放标准》 | 2002-12-24 | |
| GB 4286—1984 | 《船舶工业污染物排放标准》 | 1984-05-13 | |
| GB 18596—2001 | 《畜禽养殖业污染物排放标准》 | 2001-12-28 | |
| GB 3544—2001 | 《造纸工业水污染物排放标准》 | 2001-11-12 | |
| GB 15581—1995 | 《烧碱、聚氯乙烯工业水污染排放标准》 | 1995-06-12 | |
| GB 13457—1992 | 《肉类加工工业水污染物排放标准》 | 1992-05-18 | |
| GB 15580—1995 | 《磷肥工业水污染物排放标准》 | 1995-06-12 | |
| GB 14374—1993 | 《航天推进剂水污染物排放与分析方法标准》 | 1993-05-22 | |
| GB 4914—1985 | 《海洋石油开发工业含油污水排放标准》 | 1985-01-18 | |
| GB 13456—1992 | 《钢铁工业水污染物排放标准》 | 1992-05-18 | [修改]关于《萍乡钢铁有限责任公司外排废水执行标准》问题的复函 |
| GB 4287—1992 | 《纺织染整工业水污染物排放标准》 | 1992-05-18 | |
| GB 18486—2001 | 《污水海洋处置工程污染控制标准》 | 2001-11-12 | |
| GB 13458—2001 | 《合成氨工业水污染物排放标准》 | 2001-11-12 | |
| GB 8978—1996 | 《污水综合排放标准》 | 1996-10-04 | |
| GB 21523—2008 | 《杂环类农药工业水污染物排放标准》 | 2008-07-01 | |
| GB 21900—2008 | 《电镀污染物排放标准》 | 2008-06-25 | |
| GB 21901—2008 | 《羽绒工业水污染物排放标准》 | 2008-06-25 | |
| GB 21902—2008 | 《合成革与人造革工业污染物排放标准》 | 2008-06-25 | |
| GB 21903—2008 | 《发酵类制药工业水污染物排放标准》 | 2008-06-25 | |
| GB 21904—2008 | 《化学合成类制药工业水污染物排放标准 》 | 2008-06-25 | |
| GB 21905—2008 | 《提取类制药工业水污染物排放标准》 | 2008-06-25 | |
| GB 21906—2008 | 《中药类制药工业水污染物排放标准》 | 2008-06-25 | |
| GB 21907—2008 | 《生物工程类制药工业水污染物排放标准》 | 2008-06-25 | |
| GB 21908—2008 | 《混装制剂类制药工业水污染物排放标准》 | 2008-06-25 | |
| GB 21909—2008 | 《制糖工业水污染物排放标准》 | 2008-06-25 | |
| GB 3544—2008 | 《制浆造纸工业水污染物排放标准》 | 2008-06-25 | |

**表 B-3　大气环境质量标准**

| 标准编号 | 标准名称 | 发布日期 | 相关信息/修改与解释 |
| --- | --- | --- | --- |
| GB/T 18883－2002 | 《室内空气质量标准》 | 2002-11-19 | |
| GB 3095－1996 | 《环境空气质量标准》 | 1996-01-18 | 关于发布《环境空气质量标准》(GB 3095－1996)修改单的通知 |
| GB 9137－1988 | 保护农作物的大气污染物最高允许浓度 | 1988-04-30 | |

**表 B-4　大气固定源污染物排放标准**

| 标准编号 | 标准名称 | 发布日期 | 相关信息/修改与解释 |
| --- | --- | --- | --- |
| GB 14554－1993 | 《恶臭污染物排放标准》 | 1993-08-06 | |
| GB 20952－2007 | 《加油站大气污染物排放标准》 | 2007-06-22 | |
| GB 20951－2007 | 《汽油运输大气污染物排放标准》 | 2007-06-22 | |
| GB 20950－2007 | 《储油库大气污染物排放标准》 | 2007-06-22 | |
| GB 4915－2004 | 《水泥工业大气污染物排放标准》 | 2004-12-29 | |
| GB 13223－2003 | 《火电厂大气污染物排放标准》 | 2003-12-23 | 关于《不同容量锅炉共用烟囱排放大气污染物适用排放标准问题》的复函；关于《火电厂实施烟气脱硫后执行标准》的复函；关于《山西省燃煤电厂二氧化硫排放绩效标准》问题的复函 |
| GB 18483－2001 | 《饮食业油烟排放标准》 | 2001-11-12 | |
| GB 16171－1996 | 《炼焦炉大气污染物排放标准》 | 1996-03-07 | 关于《焦化项目竣工验收中有组织大气排放适用标准》问题的复函 |
| GB 9078－1996 | 《工业炉窑大气污染物排放标准》 | 1996-03-07 | 关于执行《工业炉窑大气污染物排放标准》有关问题的复函 |
| GB 16297－1996 | 《大气污染物综合排放标准》 | 1996-04-12 | 关于执行《恶臭污染物排放标准》问题的复函；关于《柴油发电机排气执行标准》的复函；关于《珍珠岩生产企业粉尘排放适用标准》问题的复函；关于《青岛德固萨化学有限公司锅炉排放污染物适用标准》问题的复函 |
| GB 13271－2001 | 《锅炉大气污染物排放标准》 | 2001-11-12 | 关于《不同容量锅炉共用烟囱排放大气污染物适用排放标准》问题的复函 关于《锅炉烟气在线监测数据有效性》问题的复函；关于《垃圾焚烧发电锅炉大气污染物排放标准》问题的复函 |
| GB 21522－2008 | 《煤层气(煤矿瓦斯)排放标准》(暂行) | 2008-07-01 | |
| GB 14762－2008 | 重型车用汽油发动机与汽车排气污染物排放限值及测量方法(中国Ⅲ、Ⅳ阶段) | 2008-07-01 | |

**表 B-5 固体废物污染控制标准**

| 标准编号 | 标准名称 | 发布日期 | 相关信息/修改与解释 |
|---|---|---|---|
| HJ/T 364—2007 | 《废塑料回收与再生利用污染控制技术规范》(试行) | 2007-09-30 | |
| 国家环境保护总局、商务部、国家发展和改革委员会、海关总署、国家质量监督检验检疫总局公告 2008 年第 11 号 | 《禁止进口固体废物目录》、《限制进口类可用作原料的固体废物目录》和《自动许可进口类可用作原料的固体废物目录》 | 2008-01-29 | 自 2008 年 3 月 1 日起执行 |
| GB 6763—86 | 《建筑材料用工业废渣放射性物质限制标准》 | 1986-09-04 | |
| GB 4284—84 | 《农用污泥中污染物控制标准》 | 1984-05-18 | |
| 环发[2003]206 号 | 《医疗废物集中处置技术规范》 | 2003-12-26 | |
| 环发[2003]188 号 | 《医疗废物专用包装物、容器标准和警示标识规定》 | 2003-12-11 | |
| GB 19218—2003 | 《医疗废物焚烧炉技术要求》 | 2003-06-30 | |
| GB 19217—2003 | 《医疗废物转运车技术要求》 | 2003-06-30 | 关于批准 GB 19217—2003《医疗废物转运车技术要求》国家标准第 1 号修改单的函 |
| GB 8173—87 | 《农用粉煤灰中污染物控制标准》 | 1987-10-05 | |
| GB 8172—87 | 《城镇垃圾农用控制标准》 | 1987-10-05 | |
| GB 18597—2001 | 《危险废物贮存污染控制标准》 | 2001-12-28 | |
| GB 16889—2008 | 《生活垃圾填埋场污染控制标准》 | 2008-07-01 | |
| GB 13015—91 | 《含多氯苯废物污染控制标准》 | 1991-06-27 | |
| GB 18599—2001 | 《一般工业固体废物贮存、处置场污染控制标准》 | 2001-12-28 | 关于执行《一般工业固体废物贮存、处置场污染控制标准》问题的复函 |
| GB 18598—2001 | 《危险废物填埋污染控制标准》 | 2001-12-28 | |
| GB 18485—2001 | 《生活垃圾焚烧污染控制标准》 | 2001-11-12 | 关于《垃圾焚烧发电锅炉大气污染物排放标准》问题的复函 |
| GB 18484—2001 | 《危险废物焚烧污染控制标准》 | 2001-11-12 | |

**表 B-6　危险废物鉴别方法标准**

| 标准编号 | 标准名称 | 发布日期 | 相关信息/修改与解释 |
|---|---|---|---|
| GB 5085.6—2007 | 《危险废物鉴别标准》——毒性物质含量鉴别 | 2007-04-25 | |
| GB 5085.3—2007 | 《危险废物鉴别标准》——浸出毒性鉴别 | 2007-04-25 | |
| GB 5085.5—2007 | 《危险废物鉴别标准》——反应性鉴别 | 2007-04-25 | |
| GB 5085.4—2007 | 《危险废物鉴别标准》——易燃性鉴别 | 2007-04-25 | |
| GB 5085.2—2007 | 《危险废物鉴别标准》——急性毒性初筛 | 2007-04-25 | |
| GB 5085.1—2007 | 《危险废物鉴别标准》——腐蚀性鉴别 | 2007-04-25 | |
| GB 5085.7—2007 | 《危险废物鉴别标准》——通则 | 2007-04-25 | |
| HJ/T 298—2007 | 《危险废物鉴别技术规范》 | 2007-05-21 | |
| HJ/T 276—2006 | 《医疗废物高温蒸汽集中处理工程技术规范》(试行) | 2006-06-14 | |
| 公告 2006 年第 11 号 | 《固体废物鉴别导则(试行)》 | 2006—03-09 | |

**表 B-7　土壤环境相关标准**

| 标准编号 | 标准名称 | 发布日期 | 相关信息/修改与解释 |
|---|---|---|---|
| GB 15618—1995 | 《土壤环境质量标准》 | 1995-07-13 | |
| HJ/T 350—2007 | 《展览会用地土壤环境质量评价标准(暂行)》 | 2007-06-15 | |
| HJ 332—2006 | 《食用农产品产地环境质量评价标准》 | | |
| HJ 333—2006 | 《温室蔬菜产地环境质量评价标准》 | | |
| HJ/T 25—1999 | 《工业企业土壤环境质量风险评价基准》 | 1999-06-09 | |

**表 B-8　生态环境保护标准**

| 标准编号 | 标准名称 | 发布日期 | 相关信息/修改与解释 |
|---|---|---|---|
| HJ/T 192—2006 | 《生态环境状况评价技术规范(试行)》 | 2006-03-09 | |
| HJ/T 6—1994 | 《山岳型风景资源开发 环境影响评价指标体系》 | 1994-04-21 | |
| HJ/T 129—2003 | 《自然保护区管护基础设施建设技术规范》 | 2003-08-13 | |
| GB/T 14529—93 | 《自然保护区类型与级别划分原则》 | 1993-07-19 | |

表 B-9 声环境质量标准

| 标准编号 | 标准名称 | 发布日期 | 相关信息/修改与解释 |
| --- | --- | --- | --- |
| GB 3096—93 | 《城市区域环境噪声标准》 | 1993-09-07 | 环保总局对《铁路附近地区和居民楼内设备适用国家环境噪声标准》问题作出解释;关于公路、铁路(含轻轨)等建设项目环境影响评价中环境噪声有关问题的通知 ;关于《民用空调扰民噪声测试方法和标准》适用问题的复函 ;关于《公路建设适用环境噪声标准》问题的复函 |
| GB 10070—88 | 《城市区域环境振动标准》 | 1988-12-10 | 关于《铁路振动测量方法适用标准》问题的复函 |

表 B-10 环境噪声排放标准

| 标准编号 | 标准名称 | 发布日期 | 相关信息/修改与解释 |
| --- | --- | --- | --- |
| GB 14227—1993 | 《地下铁道车站站台噪声限值》 | 1993-03-06 | |
| GB 9660—88 | 《机场周围飞机噪声环境标准》 | 1988-08-11 | |
| GB 12525—90 | 《铁路边界噪声限值及测量方法》 | 1990-11-09 | 环保总局对《铁路附近地区和居民楼内设备适用国家环境噪声标准》问题作出解释 关于《铁路边界噪声测量标准》适用问题的复函 |
| GB 12523—1990 | 《建筑施工场界噪声限值》 | 1990-11-09 | 关于《城市市区夜间施工执法标准》适用问题的复函 |
| GB 12348—90 | 《工业企业厂界噪声标准》 | 1990-05-01 | 环保总局对《铁路附近地区和居民楼内设备适用国家环境噪声标准》问题作出解释;关于《居民楼内设备产生噪声适用环境保护标准》问题的复函;关于《租赁经营企业厂界适用标准》的复函;关于《企业厂界噪声标准》适用问题的复函;关于执行《工业企业厂界噪声标准》有关问题的复函 |

表 B-11 环境噪声基础标准

| 标准编号 | 标准名称 | 发布日期 | 相关信息/修改与解释 |
| --- | --- | --- | --- |
| GB/T 15190-94 | 《城市区域环境噪声适用区划分技术规范》 | 1994-08-29 | 关于公路、铁路(含轻轨)等建设项目环境影响评价中环境噪声有关问题的通知;关于《公路建设适用环境噪声标准》问题的复函 |

表 B-12　建设项目监督管理标准

| 标准编号 | 标准名称 | 发布日期 | 相关信息/修改与解释 |
|---|---|---|---|
| HJ/T 408—2007 | 《建设项目竣工环境保护验收技术规范》——造纸工业 | 2007-12-21 | |
| HJ/T 407—2007 | 《建设项目竣工环境保护验收技术规范》——汽车制造 | 2007-12-21 | |
| HJ/T 406—2007 | 《建设项目竣工环境保护验收技术规范》——乙烯工程 | 2007-12-21 | |
| HJ/T 405—2007 | 《建设项目竣工环境保护验收技术规范》——石油炼制 | 2007-12-21 | |
| HJ/T 404—2007 | 《建设项目竣工环境保护验收技术规范》——黑色金属冶炼及压延加工 | 2007-12-21 | |
| HJ/T 403—2007 | 《建设项目竣工环境保护验收技术规范》——城市轨道交通 | 2007-12-21 | |
| HJ/T 394—2007 | 《建设项目竣工环境保护验收技术规范》——生态影响类 | 2007-12-05 | |
| HJ/T 349—2007 | 《环境影响评价技术导则》——陆地石油天然气开发建设项目 | 2007-04-13 | |
| HJ/T 256—2006 | 《建设项目竣工环境保护验收技术规范》——水泥制造 | 2006-03-09 | |
| HJ/T 255—2006 | 《建设项目竣工环境保护验收技术规范》——火力发电厂 | 2006-03-09 | |
| HJ/T 254—2006 | 《建设项目竣工环境保护验收技术规范》——电解铝 | 2006-03-09 | |
| HJ/T 89—2003 | 《环境影响评价技术导则》——石油化工建设项目 | 2003-01-06 | |
| HJ/T 19—1997 | 《环境影响评价技术导则》——非污染生态影响 | 1997-11-18 | |
| HJ/T 2.4—1995 | 《环境影响评价技术导则》——声环境 | 1995-11-28 | |
| HJ/T 2.2—1993 | 《环境影响评价技术导则》——大气环境 | 1993-09-18 | |
| HJ/T 2.1—1993 | 《环境影响评价技术导则》——总纲 | 1993-09-18 | |
| HJ/T 2.3—1993 | 《环境影响评价技术导则》——地面水环境 | 1993-09-18 | |
| HJ/T 169—2004 | 《建设项目环境风险评价技术导则》 | 2004-12-11 | |
| HJ/T 88—2003 | 《环境影响评价技术导则》——水利水电工程 | 2003-03-28 | |
| HJ/T 87—2002 | 《环境影响技术评价导则》——民用机场建设工程 | 2002-08-07 | |
| HJ/T 130—2003 | 《规划环境影响评价技术导则(试行)》 | 2003-08-11 | |
| HJ/T 131—2003 | 《开发区区域环境影响评价技术导则》 | 2003-08-01 | |

**表 B-13 清洁生产标准**

| 标准编号 | 标准名称 | 发布日期 |
|---|---|---|
| HJ/T 402—2007 | 《清洁生产标准》——白酒制造业 | 2007-12-20 |
| HJ/T 401—2007 | 《清洁生产标准》——烟草加工业 | 2007-12-20 |
| HJ/T 361—2007 | 《清洁生产标准》——平板玻璃行业 | 2007-08-01 |
| HJ/T 360—2007 | 《清洁生产标准》——彩色显像(示)管生产 | 2007-08-01 |
| HJ/T 359—2007 | 《清洁生产标准》——化纤行业(氨纶) | 2007-08-01 |
| HJ/T 358—2007 | 《清洁生产标准》——镍选矿行业 | 2007-08-01 |
| HJ/T 357—2007 | 《清洁生产标准》——电解锰行业 | 2007-08-01 |
| HJ/T 190—2006 | 《清洁生产标准》——基本化学原料制造业（环氧乙烷/乙二醇） | 2006-07-03 |
| HJ/T 189—2006 | 《清洁生产标准》——钢铁行业 | 2006-07-03 |
| HJ/T 188—2006 | 《清洁生产标准》——氮肥制造业 | 2006-07-03 |
| HJ/T 187—2006 | 《清洁生产标准》——电解铝业 | 2006-07-03 |
| HJ/T 186—2006 | 《清洁生产标准》——甘蔗制糖业 | 2006-07-03 |
| HJ/T 340—2007 | 《清洁生产标准》——造纸工业(硫酸盐化学木浆生产工艺) | 2007-03-28 |
| HJ/T 339—2007 | 《清洁生产标准》——造纸工业(漂白化学烧碱法麦草浆生产工艺) | 2007-03-28 |
| HJ/T 185—2006 | 《清洁生产标准》——纺织业(棉印染) | |
| HJ/T 184—2006 | 《清洁生产标准》——食用植物油工业(豆油和豆粕) | |
| HJ/T 183—2006 | 《清洁生产标准》——啤酒制造业 | |
| HJ/T 318—2006 | 《清洁生产标准》——钢铁行业(中厚板轧钢) | 2006-11-22 |
| HJ/T 317—2006 | 《清洁生产标准》——造纸工业(漂白碱法蔗渣浆生产工艺) | 2006-11-22 |
| HJ/T 316—2006 | 《清洁生产标准》——乳制品制造业(纯牛乳及全脂乳粉) | 2006-11-22 |
| HJ/T 315—2006 | 《清洁生产标准》——人造板行业(中密度纤维板) | 2006-11-22 |
| HJ/T 314—2006 | 《清洁生产标准》——电镀行业 | 2006-11-22 |
| HJ/T 294—2006 | 《清洁生产标准》——铁矿采选业 | 2006-08-15 |
| HJ/T 293—2006 | 《清洁生产标准》——汽车制造业(涂装) | 2006-08-15 |
| HJ/T 127—2003 | 《清洁生产标准》——制革行业(猪轻革) | 2003-04-18 |
| HJ/T 126—2003 | 《清洁生产标准》——炼焦行业 | 2003-04-18 |
| HJ/T 125—2003 | 《清洁生产标准》——石油炼制业 | 2003-04-18 |

**表 B－14　环境工程技术规范**

| 标准编号 | 标准名称 | 发布日期 |
|---|---|---|
| HJ 348—2007 | 《报废机动车拆解环境保护技术规范》 | 2007－04－09 |
| HJ/T 177—2005 | 《医疗废物集中焚烧处置工程技术规范》 | 2005－05－24 |
| HJ/T 301—2007 | 《铬渣污染治理环境保护技术规范(暂行)》 | 2007－04－13 |
| HJ/T 229—2006 | 《医疗废物微波消毒集中处理工程技术规范(试行)》 | 2006－02－08 |
| HJ/T 228—2006 | 《医疗废物化学消毒集中处理工程技术规范(试行)》 | 2006－02－08 |
| HJ/T 179—2005 | 《火电厂烟气脱硫工程技术规范——石灰石/石灰—石膏法》 | 2005－06－24 |
| HJ/T 178—2005 | 《火电厂烟气脱硫工程技术规范——烟气循环硫化床法》 | 2005－06－24 |
| HJ/T 176—2005 | 《危险废物集中焚烧处置工程建设技术规范》 | 2005－05－24 |

**表 B－15　循环经济生态工业标准**

| 标准编号 | 标准名称 | 发布日期 |
|---|---|---|
| HJ/T 409—2007 | 《生态工业园区建设规划编制指南》 | 2007－12－20 |
| HJ/T 275—2006 | 《静脉产业类生态工业园区标准(试行)》 | 2006－06－02 |
| HJ/T 274—2006 | 《综合类生态工业园区标准(试行)》 | 2006－06－02 |
| HJ/T 273—2006 | 《行业类生态工业园区标准(试行)》 | 2006－06－02 |

**表 B-16 卫生防护距离标准**

| 标准编号 | 标准名称 | 发布日期 |
|---|---|---|
| GBZ 1—2002 | 《工业企业设计卫生标准》 | 2002-06-01 |
| GB 18083—2000 | 《以噪声污染为主的工业企业卫生防护距离标准》 | 2001-01-01 |
| GB 18071—2000 | 《氯碱厂(电解法制碱)卫生防护距离标准》 | 2001-01-01 |
| GB 18069—2000 | 《硫化碱厂卫生防护距离标准》 | 2001-01-01 |
| GB 18070—2000 | 《油漆厂卫生防护距离标准》 | 2001-01-01 |
| GB 18072—2000 | 《塑料厂卫生防护距离标准》 | 2001-01-01 |
| GB 18073—2000 | 《碳素厂卫生防护距离标准》 | 2001-01-01 |
| GB 18074—2000 | 《内燃机厂卫生防护距离标准》 | 2001-01-01 |
| GB 18075—2000 | 《汽车制造厂卫生防护距离标准》 | 2001-01-01 |
| GB 18068—2000 | 《水泥厂卫生防护距离标准》 | 2001-01-01 |
| GB 18076—2000 | 《石灰厂卫生防护距离标准》 | 2001-01-01 |
| GB 18077—2000 | 《石棉制品厂卫生防护距离标准》 | 2001-01-01 |
| GB 18078—2000 | 《肉类联合加工厂卫生防护距离标准》 | 2001-01-01 |
| GB 18079—2000 | 《制胶厂卫生防护距离标准》 | 2001-01-01 |
| GB 18080—2000 | 《缫丝厂卫生防护距离标准》 | 2001-01-01 |
| GB 18081—2000 | 《火葬场卫生防护距离标准》 | 2001-01-01 |
| GB 18082—2000 | 《皮革厂卫生防护距离标准》 | 2001-01-01 |
| GB/T 3840—91 | 《制定地方大气污染物排放标准的技术方法》 | 1992-06-01 |
| GB 11660—89 | 《炼铁厂卫生防护距离标准》 | 1990-06-01 |
| GB 11657—89 | 《铜冶炼厂(密闭鼓风炉型)卫生防护距离标准》 | 1990-06-01 |
| GB 11663—89 | 《硫酸厂卫生防护距离标准》 | 1990-06-01 |
| GB 11664—89 | 《钙镁磷肥厂卫生防护距离标准》 | 1990-06-01 |
| GB 11662—89 | 《烧结厂卫生防护距离标准》 | 1990-06-01 |
| GB 11661—89 | 《焦化厂卫生防护距离标准》 | 1990-06-01 |
| GB 11659—89 | 《铅蓄电池厂卫生防护距离标准》 | 1990-06-01 |
| GB 11658—89 | 《聚氯乙烯树脂厂卫生防护距离标准》 | 1990-06-01 |
| GB 11655—89 | 《氯丁橡胶厂卫生防护距离标准》 | 1990-06-01 |
| GB 11654—89 | 《硫酸盐造纸厂卫生防护距离标准》 | 1990-06-01 |
| GB 11656—89 | 《黄磷厂卫生防护距离标准》 | 1990-06-01 |
| GB 11665—89 | 《普通过磷酸钙厂卫生防护距离标准》 | 1990-06-01 |

# 附录C 法律法规名录

1.《中华人民共和国环境保护法》
2.《中华人民共和国环境影响评价法》
3.《中华人民共和国大气污染防治法》
4.《中华人民共和国大气污染防治法实施细则》
5.《中华人民共和国水污染防治法》
6.《中华人民共和国水污染防治法实施细则》
7.《中华人民共和国环境噪声污染防治法》
8.《中华人民共和国固体废物污染环境防治法》
9.《中华人民共和国海洋环境保护法》(2000 年修订版)
10.《中华人民共和国放射性污染防治法》
11.《中华人民共和国清洁生产促进法》
12.《中华人民共和国水法》
13.《中华人民共和国节约能源法》
14.《中华人民共和国防沙治沙法》
15.《中华人民共和国草原法》
16.《中华人民共和国文物保护法》
17.《中华人民共和国森林法》
18.《中华人民共和国渔业法》
19.《中华人民共和国矿产资源法》
20.《中华人民共和国土地管理法》
21.《中华人民共和国水土保持法》
22.《中华人民共和国水土保持法实施条例》
23.《中华人民共和国野生动物保护法》
24.《中华人民共和国防洪法》
25.《中华人民共和国城市规划法》
26.《中华人民共和国河道管理条例》
27.《中华人民共和国自然保护区条例》

28.《中华人民共和国防治海岸工程建设项目污染损害海洋环境管理条例》

29.《风景名胜区管理暂行条例》

30.《基本农田保护条例》

31.《医疗废物管理条例》

32.《危险化学品安全管理条例》

33.《建设项目环境保护管理条例》(修订草案征求意见稿)

34.《专项规划环境影响报告书审查办法》

35.《建设项目环境保护分类管理名录》

36.《建设项目环境影响评价文件分级审批规定》

37.关于公布《建设项目环境影响报告表(试行)》和《建设项目环境影响登记表(试行)》内容及格式的通知

38.《建设项目环境影响评价资格证书管理办法》

39.《建设项目环境影响评价机构资质管理办法》

40.《建设项目竣工环境保护验收管理办法》

41.《环境影响评价工程师职业资格制度》

# 附录 D 产业政策名录

1.《关于公布第一批严重污染环境(大气)的淘汰工艺与设备名录的通知》

2.《关于禁止和限制支持的乡镇工业污染控制的重点企业名录》

3.《工艺和产品及禁止外商投资产业的名录的通知》(国家环境保护总局监督管理司 2000 年 1 月 24 日,环监函[2000]8 号)

4.《当前部分行业制止低水平重复建设目录》

5.《国家禁止建设的“十五小”和“新五小”企业》

6.《当前国家重点鼓励发展的产业、产品和技术目录》(2000 年修订)

7.《产业结构调整方向暂行规定》(征求意见稿)

8.《产业结构调整指导目录》(征求意见稿)

9.《国家重点保护野生植物名录》(第一批)

10.《国家重点保护野生动物名录》

11.《国家危险废物名录》

12.《电磁辐射建设项目和设备名录》

# 附录E 禁止外商投资产业目录

## 一、农、林、牧、渔业

1. 我国稀有和特有的珍贵优良品种的养殖、种植(包括种植业、畜牧业、水产业的优良基因)

2. 转基因植物种子、种畜禽、水产苗种的开发、生产

3. 我国管辖海域及内陆水域水产品捕捞

## 二、采矿业

1. 钨、钼、锡、锑、萤石勘查、开采

2. 稀土勘查、开采、选矿

3. 放射性矿产的勘查、开采、选矿

## 三、制造业

(一)饮料制造业

1. 我国传统工艺的绿茶及特种茶加工(名茶、黑茶等)

(二)医药制造业

1. 列入《野生药材资源保护条例》和《中国珍稀、濒危保护植物名录》的中药材加工

2. 中药饮片的蒸、炒、炙、煅等炮炙技术的应用及中成药保密处方产品的生产

(三)有色金属冶炼及压延加工业

1. 放射性矿产的冶炼、加工

(四)专用设备制造业

1. 武器弹药制造

(五)电气机械及器材制造业

1. 开口式(即酸雾直接外排式)铅酸电池、含汞扣式氧化银电池、糊式锌锰电池、镉镍电池制造

（六）工业品及其他制造业

1.象牙雕刻

2.虎骨加工

3.脱胎漆器生产

4.珐琅制品生产

5.宣纸、墨锭生产

6.致癌、致畸、致突变产品和持久性有机污染物产品生产

## 四、电力、煤气及水的生产和供应业

1.西藏、新疆、海南等小电网外，单机容量30万千瓦及以下燃煤凝汽火电站、单机容量10万千瓦及以下燃煤凝汽抽汽两用热电联产电站的建设、经营

## 五、交通运输、仓储和邮政业

1.空中交通管制公司

2.邮政公司

## 六、租赁和商务服务业

1.社会调查

## 七、科学研究、技术服务和地质勘查业

1.人体干细胞、基因诊断与治疗技术开发和应用

2.大地测量、海洋测绘、测绘航空摄影、行政区域界线测绘、地图编制中的地形图编制、普通地图编制的导航电子地图编制

## 八、水利、环境和公共设施管理业

1.自然保护区和国际重要湿地的建设、经营

2.国家保护的原产于我国的野生动、植物资源开发

## 九、教育

1.义务教育机构，军事、警察、政治和党校等特殊领域教育机构

## 十、文化、体育和娱乐业

1.新闻机构

2.图书、报纸、期刊的出版、总发行和进口业务

3.音像制品和电子出版物的出版、制作和进口业务

4.各级广播电台(站)、电视台(站)、广播电视频道(率)、广播电视传输覆盖网(发射台、转播台、广播电视卫星、卫星上行站、卫星收转站、微波站、监测台、有线广播电视传输覆盖网)

5.广播电视节目制作经营公司

6.电影制作公司、发行公司、院线公司

7.新闻网站、网络视听节目服务、互联网上网服务营业场所、互联网文化经营

8.录像放映公司

9.高尔夫球场的建设、经营

10.博彩业(含赌博类跑马场)

11.色情业

## 十一、其他行业

1.危害军事设施安全和使用效能的项目

# 参考文献

白中科，付梅臣，赵中秋．论矿区土壤环境问题[J]．生态环境．2006，15(5)：1122～1125．

蔡艳荣，丛俏，曲蛟．环境影响评价[M]．中国环境科学出版社，2004．

陈缨．试论我国的环境影响评价制度[J]．福建地理，2002，17(3)：19～21．

程胜高，赵积洲，余春和．生态旅游项目环境评价指标体系的应用研究[J]．环境保护，2004，2：35～37．

冯立权．GIS在环境影响评价中的应用探索[J]．遥感技术与应用，2001，12：270～272．

国家环保总局．全国生态现状调查与评估——综合卷[M]．北京：中国环境科学出版社，2005．

国家环保总局自然保护司．非污染生态影响评价技术导则——培训教材[M]．北京：中国环境科学出版社，1998．

国家环境保护总局环境工程评估中心．环境影响评价技术导则与标准[M]．北京：中国环境科学出版社，2008．

国家环境保护总局环境工程评估中心．环境影响评价技术方法[M]．北京：中国环境科学出版社，2008．

国家环境保护总局环境工程评估中心．环境影响评价案例分析[M]．北京：中国环境科学出版社，2005．3(2008．2重印)．

国家环境保护总局．HJ 2．2－2008环境影响评价技术导则——大气环境[S]．北京：中国环境科学出版社，2009．

国家环境保护总局．HJ 2．3－93环境影响评价技术导则——地表水环境[S]．北京：中国环境科学出版社，1993．

国家环境保护总局．HJ 19－1997环境影响评价技术导则——非污染生态影响[S]．北京：中国环境科学出版社，1997．

国家环境保护总局．HJ 2．4－1995环境影响评价技术导则——声环境[S]．北京：中国环境科学出版社，1995．

国家环境保护总局监督管理司．中国环境影响评价培训教材[M]．北京：化学工业出版社．2000．

国家环境保护总局．HJ/T 169－2004建设项目环境风险评价导则[S]．北京：中国环境科学出版社，2005．

国家环境保护总局．HJ/T 169－2004建设项目环境风险评价技术导则[S]．北京：中国环境科学出版社，2004．

国家环境保护总局．HJ/T 131－2003开发区区域开发环境影响评价技术导则[S]．北京：中国环境科学出版社，2003．

何新春. 环境影响评价案例分析基础过关30题[M]. 北京:中国环境科学出版社,2009.
环保部环境工程评估中心. 环境影响评价相关法律法规[S]. 2版. 北京:中国环境科学出版社,2009,2.
黄明健. 环境影响评价制度现状及对策研究[J]. 福州大学学报(哲学社会科学版),2002,4:37~39.
金岚. 环境生态学[M]. 北京:高等教育出版社,1998.
李启家. 中国环境立法评估:可持续发展与创新[J]. 中国人口资源与环境,2001,11(3):24~25.
刘春艳,李文军,叶文虎. 自然保护区旅游的非污染生态影响评价[J]. 中国环境科学. 2001,21(5):399~403.
陆书玉,栾胜基,朱坦. 环境影响评价[M]. 北京:高等教育出版社,1999.
陆雍森. 环境评价[M]. 上海:同济大学出版社,2004.
骆鑫. 中美环境影响评价制度比较研究[J]. 甘肃农业,2005(3):48~49.
马绍峰. 美中环境影响评价制度比较研究——兼评我国《环境影响评价法》[J]. 科技与法律,2004(3):115~117.
马祥华. 景观生态学在生态环境影响评价中的应用[J]. 水土保持研究,2007,14(5):207~209.
毛文永著. 生态环境影响评价概论[M]. 北京:中国环境科学出版社,2003.
[美]伦纳德. 奥托兰诺著. 环境管理与影响评价[M]. 郭怀成,梅凤乔译. 北京:化学工业出版社,2004.
牛红义,吴群河. 我国环境影响评价发展新动向[J]. 环境科学动态,2005(1):48~50.
庞靖鹏. 我国环境影响评价发展展望[J]. 哈尔滨师范大学自然科学学报,2003,19(6):96~99.
彭慧,徐利森. 缓冲区分析与生态环境影响评价[J]. 天津师范大学学报(自然科学版). 2004,24(2):34~38.
田子贵. 环境影响评价[M]. 北京:化学工业出版社,2004.
汪劲. 环境法学[M]. 北京:北京大学出版社,2006.
夏家淇,骆永. 我国土壤环境质量研究几个值得探讨的问题[J]. 生态与农村环境学报,2007,23(1):1~6.
邢文利. 环境影响评价方法与标准及500典型案例分析[M]. 北京:中国环境科学出版社,2006.
徐颂. 环境影响评价相关法律法规基础过关700题[M]. 北京:中国环境科学出版社,2009.
叶亚平,刘鲁君,张益民. 农业开发项目的环境影响评价[J]. 农业环境与发展. 2002,3:26~68.
余江. 生态环境影响评价水土流失预测方法应用研究[D]. 四川:四川师范大学,2001.
张照录,崔继红. 通用土壤流失方程最新研究改进分析[J]. 地球信息科学,2004,6(4):51~55.
赵晋. 环境影响评价制度回顾与发展动态[J]. 辽宁城乡环境科技,2004,24(6):29~31.
中华人民共和国地质矿产部. DZ 0225—2004 建设项目地下水环境影响评价规范[S]. 北京:中国环境科学出版社,2004.
周东. 旅游开发的生态环境影响预测及其保护措施研究[D]. 武汉:湖北大学,2008.
Lydia T, Annadel S C. Planning for Sustainable Tourism in Southern Pulau Banggi: An Assess-

ment of Biophysical Conditions and Their Implications for Future Tourism Development. Journal of Environmental Management, 2007, 85(4): 999～1008.

Jonathan R E. The UK Heritage Coasts: An Assessment of the Ecological Impact of Tourism [J]. Annals of Tourism Research, 1987, 14:71～87